新编高等学校人力资源管理专业系列教材

劳动社会学

（第二版）

主　编　袁方　姚裕群
副主编　陈宇　佟新　冯喜良

中国劳动社会保障出版社

图书在版编目（CIP）数据

劳动社会学/袁方，姚裕群主编．—2 版．—北京：中国劳动社会保障出版社，2003

新编高等学校人力资源管理专业系列教材

ISBN 7-5045-3727-6

Ⅰ．劳…　Ⅱ．①袁…　②姚…　Ⅲ．劳动社会学　Ⅳ．F240

中国版本图书馆 CIP 数据核字（2003）第 037374 号

中国劳动社会保障出版社出版发行

（北京市惠新东街 1 号　邮政编码：100029）

出版人：张梦欣

*

保定市中画美凯印刷有限公司印刷装订　　新华书店经销

787 毫米×960 毫米　16 开本　21 印张　399 千字

2003 年 7 月第 2 版　2019 年 1 月第 11 次印刷

定价：32.00 元

读者服务部电话：（010）64929211/64921644/84626437/84209101

营销部电话：（010）64961894

出版社网址：http://www.class.com.cn

前 言

劳动是人类赖以生存的手段，是人类与自然界进行物质变换的过程，是社会发展与进步的基础。人是从事劳动的主体，在“人与自然界物质变换”的这种劳动过程中，逐渐形成了各种经济关系和社会关系，包括劳动关系，也出现了一系列有关的社会问题，并在一定程度上影响到制度层面，从而，劳动就成为科学关注的对象。随着经济的发展，科学技术的进步，劳动不断分化和结构的不断变化，劳动活动、劳动关系、劳动问题和社会劳动制度也发生着重大变化，这促使着人们对劳动问题的研究不断拓展和深入。

对于劳动范畴的研究，内容众多，涉及面广，与社会学有着密切的、内在的联系。第一，劳动者占据社会人群的大部分，是一个极其重要的社会阶层，劳动者与劳动活动对社会具有重大影响，这就使得劳动构成社会学研究的一个中心问题。第二，在劳动过程中，劳动者与雇用者之间形成的劳动关系构成了重要的社会关系，例如雇佣、劳资谈判、劳动争议冲突等，属社会学范畴，为社会学研究所重视。第三，在社会进步的过程中，由劳动因素的变动导致社会结构发生巨大变动，例如大量农民转化为民工、企业职工下岗、白领阶层增加、知识经济精英出现等等，都成为社会学的热点问题。此外，失业问题、退休和医疗等劳动保障问题、劳动者的权益要求等等，导致社会问题，导致社会的不安定，导致社会人士的同情，也都进入社会学的研究领域。上述诸多问题，构成了对劳动问题进行专题社会学研究的需要。

由此，劳动社会学成为社会学的重要分支，成为对劳动的社会现象、社会问题和社会结构进行研究的一个特殊且重要的领域。由于劳动问题的重要性和内容的丰富性，对它的研究必然涉及自然科学和社会科学的多个领域；对它的研究除社会学外，还涉及经济学、管理学、心理学、生理学、技术科学等学科。因此，劳动社会学成为与其他社会科学和自然科学交织、渗透的学科。劳动社会学的着眼点在于社会，对人类发展影响深远，因而越来越多地受到政策制定者、理论研究者和社会实践者的重视。

劳动社会学在中国，还是一个年轻的学科。本书是袁方先生主编的《劳动社会学》(1992年中国劳动出版社出版）一书的修改版。袁方是我国著名的社会学家，曾担任中国社会学学会第二届、第三届会长，研究劳动、人口、方法等问题数十年，为我国社会学以及劳动社会学事业的发展做出了很大贡献。这次的第二版写作工作是在袁方先生生前主持下开始的。我们今天完成了这本书的写作并付梓出版，才使袁方先生的遗愿得以实现。作者们结合社会学理论发展的新动态和我国劳动社会问题实践演进的背景，进行了重新构思和较大的更新，以求较好地体现时代精神。

全书共分为四个部分。第一部分为“总论”，首先从总体上介绍了劳动社会学的基本范畴与发展、劳动社会学研究方法和劳动的社会结构。进而，在第二、第三部分分别从“劳动者与劳动”和“劳动制度”的角度展开，详细阐述了劳动者、职业生涯、职业分层与流动、劳动心理、劳动组织和劳动力市场、劳动关系、劳动报酬、政府与社会劳动、劳动的社会保障等各方面的专题内容。第四部分研究了现实生活中的几个重要的劳动问题，包括就业问题、特殊群体劳动问题、女性劳动问题和全球化中的劳动问题。本书的编写在讲求教材系统性的前提下，突出了劳动社会学理论与中国劳动社会问题相结合的特点，注意反映理论前沿和社会热点，注意把握中国的劳动政策。

本书由袁方、姚裕群担任主编，陈宇、佟新、冯喜良担任副主编。各章的作者为：第一章：佟新、姚裕群；第二章：夏建中、张达；第三章：姚裕群、刘艾玉、许晓青；第四章：刘艾玉、许晓青；第五章：姚裕群、王琪延、杨业芳；第六章：刘艾玉；第七章：许晓青、冯喜良、刘艾玉；第八章：刘艾玉；第九章：姚裕群；第十章：金维刚、邓宝山；第十一章：刘艾玉；第十二章：姚裕群；第十三章：罗熔、周永波；第十四章：姚裕群、郭勇刚；第十五章：裴晓梅；第十六章：佟新、裴晓梅；第十七章：佟新。经过十余名作者约两年的努力，全书的编写工作得以完成。本教材由姚裕群、佟新、冯喜良统稿，最后由主编姚裕群定稿，杨业芳协助主编做了许多工作。

中国劳动社会保障出版社的王玉君副社长、陆萍编辑、刁翠萍编辑对本教材的出版给予了帮助，赵孟营先生为本书提出了许多宝贵意见，在此表示衷心的感谢。

鉴于作者的水平有限，也鉴于当今我国社会学和劳动问题的快速发展变化，本教材还存在着一定的不足。我们欢迎有关专家、学者和读者提出宝贵意见和建议。

本书在后期修改和编辑加工期间，适逢北京流行“非典”。“非典”这一人类医学问题，有着巨大的社会回响，也带来不少劳动社会学所关心的问题，诸如：雇主瞒报患“非典”民工和解雇接触了“非典”患者的民工；民工工作居住条件恶劣；医护人员的敬业和献身精神；政府维护经济秩序和劳动秩序的努力；政府对“非典”期间保护民工不被解雇的规定等等。这说明，劳动社会学是一个随着社会发展变化不断充实内容、丰富理论的学科，有着重大的现实应用价值。

祝愿中国的社会学进一步腾飞，祝愿中国的劳动社会学有长足的发展，为中国的现代化和中国劳动者的福利贡献更大的力量。

姚裕群

2003年5月于中国人民大学林园

目　录

第一章　绪　论

第一节　劳动社会学基本分析

一、劳动社会学的对象

（一）劳动及相关概念

1. 劳动

劳动社会学，是以研究“劳动”这一社会现象与所构成的劳动问题为对象的社会学分支学科。

所谓劳动，是指人类围绕着各种生活资料和生产资料进行的生产活动和提供的非物质形态的服务活动。劳动作为创造价值和使用价值的活动，作为创造财富的行为，是人类社会得以存在的前提，劳动和劳动分工的发展促进了人类社会的发展。

在人类的生活中，劳动首先意味着财富的增长和贫困的消除。著名的古典政治经济学体系建立者、英国经济学家亚当·斯密把涉及社会生产的人分为“工人阶级”“资产阶级”和“地主阶级”三大类。他认为，劳动、资本、自然（即土地）是生产的三个要素，在生产中承担不同的职能角色，劳动则决定了生产品的价值。法国经济学家萨伊进一步提出了“生产三要素”论，指出劳动（labour）亦即勤劳（industry），是一种生产要素，是价值形成的根源，人类勤劳的结果，即“勤劳对人类所提供的东西”，就是产品。勤劳、资本和自然三项要素组合在一起，协同生产，才能使财富的生产真正实现。在生产诸要素中，萨伊对劳动要素尤为重视，他指出：“仅仅是由于勤劳，人类才能得到堪称丰富的实际必需品，以及其他物品。”①

人类是一种群体动物，是社会性的动物。人的劳动的社会性，反映为劳动的分工。当劳动越来越成为单一社会成员不得不参加的集体性的活动时，劳动

① ［法］萨伊．政治经济学概论．见：资产阶级庸俗政治经济学选辑．北京：商务印书馆，1978．100

创造了社会秩序，也引导个人的自我完美和社会整体道德水平的上升。

但是，人是具有主体性和排他性的动物，从个人的角度看，人的劳动是以自己“勤劳”的付出或“闲暇”的牺牲为代价的，对于这种付出或牺牲，人们要以工资收入作为报偿。这种经济关系，是体现为“雇主”的产权所有者与体现为“雇员”的劳动者之间的经济交换关系，又伴随着前者对后者的支配关系。由此，随着雇用关系出现，微观组织中的隶属和管理关系出现，劳资冲突大量出现，工会组织随之诞生。随着劳动的发展和工业化的进程，出现了宏观的冲突增加，社会劳动者的权益无保障问题突出，包括低工资收入、恶劣的劳动条件、超长工作时间、失业、缺乏社会保障，以及工会不能合法活动等等问题。进而，政府对之给予协调，建立有关体制，采取各种政策，旨在解决“制定最低劳动标准”“解决劳动者社会保障”和“确认工会的法律地位与实际作用”三大问题。① 上述问题反映到劳动市场层面和更广阔的社会层面，得到人们的关注，构成劳动社会学的对象。此外，劳动异化问题、职业社会分层问题、特殊群体劳动问题、劳动歧视问题、有关劳动的文化问题等等，也受到社会学的颇多关注。

在中国改革开放和走向现代化的今天，经济结构有了巨大变化，多种所有制关系出现，劳动形态、劳动性质、劳动手段、劳动关系、劳动组织、劳动制度等出现了诸多新的现象，世纪之交盛行的新经济和知识劳动，这些都使“劳动”范畴有了更加丰富的内涵。

2. 工作

工作是劳动的另一个层面，是人类通过劳动分工而进行的、有组织的、以获得劳动报酬为目的的生产活动。“工作”的概念，是随着工业化生产和现代劳动组织的出现而产生的。18 世纪英国首先出现了蒸汽机和纺织机，促成了工业革命的诞生，由此出现了现代组织劳动的方式、生产制度的社会结构。工业化打破了传统的农业生产或手工作坊式的生产方式，采用了与机械发展相配套的组织劳动方式。

工作的概念表明，广义上的劳动变成了狭义的有酬劳动，变成了在一个特定组织中从事的劳动，即雇用关系和经济交换关系建立后的劳动。

3. 职业

职业作为人的一种标志，是劳动专门化和劳动分工的结果，这一概念突出了劳动者在劳动组织中的专业化程度。职业类别和职业分化具有广泛的社会统计学的意义，是人们工作的专业类别。

由于劳动、工作与职业有着内在的联系性，因此劳动社会学也被称为工作

① 姚裕群. 市场经济下的就业理论与就业促进. 北京：中国劳动出版社，1996. 23～24

社会学（Sociology of Work）或职业社会学（Sociology of Occupation）。

（二）劳动社会学的特点

第一，劳动社会学是一门应用社会学。劳动社会学研究的内容直接涉及各种生产组织以及各种类型的劳动政策。现实生活中的每个人都会面临与劳动社会学相关的问题，其研究结果可以直接用于社会实践，包括个人的选择、组织的管理和政府的政策。

第二，劳动社会学以“人”为中心。可以说，社会学都是以人为中心的，但劳动社会学是以深层次认识和更加承认人的价值（劳动是价值的源泉）、非常关注弱势群体（从研究蓝领工人起源）为特征的，其研究对象即构成社会积极人口的社会人群（即社会的生产者）。劳动社会学的使命不仅是为社会经济发展服务，还要理解与劳动相关的种种社会现象，为促进人的解放，尤其劳动者的解放服务。

第三，劳动社会学越来越向着跨学科的方向发展，劳动社会学正在吸收经济学、政治学、管理学等学科发展的最新成果。

第四，劳动社会学与社会变迁紧密联系，它紧跟时代的发展脉络，把社会发展作为劳动发展的核心。

第五，劳动社会学具有明确的价值取向和批判色彩。促进人的解放是劳动发展的最高价值目标，也是劳动社会学追求的最高价值目标。探讨以劳动的解放为标志的人的解放是劳动社会学的使命，这种使命使劳动社会学具有了批判色彩，也就是发现通往解放之路上的种种障碍，并对其加以改变。这也就是说，劳动社会学具有非常鲜明的促进人类进步、促进社会发展的倾向。

（三）劳动社会学的发展背景

任何学科的产生与发展，都有其特定的历史需求和理论需求。劳动社会学是在工业化与现代化的发展过程中产生和发展的一门学科，它的产生和发展深受现代社会变迁的影响。一方面，工业社会和后工业社会的复杂性提出很多需要解释的理论问题，成为劳动社会学得以产生的理论需求；另一方面，工业社会与传统社会的巨大差别又带来了一系列的社会问题，成为劳动社会学得以发展的实践需求。

劳动社会学从普通社会学中分离出来成为一门社会学的分支学科，是在第二次世界大战之后。“劳动社会学”一词最早出现在法国，1959 年法国社会学者乔·弗里德曼和彼·纳维利首次使用“劳动社会学”一词，并创办了劳动社会学杂志，出版了专著，促进了这一名称的流传。

1. 社会因素

劳动问题的产生源于资本主义发展早期劳动与资本的矛盾。而当代的劳动问题仍然紧紧围绕着劳动与资本的矛盾。从工业革命开始前后，学者们对与工业相关的劳动问题的关心就深深地与重大社会问题联系在一起。早期资本主义原始积累时期的女工、童工、工作时间的限制、工厂工作条件的恶化与改善以及工时的调整等，这些社会问题直接促成了劳动社会学的产生。因此，劳动社会学产生伊始关注的问题就是新的工作类型——工厂制度导致了什么样的工作关系。从历史的角度看，不同时代劳动社会学研究的主题都与当时社会关注的社会问题联系在一起。早期是关心原始资本具有的剥削性质、劳资冲突以及如何通过有效的组织劳动达到提高劳动生产率的目的。第二次世界大战之后，世界各地的劳动制度不断完善，因此建立良性的劳动关系成为社会之需求，这推动了对国家、企业和工人三方机制的理论讨论和社会实践。近 20 年来，全球化成为劳动社会学关心的主题，这一研究取向反应了全球劳动领域的变化以及对认识这一变化的社会需求。

2. 政治因素

所谓政治，是指权力的运作、各种利益群体间的相互关系以及可能采取的社会行动。在资本主义产生初期，新型的工厂制度带来一系列的政治冲突，最明显地表现为劳资之间冲突的白热化，资本家对工人剥削引发的各种反抗直接导致了资本主义国家政权的不稳定。现代社会，阶级的对立、阶层的分化、利益的冲突同样是引发社会动荡的潜在原因。“公平与效率”似乎永远是两难选择，更重要地，在公平与效率的选择之间内含社会成本，因为追求效率失去公平时，社会冲突在所难免。因此，各国政府都十分重视劳动的组织形式以及背后的利益问题。现代工业社会形成的政府、雇主与工会间的三方机制反映了各利益群体之间的制衡关系，种种政治需求是导致劳动社会学得以产生与发展的核心动力。

3. 经济因素

现代意义上的工作表示着劳动者与生产资料的结合，这就引发了一系列与资源紧缺相关的经济问题，最集中地表现为劳动的供给与需求的关系。首先，从劳动者角度看，劳工的生存现状、劳工的贫困、劳动者的职业发展以及各种不充分就业导致了对于劳动社会学研究的需求。其次，从资本所有者角度看，资本需要劳动力与生产资料的最佳结合，由此引发了对人力资本理论、社会网络理论以及信任等问题的研究。资本对产出最大化的本能需求导致的国际直接投资、跨国公司在全球化中的快速发展等，促成了劳动社会学在今天的新内容。

4. 价值因素

一个公正的社会应该保证每个人都能够获得幸福，劳动社会学研究必然会涉及价值问题。从资本主义原始积累时期开始，工人的生活境况使学者们从阶级立场上反思组织劳动的方式和不平等的问题，也从社会公正的角度分析劳动制度。劳动社会学有关劳动异化等哲学与伦理学问题的核心是道德与价值判断问题。

上述四个方面的背景并不是独立存在的，而是交织在一起，共同作用于劳动社会学。

二、劳动社会学的内容

劳动社会学是社会学的重要分支。它以社会学理论为基础，研究劳动者及其行为、劳动关系、劳动组织、劳动制度和劳动过程，由此分析和理解工业社会中与劳动相关的社会结构、功能和运作规律。

（一）劳动社会学基本理论

劳动社会学的基本理论是整个劳动社会学研究的思想基础，包括劳动的自然形态、劳动的社会价值标准、人类劳动的基本运行规律、劳动的历史发展过程、劳资关系和权力运作以及劳动与其他社会条件之间的互动关系等基本范畴和理论。

（二）劳动者

劳动社会学对劳动者的关注，源于“劳工是人”这一基本命题。其具体问题包括劳动者的基本状况、劳动者在劳动过程中的社会地位和劳动者的发展。首先，研究不同社会文化环境中劳动者的身份和角色、态度和行为、素质和能力以及劳动者社会化和继续社会化的一般过程；其次，研究劳动者的职业生涯，劳动者从进入劳动力市场开始到离开劳动力市场的过程中个人职业地位的获得；再次，研究劳动者的职业选择、就业准备、就业途径、薪资以及职业地位和职业声望、职业变动等。研究劳动者是劳动社会学研究的起点。

（三）产业关系

产业关系研究包括两个方面，一是研究劳资关系，研究资本所有者和劳动者之间不同社会位置构成的社会关系和权力运作过程；二是研究由劳动分工关系决定的劳动者在生产活动中建立的相互关系。产业关系在很大程度上受到劳动力市场制度与规则的影响。在现代社会中，产业关系的核心体现为工会组织与雇主组织之间的集体谈判。

政府在产业关系中的作用日益受到学者的关注，三方机制成为劳动社会学关注的重点问题之一，这大量体现在劳动争议的处理机制上。此外，政府对就业的促进和调节、对劳动市场的塑造和监督、对社会保障制度的兴办和管理等等，也为劳动社会学所重视。

（四）劳动过程

劳动过程有两层含义：一方面，劳动是重要的历史过程，在不同的历史阶段劳动呈现不同的状况，因此要进行劳动史、劳工史、劳资关系史研究；另一方面，劳动过程是社会过程，是在一定时间和空间层面的劳动者自身、劳动者与他人、劳动者与机器、劳动者与技术的相互关系。在早期资本主义社会，劳动过程表现为劳动者的异化和客体化过程以及生产资料所有者与劳动者之间的互动关系，现代社会主要关注的则是对劳动过程的管理。

（五）劳动的社会结构

劳动的社会结构包括两个方面：一方面是指以劳动者的社会群体类型为特征的结构分布，包括劳动者的职业结构、产业结构、年龄结构、性别结构、文化结构、地区结构及其结构的变化，其中还包括劳动者的特殊群体结构，如女性、老年人、青年和残疾人的劳动；另一方面是指以劳动者的阶级地位类型为特征的结构分布，其中阶级和阶层结构是重要方面，包含劳动者阶级和阶层的内部变动和结构间的流动。

（六）劳动组织方式

劳动组织方式是指人类对有组织、有目的的生产活动的管理形式和管理理念，它是劳动社会学长期关注的内容。近二十年来人力资源管理活动、激励问题、薪资分配以及各种劳动人事管理制度，也成为劳动社会学研究的重要方面。

（七）社会变迁中的劳动

社会是不断变化的，科学技术的发展、组织劳动方式的变化以及经济发展等都会直接影响劳动。经济全球化与网络社会的发展，正在重建人们劳动方式和生产方式，社会变迁对劳动社会学研究提出了新的要求。

三、劳动社会学的意义

劳动社会学对向市场经济转轨的中国，具有特别重要的理论意义和现实意义。

第一，21世纪之初，全球经济面临巨大挑战，中国的就业和劳动问题成为国家重中之重要解决的问题，它直接关系到社会稳定和发展，并关系到劳动者群体的社会适应，这就需要对劳动规律的认识和理论指导。

第二，在市场经济新形势下，劳动关系问题直接关系到社会的方方面面，许多新的问题，如三方机制的建立与制度化和对相关问题的处理，以及工会的作用等，都将是摆在劳动社会学面前的问题。劳动社会学的研究将有助于我们现实实践的总结和对现实的理论提升。

第三，变迁的时代迫切需要劳动理论，特别是信息技术革命导入劳动领域对劳动领域的理论发展提出了挑战。劳动社会学对于信息技术革命对于就业数量、就业质量和就业场所影响的研究将有助于社会更好的面临挑战，并及时对劳动体制、劳动力的培训和人才培养尽早做出调整，把握劳动组织、劳动结构和劳动过程中技术的变化。

第二节 劳动社会学理论

劳动社会学的经典理论主要有四个来源，一是以传统马克思主义为基础的理论；二是以传统韦伯主义为基础的理论；三是以古典经济学为基础的理论；四是制度学派的理论。

一、劳动社会学经典理论

劳动社会学的发展既吸收了社会学发展的精华，也融入了经济学、政治学、历史学的思想。早期的社会学和经济学在研究领域和关注的主题上十分接近，马克思、韦伯、涂尔干、斯密等为劳动社会学的发展奠定了基础。

（一）马克思主义

马克思的劳动理论宽广而精深，他从历史过程的角度论述了劳动在人类社会发展中的作用，异化、雇佣劳动和剩余价值学说以及历史唯物主义是马克思主义学说的核心。该思想成为冲突理论和新马克思主义理论的源泉，也构成劳动社会学的思想渊源。

马克思的雇佣劳动学说全面论证了商品价值由抽象劳动创造的理论。马克思从商品的二重性即使用价值和价值两方面证明：具体劳动创造使用价值，抽象劳动创造价值；商品的价值量决定于生产该商品所需的社会必要劳动时间。社会必要劳动时间是指在现有社会正常生产条件下、社会平均劳动熟练程度和劳动强度下，生产某种商品所需要的劳动时间。社会必要劳动时间与个别劳动时间相对应。活劳动是指劳动者用生产资料创造使用价值的劳动，是指工人，劳动者在物质生产过程中的脑力和体力的消耗，“发挥作用的劳动力”即活劳动，是生产中起决定性作用的因素。死劳动是指生产资料。随着资本主义的产生，生产资料即死劳动开始支配活劳动，这一过程是资本支配生产资料、劳动力变成商品的过程。

在“劳动力成为商品”的思考过程中，马克思提出和发展了异化理论。他认为，雇佣劳动产生了社会效果，死劳动支配活劳动的事实由形式的从属导致实际的从属，形式发展了内容，以致工人除了服从资本就不能在物质方面进行工作。工人的技术受到限制以致他只有在资本家的机器上才能生产，并且必须跟随机器运转，机器再不是工人们得心应手支配的工具了，工人已经不能独立地生产任何东西。生产资料不是从属于工人，而是工人从属于生产资料；不是工人使用劳动条件，而是劳动条件使用工人；这种颠倒导致了劳动者自身的异化。

（二）韦伯主义

作为与马克思同时代的人，社会学家马克斯·韦伯（Max Weber，1864—1920）同样关心资本主义的产生与发展的意义。韦伯在1892年和1908年分别发表了《易北河以东德国的农业工人状况》和《关于工业劳动的心理物理原理》等著作，对工人的职业构成、社会出身、生活方式和心理状态同劳动生产率以及整个企业发展的相互关系作了深入研究。韦伯对资本主义的产生与发展进行了一系列文化解释，他的科层制理论、对资本主义精神的解释等为劳动社会学的进一步发展奠定了基础。

韦伯论述了资本主义现代生产的组织原则——科层制。他认为，资本主义生产组织的特征是科层制的组织方式，一种不可逆转的、工具理性的组织形式，人们的生活受制于“有效的”或“有目的”的合理性。科层制与传统社会组织原则不同，它力求摆脱一切神秘的力量。科层制有四个要素：第一，一整套始终如一的、需要严格执行的命令与服从关系，一种有组织的不平等制度。第二，这些从属关系受严格的内部区别的支配，依从于复杂的任务或职务分工，按规则行事是人们的义务。第三，非人格性，各种权力关系都是刻板的、非个性化的、合理性的体系。第四，人们凭借技术优势居于支配地位。科层制表明现代资本主义世界是一个精打细算的、机械化的世界。

韦伯的著作《新教伦理与资本主义精神》是对劳动社会学最有影响的著作之一。这一著作从社会文化层面深入地分析了资本主义的产生，并由此奠定了韦伯主义的理论传统。韦伯强调加尔文教义和清教徒伦理（具体指严谨的工作习惯和对财富的合法追求）是促使以理性生产与交换为特征的西方文明兴起的基本原则。韦伯承认阶级的差别，但更强调每个团体内差异的重要性。他认为，市场在社会中起着重要的作用，市场是配置财产的力量，利益冲突在于劳动力市场之内而非生产之内，即社会报酬的取得方式以及由市场决定的取得报酬的模式决定着阶级差异。因此，在韦伯看来，阶级位置并非必然地提供集体行动的基础，认识共同利益而采取行动的基础与文化环境有关。韦伯致力于揭示不平等并不完全由物质因素决定，而是与参与者的观念与意图有关，文化因素比物质因素更重要。

（三）涂尔干的功能主义和结构主义

涂尔干（E. Durkheim，1858—1917）[①] 是法国著名的社会学家。他的思想对后来的功能主义、结构主义、社会语言学和后现代性的研究都有深远的影响。他关注伴随着工业社会的来临，社会和道德将如何实现的问题，强调对“集体意识”“集体表现”进行研究。其代表作《社会分工论》关注社会团结的

---

① 也译为杜尔凯姆。

基础，提出了两种社会团结，一是机械团结，二是有机团结。机械团结是指由于彼此相似而形成的联系；个人之间的差异不大，赞同同样的道德准则，承认同样的神圣事物。有机团结是指个人间彼此有别，职业分化和劳动分工使个人意识到自我以外的社会，使社会具有了优先性，因此要通过集体状态来解释个人现象，劳动分工是全社会的某种结构。

（四）古典经济学

古典经济学是一个庞大的理论派别，其思想对于各经济学流派皆有影响，在此介绍的是与劳动社会学有关的最著名理论。

古典经济学的早期代表人物是亚当·斯密，他的代表作《道德情感论》和《国富论》奠定了他经济学之父的称号。与一般经济学家不同，他用大量的笔墨关注劳动分工、社会分工和社会公正。他认为，第一，经济发展的根本原因是劳动分工的发展，它促进了劳动生产率的提高，劳动力在劳动分工中表现为高水平的熟练、技巧和判断力。第二，劳动是价值的标准与源泉。为了提高工作效率，人类在分工的基础上产生了专业化。一方面劳动分工促成了复杂的经济结构的产生，提高了生产效率；另一方面，劳动分工又成为把全社会整合起来的力量，限制着个人的利己之心。第三，市场是一只“看不见的手”，竞争和交易可以有效的释放经济动力，达到社会普遍富庶的目标。这一理论建立在人类的天性是利己的假设基础上，交易和议价以绝对理性的标准完成。政府的作用是维持法制，过量的规范和政府干预是有害无益的。马歇尔（A. Marshall，1842—1924）发展了古典经济学，成为新古典经济学派的代表人物，他在1890年发表的《经济学原理》一书对边际理论的影响深远。

（五）制度学派

制度学派的观点主要源自英国19世纪的韦布（Webb）夫妇。他们强调要理解劳动力市场中的制度安排对稳定工业秩序的重要性，应当着重于制度方面的建设，特别是建立工会组织。制度学派的代表人物还有凡勃伦、康芒斯等，他们支持组织工会和集体谈判，强调以制度的力量抵制雇主的剥削。

美国制度学派的代表人物凡勃伦（T. Veblen，1875—1929）对后来的制度经济学和文化批评理论皆有深刻的影响。他拒绝马克思的各种乌托邦式的社会理想，寄希望于技术的发展。凡勃伦的主要代表作有《有闲阶级论》《企业理论》等，他用制度分析的方法分析和说明社会经济问题和发展趋势。他认为，在人类社会经济生活中，存在着两个主要的制度，一是生产技术制度，另一是财产所有制度。在资本主义社会，生产技术制度表现为通过利用机器而形成的现代工业体系，财产所有制度表现为企业经营。对这两种制度的分析是对现代资本主义制度分析的起点。资本主义社会的缺陷是现代工业体系与企业经营之间的矛盾。

英国牛津学派的思想，强调对自由结社、集体协商、签署协约的功能进行研究，获得大多数工会与管理者的支持。这派理论至今发展出新制度主义理论、公共选择理论等，希望通过公共政策影响劳资关系和社会福利。在谈判的理论中又发展出博弈理论。

二、现代的劳动社会学

现代劳动社会学主要是指第二次世界大战至今的学说。它分为两大阶段，一是1945—1975年前后；二是20世纪70年代末至今。第二次世界大战之后，劳动社会学有了长足的进展，其中有影响的著作有：美国社会学家W·穆尔的《劳资关系与社会秩序》、D. C. 米勒与W·福姆的《工业社会学》、E·施奈德的《工业社会学，工业及其群体中的社会关系》、T·卡普洛的《职业社会学》、联邦德国R·达伦多夫的《工业——经营社会学》、法国G·弗里德曼与P·纳维尔主编的《劳动社会学文集》、布鲁纳的《异化和自由》、日本万成博、杉政孝主编的《产业社会学》。布瑞曼的《劳动与垄断资本》认识到资本主义已进入新阶段，使劳动社会学研究也进入到一个新阶段。当代劳动社会学的视野将劳动现象定位为社会现象，将政治、文化和社会制度重新融入到劳动现象的分析中。

（一）冲突理论

冲突理论是针对第二次世界大战之后至20世纪60年代中期美国社会学家帕森斯的结构功能主义理论而提出的，它受到马克思的影响，强调社会变迁和非均衡的各种关系。其代表人物有英国的洛克伍德、联邦德国的达伦多夫和美国的米尔斯等。

达伦多夫认为，结构功能主义理论的缺陷在于其乌托邦性质，把社会中的冲突与变迁从社会常态中排除。其代表作《工业社会的阶级和阶级冲突》认为：工业资本主义已经来临，阶级冲突已被由职业决定的地位等级关系所替代；工业资本主义已经变为股份公司，公司内部的社会角色也发生变化；种种变化对无产阶级产生影响，中产阶级大量出现，无产阶级向上流动的可能性和潜力增加，阶级冲突弱化。

美国社会学者米尔斯（W. Mills，1916—1962）是文化批评主义的代表人物，他在《白领——美国中产阶级》和《权力精英》的论著中，从现存的社会结构对人们的压抑和阻碍作用方面来审视现存的社会制度，深刻分析了权力关系和阶级、阶层的问题。他认为当代社会是由一个单一、整合和联合的精英即权力精英统治的，其权力的来源在于生产资料控制者和新兴暴力手段控制者之间的利益契合。

美国社会学家贝尔论述了资本主义文化的矛盾冲突，他的《资本主义文化矛盾》一书探讨了当代西方资本主义社会各个组成部分之间的结构性脱节与断裂，分析了经济领域和文化领域的矛盾。他认为，经济领域是资本主义发展的关键，有分工体系，基本原则是“效益原则”——最大限度地获取利润，是一个日趋非人化的体系。个人只是劳动分工中的一个极小的部分，被异化为工具。与此同时，经济体系不断推动着社会进步，特别是推动了享乐主义的发展，并在文化领域中有突出的表现。文化领域的轴心原则是——“自我表现和自我满足”，强调个性化、反制度化和独创性。上述两个领域的轴心原则具有深刻矛盾，由此构成了资本主义社会中基本的矛盾冲突。

（二）新马克思学派

新马克思学派又被称为新马学派或激进学派。马尔库塞的代表作《单向度的人》继承了马克思对资本主义的反思。他指出，对资本主义的所有反抗都会被资本主义化解为其意识形态的一部分，进而麻痹反抗者。在资本主义社会，所有人都是单向度地接收意识形态，各种反抗，如吸毒、性开放、反社会艺术等已融入资本主义文化中，这些反抗无法对制度构成威胁。异化已达到了这种境地：对资本主义的任何反抗只会增加社会对抗反抗的力量和弹性。

普兰查斯（Poulantzas）是一名坚定的追随马克思的学者。他重新阐述了马克思的两个理论范畴——“生产资料所有权”和“劳动过程”。他把所有权规定为实际的经济所有权，剥削阶级并不是仅仅在狭义的法律意义上拥有（own）生产资料，而是占有着（possess）生产资料，即有能力将生产资料投入运用。因此，在资本主义社会里，剥削阶级并不包括大公司的所有股东，只是那些公司中享有控股权益的管理者。由于社会劳动分工先于技术劳动分工而发生，因此，剥削不仅发生在生产层面上，也发生在政治和意识形态的层面上。生产在阶级的确定过程中发挥着首要作用。劳动过程通过剥削者与被剥削者之间的社会劳动分工而实现，被剥削阶级就是那些通过直接的商品生产生产剩余价值的人，而非体力劳动者并不属于工人阶级的行列。①

英国学者汤普森的《英国工人阶级的形成》以及霍布斯鲍姆关于劳动贵族的分析继承了马克思有关工人阶级产生的研究，形成了新劳工史学派。1963年，E·汤普森《英国工人阶级的形成》一书使用工人们真实的经历和声音重新解释了各种正式的工人阶级组织。他关注劳工们在何种情况下开始感受到共同的利益和对雇主的反抗。汤普森分析了英国手工业者们的思想方式、习惯和他们与工业资本主义形成过程的关系。他认为，工人阶级是他们自身形成的自主机制。阶级经验被用于解释工人阶级意识和集体行动的产生。工人阶级与雇主的斗争深入地影响着新一代的工人，这一过程是通过分享学习游戏规则的过

① Poulantzas，N. 1982. On Social Classes，in A. Giddens and D. Held（eds.），Classes，Power and Conflict. Berkeley：University of California Press：101～111.

程实现的。罢工并不是偶然爆发的，而是工人们在日常生活中集体关系的自然拓展。集体行动的源泉是共同的根、共同的经历、共同的方言、共同的习俗和面临的共同危机。

此外，新马克思学派的代表人物沃勒斯坦等人着重批判国内经济和国际经济中的阶级冲突和统治关系，并对国际经济体系不平衡发展进行批判，以揭示资本主义发展的未来。

（三）新制度主义学派

在制度主义的基础上产生出了各种新制度主义的理论，有新集体主义、法团主义、新放任主义。

1. 新集体主义或自由主义的集体主义（Liberal Collectivism）

新集体主义是建立在自由主义意识形态基础上的集体主义。这一学派认为，雇主与劳工存在不可避免的冲突，劳工必须展开集体行动才能保护自己的经济利益，因此集体协商制度是最公正、最有效率地解决工业冲突的方法，它将工作场所中的冲突制度化，在政府的作用下，以法律为基础由冲突的当事人自由协商出共同可接受的规则。同时，它还强调劳工的力量是建立在集体组织之上的，个体劳工即使面对单独的雇主也依然处于相对弱势地位。进而，集体协商与谈判还要求不断规范劳动力市场制度，透过冲突的制度化避免劳资关系陷入两败俱伤的境地。在这种理念下，集体协商制度成为欧美国家普遍采用的工业关系制度。

20 世纪 80 年代之后，新集体主义受到挑战，因为集体协商制度的社会成本太高：一是会影响国家的国际市场竞争力；二是雇主与雇员之间互不让步会导致工资与物价的上涨，损害消费者权益；三是损害了个人自由，使雇主与雇员之间的关系复杂化。因此，应当缩减工会权力，鼓励经营管理建立以个人绩效为主的激励机制。

2. 法团主义（Corporatism，也称为统合主义）

法团主义可以说是集体主义的一种形式，是一种非自由主义的集体主义。它强调从制度层面讨论政治制度与劳资关系间的互动，强调国家干预以及政府在劳资互动过程中的作用。这一理论分为宏观、中观与微观法团主义，宏观法团主义最为强调主动的国家作用，在国家、雇主和工会共同统筹规划的过程中建立起劳资关系的秩序。法团主义的思想来源于法国社会学家涂尔干。该理论强调劳动分工导致了各种利益冲突的群体，这些利益群体的相互竞争构成了社会生活的本质，一旦竞争处于没有规则的状态就会出现失范和无序状态。民众应当参与制定管制他们生活的决策，透过工作上的自治，发展具有特殊功能的中间团体。国家应当负责这些经济社团活动的协调与规划，并通过中间团体来执行规则，实现有序的社会经济生活，国家的作用显得重要。

3. 新放任主义（个人主义的自由主义）

该理论强调市场制度的作用，认为不仅雇主与雇员之间存在着对立的经济利益，且雇员之间也存在着明显的利益差异。集体谈判制度无法解决后者间的利益关系，因此主张建立以市场力量为主的个人契约。新放任主义结合了自由主义和个人主义的学术立场，其基本的理论假定是：一是社会由相对平等的个人组成，如果不受国家干预，人们是可能自由地与他人签订契约，以实现自己的最大利益。二是存在一个完全竞争的市场，是能够解决劳动合理报酬的问题，同时还能保证生产与资源配置的最大效益。在实践层面上，该理论主张个人与组织的契约关系。

（四）新经济社会学

Richard Swedberg 和 Mark Granovetter 编写的《经济生活的社会学》一书明确表明了新经济社会学对传统经济学的发展。第一，经济活动固然关注稀缺资源的运用，并把利益最大化的理性放在最重要的位置上，但经济行动依然是社会行动的一种。理性行动依然与人们对权力、地位和社会认同的追求有不可分割的关系。今天的社会，商品的价格更多地取决于“潮流”，取决于社会文化和群体价值观。第二，经济学家总是将经济活动的动机归结到“个人”，这种认识表现了我们对于经济活动运作认识的有限性。事实上，经济行动根置于社会情境之中，嵌入（embedded）在人际关系的网络之中。因为任何交往活动都是在一定的社会网络之内，经济活动表现了这些社会网络的特性。第三，经济学家们过于关注效率，而忽略了任何交易都是要付出成本的，追求效率的行为可能是交易成本（transaction cost）最高的。在新经济社会学家的眼里，经济制度是一种社会建构的结果，权力、习惯、信念都足以改变我们对效率的认知，影响经济制度的确立。[①] 新经济社会学家更多地强调社会文化分析。

（五）各类管理学派

管理学派的理论较多，比较人事管理学派或人力资源开发管理学派以及组织行为学派等，可以看出各类管理学派的观点延续了一元论的基本思路，强调公司或企业内部利益的一致性。因此，有以人力资源管理取代工会的趋向，力求强调对人力资本的投资来减少工会的作用。

人事管理学派或人力资源开发管理学派假定管理在提高生产力的时候会考虑到社会需要和雇员利益，由此实现企业目标与雇员需求的一致。因此，这一学派强调建立起新型劳资关系，让员工参与管理，例如实施员工建议制度、业

① Richard Swedberg and Mark Granovetter (eds.), 1992. The Sociology of Economic Life. Westview Press

务测评制度、内部信息交流制度、建立员工认同的企业文化以及雇员利润分成制度等。在这一立场上发展出来的企业管理实践，是以人力资源管理来代替工会。企业以合作式的技术革新、劳动组织的重新组合、培训和职业发展计划、个人收入计划等方式来取代工会的作用。

组织行为学派则将组织行为学的概念、研究方法和取得的成果应用于各类劳动组织。行为学派关注的是劳资双方如何将各种环境因素转变为劳资关系的成果，考察劳资关系的整体运作过程，由此形成建立新型产业关系的战略选择理论。新近的组织行为学派从组织形态出发，强调在中间层消失的情况下如何建立协调的企业内部关系。

总之，国外劳动社会学理论观点的差异更多地表现为学术立场与方法论的差别，即各派理论在研究方法和研究视角上有不同侧重；同时，各派理论也有交叉、补充和批判。这对于我们思考中国的劳动问题和建立中国的劳动社会学有重要的裨益。

第三节 中国的劳动社会学

一、中国劳动社会学的发展历史

中国的劳动社会学，既与中国工业化进程相联系，也与中国社会学的兴衰密切相关。中国的社会学发展始于20世纪初，起步于介绍西方社会学思潮。我国早期劳动社会学的研究从社会学创立时期开始至抗日战争时期。这一阶段的劳动社会学表现为对底层工人生活状况的了解，例如有对河北及平津劳资争议的研究；有对旧式手工业工人生活的调查；也有对现代工业工人的调查，如对华北铁路工人工资、华北纺织工人工资待遇等的调查；还有陈达教授的《中国劳工问题》、史国衡的《昆厂劳工》，田汝康的《内地女工》等著作。《中国劳工问题》一书于1927年9月发表，它是中国劳动社会学的代表性研究成果。抗日战争时期，陈达教授带领学生对中国劳工的劳动与生活状况进行了翔实的调查，后来出版了著作《我国抗日战争时期市镇工人生活》，它对我们了解当时的劳工状况大有裨益。

其后的解放战争时期，社会处于混乱状态，劳动社会学受到忽视。1949年全国解放后，中国学习苏联，在社会科学方面“一边倒”。1953年中国高等院校院系调整，社会学被取消，从事劳动问题领域教学的社会学工作者被归进劳动经济系科，其导向是苏联式的、计划经济色彩的内容。1957年陈达、袁方等人被打成右派，劳动社会学在中国完全停顿，这种状态一直持续了二十多年。

二、当代中国的劳动社会学

科学的发展，需要社会生活之源与理论学说之流。1981 年中国社会学得到恢复，这为研究分析中国的劳动问题提供了一个非常好的眼界和一种有力的工具，中国的劳动社会学由此得到恢复和发展。随着中国改革和发展进程，人的主体地位得到承认，多种所有制出现因而雇佣关系出现，一系列劳动问题出现，这为劳动社会学的研究提出了需求。1986 年中国推行劳动合同制，意味着在公有制单位也出现了雇佣关系，社会层面的劳动争议随之出现。20 世纪 90 年代以来，中国逐步推行劳动市场体制，出现了失业、下岗、收入差距加大、劳资冲突、劳动者权益无保障等诸多问题，社会阶层分化明显。

在中国改革开放加快发展步伐和社会学恢复格局下，社会学工作者对劳动问题与劳动社会学进行了多方面的研究，取得大量成果。20 世纪 80 年代开始，袁方、赵履宽、袁伦渠、吴铎、姚裕群、潘锦棠、刘艾玉、陈婴婴等学者对劳动社会学问题进行了研究，出版了不少教材、专著和论文。许多学者对中国改革和发展中的有关劳动问题进行广泛、深入的社会学专题研究，如李强的社会分层和下岗阶层状况研究、陆学艺和黄平的中国社会阶层研究、李路路的下岗人员研究、冯同庆的中国职工命运研究、佟新的职业生涯研究，等等。

从现阶段的情况看，对于劳动社会学的研究有多种视角取向，大体包括了制度分析、文化分析、过程分析、关系分析、结构分析等。这些研究不是独立存在的，而是常常交织在一起，本教材以下这种划分是为了阐述的方便。

（一）制度分析

制度被看做是在主流意识形态和价值观念基础上建立起来的、被认可的和强制执行的一些相对稳定的社会行为规范和取向。这些行为规范和取向融化于相应的社会角色和社会地位中，用以保证人与人之间的社会互动，调整人们的相互关系，满足人们的各种基本社会需求。从经济学的角度看，制度变迁主要是规范的变迁，强调制度对经济绩效的重要性。诺斯把制度定义为“博弈规则”，他把博弈规则分为两类，一是正式规则，二是非正式规则。社会学家关注的是规则的可实施性，制度实施的合法性和合理性以及制度变迁中内涵的社会问题。

1. 制度变迁的研究

劳动社会学重点关注劳动制度是如何产生和运作的，正是由于制度的存在才展示了社会秩序在时间序列中的可预见性，当环境发生变化时，制度也在发生变化。中国的劳动制度经历了从计划经济体制向市场经济体制的转变，经历了对内经济体制向对外经济体制的转变，因此一些研究从中国劳动制度的变迁方面展开。

中国劳动制度变迁表现为对于各种关系的重塑：一是在中央与企业关系上，中央将经营权、管理权、销售权、收益权不断下放到企业的过程。从“党委统一领导”（1978—1981）到“党委领导下的经理负责制”（1981—1986）再到“厂长/经理责任制”（1986—1989），它使经理逐渐获得了对工厂的控制权。二是在企业内部管理者与工人的关系上，经理权力变得独立与扩大化，从1983年推行劳动合同制到1995年实行全员劳动合同制，劳资关系的主动权制度性地掌握在管理一方，工人处于弱势地位。

第二种力量是市场的力量。纵观中国企业制度的变迁，有两个重要的事实发生：一是国有企业发生了变化，数量大量减少，产权逐渐清晰。非国有企业，特别是民营企业、三资企业呈现出了勃勃的生命力。二是劳工主人翁地位发生变化，工人通过制度赋予的权利在减弱。20世纪90年代中期的一项调查显示出中国工人阶层利益的失落：一是改革以来召开的全国人民代表大会中，工人代表的比例减少，管理者比例增加；二是民主管理成效甚微，工会组织、职工代表大会多流于形式。①

2. 单位制研究

单位制是中国计划经济时期普遍使用的企业组织方式，单位掌握职工生产与生活的一切资源，由此建立了一整套制度，形成特殊的权力关系和组织形态。因此，研究单位制下劳动关系和劳动制度特点以及这一制度对改革开放后中国劳动制度的影响有重要意义。

在单位制的研究中，华尔德（Andrew G Walder）《共产主义的新传统主义》一书对中国计划经济体制下企业的运作机制和权威关系进行了深入的剖析和理解。他认为，单位是一个高度制度化的庇护者与受庇护者的庇护关系形成的基本单元，领导处于绝对的权力地位，而职工或是争当积极分子，或是发展与领导的私人关系，以争取由单位配置的有限资源。庇护关系单位组织结构中的重要组成部分，它将个人忠诚、制度角色的履行以及物质利益联系在一起实现组织管理。

（二）文化分析

文化是一个广泛的分析视角。目前的研究成果主要集中在两个方面，一是网络研究；二是身份政治研究。

1. 网络研究

网络研究是通过对人们寻找工作渠道分析不同工作群体具有网络资源以及这些资源的作用。其理论基础是新经济社会学有关经济生活的嵌入性观点的应用。在劳动就业领域，研究强调在个人求职的过程中不应只注意“人力资本”

① 冯同庆. 中国工人的命运——改革以来工人的社会行动. 北京：社会科学文献出版社，2002

的作用，还应当注意“社会资本”。因为与就业有关的信息和机会不仅通过劳动力市场流动和传递，还通过社会关系网络传递。

2. 身份政治研究

身份政治研究强调人们在劳动场所的位置与其身份认同的关系，因此文化的概念被引入对人们职业身份的研究中。例如，农民工主要是通过同乡网络寻找到工作信息，网络关系成为农民工最基本的社会支持。有学者关注社会网络的性质和网络的制度基础，积极探索剥削与压迫的文化机制。例如，分析深圳经济特区的“打工妹”，她们被当地人讥笑，说她们肤色垢黑，粗手粗脚、土里土气，这就是一种文化建构过程，客观效果是为这些女工进行身份定位，将她们编派到这一新兴工业城市的底层，间接告诉这些来自农村的女孩子，做“打工妹”赚取卑微的工资对她们已是不可多得的机会，不可好高骛远。“打工妹”们在接受这种文化建构的同时亦运用同样的文化符号：买新衣、做头发、用化妆品等，这些都帮助她们拉近与城市人的距离，增强她们在劳动力市场的议价能力。①

有的学者研究广州国有企业工人对改革的集体“无行动”现象的政治意义，认为工人并非是一个同质群体，工人拥有工厂福利（住房）、市场机会、技术等状况本质上是一种阶级的体验，这种体验的差异影响了他们对改革的拥护程度，其结果是工人不再是一个一元化群体，而是一个裂成碎片的多元群体。②

（三）过程分析

过程分析是一种历史社会学的研究取向，关注社会事件在历史过程中的意义。中国劳工史及中国工运史等一直是中外学者关心的课题。

1986 年，贺肖（Gail Heershatter）的《天津的工人们——1900—1949 年》一书认为，对中国工人的研究有三个方面值得关注：一是外在因素的研究，强调分析社会背景因素对工人各种行动和思想的结构性作用，探讨工人和统治阶级的关系、统治阶级之间的关系、异质性问题以及暴力和非暴力的政治权力的运作；研究国家本质、法律结构、权力的渗透以及社会阶级之间的关系。二是研究内在因素，强调研究工人的阶级意识、组织和行动之间的联系，特别是工人是城市化过程中的一部分，他们与乡村有着千丝万缕的联系，乡村的关系纽带具有历史意义。三是对工人参与政治行动的研究，强调分析在革命

① 潘艺．消费、阶级与身份政治：深圳女工的经验．见：朱燕华，张维安编．经济与社会：两岸三地社会文化的分析．台北：台湾生智文化事业有限公司，2001

② Ching Kwan Lee，1998—1. Labor Politics：Collective Inaction and Class Experiences in State Owned Enterprises in Guangzhou，*Modern China*

的过程中、工人在与其他阶级的关系，工人如何作为一个阶级出现。

1993 年，Elizabeth J. Perry 在《上海罢工——中国工人政治研究》一书中专门研究 1839—1949 年的工人运动，强调普遍意义上的文化和特定历史条件的作用。研究认为，不同背景的工人参与政治活动的情形是有差异的，上海工人的来源、工作场所中的各种关系、组织状况等决定了工人对政治活动的参与。在这些因素中，工人的技术分化是关键性因素，技工、半技工和纯体力工人之间存在的差异以及工人的性别构成、来源地构成、教育构成使工人们有不同的政治诉求。①

过程分析也强调对重要事件的分析，特别是研究在改革过程中工人阶级的变迁模式，分析外来农民工群体的形成、社会主义工人群体的重构和下岗工人群体的解体等现实问题。②

（四）结构分析

结构分析强调不同职业的个人是社会宏观结构中的组成部分，由此研究不同的职业群体。

第一，职业结构研究。通过职业结构的变迁说明社会结构的变迁，特别是城乡二元结构对中国劳动的影响。③

第二，机会结构的研究。所谓机会结构是指不同群体在就学和就业等发展机会方面的差异状况，阶级、阶层和人力资本的差异会直接影响人们的机会，这种差异具有结构性。

第三，阶层结构研究。特别关注工人在社会结构中的位置。全国总工会和中国工运学院近年来完成了系列性研究《我国工人阶级状况研究》等，为工人研究取得了重要的数据资料。研究指出，其一，劳动关系是一种最基本、最本质、最具体的社会经济关系，中国在向市场经济的转型过程中劳动关系的变化和劳动问题的产生引起工人阶级状况特别是其内部结构和相互关系的巨大变化。其二，在中国，劳动关系的一个突出特点就是劳动力的供大于求，劳动者处于被动和不利地位。其三，劳动关系出现新变化，不同类型的产权关系使劳动关系呈现出新特点，工会的作用及地位应当引起关注。④

---

① ［美］裴宜理．上海罢工——中国工人政治研究．南京：江苏人民出版社，2001

② Ching Kwan Lee. The Politics of Working—Class Transition in China. 1999

③ 许欣欣．当代中国社会结构变迁与流动．北京：社会科学文献出版社，2000

④ 该研究的内容有：

中华全国总工会．中国职工队伍现状调查．1986．北京：工人出版社，1987

中华全国总工会．走向社会主义市场经济的中国工人阶级．1992 年全国工人阶级队伍状况调查文献资料集．北京：工人出版社，1993

全国总工会政策研究室．1997 中国职工状况调查（数据卷）．北京：西苑出版社，1999

第四，劳动力市场结构研究。中国劳动力市场并非是单一的，而是分层和多元的，其结构影响不同利益群体的市场位置。一些研究专门分析等级化劳动力市场、性别差异的劳动力市场状况。

【本章小结】

本章首先厘清了劳动、工作和职业的概念，指出劳动社会学产生和发展的社会、政治、经济和道德的因素，分析了劳动社会学在中国的理论价值和现实意义。进而，概述了劳动社会学研究的内容：基本理论、劳动者、产业关系、劳动过程、劳动的社会结构、劳动的组织方式、劳动与闲暇以及社会变迁中的劳动。本章归纳总结了劳动社会学的理论，有社会学大师马克思、韦伯和涂尔干的学说；古典经济学大师亚当·斯密以及制度学派的传统等；劳动社会学的近期发展有冲突理论、新马克思主义、新经济社会学、新制度主义等。最后，阐述了中国劳动社会学的发展历史和近年来有了长足进步的劳动社会学主要观点。

【重要概念】

劳动　工作　职业　劳动过程　产业关系　劳动的社会结构　劳动组织方式　异化　科层制　制度分析　过程分析　文化分析　结构分析

【思考题】

1. 论述劳动社会学研究的主要内容。
2. 论述劳动社会学产生和发展的背景。
3. 论述亚当·斯密有关劳动分工的理论。
4. 论述贝尔的资本主义文化矛盾。
5. 论述新经济社会学有关劳动现象的主要观点。
6. 中国当今社会主要有哪些劳动问题？可以从哪些视角进行研究？

第二章　劳动社会学研究方法

第一节　劳动社会学研究方法概述

劳动社会学是在社会学理论的指导下，把人的劳动活动作为一个综合性总体来研究的学科。如前所述，劳动社会学的研究内容相当广泛，其研究方法也就应当非常灵活多样，针对不同的研究对象和研究目的采用不同的研究方法。要灵活、恰当地运用劳动社会学的研究方法研究实际问题，必须对劳动社会学的研究方法和研究对象有清楚的认识，了解什么样的研究方法可以针对什么样的问题。劳动社会学的研究方法和社会学的研究方法，以至于社会调查研究方法大同小异，都是针对具体的问题提出相应的理论假设，采取相应的方法，对具体问题做深入细致的了解，得出结论，再通过归纳、抽象得出相应的理论，验证或推翻最初的研究假设，最终达到研究目的。当然，“研究”之后的步骤还应当有“实践”，即对研究成果的科学运用。

一、劳动社会学研究的性质

如前所述，劳动社会学的研究对象通常包括劳动者、劳动者的职业历程即生涯、劳动者的社会分层与流动、劳动的社会关系、劳动的社会过程、劳动的组织特征、劳动的社会管理、特殊劳动群体、劳动中的社会冲突、劳动时间与闲暇及劳动对生活方式的影响等内容。

从劳动社会学研究的对象可以看到，劳动社会学的研究应以实证性研究方式为主，并且具有如下的性质。

（一）综合性

劳动社会学注重与劳动相关的各种社会现象之间的关系，特别是影响劳动现象的各种因素之间的相互作用，对其进行综合性的分析。这种综合性的分析并非仅仅将各种与劳动相关的社会现象以各个学科的理论、方法和观点简单地综合在一起，而是引入新的视角，在与各种学科密切合作的基础上，探讨各种不同层次的劳动因素之间（劳动者个人、劳动群体、组织、社会制度）以及社会各个组成部分之间的相互作用，探讨制度化的社会形式与劳动者以及劳动现象之间的相互影响。

（二）实证性

劳动社会学的理论必须通过经验资料的验证，理论必须与资料所显示的结果相一致。为了使他人能够判断一个理论的真伪，研究者还必须说明资料的来源以及资料的获取方法。例如，在劳动社会学中提出这样一个命题："一个社会的工业化程度越高，社会阶层之间的流动性就越强。"研究者必须对"社会阶层""工业化"和"流动"的语词进行定义，并说明具体的测量方法，要达到在同一尺度下，任何国家或地区的统计资料都可以证实或证伪这一理论。需要指出的是，这些社会理论结果都不可能绝对地正确，由于不同的社会制度、文化环境，即使在同样的社会制度、文化环境下，由于不同的历史时期、各种影响因素的变动和影响，也只是部分适用或暂时适用于一社会。

（三）明确性

社会科学中，对概念的明确定义非常重要。研究者必须对他们所研究的概念做出明确的定义，并严格地规定一套测量方法，以便对概念进行操作化。劳动社会学也是如此。例如上面所讲到的例子中，"社会阶层""工业化""流动"等概念在日常生活中使用时模糊不清，而在劳动社会学的研究过程中就必须明确对其定义，以利于操作。

（四）客观性

自然科学研究的客观性是指任何研究者采取相同科学方法就能够得出相同结论，而不论他们属于哪一阶级，信仰何种宗教。在社会科学中也要尽量保持这一客观性。比如说，某项研究结论表明"男性比女性在体力劳动上占有优势"，即使某些女性从文化角度出发不愿意接受这个结论，但是她使用同一研究方法必然得到同一结论。当然，如果她认为前者在概念的定义、或者操作化的方法、或者在其他环节上存在问题，那么她可以采用另一种研究方法而得出不同的结论。一般地，在科学研究程序和研究方法上都会有一些规则，以保证研究的客观性。

二、劳动社会学研究的逻辑过程

社会科学的研究一般都有严密的逻辑过程，劳动社会学的研究也是如此。一般来说，社会科学的研究都是遵循"理论⟶假设⟶观察⟶概括或检验⟶新的理论"这样一个循环往复的过程。社会科学的研究没有起点也没有终点，可以从任何一点开始。具体研究总是这个过程中的一部分，包含一个或几个阶段。

一项具体的研究，可以与上面的研究逻辑相对应，一般的研究过程包括以下五个阶段：

第一阶段：研究准备，主要是理论上和具体调查方法的准备，其内容有查阅文献、请教专家、实地考察，目的是为了：(1) 了解以往的研究成果；(2) 了解与课题有关的各种理论观点和研究方法；(3) 研究对象的社会历史背景；(4) 选择相应的研究方法。

第二阶段：提出研究假设，根据第一阶段的研究积累，提出预先要达到的理论目的。当然，根据不同的研究目的，也可以不提出明确的理论假设，例如进行探索性研究，就不必提出明确的理论假设。

第三阶段：展开实际的调查工作，也就是研究逻辑过程中的观察阶段。这一阶段主要是通过各种具体的研究方法来收集资料。比如采用问卷调查、实地观察、个案研究等方法。为后面的理论研究工作做资料上的准备。

第四阶段：对收集到的资料进行加工，也是概括或检验的过程。比如通过统计分析的方法，抽象出普遍结论或检验先前提出的理论假设。

第五阶段：得出研究结论，推翻或接受先前的研究假设，或抽象出新的理论。

三、基本研究类型

进行一项研究，首先要确定研究类型，再根据研究类型来有效地选择研究方法。一项研究在设计的阶段要首先从各个角度来确定研究类型，并制定相应的计划。一般来说，可以从研究目的、研究的时间性、调查对象的范围这几个方面来分析和确定研究类型。研究的类型主要有以下几种划分。

(一) 描述性研究与解释性研究

描述性研究一般都没有明确的研究假设，它是从观察的角度来说明研究者感兴趣的问题。它一般描述社会现象是什么、如何发展及其特点和性质，即对社会现象的状况、过程和特征进行客观、准确地描述。

解释性研究的主要目的是说明社会现象的原因、预测事物的发展趋势或后果、探询社会现象之间的因果关系，从而解释社会现象为什么产生，为什么变化。解释性研究主要运用假设检验逻辑，在研究开始之前确立理论框架（理论假设）并提出一些明确的研究假设，然后将这些假设联系起来构成一个因果模型。

(二) 横剖研究与纵贯研究

横剖研究是在某一个时间对研究对象进行横断面的研究。所谓横断面是指研究对象的不同类型在某一时点所构成的全貌，比如在某一时间调查不同地区、不同年龄、不同职业的人群对就业制度的看法。

纵贯研究是在不同时点或较长的时期内观察和研究社会现象，比如对某一个企业进行长达几年或十几年的研究。纵贯研究基本包含三种类型：(1) 趋势研究，是对调查对象随时间推移而发生的变化进行研究。(2) 同期研究，是对同一类型的研究对象随时间推移而发生的变化进行研究。(3) 追踪研究，是对同一批研究对象随时间推移而发生的变化进行研究。

（三）普查、抽样调查和个案调查

普查是对较大范围的地区或部门中的每一个对象都进行调查，常用于行政统计工作中，如人口普查、工业普查等。普查能够对现状做出全面、准确的描述，其目的是把握整体的一般状况，得出全面的具有普遍性的概括。

抽样调查是从研究对象的总体中抽取一些个体作为样本，并通过样本的状况来推论总体的状况。在实际研究中，由于客观条件的限制或由于研究目的的要求，往往无法或没有必要对每一个研究对象都进行调查，所以抽样调查是劳动社会学研究的主要方法。

个案调查是从研究对象中选取一个或几个样本个体（如单个劳动者、家庭、企业等）进行深入、细致的调查。个案不是客观地描述大量样本的同一特征，而是主观地探察影响某一个案的独特因素。在个案研究的基础上发展了许多适用于实际研究的方法，如参与观察、深度访谈、生活史研究、社区研究等。

四、研究层次和研究方法

（一）研究层次

分析单位。分析单位是与研究层次、研究对象密切相关的概念，是研究者所要调查研究对象的基本单位。研究的最终目的是将这些分析单位的特征汇集起来，以描述由他们组成的较大集合体或解释某种社会现象。在许多情况下，分析单位等同于抽样单位。例如，要描述劳动者的特征，可以以个人为单位来进行分析；要研究劳动组织的特征，可以以劳动者所在部门作为研究单位。但是，有时研究单位不等于抽样单位。例如，要研究全国劳动者的基本状况，抽样单位是户（家庭），而不是个人。

根据研究层次和劳动社会学研究的对象，基本可以确定劳动社会学的研究单位的层次。

1. 个人

个人是社会科学中最常见的分析单位，大部分社会研究都要通过分析个人特征来解释和说明各种社会现象。劳动社会学对个人的研究，不是研究人类所共有的特征，而是研究不同社会环境、社会制度或不同文化中，个人作为劳动者的角色与特征。研究的主要目的是描述或解释由劳动者个人或个人行为组合而成的劳动现象，并不停留在个人层次上。

2. 劳动群体

劳动群体主要指具有某些共同特征的劳动者所构成的群体，是劳动者的集合。例如，具有相同年龄的劳动群体、具有相同学历的劳动群体、在相同制度下劳动的群体等等。群体所具有的特征往往不同于个人所具有的特征，例如用群体成员的平均值来描述群体的特征。

3. 劳动组织

劳动组织是指具有共同目标和正式分工的人所组成的单位。如公司、商店、企业、机关团体等。组织的特征包括组织规模、组织方式、组织行为、管理方式等等。劳动组织是构成社会的基本单位，是劳动社会学研究的重要对象。劳动社会学研究一般是分析劳动组织在社会系统中的位置与功能，劳动组织之间的关系以及组织内部的结构与关系等。

4. 社区

社区是按地理区域划分的社会单位，像城市、乡村或更细的单位，如街道。社区内的人们一般具有基本一致的文化规范和价值标准，同时又在从事经济、政治、文化等不同的活动。对社区劳动现象的研究可以扩展为对整个社会的劳动现象的研究，从而上升到宏观层次。

5. 劳动产物

劳动社会学的分析单位还可以是各种类型的社会活动、劳动关系、社会关系、社会制度等劳动的产物。例如，研究劳动的社会关系、劳动的社会过程等等。这种研究一般属于宏观层次的研究。

（二）研究方法

由于劳动现象的错综复杂，对劳动领域的研究一直是多层次多角度的，研究者选取的社会层次和观察角度不同，采用的研究方法也不相同。一般从宏观、中观与微观三个不同层次的角度出发，对每个层次的研究采用不同的方法。其关系参见表 2—1：

表 2—1　劳动社会学不同层次研究的方法

研究层次	研究主题	主要研究方式
宏观	社会变迁 社会结构（职业结构等） 社会（劳动）行为、态度	文献研究、历史—比较研究 文献研究、统计调查 统计调查
中观 （单位、组织等）	社会组织 社会群体 社区	统计调查、实地研究 实地研究、实验 实地研究、统计调查
微观	人际互动 个人与社会环境	实地研究、实验 实地研究、统计调查

第二节　劳动社会学研究方法的应用

一、抽样调查与统计方法

（一）对抽样调查与统计的总体认识

抽样调查是从研究对象的总体中抽取能代表总体的一部分，对其加以调查研究，然后根据调查所得的信息对总体的状况进行估计和推算，用以说明总体的特征。抽样调查通常与统计分析结合在一起。从总体中选取的代表总体的部分叫做样本，确定样本的过程叫做抽样。抽样调查是劳动社会学调查研究中应用范围最广、使用频率最高的方法之一，它具有以下优点：

1. 抽样调查费用低，与全面调查相比，可以节省大量的资金。

2. 精度高。经过科学设计的抽样，误差可以得到有效的控制，样本可以很好地代表总体特征。

3. 规模相对较小，便于实施。有些调查对象的总体太大，不可能对其进行全面调查；有些调查由于条件所限，个别对象难于接触，无法进行全面调查，而采用抽样调查法可以解决这两个问题。

4. 获得的信息丰富而且可以具有一定的深度。抽样调查与个案调查、参与观察、访谈等调查方法相比，可以获得丰富的信息；与全面调查相比，可以进行比较深入的调查。

5. 时效高。抽样调查可以迅速获取所需的信息，对争取时效的调查来说十分重要。

（二）抽样的基本概念

1. 研究总体与调查总体

研究总体是在理论上界定的研究对象的个体集合；调查总体是在实际研究中研究者从中抽取样本个体的集合。调查总体往往小于研究总体，它是研究总体的进一步界定。

2. 参数与统计值

参数也叫总体指标，是调查的目标量，也就是有关总体中某个变量的描述。统计值是关于样本中某一变量的描述。总体参数要通过有关的样本统计值来推算，这是抽样调查的目的之一。

3. 抽样单元和抽样框

为了便利地实现随机抽样，常常把总体划分成有限个互不重叠的部分，每个部分都叫做一个抽样单元。抽样时，给抽样单元赋予一个被抽中的概率，可以是相等的，也可以是不相等的。在设计抽样方案时，必须有一份关于全部抽样单元的资料，如名单、地图等等，称之为抽样框。在抽样框中，每个抽样单元都有自己的对应位置，这常常通过编号来实现。

4. 抽样误差和非抽样误差

样本是总体的一部分，虽然有代表性，但是并不等于总体。因此用样本估计总体肯定会产生误差，这一类误差就叫做抽样误差。抽样误差是可以计算并且加以控制的。非抽样误差指的是在抽样调查中由于人为因素造成的误差。

（三）抽样方案设计

1. 首先要明确调查的目的，确定所要估计的总体参数。因为抽样方案的设计一般都依赖于调查的目的和需要估计的总体参数。总体参数目标的变动将引起抽样方案的改动，一旦规定好以后就不要再轻易变更。

2. 明确调查总体及抽样单元。

3. 对主要参数的精度提出要求。

4. 选择抽样方案的类型。

5. 根据抽样方案的类型对主要总体参数的精度要求以及置信度等等，确定样本量，并给出总体目标量的估计式（点估计或区间估计）和抽样误差的估算式。

6. 制定实施方案的具体办法和步骤。

在抽样方案的设计中，要掌握以下两个基本原则：

1. 实现抽样的随机性原则。即总体中所有个体被抽中的机会都是相等的，不允许调查者根据任何主观意图来挑选或确定调查单位。

2. 实现抽样效果最佳原则。即在固定的费用下，选取抽样误差最小的方案；或在要求的精度条件下，做到调查费用最少。

（四）概率抽样

1. 简单随机抽样

简单随机抽样是指从含有 N 个抽样单元的总体中，一次抽取 n 个单元，使全部可能的 C_N^n 种不同的结果，每种被抽到的概率都等于 $1/C_N^n$。这种抽样方法称为简单随机抽样，所得到的样本叫做简单随机样本。

（1）简单随机抽样的实施方法。通常采用抽签法和随机数字表法。抽签法是先将总体中的每个单元都编上号，写在签上。将签充分混合均匀后，每次抽一个签，签上的号码即表示样本中的一个单元。随机数字表法是从随机数字表上的任一随机位置开始，向任何一个方向连续地摘录数字，将得到的数字和对应单元的号码相对应，去掉重复的号码，直到抽足 n 个单元为止。

（2）总体参数（指标）的点估计和区间估计。利用样本数据计算得到的统计量的具体数值，对总体的相应参数进行估计，叫做参数的点估计。点估计的缺点是无法了解到这种估计和推测的可信程度如何。区间估计就是通过样本统计值来推测总体未知参数的可能范围，给出一个概率区间。区间的宽度在某种意义上代表了精确程度，越窄的区间估计具有越高的精度；置信度则给出了该区间盖住总体目标的概率，也即表示了区间估计的可靠程度。

2. 常用的几种抽样方法

除了简单随机抽样外，在调查研究中，经常还用到下列抽样方法：

（1）分层抽样。分层抽样又叫做分类抽样或类型抽样，它的特点是按某些特性先将总体分成 K 个互不重叠的子总体，或 K 层（K 类），其大小分别为 N_1，N_2，…，N_k，再从每个子总体中独立地抽取大小分别为 n_1，n_2，…，n_k 的子样本。

分层抽样可分为按比例分层抽样和非比例分层抽样。按比例分层抽样要求各层的子样本所占比例与本层总体中所占比例相同。对于非比例分层抽样要求在对总体做统计推断时进行加权处理。分层抽样设计的原则是：

A：在划分层次时，要求做到：1）对总体全部元素划分层，各元素不能遗漏，不能重叠；2）各层的权数应该是可知的；3）应该可以从所划分的层中独立地抽选样本；4）以提高精度为目的设计分层抽样时，应该使层内元素同质性程度尽可能高，各层之间所调查变量的差异尽可能大。

B：根据调查研究的目的，合理地选择分层标准。

C：层数的确定要精心设计。一般来说层数增加，精度也会随着提高，但是随着层数的增加，获得的精度效益是递减的，因此要根据经费、工作量、精度要求合理确定层数。

（2）系统抽样（等距抽样）。按照某种顺序给总体中的 y 个单元排列编号，然后随机地抽取一个编号作为样本的第一个单元，样本的其他单元则按照某种确定的规则抽取，这种抽样方法称为系统抽样。其中最简单的也是最常用的系统抽样叫做等距抽样。等距抽样的步骤：

1）将 N 个总体单位按一定顺序排列；

2）计算抽样间隔：$K=N/n$，n 为样本单位数；

3）在 1～K 之间选取一个随机数字，称为随机起点 r；

4）根据 R 和 K 从总体中选出 n 个样本。

非整数抽样间隔的处理。对于抽样间隔 K 为非整数的情况，一种办法是先对非整数 K 进行四舍五入，然后将总体按一定顺序排列成一个首尾相接的封闭环，再按等距抽样的步骤抽取样本；另一种办法是直接使用非整数间隔，然后将小数点以后的部分舍去。

（3）整群抽样。整群抽样是先将总体划分成 R 个群，然后以群为初级抽样单元，从中随机地抽取 r 个群（初级单元），对抽中的群内的所有单元（次级单元）都进行调查。这种抽样方法称为整群抽样。

整群抽样的优点在于可以通过转换抽样单位扩大抽样的范围，从而可以节省人力、财力、物力。而整群抽样的最大缺陷在于样本分布不均，样本代表性较差。

（4）多阶段抽样。在整群抽样时，当子群数或子群内部个体数目较多，彼此间差异不太大时，通常并不将所抽中的子群中的所有个体作为样本，而是从中按某个随机抽样方法抽取样本。这样，样本的抽取经过了两个阶段，称为二阶段抽样。进一步，还可以进行三阶段、四阶段以至要多阶段的抽样。

（5）概率与规模成比例抽样（PPS 抽样）。概率与规模成比例抽样（sampling with probabilities proportional to size，简称 PPS）是我国社会学调查研究中比较常用的一种抽样方法。它是指抽选群时，每个群中选的概率与它的规模大小成正比关系，比如一个 PSU（proportional sample unit，抽样单位）的规模是另一个的三倍，则前者中选的概率也是后者的三倍，成了不等概率抽样，但是，如果在下一级抽样时，我们从每个 PSU 中抽选固定的样本单位，这是子抽样的概率与规模成反比，即 PSU 越大，PSU 内的元素被抽中的概率越小，因而对于总体每一元素来说，中选的概率仍然是相同的，保证了抽样的等概率特性。同时，由于不论 PSU 大小，都从中抽取固定的样本单位，样本规模的变动也得到了控制。一般来说，PPS 抽样包括以下步骤：

A. 计算总的抽样比：$f = n/N$

B. 确定各级抽样单位

C. 确定 PSU 内子样本规模及 PSU 数目

D. 确定 PSU 内各级样本单位数

E. 对总体内所有 PSU 进行分层

F. 确定层内计划样本规模和样本 PSU 数目

G. 从普查资料或其他资料取得 PSU 规模的测度值 M_{ha}，将层内 PSU 排列起来

H. 按层内 PSU 的排列顺序将规模测度值 M_{ha} 累加

I. 计算抽样间隔，按等距抽样方法选取中选号码落入的 PSU

J. 在各中选 PSU 内进行子抽样

（五）非概率抽样

非概率抽样具有操作方便，节省时间、人力、物力等方面的优势，有助于对整体进行了解，在严格的随机抽样条件不成熟时，人们也采用一些非概率抽样来研究总体。常用的非概率抽样有偶遇抽样、主观抽样、配额抽样、滚雪球抽样、空间抽样等几种方法。

1. 偶遇抽样。指研究者在一定时间、地点、环境中遇到的或接触到的人

均选入样本的方法叫偶遇抽样。偶遇抽样方便省力，但代表性差。

2. 主观抽样。主观抽样有两种情况：（1）研究者依据主观判断选取认为可以代表整体的个体作为样本的方法；（2）研究者有目的地选择样本。

3. 配额抽样。指按调查对象的某种属性将总体中所有个体分为若干类或层，然后在各层中按其在总体中的相应比例非随机地抽取样本。定额抽样假定：只要类型划分比较细，那么同一类中的个体是同质的；只要类型划分合理，且分配给各类的名额符合总体中各类人员的分布，样本就可反映总体的情况。

4. 滚雪球抽样。指首先从几个适合的调查对象开始，然后通过他们得到更多的调查对象，一步步扩大样本范围的方法。滚雪球抽样有助于对调查对象群体不易寻找、调查内容较敏感的调查获得足够的样本。

5. 空间抽样。指针对一个总体中个体位置发生变化，但在一定时间内空间范围相对有限的总体，如游行队伍、集会等进行抽样的方法。空间抽样最重要的是要在同一时间对整个总体进行抽样。

二、个案调查法

（一）个案调查的特点

个案调查是一种对少数个人或小型团体的全面情况极其背景进行详尽调查的一种方法。这种方法主要是对调查对象进行全面深入的研究，通常是为了解决实际问题。在这种方法中，一个人就是一个个案，一个团体也是一个个案。个案调查具有以下的特点：

1. 确定研究对象时不必对总体进行全面的了解。个案调查通常是为了解决实际问题，对某个对象进行全面深入的研究，与典型调查不同，在对象的选取上要看实际情况而定，通常不必具有代表性。

2. 调查结果不能对总体进行推论。调查者在调查了若干个个案之后，往往有一种试图推论一般的倾向，但这种倾向不是个案调查本身所具有的，由于个案本身并不一定具有代表性，所以不能用来推断总体。这并不是说个案调查就没有普遍意义了，实际上，个案调查可以为调查者进一步认识更多的个案或总体提供参考信息，具有一定的启发意义。

3. 侧重个人的生活史和社会背景，侧重团体的经历和社会背景。个人作为一种调查单位，在个案调查中被调查的内容最为详细。在普查中，被调查的内容一般只涉及十几个指标；在抽样调查中被调查的内容一般也只涉及十几个或数十个指标；而在个案调查中，个人的生活经历、爱好、家庭背景、与哪些人交往等都要成为研究者注意和搜集的材料，研究者要对个案的社会生活细节及其社会环境因素进行全面的考察。

4. 个案调查主要应用于社会反常个体、事件或新生事物的调查。如因下岗而离婚的家庭、劳动争议案件、下岗再就业个案、农民工境况、有问题的组织和企业等。

（二）个案调查的主要步骤

1. 确定个案。根据调查的课题与目的，以及调查者的方便与可能条件，在一定的单位与地区中选择个案。

2. 为个案建立档案。为每个个案建立独立的档案，并为档案编号，并搜集关于案主的初步材料。

3. 接近案主。通过他人的介绍、案主的邀请等方式接近案主。

4. 开展调查。对个人案主来说，通过与案主，案主的亲属、朋友、同事、领导等人的交谈来获得一些材料；通过搜集案主的日记、信件、著作等来搜集书面材料。对于团体案主来说，通过与团体中的有关人员交谈来获得口头材料，通过收集文件、档案等来获得书面材料。

5. 分析判断。像医生看病一样，调查者对于个案的有关问题及其成因需要做出明确的判断。

6. 提出解决问题的方案。个案调查的目的是为了解决问题，所以调查的最后结果应当包括提出解决问题的方案。

三、问卷方法

（一）问卷的含义

问卷，是现代社会调查也是劳动社会学研究中最广泛使用的一种资料、数据的收集方法。问卷也被用于实验研究，对实验对象进行事前测验和事后测验。作为搜集资料的一种工具，问卷的形式是一份由精心设计的题器所组成的问题卷宗，用以测量人们的特征、行为和态度等。

社会研究中所用的问卷，依据填答或使用的方式的不同，可分为两种主要的类型：自填问卷和访问问卷。所谓自填问卷是由被调查者本人自己填答的问卷；访问问卷则是由访问员根据被调查者的回答填写的问卷。这两种问卷既有联系，又有区别。它们在具体的形式、设计的方法和要求等方面都存在一定的差别。适用于某种调查形式的问卷往往并不适用于另一种调查形式。

自填问卷又依据发送到被调查者手中方式的不同，分为邮寄问卷和发送问卷两类。邮寄问卷通过邮局寄给被调查者，被调查者填答完后又通过邮局寄回；发送问卷则由调查员或其他人将问卷送到被调查者手中，被调查者填答完后再由调查员逐一收回。此外，还有二者相结合的发送方式，比如登门或集中发送，然后通过邮局寄回等。

（二）问卷结构

一般来说，一份问卷通常包括以下几个部分：引言、指导语、题器、其他资料。

引言经常是一封致被调查者的短信，其作用在于向被调查者介绍和说明调查者的身份、调查目的等内容。它有助于研究者说服每一位被调查者参加到调查中来，让他们如实地填写问卷，回寄问卷。引言要精练。在引言中，一般需要说明调查的主办单位或个人的身份、调查的内容和范围、调查的目的、调查对象的选取方法以及填答问卷的方法及要求、回收问卷的方式和时间等等具体事项。

指导语是用来教被调查者如何正确填答问卷、教访问员如何正确完成问卷调查工作的一些说明。指导语有卷头指导语和卷中指导语之别。前者一般以“填表说明”的形式出现在封面信之后，正式调查问题之前，对填表的要求、方法、注意事项等作总的说明；后者一般是针对某些较特殊的问题所做出的特定指示。问卷中每一个不清楚、难理解的地方都有可能影响问卷效度，均需要给予某种指导。指导语的编写要简明易懂。

题器是问卷中的问题和答案，它是问卷的主体。问题的回答形式有开放式和封闭式两大类；问题的内容经常涉及事实、态度和个人背景资料三个方面。

开放式问题不为回答者提供具体的答案，而由其自由回答，允许其充分自由地按自己的方式发表意见，不受限制，所得资料往往比封闭式问题丰富生动。但开放式问题要求回答者有较高的知识水平和文字表达能力，要求回答者花费较多的时间和精力，资料也难于处理。

封闭式的问题给出问题若干可能的答案，供回答者根据实际情况从中选择。封闭性问题使问卷容易回答，数据易于处理，但有时带有“强迫性”特征，甚至由于理解歧义而出现答非所问的情况。

（三）问卷设计

1. 问卷设计的原则

（1）围绕研究主题设计。在设计问卷前要首先围绕研究主题确定研究框架，然后围绕研究框架设计问卷。

（2）便于被访人回答。问卷调查的过程是调查者通过问卷向被调查者了解情况的过程。而要获得真实、符合调查目的的数据，就必须为被调查者着想，使问卷易填、易回答。

（3）充分估计问卷调查的主、客观障碍。问卷设计要求避免所提问题对被调查者产生心理上和思想上的不良影响，比如使被调查者感到畏难、有顾虑，或者对问题回答漫不经心。同时充分估计被调查者对问题回答的能力。

（4）便于统计分析。问卷调查通常与统计分析相结合，所以问卷的设计应该便于统计分析，以达到预想的研究效果。

（5）综合考虑各种因素的影响。问卷设计常常受到调查目的、内容、资料分析方法、问卷使用方式、经费、时间等多方面的影响，为保证问卷回答的质量，各方面的因素都要兼顾。

2. 问卷设计的具体方法

（1）问题的表现形式。开放式的问题，只需留出足够的地方记录回答的内容，封闭式的问题则有填空、多项选择、矩阵排列、表格形式等。

（2）答案设计要求。对于封闭式问题，答案首先必须一方面穷尽各种可能的回答，另一方面必须使各给定答案相互排斥。同时，还要根据研究目的确定所测量的变量的水平层次。

（3）适用的语言和提问方式。问卷设计中要尽量使用简短、明确易懂的语言，尽量避免提问时问题带有双重含义或带有倾向性，同时注意不问被访者不知道的问题。对较为敏感的问题，一般不要直接问被访者，通常先将基本问题和被访者感兴趣的问题放在前面，然后再循序渐进地问被访者敏感问题。

四、访谈法

访问调查也是劳动社会学研究中最重要的调查方法之一。访问因研究的目的、性质或对象的不同，而有各种不同的方式。例如，根据访问者与被访问者的交流方式，可分为直接访问和间接访问，前者是访问双方面对面的交谈，后者则是通过电话进行的交谈；根据一次被访问的人数，访问又可分为个别访问与集体访问；按对访问过程的控制程度可分为结构式访问与无结构式访问。

（一）结构式访问

结构式访问又称标准化访问，它是一种对访问过程高度控制的访问。这种访问的对象必须按照统一的标准和方法选取，一般采用概率抽样。访问的过程也是高度标准化的，即对所有被访问者提出的问题、提问的次序和方式以及对被访者回答的记录方式等是完全统一的。为使这种统一性得到保证，通常采用事先统一设计有一定结构的问卷进行访问。在访问中，所有调查员都必须严格按问卷上的问题发问，不能随意对问题作解释。

结构式访问的最大优点是访问结果便于量化，可作统计分析。与自填问卷相比，结构式访问的最大特点是能够控制调查过程，从而可以最大限度地降低来自被调查者方面的误差，提高调查结果的可靠程度；同时，访问调查还具有高应答率（一般在80%以上）、采用复杂问卷以保证应答的完整性、可记录非语言性资料、确保访问对象独立回答问题、当场核实答案等多方面的优点。其缺点是时间长、费用高、匿名保证较差、对于敏感性及尖锐性或有关个人隐私问题的回答效度不够、问卷结果容易受访问员偏见的影响而使信度降低等。

结构式访问除采取个别访问外，还可采用集中访问的方式，即将调查对象集中起来同时回答。具体做法是将被调查对象集中起来后，由一个调查员提出问题，并给调查对象提供一个回答公式，告诉他们如何记录自己的回答。同时，还应有两三名调查员在被访问者中间进行巡视，以便随时解答他们提出的问题。由于这种方法经济、客观，易于从文化低的人那里获得资料，而且由于有调查员在场，可对理解上的疑问加以回答，并可在收回答案纸时对答案进行检查，因而效度较好，回收率和应答率较高，在实际调查中较受欢迎。缺点是众多人在一起作答，若管理不好，就会影响调查的质量。此外，这种方式还存在所谓团体压力问题。

（二）无结构式访问

无结构式访问又称非标准化访问，是一种半控制或无控制的访问。与结构式访问相比，它事先不预定问卷、表格和提问的标准程序，只给调查者一个题目，由调查者与被调查者就这个题目自由交谈。调查对象可随便谈自己的意见和感受，而调查者根据备好的问题大纲或要点，在访问过程中随时提出想到的问题。因此，在这种类型的访问中，无论是所提问题本身和提问的方式、顺序，还是被调查者的回答方式、谈话的外部环境等，都不是统一的。

与结构式访问相比，无结构式访问最大的特点是弹性大，能充分发挥访问者与被访问者的积极性，并且访问者能对问题作全面、深入的了解。无结构式访问的过程不仅是调查问题的过程，同时也是研究问题的过程；不仅是收集资料的过程，同时也是评价解释资料的过程。它一般被用于深入了解只按表面程式抓不住的复杂事实，并可为结构式访问所得到的统计结果做出合理生动的解释。但是与结构式访问相比，无结构式访问比较费时，从而使调查的规模受到很大的限制，并且对访问员的要求也更高。同时，访问结果也难于进行定量分析。

无结构访问按程度上的差别通常分为重点访问、深度访谈、座谈会、非引导式访问。

1. 重点访问。又称集中访问，它是集中于某一经验及其影响的访问。具体做法是：首先选择一定的情境，并把调查对象安排到这一预先设置好的情境中，例如让他们看一场战争题材的电影，听一段流行音乐，参加一次心理实验或阅读一篇文章，或者是选择那些曾经经历过这种情境的人作访问对象。然后对他们进行访问，调查他们在情境当中的主观经验，即个人对情境的认识与解释，这种主观经验即是重点访问的重点所在。

2. 深度访问。又称临床式访问，它是为搜集个人特定经验（例如偷窃、吸毒等）的过程及其动机、感情等资料所做的访问。与重点访问相似，是一种类似于半结构式访问，它选取研究问题的某些方面向调查对象提问题，访问是机动的或结构松散的，但都有重点与焦点。

3. 非引导式访问。又称客观陈述法，最大特点是让调查对象先考察他自己和他周围的社会，再客观地陈述出来，即调查者鼓励调查对象把自己的信仰、价值观念、行为以及他所生活的社会环境客观地加以描述。

4. 座谈会。又称调查会，这是一种无结构式集体访问，即将调查对象集中起来进行共同讨论。其最大特点是，访谈过程不仅是调查者与被调查者的社会互动过程，也是调查对象之间的社会互动过程，座谈会资料受到这两种社会互动的影响。因此，要使座谈会成功，调查者要组织好调查者与被调查者之间以及调查对象之间的互动，因此调查者需有更熟练的访谈技巧及组织会议的能力。由此可见，座谈会是较个别访问层次更高、难度更大的调查方法。

五、参与调查法

实地观察是社会学、人类学研究中常用的方法，指观察者有目的、有计划地运用自己的感觉器官或借助科学的观察仪器，直接了解当前正在发生的、处于自然状态下的社会现象。它要求研究者必须深入到研究对象中去，仔细观察，全面深入地描述。这种研究方法没有预先的理论假设。根据研究者参与社区、群体生活的程度不同，可以将实地观察分为局外观察、半参与半观察和完全参与的观察三类。任何实地研究都要考虑以下四个基本问题：实地观察的对象、范围是什么？何时何地进行观察？与被观察者是什么关系？如何保证资料的准确性？

实地观察可以直接获得资料，是一种获得非语言资料的有效方法，具有简便、易行的特点，但是往往受时空条件以及观察者本人的自身条件的限制，同时观察结果很难推断全局。

实地观察的步骤与一般社会调查相似，全过程分为准备、实施和资料处理三个阶段。准备阶段主要确定研究目的和观察对象，制定观察计划，做必要的理论与物质准备。实施阶段主要包括：取得进入研究现场的权利，进入观察地；与观察对象交往建立关系，进行为期数周、数月乃至数年的观察，并记录所见现场，做好观察笔记；资料处理阶段，需要整理和分析观测记录、进行统计分类、得出观察结论、提出理论解释，最后要撰写研究报告。

六、社会实验方法

（一）实验方法基本内容

实验方法是通过改变某些社会环境的实践活动来探索、研究社会现象之间相互关系的一种重要方法。实验法在研究现场中进行，资料搜集与研究过程同步，它对研究环境实行一定的控制，因此实验不仅可以根据原因预测结果，而且还可通过控制原因发现预期结果。其主要特征就是控制情境和变量来研究社会行为和社会现象的变化，以建立变量间的因果关系。

实验方法有不同类型。根据实施场所的不同，可以将实验分为两大类：（1）实验室实验，它限于在有专门设备的实验室中进行，并对实验的条件、控制以及实验设计都有严格的规定。（2）实地实验，它一般在实际场所中进行，实验设计不很严格。根据对变量的控制、实验设计的严格程度，实验可分为纯实验和准实验；根据研究目的，实验可分为理论研究性实验和应用性实验；根据实验的组织方式，试验可分为单一实验组实验、有一个控制组的典型实验以及多实验组实验。

实验的基本因素包括实验者、实验对象、实验环境、实验活动与实验检测。实验研究的目的是建立变量间的因果关系。这种研究就是通过实验操作来检验研究者预先提出的因果关系模型或因果假设。其基本原理是：首先陈述一种因果关系，并以此为理论假设的起点，假定某些自变量会导致某些因变量的变化，然后进行实验操作。具体操作的内容有：(1) 事前测验，在实验开始时对因变量进行测试；(2) 引入自变量 (x)；(3) 事后测验，在实验结束前再测量因变量；(4) 比较前测与后测的差异值，从而对假设进行检验。实验通常将受试者分为实验组与控制组，以排除其他因素的影响。

（二）实验设计

实验设计要求建立实验组和控制组（即对照组）。建立实验组和控制组方法主要有两种：成对挑选法和随机抽样方法。成对挑选就是研究人员根据调查所得印象，按是否具有某一特征，将其他特征基本相同的一批人分成实验组和控制组。这是一种非随机方法，做起来相对容易些，但是难以使自变量和因变量在一种理想的“纯化”形式下受到观察和测量，因而检验实验的可靠性就较差。而随机抽样挑选实验组和控制组是一种可靠的方法，但这种方法在实践中往往遇到困难。

在实验设计中，控制组的数量是不固定的。根据实验的复杂程度可分为简单实验设计和复杂实验设计。简单实验设计主要针对某个单一的假设进行验证，考察一个自变量与一个因变量之间的因果关系，实验只有一个实验组和一个控制组，或只有一个实验组。复杂实验设计是由多个实验组和多个控制组构成的实验。

带有一个控制组的简单实验称为典型实验。简单实验设计有三种主要模式：单组前后测验实验设计、典型实验设计、无事前测验两组实验设计。

单组前、后测验实验假定自变量的影响可以通过后测与前测之差异来考察，其模式为：

	事前测验——实验刺激——事后测验		
实验组	A_1	X	A_2

A_1代表事前测验的分数，A_2代表事后测验的分数，则获得的实验效果为：$F = A_2 - A_1$。

典型实验设计是带有一个控制组的前、后测实验设计，其模式为：

	事前测验——实验刺激——事后测验		
实验组	A_1	X	A_2
控制组	B_1		B_2

用 A（$= A_2 - A_1$）表示实验组前、后测验的差异值，用 B（$= B_2 - B_1$）表示控制组前、后测验的差异值，则实验效果为：F=A−B。F 值越大，表明实验效果越强。

两组无前测的实验设计是针对前测可能会对受试者产生影响、降低实验的外在效度而采取的一种实验模式。

【本章小结】

劳动社会学研究方法作为劳动社会学的一个重要组成部分，与劳动社会学的理论研究和现实问题研究是不可分割的。劳动社会学的研究方法是开展研究工作的工具，一般来说，劳动社会学的研究都要采用具体的一种或几种研究方法，包括抽样调查与统计法、个案调查法、问卷法、访谈法、参与调查法以及社会实验法等等。只有熟练地掌握劳动社会学的研究方法，根据科学的方法和严格的逻辑程序开展研究，才能得出科学的结论。

研究方法的掌握重点在于将研究对象、研究目的、研究类型与科学的研究方法有机地结合起来，并与社会研究的逻辑过程相符合，最终得到有效的结论。劳动社会学的研究方法是社会科学研究方法的一部分，即和其他的学科的研究方法有所区别，又有所联系。对研究方法的掌握不可以拘泥，即要掌握劳动社会学特有的研究方法，又可以借鉴和使用其他学科的研究方法。要运用好研究方法，使用最经济、简单的研究方法，得出最有效的研究结论，就要熟练掌握各种研究方法的原理和各种研究方法之间的关系。

【重要概念】

研究类型　分析单位　个案调查法　问卷法　访谈法　参与调查法　社会实验法　随机抽样　非随机抽样

【思考题】

1. 劳动社会学研究方法的性质是什么？

2. 劳动社会学研究的一般过程是什么？与具体研究是什么关系？

3. 劳动社会学研究方法与研究对象、研究类型应该如何结合起来？

4. 什么是随机抽样与非随机抽样？

5. 统计与抽样调查方法、个案调查法、问卷法、访谈法、参与调查法、社会实验法在具体研究中如何能有机地结合起来？

第三章 劳动的社会结构

第一节 劳动的社会关系

一、市场体制基本关系

(一) 市场体制的运行主体

1. 经济运行主体

经济的运行、劳动的形成，都需要一定的运行主体。计划经济的运行主体是简单的，只有政府一家；市场经济体制下，则有着诸多运行主体。

按照一般说法，市场经济是“国家调控市场、市场引导企业”的体制，因此它具有三个运行主体：其一，直接进行经济运作的主体——企业；其二，进行社会运作或者经济资源宏观配置的主体——国家；其三，对企业的运作进行调节的无形主体——市场。

但是，这种“三主体”的阐述是不完全的。因为劳动者是自主选择职业、主动进行资源配置、主动使用自身人力资源和推动其他资源的力量。如果从更全面的经济因素角度看，不能不承认市场经济的运作主体还有“人”：人构成社会消费者，也构成社会生产者，还是资源配置的主体和主角（例如企业家办厂、个人择业和创业）。于是，这里又多了一个客观存在的实体——个人。因此，市场体制的主体就包括“政府、市场、企业和劳动者”四项内容。

2. 经济运行主体的关系

从市场体制运行全貌的角度看，国家、市场、企业、劳动者个人这四个经济主体每两两之间，实际上存在着六对关系。我们最关心的有关“劳动”的社会关系，是企业（这里以企业作为各类用人单位的典型和代表）与劳动者之间的关系，是受到国家和市场影响及约束的雇佣式劳动关系。由此，我们就得出如下的结论：在市场经济体制下实际上存在着国家、市场、企业、个人四个方面的要素，即四个运动主体（企业不仅是在社会用人单位中占据主要部分，也是典型的用人单位），在这四个主体之间形成了六对关系。这四个要素和所形成的六对关系，构成现代市场经济的体制结构，如图 3—1 所示。

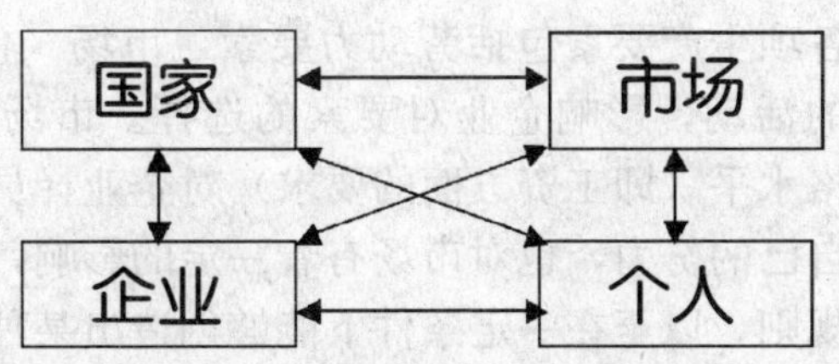

图 3—1　市场经济体制结构

应当指出，这种“四要素、六关系”的结构不仅是经济结构，而且也是一种社会结构。人是社会发展的终极目标，从现实社会经济生活的角度看，作为劳动者的人不仅构成劳动市场的一种主体，而且也构成市场中的重大社会关系：劳动者求职和用人单位的雇用连接起来形成劳动关系。

（二）市场体制下的主体六关系分析

下面就市场经济体制下各个主体之间所构成的六对关系进行分析。

1. 国家调控市场

（1）国家运用经济杠杆（如税收、银行利率、信贷等）、法律、法规、经济政策、自身经济实力（国有企业）和一系列的经济组织（如商会）、行政机构（如工商行政管理局、税务局）对市场运行进行引导、控制、服务、监督，以调节宏观经济的运行。

（2）国家对劳动要素配置的基本原则、方向做出规定和指导，从根本上决定了劳动市场的格局。

（3）国家对市场体制中劳动要素的运作活动制定规则，如就业资格、雇用制度（如订立合同）、最低工资线、职业介绍管理规定等等。

（4）国家直接从事基础即低层次劳动市场的运作，即政府举办公益性劳动市场机构，从事免费的就业服务。

（5）市场对国家也有一定的影响。一个社会的市场（总体状况、包括劳动市场）发展水平，制约着国家的经济政策与劳动政策，也对国家的机构设置和工作内容有着一定的要求和影响。

2. 市场引导企业

（1）企业作为经济单位，它的收益取决于市场。市场需求是企业取得收益的动力（因为市场上有某种产品或劳务的需求，企业进行生产，就可以取得利润）；市场上的竞争对手和需求变化、劳动者职业选择的标准与倾向，都构成企业的压力。

（2）企业的行为总目标，是在市场上寻求利益最大化。企业在提供市场需要的产品、可以取得赢利的条件下，还考虑尽力节约成本、节约劳动力。

（3）在健全的经济体制下，企业的择员行为是由市场直接引导的。企业自主地、自由地选择各项生产要素包括劳动力要素，市场（包括各种要素市场）的变化会影响企业的活动，影响企业对要素的选择。市场上劳动力的素质状况、求职意愿、价格水平（即工资方面的要求）对企业择员也产生影响。

（4）企业通过自己的努力，也对市场有着一定的影响，包括拓展市场、改变市场、影响市场规则，以至在一定条件下能够创造出某种市场。

3. 国家对企业

（1）从理论上讲，理想的国家与企业的关系是“国家调控市场，市场引导企业”，国家不直接管理企业。在我国过去的计划体制下，国有和大集体企业是政府所属的完成经济职能的行政单位，由计划部门和劳动人事部门决定分配生产要素、安排劳动力。在目前的经济体制改革中，国家与企业之间的关系正在发生变化，目标是在尽量短的时间内帮助国有企业走向市场，并大力发展各类非公有制企业。

（2）在理想的市场经济状态下，国家主要管经济政策、产业发展方向、宏观总供求、经济环境、发展战略，并直接管少量关键部门和企业。在“管企业”问题上，也不能像过去那样对企业全面控制，而是将劳动力使用权交给企业。

（3）企业是国民经济的“细胞”，是市场的主体，是社会财富的主要创造者。企业的发展对于经济制度、经济条件和经济政策都有一定的要求。国家在制度、条件和政策方面，就应当给予一定的考虑，塑造适应企业发展以至整个国民经济发展的经济环境与社会环境。

4. 国家对劳动者

（1）国家要保证每一个社会成员的生存权，保证每一个成员基本生活需要的满足，这通过最低工资、社会救济、下岗职工生活费等途径实现。国家要保证经济活动人口（有就业要求的人）就业的实现，这通过调节社会劳动力供求、提供就业门路、进行安置、从事就业服务、限制企业解雇等途径达到。

（2）国家通过法律和社会管理活动，达到平等的社会目标。平等，意味着劳动者发展的障碍、不同的劳动者在身份上的歧视和“等级”性都不存在。与各种用人单位相比，劳动者一般是弱者，国家通过劳动法、有关政策和劳动者团体——工会组织等途径来保障他们的合法权益。

（3）国家通过经济体制的选择、经济政策和社会政策的运用，特别是工资政策与福利政策，刺激和调动劳动者的工作动力与积极性、创造性。

（4）劳动者对国家而言，是纳税人，这成为法理意义上的国家主人。劳动者作为一个数量极大的公众群体，是一种最有权合法提出要求的利益集团。在社会主义国家，劳动者还是国家的主人翁。这些都对国家的体制、制度、政策、法律提出要求和产生影响。

5. 市场与劳动者

（1）市场体制是竞争体制，它不仅给人以机会，而且是优胜劣汰。市场体制要求求职者个人素质与观念的提高，它鼓励人向上，鞭策不努力、素质低的人。

（2）劳动力市场是有着分层的，从国内外的情况看，从总体上可分为普通市场（尤其是技工市场）与高级市场（或专业人员市场、人才市场）。一般来说，人才有着比一般劳动力大得多的竞争优势，是有一定的“卖方垄断”倾向的；而一般劳工则处于相对不利的、由雇用单位“买方垄断”的地位。

（3）健全的劳动力市场，是公开、平等、全面、高效的市场，它应当具有完善的劳动就业服务和较高的求职实现率。

（4）劳动者作为劳动力市场的一个主体要素，对于劳动力市场的设置、服务内容和服务质量有着具体的要求。进而言之，劳动者作为一种主体性要素，还要求市场给予合理的配置和能够发挥其积极作用。

6. 企业与劳动者

（1）企业与劳动者双方之间存在着平等关系。首先，双方在市场相互选择的地位是平等的；其次，企业录用一个人就业后，在劳动过程中员工个人与所在组织具有同等的地位与权利、义务；最后，企业与劳动者进行平等的劳动——报酬交换。

（2）企业与劳动者之间具有法律关系。双方通过法律契约关系连接在一起（这体现为劳动合同），双方的矛盾、争议、冲突，以法庭为最终裁决机构。

（3）企业对劳动者负责。企业对所雇用人员的劳动条件与安全、生活福利等方面负有一定的责任，并担负社会保险的责任。

（4）劳动者对所从业的企业负责，承担应完成的工作，承诺有关的义务（如保护企业商业秘密、保护知识产权），要有一定的职业道德。

二、三方性结构

（一）由两方关系到三方关系

上述六个关系中，我们所关心的是企业和劳动者之间的关系即“劳工与雇主”之间的劳动关系。但是，在现实的社会生活中，劳动关系的重要性、广泛性和其冲突的色彩，使政府不得不进行干预以至加入其中，从而形成由劳工、雇主和政府构成的“三方性”关系。

人的劳动构成重要的社会行为，企业的运营活动也是重要的社会行为，在劳动者与企业、雇主之间存在的一系列劳动关系问题，诸如雇用、工资、劳动条件、合同、劳动者的人身权利、劳动争议与仲裁、罢工、工会活动范围等，也形成了重大的社会问题。

在市场经济条件下，政府作为居于劳动者和雇主双方之间的“中间人”，是“劳资”或者“劳使”两方关系的协调人，而且是具有权威性的公共管理机构。政府不仅在劳动关系双方中间居于评判和调停的地位，而且站在全社会的角度，从根本上解决双方互相矛盾又互相依存的一系列基本问题和体制问题。此外，政府还在劳动政策制定、劳动标准制定、劳工检查或劳动就业服务、最低工资、劳动者社会保障、劳动者团体与雇主集团的合法权力等方面，通过法律和行政手段，进行一系列管理。

这样，三方性关系就成为一种现代社会运行的重要体制内容，而不仅仅是局限于具体的两个群体的利益及其关系的较小范围了。

美国劳动经济学家 C. A. 摩尔根指出，随着工业化的进程，出现了若干劳资关系问题（工资、工时、工作条件），进一步出现了劳动者的经济无保障问题。这时劳动市场体制得以产生，形成了工会与雇主集团之间的集体交涉（即集体谈判）与各自的政治活动、立法活动和公共关系活动。集体交涉和各种活动逐渐地、不可避免地使得国家作为“第三种劳动体制”出现，进行各个专项劳动立法和协调解决劳资冲突的劳动关系立法。①

（二）三方性结构的内容

三方性结构，指在制定劳动法规、调整劳动关系、处理劳动争议过程中，政府、雇主和雇员代表共同参与决定，相互影响和制衡，这是调整劳动关系的有效机制。就此，日本学者岛田晴雄指出：“在资本主义经济中，市场经营原则是自由竞争，这一原则也毫无例外地适用于劳动市场。但对于现代资本主义社会来说，这种市场竞争也并不完全是自由放任；相反，政府利用规章制度、政策干预等方面对劳动市场起着很大的作用。因此，倒不如说，现代资本主义社会中的市场竞争，是在一定的制度结构下进行的。在劳动力市场上，左右市场活动的制度结构作用极其重要。在现代发达的资本主义国家里，这个制度结构包括以下三个要素：

1. 制定最低劳动标准：订立工资、劳动时间等基本劳动条件的标准，劳动条件不得低于所规定的标准。

2. 最低生活的保障：其中包括国家救济、免费医疗等社会保障功能，使在经济上不能独立的人也能得到最低生活的保障；完善各种社会条件，使他们的生存不受威胁。

3. 对工会组织在法律上的确认：在承认工会作为合法组织的这样一种制度下，工会有权参加关于劳动条件等方面问题的决策，同时对企业雇用职工、遵守最低劳动条件等方面，起到实际的监督职能作用。

---

① ［美］C. A. 摩尔根. 劳动经济学. 北京：工人出版社，1984

这三个构成要素在许多国家都是以法律的形式确定下来，得到法律的保护。”①

（三）三方性原则

所谓三方性原则，是指在社会劳动关系方面，实行劳工、雇主和政府三方面参与和进行协调的原则。这是劳动关系方面的国际惯例，也是具有特殊重要地位的国际组织——国际劳工组织所奉行的准则，从而有效地保障劳动者权益的体制性手段。

三方性原则的体现是，在有关劳动关系的处理上，要有劳工、雇主和政府三方面参加，例如，劳动争议处理中的仲裁，其委员会就由这三方面的人员共同组成。再如，凡参加国际劳工组织的国家，其代表团都是由劳工（一般由工会代表）、雇主（雇主协会）、政府三方组成，三方要以协调后的统一态度出现，国际劳工组织的这种“三方性”组织结构，本身就充分体现了保护劳动者的权益和三方面的协调。

（四）国际劳工组织

国际劳工组织是代表各国劳工普遍利益的、进行三方性协调的国际性政府间组织，是联合国的首家专业组织，其英文名为 International Labour Organization，(ILO)。鉴于国际劳工组织地位的重要性和结构的特殊性，因而它又被人们看做是“第二联合国”。

国际劳工组织对劳动者的权利、地位给予了高度关注，在其《章程》和附件《费城宣言》中，确认了一系列处理劳动关系和保护劳动者权利的原则，包括集体谈判的原则、同工同酬的原则、结社自由的原则、反对种族歧视的原则等②，并在其一系列的“公约”和“建议书”中做出保障劳动者权利地位的多方面规定。

国际劳工公约是国际劳工组织通过的、要求其会员国必须加以执行的条款。国际劳工公约类似于国际劳工组织的“法律”，国际劳工组织要求其成员国批准尽量多的公约，国际劳工公约在哪一个国家被批准通过，就等同于该国的劳动立法。因此，国际劳工公约就不仅仅是一般的国际惯例，而且成为具有法律效力的非常重要的国际性规范。与此相比，国际劳工组织建议书则是提倡性的、要求比较软的内容。

国际劳工公约包括三个层次：第一层次是体现其宗旨的基本公约，第二层次是政府在劳动行政工作方面的专业性公约，第三层次是对于特殊困难群体（如残疾人和妇女）进行保护和帮助的公约。从具体内容的角度看，国际劳工

① ［日］岛田晴雄. 劳动经济学. 北京：北京经济学院出版社，1988

② 王家宠. 国际劳动公约概要. 北京：中国劳动出版社，1991

组织的公约与建议书中所承认和提倡的劳动者权利包括：人的劳动权利（即获得就业岗位的权利）；免除强迫劳动的权利；人的平等就业权利（指不受各种歧视的就业权利）；受到劳动安全卫生保护的权利；获取公平报酬的权利；合理工时和享受休假的权利；接受培训的权利；享受失业、养老、工伤、医疗等社会保险的权利；自由结社的权利；合法进行经济斗争和罢工的权利；提起劳动纠纷诉讼的权利；女性劳动者与未成年劳动者受到专门保护的权利，等等。

在我国的宪法、劳动法和工会法中，在政府有关的行政规定中，也有大量对于劳动者合法权益保障的内容，包括有关就业的法律、法规、制度、政策。应当注意的是，要使这些法律、法规、制度、政策全面化和完善化，逐步与国际接轨，尤其是要注重实施、注重落实、注重监督、注重执法，从而达到其有效性。

第二节　劳动的产业结构

一、产业的划分

（一）产业的层次

在社会经济结构中，“产业”和“部门”是常见的范畴。对于产业，可以有多种划分，“三大产业”是最通行的划分方法。在产业之下，是国民经济的部门，我国目前分为16个部门，包括农林牧渔业、采掘业、制造业、电力煤气及自来水业、建筑业、地质勘查与水利管理业、交通运输仓储及邮电通讯业、批发零售贸易与餐饮业、房地产业、社会服务业、卫生体育和社会福利业、教育文化艺术和广播电影电视业、科学研究和技术服务业、国家机关政党机关和社会团体、其他16个。在部门之下，还有“行业”，例如制造业下面有重工业、轻工业，重工业中有冶金业、机器制造业等，轻工业中有造纸业、纺织业等，冶金业中还可以分为钢铁冶炼和有色金属冶炼行业。

（二）第一产业

第一产业是指从自然界取得产品的产业，也叫做“第一次产业”。第一产业具体包括农业、林业、畜牧养殖业、渔业。

第一产业从事初级产品的生产，它在整个国民经济中居于基础的地位，其产品除了直接为人们所消费外，也是第二产业的许多行业进行生产的原材料。由于科学技术的进步和生产管理水平的提高，第一产业逐渐实现机械化、电气化和自动化，在其总产量增加的同时，就业数量下降，对从业者的素质要求提高，从而会分流出一部分人向第二产业、第三产业转移。

第一产业劳动岗位的工作内容主要包括：对粮食、棉花、油料作物及各种经济作物的种植；选育农作物优良品种；对农作物生长期间进行管理，包括灌溉、施肥、除草等，保持其生长的良好条件；对农作物的收获与分类贮藏；对于自然林木的采伐；进行人工林木的种植；对自然林木、人工林木的管理和保护；对于猪、牛、羊、马、鸡、鸭等家畜、家禽进行养殖和放牧；对于野生动物进行狩猎；对于鱼、虾、蟹等水产品进行人工投养和捕捞；对于河流、湖泊、海洋自然水域的天然渔业资源进行开发捕捞，等等。

随着经济社会的发展，随着国民经济现代化进程和科学技术在生产领域的运用，第一产业就业岗位的素质要求水平在不断提高。在许多农业现代化水平较高的经济发达国家，当“农民”必须有经过正规农业学校训练的“绿色证书”。

（三）第二产业

第二产业是国民经济中对农业等初级产品进行多种层次的加工，为社会提供各种生产资料与生活资料产品的生产劳动。第二产业因此也叫做“第二次产业”。

第二产业，具体指在国民经济中居于核心、骨干地位的制造业、采掘业、建筑业等生产领域。第二产业的发展水平，是一个国家或地区经济实力的反映，即该国家或地区生产技术的机械化、自动化水平和经营管理水平的反映。这种发展水平，也导致了该国家或地区人民的富裕程度。第二产业的劳动岗位变动，则反映一个社会生产总量的扩大、技能要求的提高、技术更新排挤人力的状况、产业结构的兴衰变化，能够反映作为国民经济产业大军主体的社会劳动者的失业与就业状态。

第二产业具有提供大量就业岗位的功能。人们所说的产业社会、产业工人，一般就是指第二产业占主导地位的文化和第二产业的劳动者大军。我国的第二产业，包括矿山采掘、产品制造、自来水生产、电力工业、蒸汽热水生产、煤气生产、建筑七大行业。

（四）第三产业

第三产业是一个包括众多部门的庞大领域。第三产业在整个国民经济中担当完成流通、提供服务和社会管理的职能，也叫做“第三次产业”。

第三产业具有大量吸纳社会劳动力、提供大量就业岗位的功能。经济越发展、社会越进步，第三产业就越扩大，越能产生和分化出许多新的领域，使第三产业职业岗位数量大量增加。劳动力由第一产业、第二产业向第三产业转移是一种规律。从世界的角度看，第三产业的比重增加迅速，在经济发达国家已经占全部就业人员的一半以上，有的国家甚至达到70%～80%的水平。第三产业职业岗位的数量增加很快，成为社会新增就业的主要场所。

我国的第三产业可以划分为四个类别：

1. 为流通服务的部门。该类部门包括交通运输业、邮电通讯业、商业、饮食业、物资供销社和仓储业等；

2. 为生产和生活服务的部门。该类部门包括金融保险业、地质普查业、房地产业、公用事业、居民服务业、咨询服务业和综合技术服务业等；

3. 为提高科学文化水平服务的部门 。该类部门包括教育、文化、广播电视、科学研究、卫生、体育和社会福利事业等；

4. 为社会公共管理服务的部门。该类部门包括国家机关、政党机关、社会团体以及军队和警察等。

第三产业的就业岗位数量众多，类别众多，要求从业者具有不同的素质条件。许多就业岗位需要经过专门的选拔，如公务员需要经过考试录用。在教育、文化、卫生、科研等部门工作的专业技术人员，要具备较高的学历和专业水平。前两类普通服务性行业的岗位，对从业者素质的要求则相对较低。

二、产业结构及其变动

（一）产业结构的内容

产业结构一词，可以用于国民经济产值和劳动者两个方面，是指在国民经济总体中各个不同产业的产值或劳动者占产值总体或劳动者总体的比例。本著作的产业结构，是指各个产业的劳动者占劳动者总体的比例。

产业结构可以分为不同的层次。一般来说，首先是指“第一产业、第二产业、第三产业”这三大产业的结构，下一个层次是部门大类的结构。从通常的角度看，产业结构是指其第一个层次。此外，人们还从传统产业与新兴产业关系等角度看待与研究产业结构问题。

产业结构变迁的一般规律，是劳动者首先由第一产业（广义农业）流向第二产业和第三产业，然后由第一产业、第二产业流向第三产业。

产业结构的转移是一种历史趋势，在经济社会迅速发展的情况下，各国的产业结构都有着明显的变动。这既决定了经济社会发展的大格局，也决定了各国社会劳动的基本面貌。顺应产业结构的变化趋势，是进行社会劳动要素合理配置与管理的基本着眼点之一，也为劳动社会学研究提供了大思路与提出了基本任务。

（二）产业结构的变动内容

1. 第一产业的结构变动

农业劳动生产率的大幅度提高，是第一产业劳动者向第二、第三产业转移的前提。由于农业劳动生产率的提高，使农业总产量大幅度增加，而市场对于农产品需求量的增加是有限的。农业生产率提高后，可以节约从事农业生产的人力资源，这就使在农业就业的人员相对比例下降。随着农业生产率的进一步提高，在农业就业的绝对人数也开始减少。从发达国家走过的历程看，劳动者在第一产业就业的比例一般是以每年0.5%的速度减少的。我国改革以来的这一转移速度较快，高达每年1%。

农业生产率的提高，除了在土地上“精耕细作”的传统方式，一般是大量资金集约在农业部门，通过机械化耕作等手段大幅度提高劳动生产率，从而释放出大批农业过剩人力资源。

农业剩余劳动力向非农业部门的转移必须具备另一个条件，这就是非农业部门劳动岗位的增加。当农业剩余劳动力过多、过急地流向非农业，对一国经济的发展往往起消极的甚至是破坏性作用。

第一产业的劳动者向第二产业、第三产业结构转移的途径主要有两种：一种是脱离农村，向大中型城市（特别是工业城市）流动，这是世界上大多数国家的道路。另一种是在农村“就地消化”或者转移到小城镇。在农村“就地消化”，可以从事农业机械修造，对农产品综合加工，利用当地资源进行工副业生产，发展农村服务事业、文化教育事业，等等。

第一种转移类型的优点是能够迅速集约劳动要素，为工业发展提供条件，但容易造成农业生产后继无人和对城市压力过大的现象，可能产生一定的不良后果。不少发达国家和发展中国家都感到了这个问题，我国的“民工潮”问题也是明显反映。我国在进行第二种转移方面取得了一定的成功经验。

2. 第二产业的结构变动

劳动者在第二产业就业的比例是与工业的迅速发展相联系的，一般经过相当长时间的增长，达到40%～50%的高水平后又有所下降。这是因为，随着工业有机构成的提高，先进技术的应用和传统工业部门的淘汰等，工业劳动生产率大幅度提高，工业物质产品数量极大，从而在工业部门就业的人数减少，工业就业的比重由提高到逐步下降。

3. 第三产业的结构变动

从世界各国发展规律的角度看，第三产业劳动者的比重是一直呈现上升趋势的。第一产业、第二产业的劳动生产率提高，具备了人员富余和向第三产业转移的可能。实际上，第三产业就业比重的增加，在第二产业就业比重还在增加的时候就已经开始。随着劳动者在第一产业比重的大幅度下降和在第二产业的比重由增加到减少，在第三产业就业的比重就大大提高。在经济发达国家，第三产业就业的比重已经达到50%以上，多的甚至高达70%以上。

第三产业就业比重高，一般是一国经济发达的表现。因为，流通、消费事业发展，科学、文教、卫生事业发展，服务性部门增加，人们社会活动增加和政府管理职能加强等，都是第一和第二产业部门物质生产发展带来的结果。

第三节　劳动的职业结构

一、职业的划分

(一) 职业分类的原则

1. 同一性

同一性是职业分类的最基本的原则。具体来说，它是指构成一个职业类别，必须在工作范围、工作内容、操作方法、使用工具以及工作环境等方面都是同一的。

2. 标准性

职业分类是一项复杂而又重要的工作，对于职业的分类，要有严格的标准。特别是对于政府管理来说，标准性是极强的。这种标准反映为一个国家的"职业分类标准"，即由政府有关部门组织制定和实施的"国家标准"。

3. 多级性

社会职业是一个庞大又复杂的现象，有着数千甚至上万个类别。对于这样一个庞大的体系，需要划分为几个不同的等级或者层次，每一个等级或者层次中一般都有许多的类别。这样，才能够把庞大而复杂的"职业"区分开。一般情况下，各国根据自己的情况，把职业分为三个至四个层次。

4. 现实性

职业分类是一个现实的范畴，它要反映社会实际，是基于一个社会的经济发展水平、产业结构、技术状态以及社会文化状况，对于人的劳动状况做出划分，其用途非常广泛，可以用于国家标准编码管理、经济社会统计、大中学校职业指导、职业介绍和就业管理，也可以用于各个企业、事业、机关单位的员工管理。

(二) 职业分类的方法

1. 职业标准编码法

从世界的角度看，国际劳工组织在 20 世纪 40 年代末，组织许多国家的有关专家和国际组织，共同编制职业分类的工具书。1958 年国际劳工组织颁布了第一部《国际标准职业分类》，成为各国编制职业分类的依据和各国间交流的标准。

国际标准职业分类体系，是一个"提供了包括全部文职工作人员所从事的职业在内的系统化的分类结构”[1]。在这个结构中，包括大类 8 类、小类 83 类、细类 284 类、职业项目 1 506 项。在这一分类体系中，每一个职业都有一个五位的职业编码、一个名称、一个定义，职业定义说明该职业的工作者的一般职权、主要职责和任务。

许多国家的政府，都组织本国的有关部门和专家学者编制职业分类的本国标准。各个国家的经济社会条件不同，又有不同的管理需要，因此其国家职业分类标准就有所不同。

加拿大组织 300 个专家经过 7 年编制的《加拿大职业分类词典》，于 1971 年出版。该词典包括 7 000 多个职业名称词条，其职业词条的内容包括：定义和职责、考核和提升要求、从业者必须具备的各方面条件和素质等等。该词典内容丰富全面，概念清楚，描述翔实，具有很高的实用价值，社会用途面非常广泛，是一部国际影响很大的工具书。

我国第三次、第四次、第五次全国人口普查中的职业，采用大类、中类、小类三个层次的体系。与此相关，我国国家统计局和国家标准局在 1986 年发布了《中华人民共和国标准职业分类和代码》。1995 年我国开始编制详细的职业分类，该体系与国际标准基本对应，于 2000 年颁布。《中华人民共和国职业分类大典》是国家级的职业分类标准。我国职业分类大典的编制工作，由国家劳动部主持，共组织了 50 多个部委、机关从事涉及职业分类的劳动人事教育干部和有关研究机构、大学的专家学者近千人参加。

我国发布的职业分类大典，比照国际标准，把职业分为四个层次，包括 8 个大类，66 个中类，413 个小类，1 838个细类。其 8 个大类为：

- 国家机关、党群组织、企业、事业单位负责人；
- 专业技术人员；
- 办事人员和有关人员；
- 商业、服务业人员；
- 农、林、牧、渔、水利业生产人员；
- 生产、运输设备操作人员及有关人员；
- 军人；
- 不便分类的其他从业人员。

职业分类大典中的“细类”，是我国分类体系中的最基本类别，即我们通常所说的“职业”。内容包括职业编码、职业名称、职业概述、职业定义、职业内容描述，以及归属于本职业的工种的名称和编码。

---

① 国际劳工局. 国际标准职业分类. 北京：劳动人事出版社，1988

附：我国职业分类内容举例

按照我国颁布的《中华人民共和国职业分类大典》，“裁剪工”职业在职业分类中的层次排列的地位为：

6　大类：生产、运输设备操作人员及有关人员

6—11　中类：裁剪缝纫和皮革、毛皮制品加工制作人员

6—11—01　小类：裁剪缝纫人员

6—11—01—01　细类（工种）：裁剪工

“裁剪工”职业的定义与说明为：

使用裁剪设备或工具，将以纺织、皮革等为材料的面、里、衬等主、辅料开剪成胚的人员。

从事的工作主要包括：(1) 备料；(2) 使用专用工具进行主、辅料划样；(3) 操作裁剪设备或工具将主、辅料裁剪成胚料；(4) 将胚料打号、扎包、填写生产记录；(5) 清洁设备及工作地。

下列工种归入本职业：

航空救生设备裁剪工（10—009）

服装裁剪工（17—381）

2. 部门工作标准法

从属于国家标准分类法，还有进一步细化的部门工作标准法。

对于政府不同部门来说，所进行职业方面的管理内容不同、角度不同，因而也有着特定的职业分类。政府劳动部门从就业、劳动管理、职业技能的角度进行分类，政府教育部门从学校专业设置和学生职业选择的角度进行分类。例如我国劳动部制定了工人类别的“工种目录”；政府教育部门所搞的学科分类、专业设置，与职业分类也有着相当紧密的关系，如税收专业、机械专业、文秘专业、烹调专业、计算机专业。

3. 社会地位分类法

在社会科学研究和统计工作中，还把职业按照社会地位或者社会阶层进行划分。主要划分方法有爱德华兹（ A. Edwards）的职业地位划分法，该方法把职业分为：专业人员（或专门性人员）、业主经理和官员、职员与类似职业、熟练工人与工长、半熟练工人、非熟练工人 6 类。

4. 职业指导应用分类法

职业指导是一个涉及面广、意义重大的领域，从对人进行职业指导工作角度，也有着若干种职业分类方法，这些分类与心理学对“人”的划分紧密联系。职业指导领域的职业分类方法主要有：

(1) 霍兰德的分类法

这一方法把职业分为现实型（即技能型）、调研型、艺术型、社会型、企业型（即领导型）、传统型（即常规型）6 种。这是一种非常重要又应用普遍的分类法。

（2）兴趣分类法

这一方法与人的活动兴趣相联系，把职业划分为户外型、机械型、计算型、科研型、说服型、艺术型、文学型、音乐型、服务型、文秘型 10 种。

（3）DPT 分类法

这一方法从人的职业活动内容的角度，把职业分为 D、P、T 三类。D 是指以"资料"为主要的工作对象，英文为 data；P 是指以人为主要的工作对象，英文为 people；T 是指以事物为主要的工作对象，英文为 thing。

二、职业结构及其变迁

（一）职业结构

职业结构，是指不同职业类型的劳动者在劳动者总体中的比例。职业结构是一个国家和地区经济发展水平的反映，也是劳动者社会地位与社会境遇的反映。

职业，是人们所从事的工作种类，也是劳动者的生活方式。职业是有着不同门类的。我国古代将职业分为"士、农、工、商"四大阶层，人们所说的"三教九流""三百六十行"，也是对职业结构的形象概括。职业因其不同的劳动内容、不同的劳动、不同的劳动方法、不同的劳动对象和不同的劳动条件和环境，而存在着很大差异，因而也就有了职业的分类，有了人们的社会职业评价和对职业的不同选择。

从职业的社会阶层结构看，最大的结构是体力劳动和脑力劳动两大类别的结构。人类社会的发展，是一个脑力劳动性职业比重不断加大的过程；在脑力劳动者中，教授、工程技术人员、律师、医生、高层行政管理人员等高级部分比低级部分的增长更快些。在体力劳动内部，生产性人员逐渐减少，服务性人员比重有所增加，一些简单、繁重的工种被淘汰，体力劳动中的技术性、含有脑力性成分的职业在增加，并出现了大批工人技师性的工作，而"蓝领"的颜色也正在"变浅"。上述职业结构的变动，反映了人类劳动方式的进步。

从社会地位和社会关系的角度，职业可以分为以下 7 个部分：

• 专门职业人员、政府官员、高级经理阶层；

• 雇主、一般经理与管理人员；

• 白领人员；

• 熟练工人，即技术性较强的工人与领班；

• 半熟练工人，即技术程度略差的机器操作工人、司机等。农民、商业服务业人员一般也属于这个类型；

• 非熟练工人，即一般从事无技术工作、尤其是重体力劳动和在脏差环境工作的人员；

• 家庭服务与个人服务人员。

（二）职业结构的变迁

职业结构的变化反映着一个社会的发展水平和发展方向。职业结构的变迁可以从两个方面来测量：一方面，新的职业产生，旧的职业消亡，一些旧职业的工作内容也有了较大改变；另一方面，职业结构的变化是指各种职业的劳动者的比例会随着社会的发展而发生变化。

职业结构的变化有着一定的规律。从发达国家职业结构变化的趋势与规律看，总的趋势是体力性的、非技术性职业的劳动者所占的份额不断减少，而脑力性的、技术性职业的劳动者所占的份额不断提高。

表 3—1 反映的是从 1870 年到 1995 年之间美国的职业结构变迁状况：

表 3—1　　1870—1995 年美国职业结构

职业	劳动力%					
	1870	1900	1930	1950	1980	1995
专业人员和技术人员	3	4.2	6.8	8.6	16.0	17.1
经理、行政官员、店主	6	5.8	7.4	8.8	11.2	9.6
推销员	4	4.5	6.3	7.0	6.3	6.9
公务员		3.0	8.9	12.3	18.6	18.9
手艺人和工头	9	10.5	12.8	14.2	12.9	11.6
操作工	10	12.8	15.8	20.4	14.2	12.1
劳工（除农业工人以外）	9	12.5	10.9	6.6	4.6	5.5
服务行业工人	6	9.0	9.8	10.4	13.3	16.3
农场主和农业工人	53	37.5	21.0	11.8	2.8	1.9
总数（整数）	100	100	100	100	100	100
劳动力数量（百万）	12.9	29.0	48.7	59.0	97.3	127.1
劳动力中女性的比例	15	18	22	28	42.4	46.7

资料来源：丹尼尔·吉尔伯特，约瑟夫·A. 卡尔. 美国阶级结构. 北京：中国社会科学出版社，1992

从表 3—1 可以看出，专业人员和技术人员，经理、行政官员和店主，推销员与公务员在美国就业者中所占的比例一直呈上升趋势，从 1870 年的 13％上升到 1995 年的 52.5％，其中公务员及专业人员的比例上升速度尤其迅速。体力劳动者在社会劳动者中的比例变化不大，但其内部的结构发生了很大的变化：劳工的比例下降了，手艺人和工头、操作工有所增加。农业劳动者的比例同样也经历了大幅度的下降，从 1870 年的 53％下降到了 1995 年的 1.9％。

（三）我国的职业结构变迁

自中华人民共和国成立至今的半个多世纪里，我国社会劳动者的职业结构发生了比较大的变化。表 3—2 反映了 1952—1999 年若干年份职业结构的主要变化趋势。

表 3—2　　1952—1999 年中国劳动者职业结构

职业	1952	1978	1988	1991	1999
国家与社会管理者	0.50	0.98	1.70	1.96	2.1
经理人员	0.14	0.23	0.54	0.79	1.5
私营企业主	0.18	0.00	0.02	0.01	0.6
专业技术人员	0.86	3.48	4.76	5.01	5.1
办事人员	0.50	1.29	1.65	2.31	4.8
个体工商户	4.08	0.03	3.12	2.19	4.2
商业服务业员工	3.13	2.15	6.35	9.25	12.0
其中：农民工	—	0.80	1.80	2.40	3.7
产业工人	6.4	19.83	22.43	22.16	22.6
其中：农民工	—	1.10	5.40	6.30	7.8
农业劳动者	84.21	67.41	55.84	53.01	44.0
无业失业半失业人员	—	4.6	3.6	3.3	3.1
总计	100.00	100.00	100.00	100.00	100.00

资料来源：中国网，2002-02-04

从表 3—2 可以看出，目前中国的职业结构具有从农业社会向非农业社会转型的特征。在全部社会劳动者中，农业劳动者大约占了一半的比重，农业劳动者占就业人口的比重从 1952 年的 84.21%下降到了 1978 年的 67.4%，经过 20 多年的改革，进一步下降到了 1999 年的 44%，我国农业劳动者向非农产业的转移，以外出务工经商、兴办乡镇企业、接受高等教育为主要途径。目前，我国有外出务工经商者8 000多万，上亿人进入乡镇企业，成为乡镇企业工人和管理人员。

中国非农业劳动者的比重在 1999 年时已经超过了农业劳动者的比重，达到了 53%。过去 20 多年中，商业服务业劳动者的数量有比较大的增长。近年来，大中城市发展迅速，小城镇的扩张也在继续，这导致商业服务业员工职业阶层规模的继续增长，并开始出现分化，其中一部分成员将向上流动，进入社会中间层，对缩小社会结构中的中下层起到重要作用。

产业工人的数量及比例在 20 世纪 80 年代的农村工业化高潮中有相当的上升，进入 90 年代以后总数变化不大，但结构调整明显：建筑业、交通业等有所增加，而采掘业、制造业有所减少。随着一些传统工业的衰落，会有一部分产业工人流向其他职业类别，但中国加入世界贸易组织之后，中国“世界工厂”的地位进一步加强，从而对产业工人的需求将保持在一定水平上。而一些产业工人则可能因为技术、产业结构变迁等原因而下岗和失业。

个体工商户、私营企业主与经理人员的规模在改革以来有了快速的增长，成为职业结构中增长速度最快的部分之一。从1978年到1999年，私营企业主所占比重从0上升到了0.6%，个体工商户和经理人员所占比重也分别从0.03%和0.23%增加到4.2%和1.5%。此外，诸如专业人员、办事人员在社会劳动者总量中的份额也有了较大的增加。

职业结构的上述转变意味着中国社会已经开始由传统农业社会向现代工业社会、服务业社会的转变。从中我们也可以看到，半个多世纪以来中国职业结构的变迁方向从总体上看与西方发达国家曾经经历过的转变趋势是一致的，即农业劳动者的份额不断缩小，非农业劳动者的份额不断增加，社会的现代性也随之不断增长。

【本章小结】

本章将劳动纳入社会的眼界进行分析，首先分析了市场体制的四个运行主体和总主体之间的六项关系，包括劳动者与政府、市场、企业之间的关系。在此基础上，介绍了劳动者（工会）、雇主、政府三方关系的体制地位，阐述了三方性制度结构的三要素（最低劳动标准、最低收获保障和工会组织的合法性），介绍了三方性原则和国际劳工组织及其公约，并阐明了我国在走向市场经济的情况下正确设计劳动的社会关系和维护劳动者权益的重要性。

在现实生活中，社会劳动存在于一定的产业结构和职业结构中。本章阐述了产业的划分和各个产业的职业岗位，阐述了产业结构的内容及其变动。本章还阐述了职业分类问题，包括职业分类的原则和主要方法，介绍了我国的职业分类大典体系和进行示例，阐述了职业结构及其变动的意义，最后阐述了我国职业结构与产业结构变动的状况。

【重要概念】

三方性原则　国际劳工组织　国际劳工公约　第一产业　第二产业　第三产业　产业结构　职业分类　职业结构

【思考题】

1. 市场经济的主体有哪些？劳动者在市场经济运行中有什么作用？

2. 劳动者在市场经济中的角色是什么？劳动者与企业之间有什么关系？

3. 三方性原则的内容是什么？劳动者的权益是什么？

4. 结合我国的实际情况，分析产业结构的转移问题。

5. 职业分类的标准是什么？我国的职业是如何划分的？

6. 职业结构变迁的原因和趋势是什么？结合现实状况分析我国改革以来的职业结构的变化。

第四章　劳　动　者

第一节　劳动者的概念

劳动者（worker）是劳动社会学研究的主体，作为形成劳动领域中社会关系和社会结构的基本要素，其概念的界定具有很重要的意义。

一、西方学者的看法

西方学者对于"什么人可以称为劳动者"这一点，在看法上有相当大的差异。相当多的学者认为劳动者是从事有酬劳动的人，如美国学者奥斯汀（C. J. Auster）在其1996年出版的《劳动社会学：概念与案例》一书中，将劳动（work）界定为一系列从事与有酬职业有关的活动，而劳动者则是一系列从事与有酬职业有关的活动的人。① 另外有一些学者认为，把劳动者界定为从事有酬劳动的人，这种界定忽视了该概念复杂的人格与社会特性。按照这种定义，家庭妇女就不是劳动者，可是，当这个家庭妇女为他人做同样的家务活动时，或当她的丈夫雇用他人来做家务时，从事同样活动的人就成了劳动者，而GNP的计算也考虑她（他）们的劳动。因此，英国学者肯特（K. Grint）从建构主义的角度出发，对于什么样的人可以称为劳动者给出了自己的看法，他认为，一个人从事什么样的活动可以被界定为劳动者，从事什么活动不被界定为劳动者，并不取决于活动本身，而取决于我们从一个什么样的角度来看待这种活动。人们对于某一种事物与现象的界定蕴涵着丰富的社会意义与社会利益，对现象的界定是社会建构的结果，它不仅是一种文化的象征，也是一种权力分布的体现。在他看来，没有一种活动可以被永恒地称为劳动，因而也就没有一种关于劳动者的确切定义。②

二、国内学者的看法

国内对于"什么人可以称为劳动者"问题有几种不同的看法。第一种看法

---

① Carol J. Auster 1996 The Sociology of Work：Concepts and Cases. Prince Forge Press. P. 1

② Grint. K. 1991：The Sociology of Work：Introduction. Polity Press. P. 12

认为，劳动者是各行各业从事有酬劳动、获得一定职业角色的社会人，包括工业劳动者和服务业劳动者，也包括农业劳动者。劳动社会学所关心的主要是工业劳动者、商业劳动者和服务业劳动者。① 第二种看法从劳动人事管理的角度出发，认为劳动者亦即社会劳动者，主要是指具有一定的劳动能力、从事一定社会劳动并取得相应的劳动报酬或经营收入的公民。成为劳动者的条件是：第一，在劳动年龄范围之内，具有一定体力和智力的人；第二，从事一定的社会劳动；第三，具有劳动权的公民；第四，有相应的劳动报酬与经营收入。在中国的实际工作中，没有达到劳动年龄已经参加社会劳动的人与已经超过劳动年龄仍然参加社会劳动的人，都被统计为劳动者，除此之外的人，不管从事什么活动，均不被统计为劳动者。②

此外，统计学家、人口学家等对于劳动者是什么，也有自己的界定。但到目前为止，国内绝大多数关于劳动者的界定，比较强调职业、从事有酬劳动等因素。

三、劳动者的界定

综合国内外学者的观点，从社会学的视角看，所谓劳动者，就是在一定的社会分工体系下，具有一定的劳动能力，处于一定的劳动岗位，遵循一定的劳动规范，有目的地、相对持续地从事或向他人提供有价值物品与服务活动的社会人。

劳动者是在一定的社会分工体系下进行劳动，其劳动活动既受到社会分工体系的制约，又是社会分工体系的有机构成部分。作为劳动者，必须具有一定的劳动能力，任何人只有在达到一定的生理和心理成熟度，具有相当的体力与智力以后，才能成为劳动者；劳动者应该与一定的劳动岗位相联系，劳动岗位为劳动者提供了一定的劳动工具和劳动手段，也为劳动者提供了一定的合作群体，劳动岗位是人们参与劳动、实现人与物的结合以及人与人的结合的场所，与劳动者有关的劳动行为、劳动关系等都与人们所处的劳动岗位紧密相关；劳动者在从事劳动活动或向他人提供物品与劳务时，还必须遵行一定的劳动规范，劳动规范不仅是劳动的自然过程的要求，而且也是劳动的社会过程的要求，这些规范构成了劳动者的群体文化、组织文化与劳动制度；最后，作为劳动者，他所提供的劳动活动是有目的、相对持续的。

① 潘锦棠主编．劳动与职业社会学．北京：红旗出版社，1991．27

② 中国劳动人事百科全书（上册）．北京：经济出版社，1989．741

第二节　作为社会人的劳动者

劳动者是来自于不同社会生活环境的个体，他们具有不同的生活背景、个人经历、人格特点和不同的能力，将不同的价值观、态度带入劳动组织。他们是具有个性差异以及不同需要和动机的社会人。

一、劳动者的能力

能力反映了个体在某一工作中完成各种任务的可能性。这是对个体能够做什么的一种现时的评估，它决定了人的工作效率。一个人的总体能力可分为心理能力和体质能力。

心理能力即从事心理活动所需要的能力。智商测验就是确定个人总体的心理能力的指标。此外，每年全国统一的中考、大学和研究生入学考试，也属于这种类型的测验。一般来说，在心理能力中包括七个维度，即：算术、言语理解、知觉速度、归纳推理、演绎推理、空间视知觉以及记忆力。

不同的工作要求员工运用不同的心理能力。对于需要进行信息加工的工作来说，较高的总体智力水平和言语能力是成功完成此项工作的必要保证。当然，高智商并不是所有工作的前提条件。事实上，在很多工作中，员工的行为十分规范，很少有机会使他们表现出差异，此时，高智商与工作绩效可以说是无关的。然而，无论什么水平的工作，在言语、算术、空间知觉等能力方面的测验分数，都是工作熟练性的有效预测指标。

体质能力主要包括以下九个维度：动态力量、躯干力量、静态力量、爆发力量、广度灵活性、动态灵活性、躯体协调性、平衡性、耐力因素。对于那些技能要求较少，而规范化程度较高的工作而言，体质能力对于工作的成功是十分重要的。比如，一些工作的成功要求耐力、手指灵活性、腿部力量以及其他相关能力。

劳动者的工作绩效取决于能力与工作之间是否相互匹配。同时，劳动者的工作能力，如知识水平、操作技能、理解能力、判断能力、计划能力、管理能力等在工作中是可以培养提高的。在能力与工作匹配的基础上，注意不断培养劳动者的工作能力，可以有效地提高工作积极性和工作效率。

二、劳动者的人格

（一）人格的含义与内容

人格是个体所具有的反应方式和与他人交往方式的总和。它常常被称为一个人所拥有的可测量的人格特质。一个成人的人格是由遗传和环境两方面因素组成的，同时还受到情境条件的影响。对人格结构研究的早期工作主要是试图确定和标明一些持久稳定的特点，用以描述个体行为。这些特点包括害羞、进取心、顺从、懒惰、雄心、忠诚、畏缩等，当一个人在不同情境下均表现出这些特点时，我们称其为人格特质。这些特质越稳定，则在不同情境中出现的频率就越高，在描述个体行为时就越重要。

20世纪80年代后期，一些人格心理学家一致认为存在五个主要的人格因素。五大人格因素是指人格的五维度模型（big five 或 FFM），这五大人格维度是所有人格因素的最基础维度。它包括：（1）外倾性，描述一个人善于社交、善于言谈、武断、自信方面的人格维度；（2）随和性，也称宜人性，描述一个人随和、合作、信任方面的人格维度；（3）责任心，即认真性，描述一个人的责任感、可靠性、持久性、成就倾向方面的人格维度；（4）情绪稳定性，描述一个人平和、热情、安全（积极方面）及紧张、焦虑、抑郁、失望和不安全（消极方面，也称神经质）方面的人格维度；（5）经验开放性，描述一个人幻想、聪慧及艺术的敏感性方面的人格维度。[①]

（二）人格特质的影响

另外，其他的人格特质对组织内劳动者的行为也有很大影响。

1. 控制点

一些人认为自己是命运的主人，另一些人则认为受命运的操纵、生活中所发生的一切均是运气和机遇的作用。前者认为自己可以控制命运，被称为内控者；后者认为被外界的力量所左右，被称为外控者。有关内控与外控的比较研究表明，外控分高的个体对工作更不满意，对工作环境更为疏远，对工作的投入程度更低，缺勤率也更高，其原因可能在于他们感到那些对自己来说很重要的组织结构均是自己无法左右的，他们更乐于遵循别人的指导，对于结构明确、规范清楚、只有严格遵从指示才会成功的工作来说会做得更好；内控者在决策之前积极搜集信息，有强烈的成就动机，并倾向于控制自己的环境，适合于较复杂、有创造性和独立性的工作活动。

2. 自尊

人们喜爱自己，这一特质称为自尊，其程度各有不同。自尊与成功预期成直接正相关，自尊心强的人相信自己拥有工作成功所必需的大多数能力，不太喜欢选择那些传统性的工作；自尊心弱的人对外界影响更加敏感，他们需要从别人那里得到积极的评估，因此，他们更乐于赞同别人的观点，更倾向于按照自己尊敬的人的信念和行为从事，比较注重取悦于他人，很少站在不受欢迎的立场上。

① ［美］L·A. 珀文. 人格科学. 上海：华东师范大学出版社，2001. 47～53

3. 自我监控

自我监控指的是根据外部情境因素而调整自己行为的个体能力。这一人格特质受到越来越多的重视。高自我监控者在根据外部情境因素而调整自己行为方面表现出相当高的适应性，他们对环境线索十分敏感，能根据不同情境采取不同行为，并能够使公开的角色与私人的自我之间表现出极大的差异；而低自我监控者则不能以这种方式调整自己，倾向于在各种情境下都表现出自己真实的性情和态度，因而在他们是谁以及他们做什么之间存在着高度的行为一致性。

三、劳动者的知觉

知觉（perception）是一种基本的心理过程。它比感觉要复杂，并常常和感觉交织在一起，被称为感知活动。知觉对个人的决策行为有直接影响。而人的社会知觉往往存在有许多方面的偏差。

（一）晕轮效应

晕轮效应也称光环效应，是指人们在观察某个人时，由于对被观察者的某些品质或特征有清晰明显的知觉，从而掩盖或影响了对这个人其他特征和品质的知觉。即这个人的品质或特征产生了一种类似晕轮的作用。管理人员偏向高估他们喜欢的人的优点和表现，而低估了他们不喜欢的人的品质和表现；老师会给他喜欢的学生打高分，而给他不喜欢的学生打低分，这些事实中都隐含着晕轮效应。

（二）第一印象偏差

第一印象亦称初次印象，两个素不相识的人第一次见面所形成的印象，称为第一印象。在人与人的交往过程中，给人留下的第一印象是至关重要的因素。第一印象中掺杂了大量的情感因素和联想因素，难免有表面性、片面性、冲动性和联想性，常常出现偏差。了解第一印象的作用具有现实意义。一方面任何人在看待别人时，要尽量避免受第一印象的影响，而对人产生错误的看法；另一方面组织的领导者和管理者也应该注意在群众中留下良好的第一印象；同时，对组织中一些犯过错误的员工，也不能把人一棒子打死，要看到他们的进步与变化。

（三）刻板印象

刻板印象是对社会上各类人所持有的固定看法，或者说是对人的概括化的看法。“物以类聚，人以群分”，不同群体内的人们具有某些相似性、共同点，人们极易对此产生概括化、类化型的看法，形成固定观点。概括化使人在感知时方便快捷，但在某些情况下，刻板印象往往不够准确。因此在管理中，要避免出现不切实际的刻板印象，注意个体差异性。否则会影响正常的人际交往，破坏团结、造成用人不当、挫伤人的积极性、给组织造成不必要的损失。

（四）投射效应

投射效应是一种以己度人的知觉倾向，就是一个人把自己的特点和感觉强加给其他人的趋势。投射效应在某些情况下是一种敏感的和有效的知觉方法，因为同为人类中的一员以及具有某些相似性的个体常常会有相类似的思想和感觉。但是投射效应更容易成为正确知觉的障碍，导致知觉上的偏差和对别人人格的歪曲。这主要是由于知觉者在对他人知觉的过程中，在对他人做出判断和解释时，会把自身的感情、焦虑和动机加入到判断中去，由此导致知觉被个人感情或个人所具有的某些素质所歪曲。

（五）近因效应

最近给人留下的往往有强烈的影响。有时最近的信息，对判断一个人的性格起着重要的作用，这就是近因效应。管理人员在工作中要尽可能做到，一方面预防第一印象效应和近因效应的消极影响，另一方面在一定条件下发挥这两种效应的积极作用。

四、价值观、态度和工作满意度

（一）价值观

价值观代表一个人对周围事物的是非善恶和重要性的判断和评价。如，对自由、快乐、自尊、诚实、服从、公平、金钱、功名、政治态度、社会风气、教育程度等在心目中有轻重主次之分。这种主次的排列，构成了个人的“价值体系”。价值观对于研究劳动者的组织行为很重要，它是了解员工的态度和动机的基础，同时也影响我们的知觉判断，进而影响人的工作态度和行为。

美国学者奥尔波特（Allport）把价值观划分为六种类型：理论型——重视以批判和理性的方法寻求真理；经济型——强调有效和实用；审美型——重视外形与和谐匀称的价值；社会型——强调对他人的热爱；政治型——重视拥有权力和影响力；宗教型——关心对宇宙整体的理解和体验的融合。

我国二十世纪五六十年代“文化大革命”之前的劳动者，受中国传统的伦理、道德文化的影响，受当时政治氛围的熏陶，其价值观念是对组织非常忠诚，努力工作，勇于奉献和牺牲自我追求崇高的理想和信仰，轻视金钱和物质利益。而现代劳动者的价值观念已发生了很大变化，尤其是二十世纪八九十年代成长起来的新一代劳动者，他们追求成就、事业的成功、名誉的取得，注重经济利益，要求自己的付出与报酬相符，职业的选择较灵活，自主意识强，追求自身素质的发展，重视友谊和生活质量，善于接受新的观念，表现出强烈的现实主义。

每一个人的价值观虽然不同，但它可以反映这个人成长时期的社会价值观，认识到这一点对于解释和预测行为有很大帮助。

（二）态度

态度是指人们在自己所处的环境中对人对事的看法、想法、情绪以及心理反应倾向等。它由认知、情感和行为三个因素构成。同价值观一样，态度是从父母、教师、同辈群体那里获得的，具有相对的不稳定性。劳动态度是指一个人在具有特定价值观后，对其工作所采取的一般的对待方式。劳动态度直接影响着劳动者体力和智力水平的发挥。

与工作有关的态度包括工作满意度、工作参与和组织承诺三个方面。工作满意度问题在下面专门阐述，这里分析工作参与和组织承诺两个内容。

（1）工作参与。工作参与是指一个人在心理上对工作的认同程度，认为自己的绩效水平对个人价值的重要程度。工作参与程度高的员工对他们所做的工作有强烈的认同感，并非常重视他所从事的工作类型。工作参与程度高与缺勤率低和流动率低有直接联系。

（2）组织承诺。组织承诺是指员工对于特定组织及其目标的认同，并且希望维持组织成员身份的状态。所以高工作参与意味着一个人对特定工作的认同；高组织承诺则意味着对于所在组织的认同。与工作参与类似，研究表明组织承诺与缺勤率和流动率呈负相关。事实上，一个人组织承诺的水平是预测流动率的更好指标。

（三）工作满意度

工作满意度是指个人对他所从事的工作的一般态度。社会学家和心理学家常用“工作满意度”来作为衡量劳动者态度的综合指标。一个人的工作满意度水平的高低，决定了他对工作所持态度的积极与否。一般地说，劳动者的工作满意度越高，其对劳动组织、工作环境、工作任务本身等，就越持一种积极的态度。

决定工作满意度的重要因素是具有心理挑战性的工作、公平的报酬、支持性的工作环境、融洽的同事关系以及人格与工作的匹配。从组织整体水平上看，拥有高满意度员工的组织比那些低满意度的组织更有效。研究表明，满意度与缺勤率之间存在着一种稳定的消极关系；满意度和流动率之间也呈负相关，而且比满意度与缺勤率之间的相关程度更高。

第三节　劳动者与社会文化环境

劳动者是在一定的社会分工体系下进行劳动，这种分工体系实际上是劳动者的劳动得以进行的社会框架。处于一定劳动岗位的劳动者，其互动要受到这个框架中规则的约束，但劳动者模式化的互动也会改造或刷新原来的规则。从社会学的角度看，社会文化环境是劳动得以进行的社会框架的重要组成部分，它可以分为微观、中观、宏观三个层次。

一、微观社会文化环境

微观社会文化环境是指劳动者具体工作场所中的社会文化环境，实际上也就是工作群体文化环境，它是在与劳动者密切相关的技术、操作过程、同事及上下级等各种要素的共同作用下形成的，对劳动者的价值观、态度和积极性等有很大的影响。

（一）劳动者与技术

在微观社会文化环境中，技术对劳动者的影响主要表现在：其一，形成一定的工作环境基础；其二，影响劳动者的劳动态度；其三，影响劳动者的价值观念。

技术首先是构成劳动者工作环境基础的重要变项，技术设备类型、技术复杂程度与技术装备等不同，劳动者的工作环境就不同。

在不同的技术条件下，劳动者对工作组织、直接监督人员、工作本身等方面会有不同的态度。如英国社会学家韦德伯恩和克朗普顿在1960—1970年期间对英格兰东北部一家大型化工综合企业中劳动者态度与技术之间关系的研究发现，运用的技术不同，工人从事工作的方式以及与直接监督者的沟通形式等都有所不同，工人的劳动态度、关心和注重的焦点，以及工人与管理人员的关系因此也有很大的不同。[①] 这方面另一项更为著名的研究是由美国学者布劳讷（R. Blauner）对印刷、纺织、汽车流水线和化工（炼油）四种行业劳动者的异化与自由的分析，这四种行业代表了四种典型的技术场景：印刷业是典型的以手艺为主的行业，纺织业是以机械化技术为主，而汽车流水线则是典型的自动化生产，化工炼油是一种持续过程的劳动。研究结果表明，印刷业工人的劳动满意感最高，异化程度最低，纺织工人的劳动满意感低于印刷工人，而异化程度则高于印刷工人，劳动满意感最低的是汽车流水线的工人，他们的异化程度最高。布劳讷因此认为，技术类型与劳动者的“异化”问题有着密切的联系，在现代技术条件下，劳动者的异化问题变得日益突出，它主要表现在：（1）无权感。工人觉得自己受技术的支配，而不是自己支配技术，是被动的反应者，而不是积极的行动者，如在流水线上工作，工人没有决策的权力，不能改变工作的速度，也不能控制劳动的数量与质量；（2）无意义感。工人看不到自己的工作与总体生产过程的联系，看不到最终产品结果，所以对自己工作的意义感到困惑；（3）孤独感。由于技术系统和一定的规章制度的制约，工人在工作场所没有正常的社会交往，不能够获得或建立令人满意的社会关系，工人觉得自

① 转引自袁方主编．劳动社会学．北京：中国劳动出版社，1992．13

己被隔绝起来，因此有强烈的孤独感；（4）自我疏远感。面对技术的无所不能，人们开始 怀疑自身的价值。①

当然，现代社会中劳动者面临的这些问题并不是完全不可克服的，许多企业采取工作丰富化、扩大化、参与管理制、民主管理等方法，可以使工人克服自己被社会“疏远”的感觉。

（二）劳动者与操作过程

劳动者与技术的关系、技术对劳动者的影响，是通过劳动者的实际操作过程表现出来的。在操作过程中，劳动者与他人进行互动，发生联系，并形成一定的社会关系。不同的操作过程对劳动者的行为、社会化过程等有不同的影响。一般来说，流水线的操作过程会限制工人之间的交谈与互相交往，工人需要掌握的技术也比较单一、简单，因此容易形成工人的“现代病”——“异化现象”。但是，如果流水线作业的技术要求高，需要工人在工作中投入较多的注意力与技巧，这样的工作也会引起工人的兴趣，并减少“异化现象”的出现。如前面提到的两位英国社会学家的调查中，发现有的分厂虽然也是流水线作业，工作自由受到限制，但是由于其工作需要工人投入较多的注意力，所以工人仍然觉得工作有意思。但总的来看，流水线作业过程与成批生产过程相比，工人更容易产生被剥夺和无意义的感觉。在成批生产作业过程中，由于工人的工作过程比较复杂，工作内容比较丰富，并能够见到自己的生产成果，所以工人一般容易觉得自己被他人与社会所接受，其社会化过程通常容易进行。当然，如果成批生产作业过于单调，劳动者也会觉得工作没有意思，但一般不会有被剥夺感。

（三）劳动者工作中的人际关系

工作中的人际关系主要包括劳动者日常大量接触的“同事”关系以及上下级关系。同事关系是指在同一劳动组织中从事一定职业的劳动者之间的社会关系，从互动的角度看，它表现为竞争关系、冲突关系和合作关系，但同事关系除了关系双方在工作上的合作或冲突外，还可以通过这种关系得到情感上的交流与满足，因此，劳动者之间的同事关系是形成劳动者非正式群体的主要基础。上下级关系是指劳动者在工作场所中所结成的领导与被领导的关系，领导与被领导的关系如何，取决于领导者（上级）在劳动群众（下级）中的实际影响力。领导的实际影响力取决于其权力性影响力和非权力性影响力。权力性影响力是一种合法权力，它可以是自上而下的授予，也可以由其他形式的委托而产生。合法权力经常是由领导者的职权来体现，如在劳动群体中，厂长、经理、车间主任等都有相应的职权，这种职权对普通职工群众有一种强迫性的、

---

① 引自 Grint. K. 1991：The Sociology of Work：Introduction. Polity Press. Chapter 7

不可抗拒的影响，并可以因其强制性而使人产生服从与敬畏的心理。非权力性影响力更多的是属于自然性影响力，它并没有合法权力所具有的那种明显的约束力与强制性，但在实际生产劳动中往往具有权力性影响力所不能发挥的作用。非权力性影响力不是由他人委托产生，而是由领导者个人的一些特性决定的，领导者的道德、品行、人格、工作作风、工作能力，领导者的各种知识和业务水平，以及领导者与职工群众的感情好坏等，都可以成为决定其非权力性影响力高低的因素。在上下级关系中，非权力性影响力可以使人产生敬爱、敬佩、信赖和亲近的心理。实际影响力的强弱可以影响劳动群体内部的心理气氛和工作效率。因此，在上下级关系中，领导者有哪些权力，有多大的权力，应该有规章制度与法律等的约束，否则就会出现工作上的混乱。协调和处理好领导者与被领导者之间的关系对于一个劳动群体来说有着非常重要的意义。

二、中观社会文化环境

中观社会文化环境是指具体的劳动组织或企业的文化环境，其中主要的是企业文化。

（一）企业文化的界定

对于企业文化的界定，学术界有各种不同的看法，我们认为，企业文化是企业管理思想演变过程中，为适应现今时代要求而产生的一种最新的管理思想，它是一种以全体职工为中心，以培养具有管理功能的精神文化为内容，以形成企业具有高度凝聚力的团体精神为目标，使企业增强对外的竞争力和生存力，增强对内的向心力和活力的管理思想和方法。

（二）企业文化的内容

对企业文化构成要素的认识，受到对企业文化概念界定的影响，国外的学者如阿伦·肯尼迪和特雷斯·迪尔将其归纳为经营环境、价值观念、英雄人物、文化礼仪和文化网络。国内企业文化方面的专著一般认为要从文化的“三层结构”（物质文化、制度文化和精神文化）或“二层结构”（物质文化与精神文化）对构成要素进行分析。我们综合中外学者对企业文化内容的认识，结合自己对文化的理解，认为企业文化主要包含价值观念、企业意识、管理方式、企业规范、企业英雄人物和企业形象六个方面。

价值观念是企业文化的核心，它是企业全体（或多数）职工一致赞同的关于客观事物和人是否有价值和价值大小的总的看法和根本观点。作为企业价值观念，首先必须是为企业所认为有价值的东西，并为企业努力追求的目标、理想和宗旨；其次，它必须是为广大员工所接受，并成为其行为之指南。劳动者对企业价值观的认同状况影响着他们的劳动行为。

企业意识表现为职工对企业性质、地位、特征、企业的兴衰存亡以及个人的前途命运是否与企业相依存等的看法。企业意识一般包括职工对目标的认同感、对企业的归属感、自豪感、满意感和使命感等几个方面。

企业文化还体现为一种独特的管理方式或管理风格，从企业文化建设的实践看，大凡企业文化搞得好的企业，都有一套独特的管理方式。

企业规范反映了为全体企业人员所接受和共同遵守的行为准则，它主要包括企业的习俗礼仪、文化网络和规章制度三个方面。习俗礼仪主要以象征性文化活动来体现，如新成员的入厂仪式、老成员的退休仪式、荣誉和嘉奖仪式，以及决定厂旗、厂徽、厂歌、厂训、厂庆等。企业文化网络主要以非正式交流渠道的方式表现出来，如文化掌故、小道消息、闲话等，其中大量传播着企业内的各种消息，包括不确定的消息，常常会对企业的正式决策产生意想不到的影响，有时也会引起劳动者的不安与紧张。而在更多的情况下，这些渠道可以使劳动者在正式知道某些重大决策以前已经有了一定的思想准备，对企业起到稳定的作用。作为企业文化内容的规章制度指的是能够激发职工的积极性和自觉性的规章制度，其中主要是民主管理制度。

企业英雄人物是企业文化建设成就品质化的最高体现，作为企业英雄，必须具有理想性、先进性、可学性和持久性，他们是其他劳动者可以依照的榜样。

企业形象是指公众对企业的整体印象和评价，它是长期以来企业给公众留下的可以信赖的印象。企业形象包括三个方面：第一是企业的客观形象，它是企业实际存在的文明的总体状态，也是企业形象的物质化要素。企业向外提供的物质产品和物质服务、厂房和设备状况、企业地理环境和厂内生态环境、企业的经济效益和物质福利待遇等，都是企业形象很重要的方面。第二是企业职工形象。第三是企业的组织形象。

三、宏观社会文化环境

宏观社会文化环境是指一个社会特有的社会制度、社会结构、社会习俗和社会规范。劳动者作为社会分工体系中生产或向他人提供有价值物品与服务活动的社会人，要受到这种文化环境的制约，违反这种文化的要求，会受到相应的制裁。宏观社会文化环境在本质上是一种社会秩序，它对劳动者的劳动活动设置了制度与结构上的约束。

但是，劳动者并不是宏观社会文化环境的被动接受者，实际上，他们也是社会文化环境的体现者与建构者。比如，社会制度、习俗与规范的形成是一个历史的积淀过程，这一过程就与劳动者的长期劳动行为以及模式化的互动密切相关。劳动者的生产活动形成了一定的经济基础和经济结构，与此相对应，社会逐渐形成一定的制度、风俗习惯与行为规范。社会制度、风俗习惯和社会规范不仅在劳动者的身上得到体现，而且还通过劳动者的延续、社会化过程得以在代际之间继承、传递和沿袭。因此，劳动者在社会文化环境的形成中起着决定的作用。同时，劳动者也通过自己的劳动实践、通过不同劳动者之间的结构及互动模式的变化，而不断地重新建构着社会制度、风俗习惯与社会规范。

第四节　劳动者行为

一、劳动者行为概念

劳动者行为可以是劳动作业方面的活动，也可以是与劳动作业无关的其他活动；劳动者的行为可以表现为在工作场所与同事、领导或其他人的互动，也可以是在非工作场所与同事及领导的互动，前者如同事间的劳动协作，接待来本企业进行财务检查的人员，后者如在周末或下班以后到同事或者领导家里走访。那么，什么是劳动者行为呢？劳动者行为可以界定为劳动者在有意地建构其劳动世界时所进行的实践活动。

劳动者的行为通常具有以下特点：

第一，行为主体（即劳动者）是具有理解力与创造性的主体，他们可以对劳动条件与环境施加影响；

第二，劳动者的劳动行为是有意义的，劳动社会学的重要任务之一就是去洞察和理解这种意义，并对之进行解释；

第三，劳动者的行为是由一定的动机推动并与一定的目标有关；

第四，劳动者行为是在与他人互动过程中产生的，这种互动是一个行为主体之间使用话语、姿态和其他符号进行意义协调的持续过程；

第五，作为行为主体的劳动者之间的互动会产生出一些固定的模式，这些模式构成了劳动生活中理所当然的、大规模的安排；

第六，劳动者的个体行为与群体行为会对组织产生作用和影响；劳动者的社会行为会对社会结构与社会发展产生影响。

二、劳动者行为类型

对劳动者行为可以做以下不同的分类：

1. 从劳动者行为与劳动过程的关系角度，可以将劳动者行为区分为劳动性行为与非劳动性行为。劳动性行为是指与制造产品、提供服务、创造经济价值与社会价值有直接联系的行为，如生产劳动、企业管理、接待顾客等。非劳动性行为是指劳动者在劳动过程之外发生的，与创造经济价值与社会价值等没有直接联系的行为。如工会活动、职务竞争等。

2. 从劳动者行为的组织特征角度，可以将劳动者行为区分为正式行为与非正式行为。所谓正式行为是指由正式行为规范控制的行为，如经理行使职权、工人按时上班等。所谓非正式行为是指劳动者在非正式组织中为满足个人情感需要而与他人发生的互动，如限制产量、传播小道消息、拉关系、结帮派等。

3. 根据行为主体行动的动机与取向，劳动者可能发生的社会行为有四种类型：第一，工具理性行为。当劳动者根据一个情景的事实，选择合适的方式，来努力实现某些特定的目的时，就产生了理性行为。第二，价值理性行为，这种行为取决于劳动者对真、美或正义之类较高等级的价值，或对某种主义的信仰和认同，如大跃进时期农民及工人大炼钢铁的行为。第三，情感性行为，这种行为是由劳动者的感觉、激情、心理需要或情感状态决定的。如劳动者在劳动场所的身体侵犯行为。第四，传统行为，这是劳动者遵循传统和劳动实践中养成的习惯性行为。如驾驶员的左行还是右行就属于这种行为。

4. 根据劳动者在行动时依照何种规范或价值，可以将其行为区分为五种类型。第一，情感性与情感中立性行为。它体现的是劳动者在进行劳动活动时，是以满足个人的情感冲动为出发点，还是以接受集体的纪律为出发点。第二，自我取向与集体取向行为。自我取向行为考虑的是个人的个体利益优先，集体取向的行为考虑的是集体的社会利益优先。第三，普遍主义与特殊主义行为。普遍主义的行为表现为劳动者不以个人与其有特殊关系或情感上的原因行事，而是按照普遍规范来对待他人与集体，特殊主义行为则表现为劳动者根据特殊关系来对待他人与集体。第四，先赋性与成就性行为。先赋性行为表现为在与他人互动时，劳动者是根据先天的特质如性别、年龄、种族和家族地位等去评价他人，并采取相应的行动，而成就性行为则与此相反，劳动者是根据他人的所为、在工作中取得的成绩等去评价他人，并在互动时采取相应的行为。第五，扩散性与专门性行为。扩散性行为是指劳动者在某一互动情景中职责的范围是广泛而分散，是对客体采取的行动的总体做出反应，而专门性行为只是对总体中的一个狭小部分做出反应。

5. 根据劳动者行为所具有的社会意义，可以将其区分为个体行为、群体行为和社会行为。劳动者的个体行为有三种类型：技术性个体行为，即劳动者单纯运用技术的行为，如电焊工的焊接行为；社会技术性个体行为，这是与劳动者的技术有关的社会性行为；社会性个体行为，指劳动者与他人交往时，不是以组织中功能组成部分的身份交往，而是纯粹以满足个人的社会交往需要的行为。如人们在一起吃饭、打牌等。劳动社会学一般不研究单纯的技术性行为。对于社会技术性个体行为与社会性个体行为的考察，也是从与他人、与环境之间的关系的角度出发的。

劳动者的群体行为是劳动社会学研究的重点之一。群体是由个体组成的，但群体行为并不等于个体行为的简单累加，个体在不断的相互作用过程中，会逐渐形成特有的行为规范和行为准则。劳动群体分为正式群体与非正式群体，与之相对应，劳动者的群体行为可以区分为正式群体行为与非正式群体行为。

劳动者正式群体行为的特点是：(1) 服从组织的总目标；(2) 服从一定的合法权威；(3) 与劳动者在正式组织中的地位相符；(4) 受到各种正式的规章制度的限制。

劳动者非正式群体行为的特点是：(1) 具有同质性；(2) 有特定的行为符号，主要包括风俗习惯规范；(3) 与正式群体目标可能一致，也可能不一致；(4) 以社会性行为为主，没有正式约束；(5) 同一非正式群体有共同的兴趣、信仰、价值观与行为取向。

劳动者的社会行为是指劳动者具有一定社会规模和社会影响的行为，如罢工行为。劳动者社会行为的发生有一定的社会基础，而且劳动者之间有着共同的利益要求。劳动者社会行为持续的时间可长可短，但规模往往会超过一个组织的范围。劳动者的社会行为在开始时往往会带有某种自发性，但在发展过程中，有可能逐渐形成有组织的有领导的行为。劳动者社会行为一般会经历三个过程，首先是进行一起行动的集体行动者的构成过程。其次是通过界定集体行动的边界对集体行动者的认同过程。第三是认同的再生产。由于劳动者的社会行为对整个社会的发展和结构的重组有着非常重要的影响，因此，这个领域的研究已经引起越来越多的学者的关注。

第五节 劳动者社会化

一、劳动者社会化基本分析

（一）劳动者社会化的含义

一个社会的存在和发展离不开各种各样的合格劳动者所从事的劳动活动，当上一代劳动者退出劳动舞台时，需要新一代劳动者来继替；同时，随着科学技术的进步与发展，劳动者所从事的劳动活动又会不断地面临新的挑战。一个社会怎样才能不断地找到它所需要的劳动者来从事相应劳动岗位的劳动活动呢？这涉及劳动者的社会化问题。所谓劳动者社会化，指的是社会将一个普通社会人转变成一个能够适应一定的社会和时代文化，掌握社会所需要的劳动技能和必要的劳动规范，适应工作环境的文化，从而履行合格的劳动的过程。劳动者社会化包含三个方面的内容：

其一，掌握一个职业角色所必需的知识和技能。要成为合格的劳动者，首先需要掌握一定的劳动技能，其次，必须经过一段时间的训练，把职业知识转化为实用的职业技能。

其二，了解工作环境的文化。劳动者在一定的社会分工体系下进行劳动，会受到一整套的习俗、惯例、公约、制度等的制约，这便是工作环境的文化。对于许多老职工来说，遵守劳动规范，顺应工作环境早已成了自觉的行动。但对于新到的劳动者来说，则有一个从了解、抵触、遵守到同化的过程。只有顺利地完成这个过程，才能成为一个合格的劳动者。

其三，尝试身份的转变，使职业角色内化为个人的价值。即劳动者对工作环境文化的适应与调节不仅包括社会性的内容，也包括心理性的内容。

（二）劳动者社会化的特点

劳动者社会化是以初级社会化，即个人未进入劳动岗位、成为劳动者以前的社会化为基础的。劳动者的社会化与其即将进入的行业、职业、劳动岗位、劳动关系、劳动环境等紧密相关。作为个人社会化的一个特殊侧面，劳动者社会化在起点、目标、社会化施体、社会化受体、过程图式、引导方式与时间等方面都有着自己的特点，为便于更好地把握劳动者社会化的特点，现将其与一般社会化的比较列表如下：

表 4—1　　劳动者社会化与一般社会化的比较

比较项目	一般社会化	劳动者社会化
起点	从一生下来就开始	进入某一职业或某一劳动岗位时开始
目标	使人成为合格的社会成员	使人成为合格的劳动者
社会化施体	主要受家庭、学校、邻里社会的影响	主要受其所在的劳动岗位、班组、车间、企业、行业及与之相关的劳动价值、劳动规范的影响
社会化受体	一般的人	劳动者
过程图式	不间断的、贯穿一生的过程	可能是连续的，可能是间断的
引导方式	个体对个体（婴儿与幼年期）；集体对个体（进入学校以后）	个体对个体与集体接受都有
引导者	父母、长辈、教师及朋友等	师傅、同事、培训者、劳动组织

从以上的比较中我们发现，劳动者社会化主要是面向工作、面向具体劳动岗位的社会化过程，所以也只有在工作中，在具体的劳动岗位上，劳动者的社会化才能最终完成。

二、正式学习与非正式学习

劳动者的社会化可以是正式的也可以是非正式的。职业角色正式方面的社会化能通过一段时间（长则几年，短则几小时）的学习而获得，这种正式的学习旨在学习、掌握与职业角色有关的生产知识与工作技能，如医科大学生的学习，一般需要至少四年的时间，而小店女服务员学习如何当服务员，其正式学习只要很短的时间就可以了。

非正式学习主要是使个人能够适应和学习工作环境中的亚文化，认同亚文化规范。工作环境的亚文化是相对于一定的参照系而言的。如果把全社会的文化规范作为参照系，则企业文化规范就是一种亚文化，如果把企业文化规范作为参照物，那车间、班组的群体文化规范就是一种亚文化规范。对企业规范的了解与学习是必要的，但对工作群体规范的学习也同样重要，如工作群体有什么特点，工作场所中同事们认同的仪态、共同话题，甚至玩笑话、骂人话是怎么样的？工作群体中真正的领头人，真实的工作内容、工作定额以及群体成员对其的态度，群体中所形成的有形和无形的等级等，这些都是需要学习的。此外，如何完善职业角色？如何协调、处理与职业角色有关的环境？处理好与职业角色有关的纵向与横向关系？我们知道，有一些是可以通过正式的学习得以解决，有些则必须通过非正式学习。

三、劳动者社会化过程

劳动者的社会化是一个循序渐进的过程。一些人在从事实际劳动很久以前就开始为某一工作做准备，而一旦真正进入实际的工作领域，社会化的过程不仅包括学习该职业运作必要的知识与技能，还包括了解职业文化及工作环境的文化。劳动者社会化的过程一般可以分为预期社会化、初始社会化、基础社会化和继续社会化四个阶段。

（一）预期社会化

所谓预期社会化是指劳动者在进入某一具体劳动岗位之前，在他并不属于某一职业或工作群体时，他由于希望加入这一职业或工作群体，从而在心理上认同于该职业或群体，并在行为上也以该职业群体所要求的角色规范要求自己，为未来工作中的真实角色做准备。

预期社会化过程是为正式担任工作角色做准备的阶段。这种准备包括两个方面：一是心理上的准备，二是行为上的准备。个体在心理上和行为上为将来希望从事的职业做准备时，尚需经受一定的考验。加拿大社会学家海斯与沙菲尔在 1981 年时对安大略医学院医科大学生的社会化过程进行了研究，他们发现，一个人如果要担当将来职业所要求的特殊角色和身份，就必须进行道德和行为两方面的转变。为了使个体充分适应这种变化，他必须经历压抑过程、被检验过程和传统的公众示范过程。只有成功地进行了这种转变的学生，才能算是成功地完成了为将来当医生所接受的医科大学教育。

预期社会化的基础是对职业的认识，这种认识有可能是清晰的，也有可能是模糊的、间接的。一个人早期对职业的认识受到父母职业、个人年龄、学校教育及大众传播媒介的影响。

（二）劳动者的初始社会化

劳动者在正式进入劳动场所、开始工作以前，要经历一系列有关的活动，如参观厂区环境，听取企业负责人的介绍，了解企业最一般的规章制度、组织结构、企业产品及其在市场上的地位，认识企业的有关领导和他将要在一起工作的同事等，这些活动被统称为劳动者的职前教育，它们是劳动者初始社会化的主要内容，并可使劳动者初步了解企业对职工的要求和职工所有的权利、义务与责任，使劳动者初步熟悉企业总的特点和规范。

（三）劳动者的基础社会化

在基础社会化过程中，劳动者一方面要学习、掌握必要的与劳动角色相关的生产知识和技能，另一方面还要适应和学习工作中的亚文化规范并实行心理的转变。劳动者要设法了解他所扮演的职业角色所要求的规范，并力求使自己成为合格的扮演者，协调与职业角色有关的环境，处理好与岗位角色的纵向与横向关系。如果劳动者缺少预期社会化的准备，心理调节能力差，学习能力低，社会适应能力有限，不善处理各种人际关系，则他的社会化就会失败。

（四）劳动者的继续社会化

劳动者的继续社会化是指由于劳动者的年龄、地位、所处的技术环境等方面的变化所引起的劳动职业规范和劳动行为的重新调节和调整。

第一，年龄变化。随着年龄的增长，劳动者在体能和智能及对新技术、新思想、新概念的吸收能力上与年轻劳动者相比会有一定的差距；与此同时，其经验和声望却可能随年龄的增长而提高。劳动者面对这些变化，需要对自己的行为进行相应的调整，而这便是一个继续社会化的过程。

第二，地位变化。劳动者地位的变化表现在两个方面：一是在正式群体中地位的变化，二是在非正式群体中地位的变化。劳动者在正式群体中的地位变化一般表现为其职位的变化，如由普通工人变为干部或由干部变为一般工人。当劳动者由干部变为工人时，其原先所拥有的合法权威及行政命令权力等就不再起作用，如果其不主动、积极地调整自己的行为，就会无法在新的工作岗位上愉快地工作。劳动者在非正式群体中的地位变化一般较难测量，但对于在这个环境中工作的人而言却能明显地感受到，并自觉地进行行为调整。如某人在刚进入劳动群体时可能只是一个远离非正式群体权力核心的人物，但随着其经验的增长及其在工作中的出色表现，会逐步成为非正式群体中举足轻重的人物，这种在非正式群体中地位的变化也需要人们在行为上进行相应的调整。

第三，技术变化。当今社会化生产过程越来越受到新的技术和工艺的影响，这种影响迫使劳动者不得不改变自己的知识结构和技能结构，去学习和掌握新的技术和技能。因为在技术革命对生产的冲击过程中，那些能够迅速学习新技术、适应新技术的人必然会在正式群体和非正式群体中处于相对有利的位置，从而使原有的社会关系格局发生变化。技术的变化也会使工作群体的结构发生变化，如用先进的自动化技术代替落后的手工或机械操作时，就需要减少人员或增加某些人员，从而形成新的工作群体。这样，劳动者就需要适应新的人际关系与新的技术关系。

四、职业地位与社会化

社会赋予职业的价值对劳动者的社会化过程及其时间等有着非常显著的影响。不同的职业有不同的地位，其中一种工作是职业（occupation）还是专业（profession）的区分，在对劳动者社会化的分析中，近年来尤其为西方研究劳动问题的学者们所关注。

（一）职业与专业

对于职业地位（occupational status）的测定有很多种方法，其中一个简明的测定方法是看该职业的专业化的程度，一般而言，当一种职业被认为是专业时会具有较高的地位。那么，如何区分劳动者从事的工作是职业还是专业呢？英国社会学家格林沃德（E・Greenwood）通过长期研究以后，提出了五条区分标准①：

1. 有一套系统的理论。是否以抽象概念来描述现象对一种职业是否被称为专业很重要，学习得来的技能并不是专业的主要表征，技能背后复杂的理论知识却是专业实践所需要的。另外，在专业领域，还应有一些人来专门从事不断扩展专业理论的工作。

2. 被公众认为其对该领域的知识与技能有专业权威。人们往往愿意向专业权威缴械，听从专业权威的指示。

3. 专业领域有一种共同的认可与规定（sanction of the community）。比如，一个人如果没有接受相应的、或所要求的训练，就不能够使用专业头衔。此外，该专业领域的人士还应对与专业有关的知识和技能有某种程度的垄断，一个人也许完全具有了给人看病所需的各种知识，但要合法地行医，则须获得专业共同体（professional community）某种形式的认可，如必须有医学学位或国家发给的行医执照。

4. 有一套可以用来对劳动者的行为进行调节的伦理规范。这种伦理可以是专业协会设计的，雇主设计的或作为专业初创时的一种要求，伦理规范规定了本专业什么是合适，什么是不适合的行为。

5. 有一种专业文化（professional culture），以区别于专业与职业。与其他的亚文化一样，专业文化有自己的语言、符号表征、规范等。

（二）专业化的努力

① Greenwood，Ernest. Attributes of a profession in Social Work 2（July），1957，45～55

一种职业是否是专业对社会化的过程有很大的影响，因为声望与权力往往与专业相伴，许多职业的劳动者因而力图使自己的职业专业化。通过对特定技能、知识与服务的垄断，他们就获得了地位与声望。但是这种专业化的努力并不是一帆风顺的，它常常会遭遇到已经专业化的从业人员的抵制，那些企图维持自己地位与声望的劳动者群体甚至会联合起来，关闭他人进入该领域的大门。

提高职业地位，使职业专业化的其中一种办法是提高从事该项职业的劳动者的教育、训练、执照与证书等方面的要求，这种努力的其中一个后果是更多的工作与牺牲（对于期望跻身于专业者）。因此，职业专业化的努力往往对劳动者的社会化提出更高的要求，如要求劳动者增加教育、训练，或拥有证书与执照，即对正式的社会化会有更多的要求，对学历与证书等也更为重视。

总之，专业化意味着越来越长与越来越正式的社会化、正式的要求与文凭的要求增加。

（三）逆专业化（deprofessionalization）

当一些职业在专业化的同时，社会上却还存在着一种很强的逆专业化的现象，逆专业化同样也会对劳动者的社会化产生影响。美国社会学家罗斯曼（R・Rothman）以美国的律师行当为例，分析了律师这种专业在美国的逆专业化现象，逆专业化的原因在于①：

1. 能力差距的缩小。随着人们知识拥有的增加和对特定领域问题认识的加深，专家知识日常化现象增加。

2. 专业内制裁政策不力。如专业领域内常常有一些人违反专业规则与要求，这种越轨行为的曝光，或者对这种明显违反规则或犯错的人惩治不力结果的公开化，使人们对专业的声望提出了疑问。另外，专业领域对无照、无证的人进入控制不严，也使人们对专业的地位产生怀疑。

3. 业内人员的彼此竞争。这种竞争会提高个人的地位，但却会降低专业的地位。

4. 来自其他众多专业联合的侵占（encroachment from allied professions）。如会计、银行家、税收人员等经常涉足律师事务，结果，律师工作就成了似乎任何人都能做的工作，其地位自然受到影响。

5. 组织性就业。一些专业人员经常受雇于大的公司，如律师、医生与社会学家，由于他们常常把对专业的忠诚转移为对雇主的忠诚，因此，使专业的声誉受到影响。

---

① Rothman Robert A. Deprofessionalization：the case of law in America. Work and Occupations 11 (2)，1984，183～206

6. 人口特性的转变。早期律师多为男性，如今大量的女性与少数民族由于接受了这方面的教育而进入，专业群体的人口构成出现了多样化的情况。但与此同时，由于人们对女性与少数民族的偏见依旧，使得专业的地位也由此受到影响。

五、劳动者社会化其他因素

（一）劳动场所与社会化

劳动场所的影响主要指从事该职业劳动时有关的风险、职业在组织中的位置及从事该职业的劳动者的多样性对其社会化的影响，即职业的工作特点、组织类型与劳动者的社会构成状况会影响劳动者的社会化过程。

工作特点对劳动者社会化的影响是不言而喻的，如工作的内容、条件、技术构成等不同，对劳动者的要求也不一样。

组织类型（如公有、私有）则在很大程度上决定了劳动者必须在其中担当一定的功能所应学习的东西。

劳动者的社会构成（如性别构成、宗族构成等）对劳动者的社会化过程也会产生很大的影响。美国社会学家罗沙贝丝（K. Rosabeth）在20世纪70年代对一个男性与女性构成比率为85：15的企业员工的社会化进行了研究，她发现，女性在这样的工作场所的社会化与男性有着很大的不同，她们实际上是在一种标志化境遇（token situations）下进行社会化的。这种标志化境遇表现为：（1）高度的可视性（heightened visibility）。女性由于人数少，更易被人注意到，她们是聚光灯的指向点，从而使她们的优点或缺点被放大。（2）边界强化（boundary heightening）。女性被男性当作标志，他们的性别意识与性别界限强烈，这导致女性在社会化时一些路径的中断，如女性经常被男性排斥，非正式社会化的难度很大。（3）角色压缩化（role encapsulation）。公司里的女性被男性同事们分成了四种定型的角色：母亲：男人们可以向她们倾诉个人麻烦，并可以期望从她们那儿得到安慰的女性；富有魅力者：需要强有力的男性保护以便使他人保持距离的女性；宠物：可以让男性带到各种集会场所并对男性的各种表演表示仰慕的女性；铁娘子：不会将自己融于其他角色的人。由于角色的压缩化，使得女性的社会化处于非常不利的境地。

（二）社会因素与社会化

社会的变化与发展，主要是技术进步与职业结构和行业结构的变化，会对劳动者的社会化产生很大影响。

传统的社会化方式往往是老工人带新工人，当技术进步时，则会出现“倒转的社会化”（reverse socialization），即年老者反而需要年轻人“带”的状况。另外，随着技术的进步，还出现了另一种现象，即去技术化（deskilling），这使得对劳动者正式社会化的要求降低，但对工作环境文化的了解和如何对付高度自动化工作方式等方面的重要性却增强了。

社会的职业结构和行业结构等发生变化时，对劳动者的社会化也会提出新的问题，如随着第一产业的劳动力向第二和第三产业转移，社会由农业社会向工业社会转变，这时就面临农民角色如何向工人角色转变的问题，此外还有劳动者的现代化问题，都是我们需要认真研究的。而随着社会中服务业的增长和情感工业的出现，劳动者如何进行社会化也是一个新的课题。

【本章小结】

劳动者是劳动社会学研究的主体，对“劳动者”概念的界定成为长久以来的争议。本章介绍了国内外学者对劳动者的看法，提出我们的观点。第二节分析了作为社会人的劳动者的各方面的特征。进而，阐述了劳动者所处的微观、中观和宏观各层面的环境。最后，分析了劳动者社会化问题，包括社会化的学习方式、社会化过程和各种影响因素。

【重要概念】

劳动者　劳动者行为　能力　人格　知觉　价值观　态度　工作满意度　劳动者社会化　社会文化环境　工具理性行为　价值理性行为　情感性行为　传统行为

【思考题】

1. 什么是劳动者？劳动者与社会文化环境有着什么样的关系？

2. 联系现实社会生活，分析劳动者的能力有哪些作用？

3. 人格包括哪些内容？什么是五大人格？人格对劳动者的社会生活有哪些影响？

4. 如何认识劳动者的价值观？劳动者的工作满意度对个人、组织和社会有哪些影响？

5. 什么是劳动者的社会化？其过程包括哪些内容？与一般的社会化相比，劳动者的社会化有什么特点？

6. 专业化与逆专业化对劳动者的社会化有什么影响？

第五章 职业生涯

第一节 职业范畴

一、职业概念

（一）“职业”的定义

从词义学的角度分析，“职业”一词是由“职”与“业”二字构成。所谓“职”，包含着社会职责、天职、权利与义务的意思；所谓“业”，包含着从事业务、事业、事情、独特性工作的意思（有的学者用“职是责任、业是业务”这样一句话来反映“职业”一词的内涵）。可以说，“职业”在这里反映着个人与社会两个方面的内容，是一个个人与社会互动的范畴。

所谓职业，从其科学含义上看，是指人们从事的相对稳定的、有收入的、专门类别的工作。它是对人们的生活方式、经济状况、文化水平、行为模式、思想情操的综合性反映；也是一个人的权利、义务、权力、职责，从而是一个人社会地位的一般性表征。由此，也可以说，职业是人的社会角色的一个极为重要的方面。①

不仅如此，职业还往往成为一个人最基本的符号、最主要的特征。人们说，某某人是个“什么”人，最重要的特征之一就是职业。因为，职业能反映一个人的社会身份、社会地位阶层与自身的文化、能力、素质水平等。

还应当指出，“职业”与“就业”这两个词，含义上比较接近。二者的不同之处在于，职业一词更偏重于社会意义，偏重于个人和人生；就业一词则更偏重于经济意义，偏重于体制和制度。

（二）学者的职业观

摆在人们面前的社会职业，是一个范围极为广阔的领域。对于职业的含义，学者们有着不同的看法。

① 姚裕群. 关于职业社会学的几个问题. 见：社会学与社会改革论文集. 社会学与社会调查（增刊）. 1989，10：83～84

1. 职业性质说

美国社会学家塞尔兹认为，职业是一个人为了不断取得个人收入而连续从事的具有市场价值的特殊活动。这种活动决定着从业者的社会地位。

日本劳动问题专家保谷六郎认为，职业是有劳动能力的人为了生活所得而发挥个人能力，向社会做贡献的连续活动。

美国著名哲学家、教育家杜威认为，职业是人们从中可以得到利益的一种“生活活动”。社会学对此也提出，职业是人的一种“资源”。

2. 职业要素说

塞尔兹指出，职业范畴的构成有三要件，即技术性、经济性和社会性。

保谷六郎进一步指出，职业的特性为：

(1) 经济性，即从中取得收入；

(2) 技术性，即可发挥个人才能与专长；

(3) 社会性，即承担社会的生产任务（社会分工），履行公民义务；

(4) 伦理性，即符合社会需要，为社会提供有用的服务；

(5) 连续性，即所从事的劳动相对稳定，是非中断性的。

3. 职业关系说

美国社会学家泰勒（Lee Taylor）指出：“职业的社会学概念，可以解释为一套成为模式的与特殊工作经验有关的人群关系。这种成为模式的工作关系的整合，促进了职业结构的发展和职业意识形态的显现。”[①]

我国管理专家程社明对组织中的职业生涯问题进行了比较广泛的研究，认为职业可定义为“是参与社会分工，利用专门知识、技能为社会创造物质财富、精神财富，获取合理报酬，作为物质生活来源，并满足精神需求的工作”。他强调职业的个人与社会、知识技能与创造、创造与报酬、工作与生活四种关系。[②]

二、职业的功能

（一）职业的个人功能

职业，是人的一种社会活动和生活方式，又是人的一种经济行为，是人们从社会中谋取各种利益的资源，它对于每一个人都极为重要。具体来说，职业对于个人有以下作用：

1. 职业是人的生存方式

职业作为人们参与社会生活、从事社会活动、进行人生实践的最主要场所，从多方面决定了个人的特征和境遇。无职业者在此方面则大受影响。

---

① ［美］泰勒. 职业社会学. 台北：国立编译局，1972

② 程社明. 你的职业——职业生涯开发与管理. 北京：改革出版社，1999

人的职业生活，使从业者进入一种社会情境，这种社会情境因职业的异同而异同，由此，职业就成为使人担任特定的社会角色，形成一定行为模式的条件。

2. 职业是从业者的资源

职业是人获取利益的手段，这种利益包括：

其一，职业是人的主要经济来源。职业作为个人获得经济收入的主要手段，就成为个人生存和维持家庭的物质基础。“趋利”与“避害”一样，都是生物对外部环境的必然选择，人的“趋利”更多地体现在追求高收入的职业上，这也就成为人们选择职业的主要标准。

其二，职业可以使人获得多种非经济利益。通过职业活动，可以使个人获得多种非经济的利益。这种非经济的利益，包括名誉、地位、权力、各种便利等，从而使个人获得心理满足，达到“乐业”的境地，也可能转化为金钱或者其他形式的经济利益。

社会地位，是许多人追求的人生重要目标。职业类别、职业环境和职业中的个人等级（如局长、厂长或办事员、工人），就是人的社会地位的象征。人们在职业问题上的努力和奋争，构成人们在社会地位“阶梯”中的向上流动。

3. 职业是人们发挥才能的手段

人们从事某种特定职业类别的工作，这不仅能使人的才能得到发挥，而且是促进人的才能和个性发展的手段。从更广泛的角度看，职业还是个人为社会贡献的途径。

4. 职业是个人与社会关系的整合

职业为人塑造了一种情景，使人进入一个社会劳动分工体系之中参与其活动。这使得从业者与他人建立了一定的业缘关系，从而使人们建立了一定的社会关系，自己所从事的某种职业种类和所具有的特定社会关系，成为获得社会声望的来源。

（二）职业的社会功能

1. 职业是社会存在的内容

职业，作为一种社会存在，不仅是人的社会身份、等级的体现，其本身就构成人类社会存在的一个内容。职业分工及其结构，是社会经济制度与社会经济结构的重要部分，是社会经济发展水平的反映。通过人的职业劳动，生产出社会财富，这也为社会的存在和发展提供了物质基础。

2. 职业是社会发展的动力

职业的社会运动，包括个人改善职业的向上流动、与社会经济结构相联系的职业结构变动、不同职业阶层间的矛盾冲突及解决等等，都构成社会发展与社会进步的动力。此外，人们为了追求未来的“好职业”而进行人力投资、从事学习，更成为推动社会发展的巨大动力。

3. 职业是社会控制的手段

职业是人的重要生活方式，“安居乐业”是人们的共同愿望，衣食足就知荣辱，饥寒迫则起盗心。政府为公众创造职业岗位、促进“充分就业”的政策，从其功能的角度看，就是为了减少社会问题、达到社会控制的目的。

实际上，政府在职业方面的种种政策、制度，都是为了达到大大小小的各种社会目标。例如，政府给公务员长工资、发给“高薪”，在一定意义上是为了“养廉”，再如，各国政府控制失业率，要达到充分就业，就是为了维持社会稳定、实现社会控制。

4. 职业是社会组织运行的要素

从社会用人组织的角度看，职业是各单位吸收从业者的具体岗位，也是用人单位使用人力资源的具体方式。

对于企业来说，配置选择合格的员工，是完成经营目标的重要保障。事业单位和政府机关则需要大量的人才，来从事全局性和专业性的工作。

第二节 职业生涯

一、职业生涯基本范畴

（一）职业生涯的概念

生涯一词，英文中为 career，有人生经历、生活道路和职业、专业、事业的含义。

career 一词，有广义、狭义两个含义。广义的“生涯”是指人的一生，它有着“衣食住行”这些生活基本要素，有发育和受教育这种成长的内容，有工作和休闲娱乐的不同层面，有爱情、婚姻、父母子女等家庭环境，也有医疗、保健、体育锻炼等活动。但其核心内容还是职业问题，即狭义的“生涯”。因为，在人的一生中，有少年、成年、老年几部分，成年阶段是最重要的时期，这一时期之所以重要，正因为这是人们从事职业生活的时期，是人生全部生活的主体。

对于人的生涯的认识与研究，由来久远。学者在这一方面的观点众多。

早期的概念是沙特列（Shartle）提出，他认为，职业生涯是指一个人在工作生活中所经历的职业或职位的总称。

麦克·法兰德（McFarland）指出：职业生涯是指一个人依据心中的长期目标，所形成的一系列工作选择，以及相关的教育或训练活动，是有计划的职业发展历程。

美国著名职业问题专家萨帕（Donald E. Super）给出了“职业生涯指一个人终生经历的所有职位的整体历程”的定义（1957），以后又进一步指出：“职业生涯是生活中各种事件的演进方向和历程，是统合人一生中的各种职业和生活角色，由此表现出个人独特的自我发展类型；它也是人自青春期以及退休之后，一连串有酬或无酬职位的综合，甚至包括了副业、家庭和公民的角色（1976）。”①

我国台湾学者林幸台指出：职业生涯包括个人一生中所从事的工作，以及其担任的职务、角色，同时也涉及其他非工作或非职业的活动，即个人生活中食衣住行娱乐各方面的活动与经验。

韦伯斯特（Webster）把“生涯”的外延进一步扩大，他指出，职业生涯是个人一生职业、社会与人际关系的总称，即个人终生发展的历程。②

（二）职业生涯的特性

从总体上看，人的职业生涯具有以下特性：

1. 独特性

每个人都有自己的职业条件，有自己的职业理想，有自己的职业选择，有为实现自己的职业理想所作的种种不同努力，从而有着与别人相区别的、独特的生涯历程。

2. 发展性

每一个人的职业生涯，都是一种发展、演进的动态过程。就整体而言，职业生涯是一个具有一定逻辑性的过程。

3. 阶段性

每个人的职业生涯发展过程，都有着不同的阶段，可以分为不同的时期。人在不同的生涯阶段有着不同的目标和任务，职业生涯各个阶段之间具有递进性。

4. 终生性

每个人的职业生涯作为一种动态发展的历程，是根据个人在不同阶段的企求而不断蜕变与成长，直至终身。“老骥伏枥，志在千里”，正反映了人生晚期在职业生涯方面的英雄气概。

5. 整合性

由于个人所从事的工作或职业，往往会决定他的生活形态，而且职业与生活两者之间又很难区别，因此，生涯应具有整合性，涵盖人生整体发展的各个层面，而非仅仅局限于工作或职位。

---

①② 邱美华，董华欣．生涯发展与辅导．台北：心理出版社，1997．11

6. 互动性

人的生涯，都是个人与他人、个人与环境、个人与社会互动的结果。人的“自我”观念，人的主观能动性，个人所掌握的社会职业信息、所掌握的职业决策技术，对于其生涯有着重要的影响。

二、影响职业生涯的社会因素

人的生涯，首先是选择哪些道路、发展顺利不顺利的问题；进而是能否获得成功、成就有多大的问题。人们的职业道路选择、职业发展和事业成功，受到个人、家庭、社会多方面的影响。总的来看，影响生涯成功的因素包括以下几个方面。

（一）教育背景

教育是赋予个人才能、塑造个人人格、促进个人发展的社会活动。它对人的生涯有着巨大的影响。教育对于人的生涯影响巨大的原因，在于它奠定了一个人的基本素质。

首先，获得不同教育程度的人，在个人职业选择与被选择时，具有不同的能量，这关系着职业生涯的开端与适应期是否良好，还关系着他们以后在发展、晋升方面是否顺利。从一般规律看，一个人所接受的教育水平越高，其生涯就越成功。有较高教育水平的人，在就业以后一般都有较大的发展和较强的流动能力。

其次，人们的专业、职业种类，对于其生涯有着决定性的影响，往往成为其生涯的前半部分以至一生的职业类别。即使人们转换职业，也往往与其所学的专业有一定联系。一个人学习的是属于“朝阳产业”的专业，其机遇就会较多。

（二）家庭影响

家庭是人的生活的重要场所，一个人的家庭也是造就其素质以至影响生涯的主要因素之一。人的社会化，实际从出生就已开始。人在幼年时期，开始受到家庭的深刻影响，长期潜移默化的结果，会使人形成一定的价值观和行为模式；许多人还会受到家庭中父兄的教诲和各种影响，自觉、不自觉地习得某些职业知识和技能。这种价值观、行为模式、职业知识和职业技能的习得，必然从根本上影响一个人的职业理想和职业目标，影响着其职业选择的方向种类，选择中的冒险与妥协程度，对职业岗位的态度，工作中的种种行为和表现等等。“子承父业”正说明了家庭对于个人生涯的多方面影响。

此外，一个人的家庭成员，尤其是父辈兄长，在其择业时、在其就业后的流动上，往往会给予一定的帮助。这也会对人的生涯产生巨大影响。

（三）个人的需求与心理动机

同样的工作、同样的职业对于不同的个人有着不同的价值，同一个人对不同的职业有着不同的态度与抉择。人们在就业时出于对不同职业的评价和价值取向，要从社会众多的职业中选择其一；就业后也要从若干种个人发展机会中进一步做出生涯的调整，从而使自身获得尽量好的归宿，取得他人与社会的承认，取得自己的成功。

人们有自己的主客观条件，在不同的年龄阶段、不同的阅历特别是职业经历状况下，在生涯的选择和调整方面，会有不同的心理需求与动机，这正是人的主体性的体现。就一般情况而言，人在年轻时意气风发，成功的目标和择业的标准都较高，人到成年，特别是人过中年，就越来越现实。因为不论是一般的劳动者，还是事业上有成就的人，在有了相当多的职业实践和各种阅历以后，都更容易看到社会环境的约束，其目标和择业、转业的标准，就都非常实际。

（四）机会

机会，是一种随机出现的、具有偶然性的事物。这种机会，既包括社会各种就业岗位对于一个人展示自己的随机性岗位的可能性（它成为一个人能够就业和流动的职业目标），也包括能够给一个人提供个人发展、向上流动的职业情境。例如，某专业的博士生，正好遇到高薪招聘，机遇当然好，生涯一起步，就会步入正轨，成功的概率极大，波折、挫折就很小。

机会虽然是具有偶然性的事物，但如果因此就认为，机会对于个人是“可遇而不可求”的，只能等待、只能“碰”，这种想法也是太消极。素质与机会有着一定的联系。天地之间，人是主人，大千世界中机会本身是客观存在的，个人的高素质、个人的能动性可能导致寻求到新的发展机会，也可能开拓和创造许多机会。

（五）社会环境

社会环境，首先是指社会的政治经济形势、涉及人们职业权利方面的管理体制、社会文化与习俗、职业的社会评价及其时尚等大环境。这些大环境因素决定着社会职业岗位的数量与结构，决定着其出现的随机性与波动性，从而决定了人们对不同职业的认定和步入职业生涯、调整职业生涯的决策。进而言之，社会环境决定着社会职业结构的变迁，从而也决定了人的生涯不可抗拒、不可逆转的变动规律性。

其次，社会环境还指个人所在的学校、社区、工作单位、家族关系、个人交际圈等小环境。这些小环境因素决定着一个人具体活动的范围、内容和限制，从而也决定了人的生涯具体际遇的好坏，诸如职业选择得合理不合理、该职业有没有发展前途、自己所在的工作单位是不是有利于自身的发展，等等。

但是，我们讲环境，不是讲环境对于人的单向、绝对的影响，而是要有辩证的观点。就一般意义而言，不仅要运用好现有的环境和注意发掘环境中的有利因素，而且要善于创造新的、好的环境，还要辩证地对待不良环境，通过与不良环境的搏斗，塑造自身的强者素质，从而开拓未来，创造生涯发展之路。

三、社会变革中的职业生涯

（一）改革带来职业生涯契机

在我国以往的计划经济体制下，其意识形态片面地强调集体的利益，个人的利益、人的前途都被抛到“被遗忘的角落”。个人的生涯问题多年未曾受到重视，人的发展问题也就缺乏社会基础和个人的内在动力。缺乏个人动力的社会，其发展必然受到极大的束缚。

改革开放，给中华大地带来了生机，也给中华大地上的人们提出了生活道路和职业生涯问题。从 20 世纪 70 年代末我国改革开放以来，“人”在社会生活中开始受到重视，人的主体地位逐步得到恢复，人的自我意识正在得到强化，社会为个人的发展正在提供着越来越广阔的空间：从 70 年代末废除“按政治条件推荐上大学”而恢复高考制度开始，逐步实行了双向选择就业、人才流动、劳动合同制度、选聘制度等多方面的措施。

随着我国劳动人事制度的改革和社会现代化的进程，人们越来越自觉地在人生道路上积极探索，力图在这种社会大背景下有目的地设计自己的现在和未来，或者按照自己的条件和意愿选择合适的专业、合适的工作，在岗位上有所发展、得到晋升，或者在适宜的条件下调动工作、另谋高就，等等。

（二）改革带来职业生涯风险

当今处于大变革时期，改革及其所带来社会、经济、政治、文化的一系列巨大变化，不仅给人们提供了个人发展的良好机会，提供了极其广阔的生涯发展空间，而且也给人们带来一定的风险。因为，改革本身也具有方向、幅度和对个人损益的不确定性，给个人生涯提出了挑战，个人做出错误选择的可能性也是存在的。个人为了取得生涯的改善和成功，应不断地调整着自身的行为方式。

（三）全面市场化中的职业生涯

当前，我国市场经济全面发展，劳动人事制度改革日益深化，个人在职业选择方面的限制已经全面放开，这给人们的职业生涯发展提供了大量的机会，缔造了大批人才。

20 世纪 80 年代，社会流行“下海”之举，人们主动放弃以稳定职业和没有后顾之忧为特征的铁饭碗，去干有风险的但又可能大有前途的、大有收益的职业。90 年代中期以来，我国的改革全面深化，把各个单位、各个岗位、各种身份的人，都卷入了市场经济，职业风险大大增加。社会上一部分动得早、敢干的人获得了发展机会，取得了成功，而也有的人相形见绌。这正是改革的代价，也是改革的特点——先者为快、先者为王、“先下手为强”，体现出发展不平衡的哲学道理与“利益有限”的经济学道理。

改革是一种社会变革，市场化改革带来的是一种全新的生活方式，可能使一部分人丧失自己的利益。这就要求人们及时适应新的体制，注意寻找机会、回避风险，也要求对社会体制环境有一个更好的塑造。这包括：

1. 公平的向上流动机制；

2. 必要的道德和法律约束机制；

3. 发展目标和道路的导向系统；

4. 对弱势群体的保护体制，等等。

实际上，“风险”不仅是一种社会的客观存在，在一定意义上也有其积极的作用。生物都有趋利避害的本能，人类也是如此。当人们有一定的风险、有后顾之忧时，就都会奋力向上拼搏，这自然会促进经济的发展、社会的进步和自身的完善。改革开放给人们带来了活力，人们要择业、要谋职、要流动、要创业、要发展、要成功，要在市场经济中主动寻求自己的位置，这是一种非常积极的市场经济现象，它有利于劳动者们改变自己的前途、创造自己的命运，也有利于中华民族勤劳、智慧、创造、吃苦耐劳精神的回归和发扬。

第三节 职业生涯发展

一、职业生涯分期

（一）职业生涯六时期

1. 职业准备期

职业准备期是一个人就业前从事专业、职业技能学习的时期。这是人生生涯的起点，也是素质形成的主要时期。但是，对于这个生涯起点，许多人是盲目的，甚至是由别人代替（主要是父母）而走过的。

2. 职业选择期

在这一时期，人要根据社会需要和自己的素质和愿望，做出职业选择，走上工作岗位。这是人生生涯的关键一步，也是个人的职业素质与社会“见面”、碰撞和获得承认的时期。如果这时的选择行为失误，会带来生涯的不顺利、前途的不光明，或是浪费光阴后再次选择，还可能是丢掉了别的好机会而后悔莫及。

3. 工作初期（职业适应期）

人们走上职业岗位从事劳动，这是对人的素质的实际检验。在这一时期，基本具备工作岗位要求的人，能够顺利适应某一职业；素质较差、或者素质特点与职业要求相异的人，可能需要通过教育培训来达到职业适应；自身的职业能力、人格特点等素质与工作岗位的要求差距较大者，难于达到职业适应，可能重新进行职业选择；而个人素质超过岗位要求很多者、个人兴趣与现职业类别很不相符者，则可能重新进行职业选择。

4. 工作中期（职业稳定期）

这一时期是人的职业生涯的主体，从时间上看也占据职业生活期的绝大部分，一般是在人的成年、壮年时期。这一时期不仅是人们劳动效果最好的时期，也是人们养儿育女、担负繁重家庭责任的时期。因此，成年人往往倾向于稳定在某种职业，甚至某一特定岗位上。在职业稳定时期，如果从业者的素质能够得到发挥和提高，潜力得以体现，可能获得机会，逐步取得成果、获得生涯的成功和成就。

在职业稳定期，经过长期的职业活动，还能够使自己的素质状况有较大的提高，成为在某一领域的行家里手、专家权威，得到晋升，获得巨大的成就，也可能达到成功的巅峰，“一览众山小”。

5. 工作后期（职业素质衰退期）

这一时期是人开始步入老年的时期。由于人的生理条件的变化，能力发生着缓慢的减退，心理逐步降低需求而求稳妥，其生涯则一般是维持现状。但是，由于市场竞争激烈，许多用人单位裁员，一般来说年龄较大的就业者被辞退的可能性比年轻人为大。如果企业不景气，许多职工下岗，年龄大者无疑首当其冲。

也有一些老年人，其智力并没有减退，而知识、经验还有着越来越多的积累（有的学者称之为“晶态智力”），这种晶态智力的发挥，能够使他们的素质进一步提高，出现第二次创造高峰，再一次获得成功，达到巅峰。这些人，往往是职业、专业方面的行家里手，出色人才。

6. 职业结束期

即由于年老或其他原因结束职业生活历程的短暂的过渡时期。

从职业生涯的一般规律看，人的职业准备期一般从14～15岁开始，延续到18～22岁，有的人读硕士、博士、研究生，要延续到25～28岁。职业选择期主要集中在18～30岁以前，一些人的职业选择（就业后再次选择）还可能延续到40岁；职业适应期一般在就业后一二年就可完成。职业稳定期一般从25～30岁开始，延续到45～50岁。职业能力衰退期从45～50岁开始，延续到55～60岁，与职业结束期相连接。

对于个人而言，职业的稳定与合意是非常重要的。在上述六个时期中，“稳定期”延续时间最长，“选择期”最为关键，其前的“准备期”在一定程度上决定着选择方向与稳定性。

（二）职业生涯中的人

荷兰学者勃纳德·利维古德从事了广泛的“人”的研究，包括儿童、青年、成年、老年各个时期的人，也包括医疗、精神病理、教育、培训、管理人员、企业各方面的研究。他集上述研究于一身，将之归结为“人的发展”，并相当关注人生的发展阶段，其立足点是“帮助一个人寻求新的前途”和主张人的“自我终身教育”。他从人的生理、心理和精神三方面因素拟合、统一的角度，对人生进行了分析。

利维古德指出，在成年之前的生长期，生理发展规律影响最大；在成年、中年阶段的平衡期，心理发展显得最为明显；在人到老年、处于生命后期的衰退期，精神发展则成为主要特征。基于上述理论，利维古德指出，人的职业生涯包括下述时期：

1. 青年期

青年期大约从16～17岁至21～22岁。这段时期是人的“觉醒”时期，其青少年时期的幻想破灭，而要从现实出发做出人生的抉择。这时的青年，已经具有“成为与众不同有作为的人”的意识，但是，青年期在职业抉择方面往往有盲目性。

2. 成年初期

成年初期，即人的“初入成年阶段”。这一阶段是人在20多岁的时期。成年初期的人开始对自己的行为负责，并从主观与客观的相互关系中确立自己的地位。他们要成家和“立业”，要在工作变换中寻找自己的价值。

3. 组织阶段

这一阶段大约从28岁以后，直至35岁左右。在这一时期，人们停止尝试性地寻找好工作的职业变换行为，开始从自己现在从事的职业中找出路。

4. 继续阶段

这一阶段是从35岁左右至40岁左右。该阶段也是维持阶段，这时的人们真正地现实了：当工作顺利时，也就心安理得，感到“顺心”。

5. 危机阶段

危机阶段处于整个40多岁的时期。在这一阶段，人的体力开始衰退，在期末又进入了生理的更年期。这一阶段人的精神有进入危机的倾向，对取得的一切、对自己追求的目标、以致对自己原来所持的价值观等统统产生怀疑。进而，人在精神方面也出现不同的分化：有的人觉得失败，有的人觉得成功。而不同人的人生历程，也有失败（走下坡路、无所追求）和成功的不同分化。

6. 晚年阶段

这一阶段即人的整个50多岁的时期。在该阶段，人生的发展会再次出现不同的分化，有的人还会出现成功的新高峰。到了56岁以后，人们倾向于对一生的生涯机遇做出总结。

利维古德的"初入成年阶段"与"组织阶段"，是人们确定职业生涯时尤其要注意、思考和明智处理的。

（三）工作生涯的社会情感需求

霍尔（Hall）认为，一个人进入工作世界以后，可以分为早期生涯、中期生涯、后期生涯三个阶段，每一个阶段都有不同的任务和社会情感方面的需求（social-emotion needs）。其内容如下：

表5—1　各生涯阶段的社会情感需求①

阶段	任务	社会情感需求
早期生涯	1. 培养行动技能 2. 培养某一专门能力 3. 培养创造、创新的能力	1. 支持 2. 自主 3. 处理竞争的感受
中期生涯	1. 培养"训练和教导他人"的能力 2. 更新训练和技术的整合 3. 培养对工作和组织的宽广视野 4. 转换需要新技能的工作	1. 表达中年生活感受（包括痛苦、挫折、压力、忙碌等）的机会 2. 重新思考自我（包括道德观念、价值系统、家庭和工作） 3. 减少自我放纵或恶性竞争 4. 支持并解决中期事业前程的压力
后期生涯	1. 从实际掌权者逐渐转变为提供智慧、指导和咨询、顾问的角色 2. 开始参与组织外的活动（部分时间），重新建立自我并准备退休	1. 通过支持和咨询，来帮助整合个人经验、智慧，提供别人参考 2. 接受个人独一无二的生命旅程 3. 逐渐离开组织或团体

二、职业生涯发展模式

一个人的生涯有着多种不同的发展可能。人们不同的生涯，是个人与社会多种因素相互作用的结果，最后形成不同的生涯模式。从社会的角度看，男性和女性的职业生涯发展有着重大的区别，从而形成不同的模式。

（一）男性职业生涯模式

据美国社会学家米勒和福姆的研究，男性的职业生涯发展可以划分为四种基本模式。

1. 标准型

标准型的人，顺序经过职业生涯的各个时期，这是典型的生涯发展过程。

① 邱美华，董华欣．生涯发展与辅导．台北：心理出版社，1997．14

社会上大部分人都属于这种类型。一般来说，他们的素质也是随着生涯的发展而同步发展，逐步提高，最后逐渐衰退。

2. 稳定型

这是在生涯初期就确定了职业方向或选择期很短、很顺利的类型。属于这种类型的人，通常有较强的职业意识、较高的成就动机、较强的克服挫折的能力，也有较高的专业、职业技能水平，即他们的成功素质较高。他们由学校毕业后，能很快进入早已相中的工作，以后的生涯一般也非常顺利。

3. 不稳定型

不稳定型即数次选择职业的类型。属于这种类型的人，往往徘徊于“职业选择与适应（职业再选择与适应）”过程中，不能使自己稳定于某个职业，他们的生涯波折较多。他们普遍素质不高，这也正是生涯有所波折的主要原因。

4. 复杂试用型

复杂试用型即频繁变动职业的类型。属于这种类型的人，基本上都是没有受到良好教育，能力素质较差，而且心理素质也比较差。他们一般没有一个长期的固定工作，而是经常变换职业。所从事的职业往往是工作繁重、收入低、社会地位差，所变换的职业间也没有必然联系。该类人的工作极不稳定、极不可靠，其生活境况往往比较艰难。

（二）女性职业生涯模式

日本学者神田道子把女性的职业生涯发展类型划分为无职型、短期就业型、中断就业型、持续就业型、后就业型几种。如图 5—1 所示：

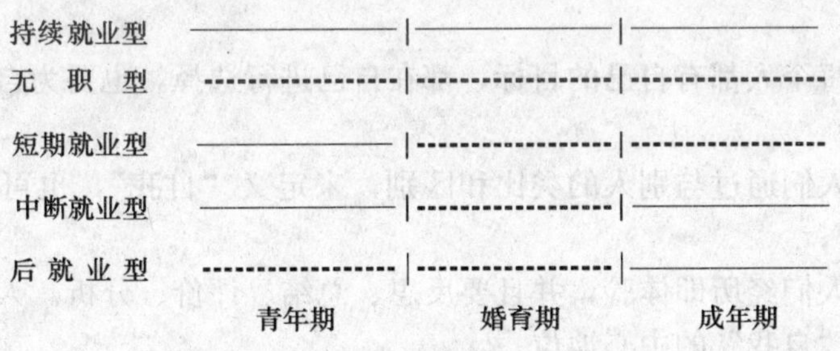

图 5—1　妇女职业生涯发展类型

上图中的———线为就业状态，---------线为不就业状态。

在经济水平不同、文化水平不同、民族习惯不同、社会风俗不同的情况下，妇女“走出家门”从事社会职业劳动的人数比例各有差异。

由于女性在社会与家庭中的角色与男子有较大的差异，在劳动市场上，妇女往往是一种受歧视的群体。因此，对女性职业问题的研究具有重要的社会意义。

第四节　职业生涯理论

一、职业自我论

（一）职业自我认识

美国著名学者萨帕（Donald E. Super）对人的“自我概念”（亦即“自我意识”）和职业行为之间的关系，进行了大量的研究。他进一步把金兹伯格的“职业性”看做“自我意识”。这种自我的意识，是人们、尤其是青年学生明确地认识自己与外界环境的关系，特别是就外界对自己的看法和认定而认识的自己。这种自我意识，成为人们迈入社会生活、完成社会化的动力与导向系统。而人的职业性的发展，也就是人们的“自我”概念或意识的建立和发展过程。

班尼斯特和福朗塞拉对“自我”做了比较全面的归纳，他们指出：

第一，每个人均具有区别于他人的、独特的、并依赖于自我意识的“自我”特性；

第二，每个人都有自身体验的完整概念，而且自己就是这种“体验”本身。其含义是，人们把事物分为“与自己有关”和“与自己无关”两种，与自己有关的事物即“我的世界”；

第三，每个人都有自己的历史和自己的环境，这对自己的未来有一定的影响；

第四，每个人都有自己的目标，都在自己进行选择，也要为自己的行动负一部分责任；

第五，人们通过与别人的类比和区别，来定义“自我”，也可以推论出别人的“自我”；

第六，人们经历即体验，并且要反思、总结、评价、分析。人的反思能力正是体现了“自我”的中心地位。①

（二）自我概念与职业的联系

萨帕指出，职业性发展是一个“妥协过程。在此过程中，天生才能、神经系统和内分泌组成、起各种作用的机遇、对所起作用（指个人作用）得到的上级和同事的赞许程度的评价等，所有这些因素的相互作用产生了自我概念”。②

进而，萨帕指出，这种自我认识、自我概念是：一个持续发展的实体，在

① ［英］鲁思·霍尔兹沃思主编．职业咨询心理学．天津：天津大学出版社，1988．141～143

② ［英］鲁思·霍尔兹沃思主编．职业咨询心理学．天津：天津大学出版社，1988．137

经验表明需要变化以适应现实时，它在生活中就做出转变。当然，自我概念的转变，必然导致人的职业行为及意识的变化，导致不同的职业选择，即“我——职业”。

同时，职业的客观存在，不论是可能的工作内容、需求结构、就业机会，还是现实的职业劳动与职业人际环境，都对自我产生影响，迫使个人重新认识自己，树立新的自我概念，即“职业——我”。

英国学者罗伯茨看到人（自我）与职业之间相互作用的上述关系，还得出“年轻失业者看待自己的不同方式，是其失业因素中的重要一环”[①] 的结论。

二、职业决策论

金兹伯格是职业发展理论的缔造者，他和萨帕成为该理论的主要代表人物。

（一）职业决策是一连串过程

美国著名职业问题专家金兹伯格（Eli Ginzberg）等人经过对实证材料的研究，首先提出了职业发展理论。金兹伯格等人指出，职业选择决策是一种发展过程，它不是一个某一时刻一下子就完成的“决定”，而是基于人们的选择观念，这种观念要经过若干年才形成。在职业选择的过程中，包含一连串的决定，每一个决定都和童年、青年时个人的经验和身心发展有关。

（二）职业选择是优化决策

金兹伯格认为，职业选择的实现，也是个人意识与外界条件的折中、调适。他还进一步指出，个人最终所做的职业决策，是寻求个人所喜爱的职业与社会所提供、个人能获得的机会之间的最佳结合。

（三）影响职业决策的因素

金兹伯格指出，影响职业选择的因素，包括现实因素、教育因素、个人的情感和人格因素、职业价值与个人价值观因素。

三、职业生涯整体发展论

美国学者萨帕的职业发展理论，比金兹伯格的学说更为详细，并扩大到整个人生。其主要包括以下论点：

（一）萨帕的基本论点

1. 人是有差异的

第一，人的才能、兴趣和人格各不相同。

第二，人们因自己的上述特性而各自适应于若干种职业。

第三，各种职业均具有一套对于人的才能、兴趣和人格要求的特定模式，但是职业与人均有一定的改变余地。

---

① ［英］鲁思·霍尔兹沃思主编. 职业咨询心理学. 天津：天津大学出版社，1988. 138

第四，职业生涯模式的不同性质，是由人们不同的家庭地位与经济状况、个人智力水平与人格特征，以及个人的机遇所决定的。

2. 职业选择与调适是一个连续过程

第一，人们对于职业的偏爱和资格、人们的生活与工作情境，以及人们的自我概念，都会随时间和经验而改变，这使得职业的选择与调适成为一种连续的过程。

第二，职业选择与调适过程可以总括为探索阶段和固定阶段两大阶段。

第三，探索阶段中，又分为空想、尝试和现实三个时期。

第四，固定阶段中，又分为尝试、固定两个时期。

第五，从更大的范围看，人的职业生成、探索、固定、维持、衰退各个阶段的总和，即构成一连串的人生阶段。

3. 职业发展过程具有可塑性

第一，职业性发展的过程，从根本上说，是一种完成自我概念的过程。这种自我概念的建立过程，也是一种折中、调和的过程。“自我”是个人自身条件与外界各种条件、各种反响的相互作用的产物。

第二，个人与社会、自我概念与现实之间的折中调和，是人们把自身放入社会的职业角色的过程。这种角色扮演，也是一个人从青年的空想，到职业选择咨询商谈，再到工作初任等的系列演进过程。

第三，一个人工作的满意（进而是生活的满意）程度，视个人的才能、兴趣、人格特征和价值观能否找到对应的归宿，或者说视上述各方面的适应程度而定。

第四，职业性发展的各个阶段可以通过指导而加以改善。这里既包括培养人的职业才能与职业兴趣、使人达到成熟，也包括帮助人在职业选择上的试行选择和帮助人的自我概念的发展。

（二）职业生涯的三层面

萨帕认为，人生的整体发展是由时间、领域和投入程度所决定，即职业生涯包括时间、领域和投入程度三个层面。其具体内容为：

1. 时间层面。即按人的年龄和生命历程划分的成长、探索、确立、维持和衰退五大阶段。

2. 领域层面。领域或者范围层面，英文为 breadth 或 scope，是指一个人终生所扮演的各种不同角色，如儿童、学生、公民、赋闲在家者、工作者和家庭主妇等。

3. 深度层面。深度即职业生涯的投入程度，指一个人在扮演每一个角色时所投入的程度。

这一理论也称为“彩虹理论”。用图表示如下：

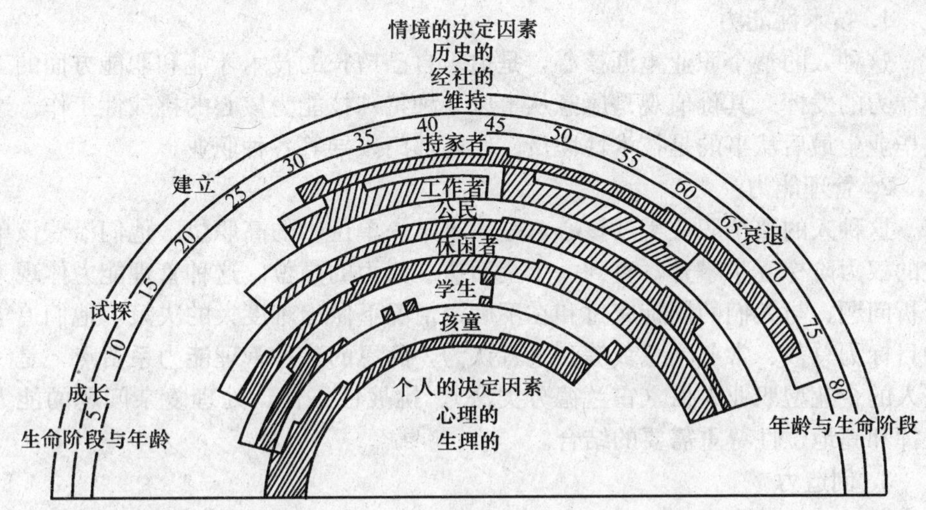

图 5—2　萨帕职业生涯发展三层面

四、职业生涯系留点论

（一）职业生涯系留点的意义

美国著名组织管理学家爱德加·薛恩（Edgar H. Schein）提出了职业生涯系留点理论。该理论指人们在有了相当丰富的工作阅历以后，真正乐于从事某种职业，这反映了一个人成年期的潜在需要和动机，和把该职业作为自己终身归宿的思想原因。在经过长期的职业实践后，人们对个人的“需要与动机”“才能”“价值观”各方面有了真正的认识，即寻找到了职业方面的“自我”与适合自我的职业，这就形成人们终身认定的、在再一次职业选择（包括真实的和假定的选择）中最不肯舍弃的东西，即“职业生涯系留点”。① 即某种因素把一个人“系”在了某一种职业上。薛恩指出，这种系留点是“自我意向的习得部分，与自省动机、价值观和才干相联系”②，是“人对自身才能的感知”，是真正有了职业经历、工作体验后，才能够正确、清楚地估测出来的。

我国近年的职业生涯著作中，把这一理论称为“职业锚理论”，即人们因为某种思想原因选中了一种职业，就此“抛锚”、安身。还有的学者把之翻译为“职业着眼点”③。

（二）五种职业生涯系留点

薛恩把麻省理工学院管理学院毕业生的系留点划分为五种类别：

① ［美］爱德加·薛恩．组织心理学．北京：经济管理出版社，1987．104～107

② ［美］爱德加·薛恩．职业的有效管理．北京：三联书店，1992．176

③ 王蔷．组织行为学．上海：上海财经大学出版社，2002．404

1. 技术性能力

这种人的整个职业生涯核心，是追求自己擅长的技术才能和职能方面的工作能力的发挥。其价值观是愿意从事以某种特殊技能为核心的挑战性工作。这类毕业生最后从事的是技术性职员、职能部门领导等各种职业。

2. 管理能力

这种人的整个职业生涯核心，是追求某一单位中的高职位。他们沿着该单位的权力阶梯逐步攀升，直到一个全面执掌权力的高位。这种管理能力体现为分析问题、与人们的周旋应付和在不确定情况下做出难度大的决策。他们追求的目标为总裁、常务副总裁等。笔者认为，薛恩的这种管理能力系留点，是一些人的企业型职业人格（霍兰德分类法）、挑战性工作、处理复杂问题的能力发挥和高地位性尊重需要的结合。

3. 创造力

这种人的整个职业生涯核心，是围绕着某种创造性努力而组织的。这种努力的结果是他们创造了新产品、新的服务业务，或者搞出什么发明，或者开拓建立了自己的某项事业。在这批毕业生中，有的人为之所奋斗的事业、创造、发明已经成功；有的人则仍然在奋斗和探索着。

4. 安全与稳定

这种人的整个职业生涯核心，是寻求一个组织机构中安稳的职位，这个职位有能长期的就业、稳定的前途，能够达到一定的经济独立从而充裕地供养家庭。

5. 自主性

这种人的整个职业生涯核心，是寻求“自由”、自主地工作，从而能够自己安排时间，能够按照自己的意愿安排工作方式和生活方式。这类人最可能离开常规性的公司、企业，但是其活动与工商企业活动及管理工作仍然保持着一定的联系。其职业如教书、搞咨询、写作、经营一家店铺等。

（三）其他职业生涯系留点

薛恩和巴林的上述研究，是对名牌大学管理专业毕业生的研究，其结论的适应性有着一定的范围。鉴于社会职业的广泛性，薛恩还提出了四种不同于名牌大学管理系科毕业生的社会从业人员可能具有的职业生涯系留点。这包括：

1. 基本认同

基本认同的含义，是在一些社会阶层较低的职业层面，一个人的头衔、制服和其他职务标记可以成为“自我”定义的基本根据。薛恩指出，具有这种系留点的人，是将头衔、制服、标志或其他一目了然的工具，外在地定义了他们的职业角色，一般是认同一个有权或有声望的雇用单位，以“单位”为工作的符号，即使这类外在符号可能与自己从事的工作关系不大。换言之，他们是以一个单位的“良好声望”替换自己的“不好的岗位与身份”。例如，肉类加工厂工人在被问到他们的生产线工作时，他们会说自己是“××大公司”的人；同样，低级公务员会说自己“为联邦政府工作”。

2. 服务

服务，亦即劳务。[①] 薛恩认为，在社会福利部门、某些医疗部门、教育部门以及行政部门，工作特点体现了自由（允许个人表达基本需要）、发挥才干和以协助他人与合作的价值观。在这些部门，人际能力和协助本身就是目的，在这种单位中工作的一些人就以进行服务、付出劳务为系留点。由于妇女带有很大的附属性，她们之中会有较高比例的人优先考虑以服务型职业为其系留点。

3. 权力欲及扩展

薛恩指出，人们有追求权力的需要和运用权力的才干，但其存在状态是复杂的。在政治家、教师、医生和部长中，可以看到有些人的系留点正是要控制和左右他人。

但是有些人的权力追求与前述的“管理能力系留点”可能有一定的重合，也可能与其他需要和才干相结合，这就出现了一种比纯粹关心权力更好的情况——即“全面管理”的系留点取向。

4. 多样化

有些人在人生和工作中有多种追求。正如薛恩指出，各行各业都有“心神不定”的人，有些人多才多艺，他们的基本需要和价值观是表达这种特点，而不是在一个较短的时期内深入地发挥受到更多限制的才干。用通俗的话说，这些人追求当“博学的杂家”而不是“精深的专家”。据一些教授、技工、商人、顾问、经理和检修工讲，吸引他们和使他们安于本职工作的东西，是他们遇到了层出不穷、形形色色的挑战。寻求多样化是这些人生命周期的组成部分。[②]

第五节　劳动与闲暇

一、劳动与闲暇基本分析

（一）人类生活时间的划分

人类生活时间的划分是多种多样的，按照我国的方法，可以把生活时间分

① 在薛恩的《职业动力学》的中译本《职业的有效管理》中，将系留点翻译为“劳务”。
② ［美］薛恩. 职业的有效管理. 北京：三联书店，1992. 175～176

为四部分，即工作时间（即劳动时间）、家务劳动时间、个人生活必需时间、闲暇时间。其中，个人生活必需时间，指为了满足正常的生理机能需要所占用的时间量，包括睡眠时间、用餐时间、个人卫生时间及其他生活必需时间，由于受人类自身生理因素的限制，在不同的时代和不同的国家，差异并不很大。家务劳动时间，即用于满足家庭生存机能需要占用的时间，包括购买商品时间、做饭时间、缝洗衣物时间、照料家庭成员时间以及其他家务劳动时间，这部分时间随着社会经济的发展，有不断减少的趋势。而工作时间和闲暇时间，是现代居民生活时间的主要部分，也成为社会学研究的重要内容。

（二）劳动时间

劳动时间是劳动的存在条件，也是衡量劳动消耗的自然尺度。从广义上讲，劳动时间不仅包括真正作业时间，也包括由于停水、停电、待料以及人为等原因所造成损失的时间，理论上还应该包括工作准备时间，主要是指上下班路途时间以及换工作服所用时间。此外，在制度外加班加点以及在非本职岗位上的劳动时间也应该包括在内。狭义的工作时间仅指真正在本职工作岗位上的作业时间。据中国人民大学城市居民生活时间分配研究课题组调查显示，我国城市居民有业者的工作日，每天用于制度内的工作时间为 6 小时 43 分，加班加点和其他工作时间（如第二职业工作时间）之和为 30 分钟，上下班路途时间为 1 小时 1 分钟，四项合计为 8 小时 14 分钟。

（三）闲暇时间

闲暇时间也称为自由支配时间，指为了满足个人精神文化以及发展机能所花费的时间，包括学习科学文化知识、阅读报纸以及文艺书刊，看电视、体育锻炼、休息、及其他娱乐等自由支配时间。闲暇时间是一种宝贵的社会财富，合理地利用闲暇时间，可以使人们得到愉快的娱乐和休息，发展丰富多样的兴趣，取得智力、体力和心理上的全面健康，有利经济和社会的发展。

随着经济和社会的发展及科学技术进步，人们对时间和空间的观念、运用都产生了根本的变化，工作时间趋于逐渐缩短，闲暇时间趋于逐渐增加，这给人类生活带来了深刻的影响。在现代社会，财富的尺度已不仅仅是物质产品，还表现为闲暇时间及其利用状况，换言之，闲暇时间是财富的另一种表现形式。马克思就此指出："在未来社会，财富的尺度决不再是劳动时间，而是可以自由支配的时间。"在物质文明的今天，生活时间分配结构特别是闲暇时间、闲暇活动和闲暇消费水平是体现国民生活质量高低的一个重要方面。

（四）劳动时间与闲暇时间的关系

劳动与闲暇是构成现代人类生活方式的基本内容。劳动时间是闲暇时间形成的基础。这是因为：第一，前者对后者在量的发展上有着制约，即在一定时间内，劳动时间越多，闲暇时间就越少；反之，闲暇时间就越多。第二，劳动既创造社会财富，也创造闲暇时间。有效劳动时间的多少，意味着创造社会财富的多少，人类闲暇生活的条件主要是由物质财富和闲暇时间构成。第三，劳动时间在质上决定着闲暇时间。第四，劳动时间的结构在一定程度上决定闲暇时间的结构。

闲暇时间对劳动时间具有特殊价值。其特殊价值主要表现在闲暇时间对工作时间的反作用上。第一，将劳动时间内消耗的生理、心理以及文化能量得到补偿和提高。第二，通过学习这种活动，改善劳动者的知识结构提高劳动者的素质，从而提高劳动效率。第三，闲暇时间是劳动时间的有效保障，只有两部分时间的协调，才能保证劳动力的正常再生产。

二、对于劳动与闲暇的研究

劳动是人类生存的基础，但劳动不仅仅是为了谋生，更是为了通过劳动融入社会生活。从这一角度看，劳动对于一个成年人来说，同生理需求、闲暇需求一样，也是一种生活需求。

社会学对劳动与闲暇的研究多属于应用研究，特别是在闲暇社会学、劳动社会学、家政学等研究领域中，经常使用生活时间分配资料对闲暇、劳动以及家庭生活（如家务劳动、男女平等、生活方式等）领域的问题进行实证分析。

（一）闲暇社会学的研究

19 世纪下半期，一些社会学者、经济学者就开始注重闲暇时间的研究。马克思把闲暇时间同提高劳动生产者的智力、体力以及满足社会交往的需要联系起来，从而为社会问题的研究提供了重要的思路和理论基础。1899 年美国经济学家、社会学家 T·帆勃伦发表了《有闲阶级论》(《The Theory of the Leisure Class》)，他认为伴随着社会分工日益明确，脑力劳动者阶层的非生产时间消费优于其他物质生产时间消费，书中还论及了闲暇时间的消费水准与阶级和阶层的关系等等。进入 20 世纪后，闲暇时间和闲暇活动的社会学研究更加活跃。30 年代美国社会学界注意到闲暇时间的增加对生活结构的影响，提出了闲暇教育等问题，如林德夫妇（R. Lynd and H. Lynd）的研究成果《中等城市》《变迁中的中等城市》(1937)。在 50 年代，各国开展了大量的生活时间的专题调查，如 1954 年荷兰政府对青年人度过闲暇时间的方式进行大规模的调查，并制定计划，该计划注重培养年轻人的个性和为闲暇提供各种设施。80 年代以后，经济发达国家进入后工业化社会，更加注重闲暇时间的研究，讨论闲暇的价值、闲暇和劳动的选择问题、闲暇对日常生活的影响、产业动向、住宅设计、城市规划、政策研究、生活质量等。

（二）家政学研究

家政学对生活时间分配的研究，主要包括四个方面。其一，以农村主妇为对象的调查研究。其二，运用时间测定劳动作业量及消耗量，计算应补充的热量。其三，以城市为中心对共同劳动家庭和非共同劳动家庭的生活时间研究。其四，家务劳动的货币计算研究。1935 年美国夫妇共同劳动家庭有所增加，应时而生，出现了以夫妇共同劳动家庭为对象的研究。日本女子大学的稻叶奈美教授，1953 年开始从事家政学的生活时间研究，她从家庭经营的观点出发研究城市居民的生活实态，以夫妇共同在外工作的家庭为对象，每隔五年进行一次地区性的生活时间分配调查，1971 年实施了全国性的《城市主妇生活时间》调查。此后，同研究组的桑田百代和伊藤节继续进行了该项调查，用生活时间分配资料研究了家庭中男女平等、生活方式等问题。另外，日本以农村家庭为对象的生活时间分配研究也有很多成果，如熊谷苑子的研究。

对于家务劳动的宏观核算，也成为研究的重要领域。对于“家务劳动是否具有价值”这一问题的讨论持续了多年，但是用生活时间分配资料推算家务劳动的价值则是近年的事。对该方面的研究，在一些发达国家已经有一些研究或应用成果，如日本经济企划厅在 1995 年开始将家务劳动纳入国民经济核算的范围，并用机会成本法（CO 法）等对家务劳动进行货币计算，1997 年公布了计算结果。

三、劳动时间与闲暇时间的变动

（一）劳动时间不断减少的趋势

从各国的情况看，周平均工作时间均有所下降，这是经济发展、技术进步和劳动者素质提高的结果。由于劳动生产率的不断提高，劳动者的收入得以增加，会带来生活水平的提高，于是，人们就有可能会选择多休息、少工作的生活方式。这本身就是社会的进步。20 世纪 90 年代后期，双休日制度在中国普及，居民平均工作时间继续减少。

（二）上下班路途时间先增加然后减少的趋势

随着经济与社会的发展，上下班时间表现出先增加、然后减少的趋势。在发展中国家或城市，随着城市人口的增加和城市的扩大，道路的建设速度赶不上车辆的增长速度，市内交通堵塞状况严重，尤其在上下班时更令人头痛，延长了上下班的绝对时间和相对时间。如北京市 1996 年与 1986 年相比，工作日平均上下班时间增加了 16 分钟。据估计，这一趋势还将继续下去，直到市政设施和基础设施完善、农村城市化水平较高，农村人口向城市流动趋缓，上下班路途时间才能减少或不变。这一水平要在 2015—2020 年才能达到。而作为发达国家都市的东京已经度过了这一阶段，伴随着交通的进一步发展，用于路途时间将会减少。东京市居民周平均用于上下班路途时间，1986 年为 45 分钟，1996 年为 39 分钟，10 年间减少了 6 分钟。

（三）社会劳动时间价值不断提高的趋势

在不同的社会经济发展阶段，人们的社会劳动时间价值是不同的。发展中国家与发达国家相比，还处于较低水平，因此，一方面人们没有足够的经济能力支付对人力资本的巨大投资；另一方面又没有强烈的人力资本投资意识。众多的工业化国家企业纷纷投资于发展中国家与地区的事实表明，在经济发展水平不高的国家与地区，人们的社会劳动时间价值是较低的。

但是，无论是发达的工业化国家，还是不发达的发展中国家，随着科学技术与社会的进步，都在千方百计地发展经济，以使自己处于更高的社会经济阶段。伴随着经济发展阶段的提高，国家的文明程度越来越高，国民接受教育的时间与水平提高，健康水平也随之提高，人力资本投资的增加使得社会劳动的时间价值越来越高。

（四）闲暇时间以及闲暇时间价值不断增加的趋势

随着社会的进步和经济水平的提高，人们的社会劳动和家务劳动时间会减少，闲暇时间必然呈现不断增加趋势。闲暇时间的增加会使闲暇活动出现多元化：一是闲暇活动的种类增加，二是闲暇活动花样的翻新。居民闲暇活动的水平也会随之提高。由于闲暇时间的增加，闲暇消费支出在生活全部消费支出中的比重也会不断提高。这从收入水平和旅游活动次数与距离之间高度相关的关系方面，可以得到证明。

随着人们生活水平和对闲暇重视程度的提高，闲暇时间在增加，闲暇时间的价值也在不断提高。

（五）闲暇时间与劳动时间模糊与重叠

在科学技术特别是信息技术高度发达的今天，生产力发展的最重要来源是知识和信息，知识和信息的生产成为一个国家、地区和社会发展的主要支柱。而知识和信息是由人类传播与应用的，因此，为了进行知识和信息的生产，就必须不断地学习和收集，许多知识和信息的获得将通过视为闲暇时间的阅读书刊、查询网络、收看电视等实现，即闲暇时间也可以作为工作时间，两者已经没有了明确的界限，尤其对于那些高级技术人员，高层管理人员以及高层领导等。并且，知识、智慧具有共有性和共享性，在闲暇时间里娱乐、放松的同时，还可以通过交流等互动的形式，提高自身素质以及整个团体的绩效，从而对社会生产力的贡献也是巨大的。由此可看出，随着生产力和社会的发展，闲暇时间与劳动时间已经失去了明确的差异性，而开始表现出模糊性与重叠性。

【本章小结】

职业生涯是从人生的角度看待劳动者的发展问题。本章对职业的概念和对于个人与社会的功能进行了分析，阐述了职业生涯的概念、范畴，分析了影响职业生涯的教育、家庭、个人需求与心理动机、机会和社会环境各项因素，分析了我国改革中的职业生涯契机、风险问题。

在职业和职业生涯基本分析的基础上，本章阐述了职业生涯发展的时期划分和人在工作生涯中的社会需求、男性与女性的生涯模式，进一步阐述了职业生涯的主要理论：职业自我论、金兹伯格职业发展论尤其是职业选择决策论、萨帕职业发展理论与人生的三个层面论、薛恩的职业生涯系留点理论（职业锚理论）。

本章还进一步对劳动与闲暇的内容、关系及其变动趋势进行了阐述。

【重要概念】

职业　职业生涯　男性职业生涯模式　女性职业生涯模式　职业适应期　职业稳定期　职业自我　职业生涯系留点（职业锚）　基本认同　劳动时间　闲暇时间

【思考题】

1. 职业的含义是什么？它对人的劳动和对社会有什么影响？

2. 人的职业意识是如何形成的？

3. 人的职业生涯要经过哪些阶段？影响因素主要有哪些？试对三五个不同职业的人的生涯发展进行调查和分析。

4. 如何看待改革中的职业生涯的风险与机遇？

5. 薛恩的职业生涯系留点的内容有什么？你属于哪种类型？

6. 结合实际谈谈如何看待闲暇时间的重要性。

第六章　职业分层与流动

第一节　职业分层基本分析

一、职业分层概念

（一）职业分层

“分层”原为地质学家分析地质结构时所使用，指地质构造的不同层面。社会学家发现社会存在着不平等，人与人之间、集团与集团之间也像地层构造那样分成高低有序的若干等级层次，因而借用地质学的概念来分析社会，形成了有关分层的概念。那么，从劳动社会学的角度看，什么是职业分层呢？

所谓职业分层，就是按照一定的标准，将劳动者所从事的职业区分为职业地位和声望不同的等级序列。与职业分层紧密相关的另外两个概念是职业地位和职业声望。

职业地位就是指不同的职业依据其本身的社会结构功能所占据的不同的客观社会位置。不同的职业拥有不同的社会地位资源，并具有相应的社会功能。决定职业社会功能的社会地位资源，如权力、财富、声望、晋升机会和发展前景等，一般只向从事该项职业的人开放，因此，不同的人才会有不同的职业地位。

职业声望就是指人们对不同职业的价值评价，它是社会成员对各种职业地位的主观态度的综合。人们对职业的评价往往会借助多种职业价值尺度，如工资、奖金、津贴、福利方面的职业报酬尺度；物质财富创造、精神财富创造方面的职业贡献尺度；文化知识技能和工作单位状况尺度等。从社会层面看，不同年龄、性别、经历、家庭、地区的人们，出于不同需要的角度，会使用各有侧重的职业价值尺度。从社会总体看，在一定时期和一定区域内，存在相对共通的基本职业价值标准，并形成职业社会中特定的名次系列和职业声望尺度。职业声望不仅体现了职业相对地位的等级层次，而且还影响着人们对职业的选择，影响着社会的职业流动。

（二）研究职业分层的意义

首先，职业分层研究是社会分层研究的一个重要方面。社会学研究表明，在绝大多数社会里，社会成员常由于其权力、财产、教育、家庭、种族、性别、年龄、职业等特征的不同而被正式或非正式地区分为不同的阶层，即存在给不同的社会成员以不同的地位和荣誉的制度。而职业分层则是区分社会成员的一个非常关键的特征，在当今工业化社会，职业地位的高低往往成了一个人在社会中地位高低的指示器。陌生人见面，通常的开场白是："你是做什么工作的?"这绝不是一个偶然的现象。因为这一问题能够为我们知道一个人是什么类的人提供最好的线索，它告诉我们一个人是应该予以注意的，还是可以被忽视而不会引起任何麻烦的，或是值得尊敬的，甚至，它还为我们提供了关于一个人的态度、经验和生活类型等初步的不成熟的推论。简单地说，职业角色将个体置于社会空间之中，为他们与别人的互动设置了一个舞台，同时，它也告知我们从事这种职业的人在社会结构中的位置。这种现象是与工业化的过程联系在一起的，现代工业社会具有集中、分化和理性化三个主要趋势。集中指的是社会群体的规模，尤其是大规模工作组织的增加，其结果是正式群体代替了非正式群体，受规章制度、法律等约束的合作机制代替了人类活动中的自愿合作。工作场所从家庭中分离出来，城市社会总体上的科层化，造成了人际关系的高度的匿名性和非人格化，社会互动也变得更为分裂，在社会交往过程中，个人只是把个性中的一部分而不是全部生活经历都投入进去。这样，人们趋向于把与其他人的关系限制在职务关系的范围之内。而且，除了性别、年龄和种族，职业标志或者职务头衔成了城市生活中通过平常的交往认识其他与自己没有关系的人的最为方便的途径。分化是指由工业化以及相应出现的大规模的职业专业化带来的劳动过程的分解。随着职业专业化的发展，每种职业的特征都变得更为抽象，尤其是对不从事该项工作的人来说，更是隔行如隔山。同时，分化的过程也是工作组织内等级森严的权威制度产生的过程，组织中的等级独立于个人而存在，职务头衔成了区分个人在科层制中地位的标识。理性化指的是对个人行为的控制手段发生了变化，即正式的控制手段代替了原来非正式的、私人的和自发的控制手段。把人们分配到各种职位上去，是以个人的能力、特长、功绩为基础，而不再以人际关系或先赋属性为依据。这就意味着这样一个假定：即职业标签是个人智力、才能、性格和个人所得等可以接受的公平的指标，因而人们自然就认为职业地位与其他所有属性具有高度的相关关系。基于以上这些特点，职业也就自然成了人们评价个人在社会经济结构中的地位的指标。因此，近百年来，人们对于职业分层（主要是职业地位与声望）的研究始终是社会学研究的一个重要课题。

其次，研究分层有助于我们理解劳动者的社会行为与职业流动。近年来关于职业地位和声望的研究表明，劳动者的择业行为和流动趋向与职业地位和声望的高低有着很大的关系。劳动者在力所能及的范围内，总是喜欢选择职业地位高或职业声望高的职业。由于受职业社会评价的影响，近年来已在城镇出现了职业选择性失业的问题，一些青年宁可待业在家也不愿屈就职业声望较低的职业。随着社会经济的发展，这个问题也将会更加突出。

二、职业分层理论

为什么不同的职业在地位和声望上各不相同？对于这个问题，已经有不少著名的社会学家进行研究，并提出了一些至今仍有广泛影响的理论。对职业社会地位和职业声望研究的理论，主要源自于马克思的阶级理论，韦伯的阶级、地位和权力论及其后一些社会学家对社会层化现象的研究。

（一）马克思主义社会学的阶级理论

马克思的阶级理论可以看做是对古典的社会阶层化理论的贡献。马克思的阶级理论建立在历史唯物主义基础之上，他认为阶级是一个历史范畴，出现于一定历史过程的社会结构之中，因而对阶级的分析必须放在特定的时空架构里作具体的研究。马克思认为，构成阶级的主要因素是财产关系，而在资本主义社会，阶级关系的基础便是生产资料的私有制以及为维护生产资料的私有制而建立起来的种种社会关系。因而，个人社会地位的高低，在资本主义社会里，是由个人在生产关系中的位置所决定的。马克思并不否认由阶级差别所造成的人们社会地位的差别，他认为在每一个阶级范围内都有对于这个阶级来说是典型的职业。在一切私有制社会里，脑力劳动的职业基本上都为统治阶级所垄断，在资本主义社会，最苦最累的活儿一般是由无产阶级干的，而这种地位的差别归根结底是由个人在社会生产关系中的位置决定的。

（二）马克斯·韦伯的阶层理论

在西方社会学中，最早提出社会分层理论的是德国社会学家马克斯·韦伯。韦伯社会分层理论的核心是划分社会层次结构必须依据三重标准，即财富——经济标准；威望——社会标准；权力——政治标准。

经济标准即财富，是指社会成员在经济市场中的生活机遇。所谓生活机遇是指个人用其经济收入来交换商品或劳务的能力，即满足自己物质需求的能力，其中包括使自己受到良好教育以获得较好经济地位的能力。

社会标准是指个人在其所处的社会环境中所得到的声誉和尊敬。按照这个标准，可以把社会成员划分成不同的身份群体。所谓身份群体就是由那些有着相同或相似的生活方式，并能从他人那里得到等量的身份尊敬的人所组成的群体。韦伯认为，由经济标准所形成的阶级和由社会标准所形成的身份群体之间虽有非常的联系，但两者并不完全相同，比如，收入高的妓女却并不拥有社会尊敬。

政治标准就是指权力。什么是权力呢？韦伯认为，权力就是“处于社会关系之中的行动者即便在遇到反对的情况下也能实现自己的意志的可能性”。在韦伯看来，权力不仅取决于个人或群体对于生产资料的所有关系，而且也取决于个人或群体在科层制度中的地位。

韦伯的这些分层标准与职业是一种什么样的关系呢？我们发现，在经济生活中，最穷的人常常是那些没有工作能力的人，这一点在资本主义国家尤为明显。他们可能是因年龄太大或太小而不能工作，或是因读书太少而找不到好工作，也有的是在找工作或晋升中受到歧视等，如西方社会的有色人种。

权力与职业间的关系也非常明显，一般权力都是与相应的职位联系在一起的，职位越高，其权力也越大，因而越有可能使自己在碰到反对的意见下也能实现其意志。

在多数情况下，声望来自较高的社会地位，而社会地位的高低往往与职业地位的高低是一致的。比如，在美国社会中，那些在诸如医学科学和法律领域工作的人都享有较高的声望。较高的社会地位和声望也可以通过一些出头露面的职业而获得，如从事广播电视、体育和电影方面的工作。

（三）功能理论

系统地对职业社会分层现象进行阐述的是美国社会学家戴维斯和穆尔(K. Davis & W. E. Moore)① 二人。在现代工业社会，任何关于社会分层方面的理论，都包含着他们二人的一些观点。戴维斯和穆尔用“位置系统”的概念来说明职业分层现象产生的原因。他们认为，位置的高低说明社会分工的不同，而不代表身居其位的个人有高低不同之分。如果把社会看做一个正在运转的体系，则社会必须将其成员安排到各种位置上去，使每一个安排到一定位置上的人都能发挥自己应尽的职能。为此，社会就需要提供一些动机和诱因，以吸引人们自愿地各就其位，各司其职。

戴维斯和穆尔认为，如果社会位置给人的感觉同样愉快，对社会的生存同样重要，这些位置所需要的才能和训练也一样的话，如何把人们吸引到这些位置上去就不太重要了，而事实上，各种社会位置的功能重要性是不同的。第一，有些社会位置在社会生存的功能上比其他位置更重要，这种重要性由地位的独特性、不可替代性和依赖性决定；第二，有些社会位置比其他社会位置更需要特殊的训练和才能，社会中只有少数有才能的人能加以训练，以获得这些职位所需要技能，而这些受训练者为了掌握这些技能必须做出不少牺牲，社会为了吸引这些有才能的人去接受训练并做出牺牲，就要在日后他们工作时给予更多的报酬；第三，有些社会位置更让人感到愉快。因而，社会就需要根据每个位置的不同功能，给予不同的报酬作为诱因，即实行一种差别报酬制度。不

---

① K. Davis and W. E Moore，1945：Some Principles of Stratification. ASR 10：242～249

同的职业有不同的报酬，这种差别报酬制度即导致了职业的分层，也为社会的存在与运转所需要。在功能论者看来，如果不给那些更重要、更难胜任的职业以更多的报酬和更多的荣誉，人们就不会进行更多的教育投资，不愿付出更多的努力，也不愿承担更大的责任。

（四）冲突理论

戴维斯和穆尔对社会位置和社会分层功能论的解释，引起了学者们的极大兴趣，但也遭致了不少人的批评，其中最主要的是图闵（Melvin M. Tumin）① 于 1953 年从冲突论的角度对功能论观点的批评。图闵认为，首先，所谓社会位置的功能重要性不同的概念定义非常不明，而且有极强烈的价值判断色彩，人们如何能够真实地证明管子工、电工或火车司机对工业社会的功能性意义不如科学院的教授呢？再者，某一职位的不可替代性往往并非其功能性质无法为另外的社会位置所取代，而常常是双方妥协的结果。

其次，有才能的人并非稀少，虽然人数上有限制，但更多的是结构性因素的结果。教育机会的限制是一个很重要的结构性因素，由于接受教育，特别是接受高等教育的费用很高，而每个家庭所能负担的教育费用的能力是不一样的，这样无形中便埋没了很多人才。职位的继承性是另一个结构性因素，它造成了人们就业时的不公平竞争。基于这两个结构性因素，下层人的下一代同样会因此得不到好位置，并造成恶性循环。更何况那些占有好位置的人为维护自己的利益与地位还经常设置种种进入这些职业的障碍。

第三，虽然有才能的人在受训期间付出了某些牺牲，但从中也得到了许多精神上和其他的报酬，如交友方便。另外，训练也并非就是牺牲，它是有很多补偿的。训练期间的代价常常是社会与家庭共同负担，而非个人负担的，若把这种代价看做一种人力资源投资，在报酬率很高的情况下，牺牲就微乎其微了。

第四，物质报酬并非是吸引人才的最有效诱因，不同的社会有不同的报酬形态，在有些社会，最吸引人的是权力。此外，工作本身的内在价值等也能吸引人。

第五，高低不等的社会位置的存在也有负功能。

总之，冲突论者认为，在现代社会中，各种职业是相互依赖的，缺少谁都不行。清洁工罢工的后果与医生停止工作的后果一样严重。因此，不同职业功能的大小实际上是无法相互比较。另外，从事一些体面职业的人并不都是才智出众者，相反，有众多德才兼备的人因种种社会制度方面的限制却不能从事那些具有较高声望的职业。职业分层是职业垄断和社会冲突的结果，是职业特权的表现。

① Lopreato J. et ai (eds) 1974. Social Stratification: A Reader. Harper & Row, Publishers

（五）供需理论

美国另一个社会学家辛普森（R. Simpson）于 1956 年从另一个角度，即从经济学的供需规律的观点对戴维斯和穆尔的功能论进行了修正。他认为，位置系统的重要与否是很难加以测量的，其中有些位置只对个人有贡献，但对社会似乎并没有什么贡献（如贵族的仆人和管家）。而有些位置，社会给他的报酬又超过他对社会的贡献（如电影明星或运动员）。如何解释这种现象呢？辛普森以人才的供需决定报酬代替了功能论者关于社会位置功能重要性的解释。他认为人是社会人，而非经济人，报酬并不一定是指物质报酬，而可以是任何一种社会报酬。在此前提下，根据社会的供需律，一方面是人才的训练，另一方面是社会位置的报酬。功能的重要性是难以测量的，但人才的供给与需求是可以测量的。辛普森认为用他的供需理论可以阐明许多功能论解释不清的观点。如职业的独特性，即位置的不可替代性，功能论者认为愈是不可取代的职位，它的功能重要性愈高。但是就整个社会而言，工人、农民、医生似乎都很重要，而从不可替代性的角度看，他们彼此间确实又有差距。辛普森认为这个问题可从经济学的观点得到解释，就总体效应而言，医生、工人、农民都一样重要，但他们个别的边际效用具有差别。另外，用供需理论还可以解释社会高低不同的报酬是如何产生的。医生的收入比大学教授高，原因是社会上每个人都需要医生，但并非每个人都需要大学教授，他们的社会需求不同，因此导致了他们所得的不同。同样，出名的球星极少，其供给也是远远低于需求的，因此，他们的市场价格，即他们的身份也就相当高了。

总之，从供需论来看，职业分层是由供给与需求决定的。

第二节　职业分层研究

一、影响职业分层的因素

影响职业分层的因素可以分为两大类：一类是与职业本身有关的，即职业性因素；另一类是与评价者有关的，即评价性因素。

（一）职业性因素

与职业有关的因素决定着职业地位和声望的高低，具体地说，这样的因素有：

1. 职业的社会功能

职业的社会功能是指一定的职业对于社会的作用。职业的作用包括它在日常生活中对于国家和人民的共同福利所担负的责任和对于国家社会经济发展的意义。

2. 职业的社会报酬

这里的报酬是指社会学意义上的报酬，即职业在政治、经济、文化等方面能赋予任职者的各项权利。如权力、权威、工资收入、福利待遇、晋升机会等。

3. 职业的自然条件

职业的自然条件是指与职业活动相关的自然工作环境。如技术装备、安全系数、劳动卫生条件、企业规模等。

4. 职业的自然属性

职业的自然属性一般包括职业的技术复杂程度、劳动强度、劳动者是从事操作符号的、工具的或者是材料的等因素。一般地说，从事技术复杂程度高、劳动强度小，从事的是操作符号的职业，则职业声望高。否则职业声望就低。当然这并不是绝对的。

5. 职业的要求

职业的要求是指进入职业的必要条件。这些条件包括教育程度、所需的训练和必要的经验，以及拥有证书或执照等。一般来说，职业地位随着进入的要求的越来越严格而不断提高，也即获得该项职业的要求越高越严，则该职业的声望也就越高。

6. 职业的组织类别

职业的组织类别是指这种职业是由个人独立来完成的还是需要经由组织来完成的。这里的由组织来完成指的是一项工作的完成需要大家一起干，而且往往有人来监督。一般来说，由个人完成的工作具有更高的社会地位。

7. 职业对组织家庭、社会交往的作用

这是指劳动者所从事的职业对未来恋爱、婚姻的难易程度，职业对个人社会交往的影响。

8. 单位的性质

单位的性质是指劳动者所在单位或组织的所有制性质。如目前我国的所有制分为国有、集体、个体、私营和三资等几大类。

以上所讲的是决定职业地位与声望的客观因素。当然，任何一项因素都不可能单独决定职业地位和声望的高低，而是许多因素综合作用的结果。

（二）评价性因素

与评价者有关的因素影响着人们对职业地位和声望的看法，这种看法的固定化或模式化又会反过来影响人们对职业地位与声望的评价。与评价者有关的因素包括性别、年龄、职业、教育、政治与文化背景、家庭、民族、地区或国家区别等。职业地位和声望的研究表明，从总体上看，人们对于职业地位和声望的评价具有较高的相关性，但不同的亚群体在对职业地位和声望的看法上仍然存在着一定的差异。

二、职业分层方法

由上看出，影响职业分层的因素具有客观性和主观性，那么可以从这两个角度确定职业分层的方法，即一种是主观法，另一种是客观法。

（一）主观法

主观法又分为两种：即声望尺度和排序法。

1. 声望尺度

声望尺度是一种判断尺度，也是目前职业地位和声望研究中最重要而且使用最多的一种方法。

声望尺度法一般先由研究者选择若干职业，然后将所列出的职业制成表格，每种职业的后边都排出从“很好”到“很差”的五至十个等级，然后根据抽样调查的原则抽取一定的社会成员作为被调查者，请他们根据自己对每个职业的看法，在其后边的等级上分别划上标记打分；研究者将调查得到的资料汇总统计，并根据声望的研究尺度计算出每一种职业的平均分数，这个分数就代表了这项职业的相对声望。一般地说，研究者所列出的职业应符合以下要求；第一，具有尽量宽的涵盖面和尽可能大的代表性；第二，所列出的职业应尽量采用大众普遍接受的称谓，而且这些职业是普通被调查者都能理解和比较熟悉的。每种职业的声望度可以从以下公式计算。

$$S=\frac{\sum_{i=1}^{T}\frac{F_i}{N}\cdot W_i\times 100}{T}$$

式中 S——职业声望分数；

N—— 调查的总体样本数；

F_i——被调查者选择等级的频数；

W_i——i 等级的加权数；

T——等级的个数。

最早运用声望尺度对职业地位与声望进行研究的学者是美国社会学家诺斯和哈特，他们在1947年选取了90种职业，在全国范围内选择了2 920个样本，让被调查者评定每一个工作应属于哪一个等级，等级从非常好到很不好共分五级。通过对被调查者回答的统计处理，得到了90种职业的声望表。在以后的几十年中，诺斯-哈特职业声望表不断地被用来作为同类调查的参照系，成为职业地位与声望研究的经典。

在关于职业分层的研究中，著名的邓肯（Duncan）社会经济地位指数就是从诺斯与哈特的量表扩大而来的。邓肯在1961年根据诺斯与哈特量表的每一职业的职业声望，再配合每一职业的平均受教育程度与平均收入水平，将三个变量放在一个简单的回归方程中，从而确定需要受多少教育和有多少收入才能达到诺斯与哈特职业声望表中的每一种职业的声望分数，他求出了职业声望等级与教育、收入三者之间的回归方程系数：

职业声望等级＝－6.0＋0.59 教育＋0.55 收入

邓肯根据这个方程，推算了美国人口普查局所有职业的个别分数，并将美国的职业分成了 17 个等级，即：自营专业人员；领薪专业人员；经理；销售人员；有产者、店员；零售商；制造业技术人员；制造业以外技术人员；建筑工人；制造业操作工；制造业以外操作工；服务业人员；制造业工人；制造业以外工人；农民；农场工人。

2. 排序法

排序法就是要求被调查者对研究者给出的一些职业依据自己的评价排出其在职业社会地位等级中的位置。如给出教授、工人、科学家、护士、农民、医生、律师、会计、个体户与门卫 10 种职业，被调查者对这些职业根据自己的评价给出一个从第 1 到第 10 的排列，然后将所有被调查者的排序汇总统计，即可得出各种职业在社会上的相对位置。

最早运用排序法对职业声望进行调查的是美国社会学者康兹（George S. Caunts），他在 1925 年对美国 45 种职业进行了一次声望调查，他调查的对象是教师与学生，共 324 人，要求他们按对 45 种职业尊敬的程度进行排列，然后对职业的地位与声望进行了研究。

（二）客观法

客观法也称指标法，它是用反映职业地位的各项指标来衡量职业地位的高低。确定合适的指标是客观法的首要问题，研究者一般从决定职业地位高低的各项因素中选择几项关键因素，并将其操作化，以此作为衡量标准。例如，在美国最早广为应用的社会经济地位量表——爱德华量表（Edwards' Scale），就是以职业所需要的技术、知识以及从事此类职业所得的物质报酬对职业进行分层的，他把职业分成了 6 个大类 10 个等级：（1）非熟练工人：包括 a. 农民；b. 除农民以外的体力劳动者；c. 仆人阶级。（2）半熟练工人。（3）熟练工人及工段长。（4）职员及类似职业。（5）产业主、经理和官员：包括 a. 农产主（土地所有者及承租人）；b. 批发与零售商人；c. 其他产业主、经理与官员。（6）专业人员。另外一个著名的美国社会学家沃纳，在 1940 年他对美国职业分层进行研究时，选择了教育、收入和职业级别三项（分别区分为 5 个等级）指标来反映职业地位高低，并制成了在社会学界影响广泛的职业地位量表。

三、我国的职业分层

我国处于社会大变革时期，近年来有不少社会学家对我国的职业分层状况进行研究，其中最有影响的是陆学艺及其同事们所做的研究。他们认为，1978

年以来中国社会在改革开放过程中发生了深刻而巨大的变化，以往以政治身份、户口身份和行政身份为职业分层主要依据的格局已经改变，由组织资源、经济资源和文化资源的占有状况决定的市场境遇与工作境遇日益成为职业分层的决定因素。组织资源包括行政组织资源与政治组织资源，主要指依靠国家政权组织和政党系统而拥有的支配社会资源（包括人和物）的能力；经济资源主要是指对生产资料的所有权、使用权和经营权；文化（技术）资源是指社会（通过证书或资格认定）所认可的知识和技能的拥有。以此为标准，区分出了当代中国社会10种最为主要的职业阶层，这10种阶层的排列为：

1. 国家和社会管理者阶层：指在当政、事业和社会团体机关单位中行使实际的行政管理职权的领导干部，在整个社会阶层结构中约占2.1%。是当前社会经济发展及市场化改革的主要推动者和组织者。

2. 经理人员阶层：指大中型企业中非业主身份的高中层管理人员，所占比例约为1.5%。是市场化改革最积极的推进者和制度创新者。

3. 私营企业主阶层：指拥有一定数量私人资本或固定资产并进行投资以获取利润的人，约占0.6%。这一阶层的政治地位无法和其经济地位相匹配，但他们是先进生产力的代表者之一，是社会主义市场经济的主要实践者和重要组织者。

4. 专业技术人员阶层：指在各种经济成分的机构中专门从事各种专业性工作和科学技术工作的人员，约占5.1%。是先进生产力和先进文化的代表者之一，还是社会主导价值体系及意识形态的创新者和传播者，是维护社会稳定和激励社会进步的重要力量。

5. 办事人员阶层：指协助部门负责人处理日常行政事务的专职办公人员，所占比例约为4.8%。是社会中间层的重要组成部分，未来十几年仍会增加。

6. 个体工商户阶层：指拥有较少量私人资本并投入经营活动或金融债券市场而且以此为生的人，所占比例为4.2%。该阶层的实际人数比登记人数多得多。这一阶层是市场经济中的活跃力量。

7. 商业服务业员工阶层：指在商业和服务行业中从事非专业性的、非体力的和体力的工作人员，所占比例约为12%。这一阶层和城市化的关系最为密切。

8. 产业工人阶层：指在第二产业中从事体力、半体力劳动的生产工人、建筑业工人及相关人员，约占22.6%左右，其中农民工占产业工人的30%左右。经济改革以来，该阶层的社会经济地位明显下降，其人员构成发生了根本性的变化。他们指出，经济改革以来，产业工人阶层的社会经济地位明显下降，这使产业工人阶层的人员构成发生了根本性的变化，原工人阶层中一部分人通过接受教育和技术培训离开了工人队伍，进入社会经济地位较高的阶层。

20世纪90年代中期以后，国有工矿企业改革，实行减员增效等政策，导致大批工人下岗，从而在事实上改变了原来那种终身雇佣格局。有相当一部分人在“铁饭碗”打破以后处于就业无保障的状况，这使他们在心理上承受压力。在传统计划经济体制下，工人阶层长期没有就业压力，因而没有竞争意识，一旦他们的这种既得利益状况被改变，难免会有不满和牢骚。①

9. 农业劳动者阶层：这是目前中国规模最大的一个阶层，是指承包集体所有的耕地，以农（林、牧、渔）业为惟一或主要职业及收入来源的农民，所占比例约为44%。这个阶层几乎不拥有组织资源，在整个社会阶层机构中的地位比较低。

10. 城乡无业、失业、半失业者阶层：这是特殊历史过渡阶段的产物，是指无固定职业的劳动年龄人群（排除在校学生），所占比例约为3.1%。目前，这一阶层的数量还在继续增加（详见表6—1）。

表6—1　1952—1999年中国社会阶层结构的演变　（单位：%）

年份 层别	1952	1978	1988	1991	1999
总计	100.00	100.00	100.00	100.00	100.00
国家与社会管理者	0.50	0.98	1.70	1.96	2.10
经理人员	0.14	0.23	0.54	0.79	1.50
私营企业主	0.18	0.00	0.02	0.01	0.60
专业技术人员	0.86	3.48	4.76	5.01	5.10
办事人员	0.50	1.29	1.65	2.31	4.80
个体工商户	4.08	0.03	3.12	2.19	4.2
商业服务业员工	3.13	2.15	6.35	9.25	12.0
其中：农民工	—	0.80	1.80	2.40	3.70
产业工人	6.40	19.83	22.43	22.16	22.60
其中：农民工	—	1.10	5.40	6.30	7.80
农业劳动者	84.21	67.41	55.84	53.01	44.0
其中：外来农民	—	0.00	0.10	0.20	0.10
无业、失业、半失业人员	—	4.60	3.60	3.30	3.10

资料来源：陆学艺．当代中国社会阶层研究报告．北京：社会科学文献出版社，2002．44

第三节　职业流动

一、职业流动基本分析

（一）职业流动概念

① 陆学艺．当代中国社会阶层研究报告．北京：社会科学文献出版社，2002．44

从整体、综合研究的角度看，职业流动是指劳动者在职业分层体系中层级间和类属间的变动，与这种变动相伴随的是劳动者工作地点、工作内容、工作性质及职业地位等方面的变更。

（二）职业流动的类别

在不同的分类标准下，职业流动可以区分为不同的类型。

1. 根据劳动者在职业分层体系中地位的变化，可以将职业流动分为垂直流动和水平流动。

垂直流动指的是劳动者在一种职业范围内向上或向下或者朝向一种较高级或较低级职业的流动。劳动者在职业流动前后的社会地位发生了明显的变化。劳动社会学研究职业垂直流动的目的之一是为了了解什么样的劳动者向上流动的机会较多，什么样的劳动者向下流动的可能性大，什么样的社会结构能给劳动者提供更多的向上流动的机会，大规模地向上或向下流动产生在什么样的历史条件下，向上流动的规模和速度将对社会结构产生什么影响等等。

水平流动指的是劳动者从一种职业岗位向处于同一水平上的另一种职业岗位的横向流动。劳动者的职业地位在流动前后没有发生变化。这里讲的同一水平是指两个职业岗位在工资收入、职业评价、社会声望、工作条件等方面相同或相似。

判断职业流动有没有层级的变化是区分职业流动是垂直流动还是水平流动的关键，采用职业声望法区分职业层级是一个比较适用而又简便的方法。

2. 根据职业流动的方式，可以将其分为三种类型：即同行关系上的地位变动，从一种职业到另一种职业以及一种整体职业的声望的升降。

同行关系上的地位变动主要指的是个人职务的变更和职业上所取得的成就。这种流动的特点是个人职业流动前后，职业保持不变，但职务发生了变化。

从一种职业到另一种职业。这种职业流动主要指劳动者职业内容、工作条件、工作地位及劳动者个人职务、职称方面的变化。

整体职业声望的升降是指某种职业在不同的社会经济、文化、历史条件下，其在职业分层体系中的位置不同。如个体户这种职业的声望，20 世纪 80 年代初的时候地位还很低，职业声望与殡葬工、和尚等相似，到 90 年代时，个体户的声望已经与军人、中小学教师等职业相近。

3. 根据劳动者流动的参照物，职业流动又可分为代际流动与同代流动。

代际流动是指劳动者两代（或多代）之间所发生的职业类别和职业层级间的变动，即子代从父代所属的职业类别向别的职业类别的流动。代际流动也可分为代际垂直流动和代际水平流动两种。劳动社会学非常关注职业的代际流动，因为代际间的职业流动，特别是向上流动的比率可以反映一个国家内部机会均等和开放的程度；代际间职业向下流动的程度则不仅可以反映一个国家的等级开放程度，而且还可以显示出对于占有特权的个人和群体，他们将自己的特权维持住和传给子女享受这种特权利益的难易程度。另外，代际流动比率的高低也可以反映出一个国家的工业化、现代化程度。

同代流动又称代内流动，它指的是劳动者一生中，具有劳动能力后开始找工作，从无工作到有工作，经历各种职业变换，直到退休养老期间所发生的职业层级或类属间的变动。如劳动者的工作地点、所从事的各种工作的性质、工作内容及职业地位的变化等。

4. 按劳动者流动的原因和规模，可把职业流动分为宏观的结构性流动和微观的非结构性流动两种。

宏观的结构性流动指的是由于社会生产力的巨大发展或社会方面的巨大变革而引起的大规模的职业流动。例如，中国农村普遍推行联产承包责任制后，农村劳动者流向中小城镇，甚至大城市，从传统的农业流向家庭副业、工业、建筑业、运输业、商业及服务性行业等。微观的非结构性流动指的是由于劳动者个人自身的生活和发展需要，文化知识水平和结构的变化，兴趣爱好的转移等原因所引起的职业流动。相对来说，这种流动比较零散，对社会的影响不是很突出，难以引起社会职业结构的迅速变化。但微观非结构性的职业流动对一个社会的发展来说也非常重要，它是一个社会劳动者的活力之所在。

关于劳动者的职业流动，我们还可以有其他分类，如根据劳动者流动的意愿分，我们可将职业流动分为自愿流动和被迫流动；根据劳动者所跨越的区间分，有城乡流动、国内流动和国际流动；根据劳动者的职业流动是否有利于国家社会经济的发展，可将其区分为顺向流动和逆向流动等。

二、影响职业流动的因素

劳动者的职业流动是一种极其复杂的社会经济现象，会受到一个国家社会、经济、政治、文化和心理等方面因素的影响。影响职业流动的因素很多，每一种职业流动都是各种因素综合作用的结果。但不同的影响因素所起的作用会因职业流动的主体不同而有所不同。我们将影响职业流动的因素分为二类，一类属于结构因素，另一类则属于个人因素。结构因素所反映的是一个国家（地区）劳动者职业流动的社会经济机制，个人因素反映的是在同样的社会经济背景下，为什么有些人比另一些人有更多的职业流动。

（一）职业流动的社会结构因素

影响劳动者职业流动的社会结构因素很多，比较主要的有以下几种：

1. 社会结构

社会结构的状况可以反映出一个社会为其成员进入某一位置所给予的机会和各种限制。一个社会要有秩序地正常运转，必定会设置各种各样的制度和法规，制定各种各样的人口和就业政策，这些，都会对职业流动产生影响。在一个开放的社会阶级结构中，劳动者可以相对自由地在各个职业层级间挑选自己喜欢的职业，个人进行职业流动时受到的限制也较少，在这样的社会里，个人职业流动的决定性因素是个人的技术、知识、教育等。在一个社会结构封闭的社会中，职业间的流动极少，即使有少量的流动，也多属水平流动。

2. 产业结构的变化

一个国家的产业结构变化会影响到一个社会的职业结构的变化，从而对社会劳动成员的分配和安置产生影响，进而使劳动者都具有社会流动的可能性。产业结构的变动是多方面因素综合作用的结果，如科学技术的进步，劳动生产率的提高，新能源的发现，消费结构的变化等。产业结构的变动会促使新的职业不断涌现，旧的职业不断被淘汰，部分职业不断扩大和发展，而另一部分职业则不断缩小和衰落，从而促进了劳动者职业的结构性流动。在当今社会，由产业结构变化所引起的职业流动速度也在加快，并在社会经济生活中起着非常重要的作用。

3. 人口变迁

一个社会的职业岗位总是处于不断的新陈代谢过程中，社会职业岗位中不断有一些劳动者由于退休、死亡或疾病等原因离开自己的职业岗位，代之以新的劳动者，这本身就是一种职业流动。另外，一个国家或社区中的人口自然增长率也会对职业流动的机会产生影响。一般来说，一个社会为了正常而有序运转，对某些职业种类的劳动者数量上的要求是一定的，这样，当人口的出生率降低或死亡率提高时，向上流动的机会就增加；反之，当出生率提高或死亡率下降时，个人向上流动的机会也随之减少。

4. 教育

社会学家们认为，现代社会是地位自治的社会，而不是地位先赋的社会，即在现代社会中，个人通过自身的努力可以获得地位上的向上流动，而个人获取社会地位的一个最为重要的因素便是教育。

在当今社会、职业的专门化程度随着一个社会的工业化程度和现代化程度的提高而不断提高，在工业化国家和现代化国家（包括那些正在朝向这方面努力的国家），专业知识和专门技能已是劳动者胜任某一职业的必不可少的前提。因此，在职业结构中，职业层级的设置越来越倾向于依据个人所具有的教育程度。在有些社会，教育甚至成了审核考查个人能力的一种条件。如雇主在雇用一个人之前，并不知道该人的生产率会有多高，因而雇主就得寻求那些可能代表生产率高低的指标，而教育（数量、种类）则被雇主认为是一种相当重要的差别标准，并根据已被人们看做是个人永恒地位特质的一种标记，人们可从一个人的文凭去推测受雇者的不同教育水平而给予不同的报酬。那些文凭论者则认为，当今社会教育对个人的地位和收入以及职业生涯的影响是永远重要的。

教育在影响个人职业流动的机会和方向的同时，还影响着个人职业流动的愿望。社会学家们通过研究发现，一个人所受的教育越多，其内心精神世界也越丰富，也越追求个人工作、生活、个性等的自我实现，同时由于其所受的教育程度高，知识面广，能力强，在职业流动时所受的阻力也相对较小。因此，这些人往往更不愿意终身固定于一个职业，更希望得到流动的机会。国外社会学家在研究劳动者的职业流动时也发现了这种现象。如前民主德国的社会学家发现，在青年工人中，到职业介绍所寻求新工作的多数是技术水平较高的熟练工人。已引起各国政府关注的人才流失现象，也从侧面反映了高文化程度者的易流动性。

此外，教育制度、教育结构、教育内容等也会对个人的职业流动产业影响。如社会学研究发现，随着教育的普及，特别是高等教育的普及，教育对较低层次的职业地位和流动的影响将大为减弱，但高层次的职业仍然受教育的影响，特别是那些从名牌大学毕业的高材生，往往比一般的大学生更容易进入高层次的职业。

5. 家庭背景

在任何一个国家，家庭背景对个人事业成功和地位的升迁作用始终是一个不可低估的因素。家庭背景对个人职业流动的作用首先表现为父母的地位和经济能力可以给子女的职业流动带来不同的机会。简言之，社会经济地位高的家庭往往可以给子女提供进一步向上流动的条件和机会，在学费越来越贵的情况下，社会经济地位高的家庭依然能够支付子女昂贵的学费，而那些低收入的家庭将不得不在昂贵的学费前望而却步，另行做出痛苦的选择。而且，子女一旦离开学校，还依然可以从经济上非常富有、社会交往广泛而又声名卓著的父母那里受益，一些父母甚至可以通过自己的声望和权威直接或间接地对子女的职业施加影响。其次，家庭对个人职业流动的作用还表现在对子女职业期望的影响。家庭往往可以通过潜移默化的社会化模式，对子女的动机发生作用，这种社会化模式铸成了子女的抱负和为成功而努力的奋斗动力。第三，家庭中兄弟姊妹的多少也会对个人的职业向上流动产生影响。最后，家庭的权力结构也会对个人的职业流动起影响作用。有的学者通过研究发现，家庭的权力结构比父母对子女的期望影响还要大，一个由母亲当权的家庭与一个由父亲当权的家庭相比，其对子女向上流动机会的影响上就有很大的差别。

6. 社区的性质和规模

社区的性质和规模决定了其相应的产业结构、教育设施和文化环境，从而为劳动者设定了相应的学习和流动机会。例如城市社区和农村社区、大城市和小城镇之间的差别就很明显。特别是在中国，由户籍制度等所造成的城乡二元结构使得农村劳动者的职业流动尤为困难。而美国的研究也发现，体力劳动者的子女职业向上流动的机会与其童年时所居住的社区大小有很大关系，较大城市的教育设施往往较好，因而体力劳动者的子女对各种职业选择的机会也较大；脑力劳动者子女受社区的规模和性质的影响就比较小，因为他们的子女较容易从家庭中学习到向上流动所需的知识和技能。

（二）职业流动的个人因素

在这里，职业流动的个人因素主要是指由于劳动者年龄、性别、身体素质、心理素质、文化水平、价值观念等不同所造成的职业流动的差异。

1. 年龄与职业流动

人口学家和社会学家的研究表明，不同年龄的劳动者在职业流动方面有着不同的模式。年轻时，人们充满激情，富于进取，希望找到一个真正适合自己的职业岗位，因而，年轻人职业流动的愿望比较强烈。而当劳动者年老时，流动的愿望则大为减弱，倾向于安稳的过日子。

2. 性别与职业流动

在完全平等开放的社会，男女间的职业流动模式基本相同。但是在现实社会中，特别是劳动力市场上对妇女的歧视始终存在，妇女进入高等学府和某些职业的门槛往往要比男性高，而在工作中的晋升、提拔等却远较男性困难。不仅如此，职业妇女还承受着传统的角色分工所带来的压力：即妇女往往必须承担更多的抚养子女和家务劳动的义务，从而影响了其自身的提高，影响了其向上流动的机会。

3. 文化水平与职业流动

随着个人文化水平方面的变化，个人在职业方面会提出新的要求。如近年来，由于一大批人为了不至于被社会淘汰，利用业余时间参加了电大、夜大、函大、职大等各种形式的学习，提高了文化水平，从而产生了原有的职业与文化水平及技能不相适应的情况，因而要求调动工作。

4. 职业兴趣与职业流动

职业兴趣在人们的工作生活中起着很大的作用。在日常生活中，我们经常发现一些人由于从事与其兴趣不相符合的工作而无精打采。因此，当人们从事与自己兴趣不符的工作时，往往会产生改换职业的想法。但在过去的劳动就业和用工制度下，劳动者没有择业的自主权，企业没有择人的用人权，造成了一批劳动者被迫从事自己不感兴趣的工作的局面；当劳动制度进行改革，允许劳动者自主就业时，必然有一部分劳动者会改换职业。同时，职业兴趣还会随着劳动者本人年龄的增长、文化知识结构和文化知识水平的变化而变化。当人们的职业兴趣确已发生变化时，就会有重新选择职业、更换职业的需求，这无论是对个人、家庭还是社会，都是非常有益的。

5. 个人身体条件及健康状况变化

有些工作本身对人的身体条件有一定的要求，需要有特殊的身体条件。当一个人的年龄增长时，身体条件会发生相应的变化，从而出现与工作不相适应的情况，最常见的如运动员，到了一定年龄后，就无法再适应那种高强度的训练和拼搏，因而不得不结束运动生涯。

此外，诸如个人对职业评价的变化，人际关系的处理不妥以及社会上某些思潮对个人产生的特殊影响等，也会促成个人的职业流动。

（三）影响因素的差异分析

上面我们讲了影响个人职业流动的各种因素，那么，这些因素对个人职业流动的影响是否一样呢？美国社会学家布劳和邓肯是最早对这个问题进行系统研究的学者。1967 年，他们根据 1962 年调查的 2 万名 20～60 岁男性就业者所取得的资料，采用路径分析方法，提出了一个著名的父代对子代职业地位影响的模型。他们发现，与年龄、种族、宗教等因素相比较，本人的教育水平对职业流动的影响最为显著，而这一因素又受父亲的文化水平和职业地位的影响。布劳和邓肯提出的职业流动模型为：

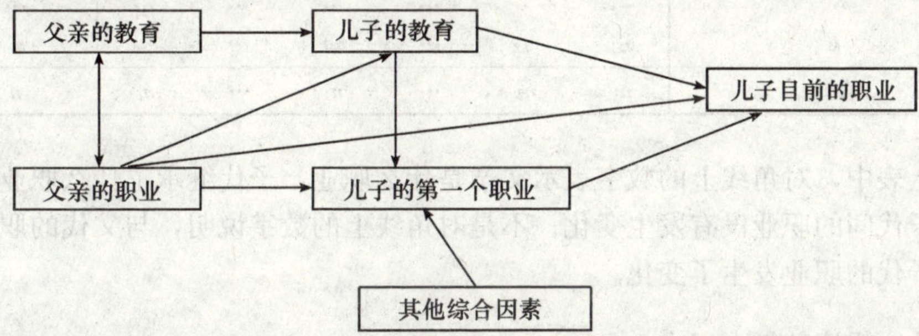

模型反映出：影响职业成就的决定性因素是劳动者本人的教育水平、第一个职业以及父亲的教育水平与职业。这些因素对劳动者的影响又可分作两个层次。从总体效果看，父亲的教育程度和职业地位说明了儿子教育程度变异量的 26%，父亲的职业地位和儿子的教育程度说明了儿子第一个工作变异量的 33%，而父亲的职业地位、儿子的教育程度和其第一个职业则可说明儿子职业地位变异量的 43%。从模型来看，一个人的职业成就有 80%左右不受其父亲的教育程度和职业地位的影响，从而他们得出结论，认为美国是一个开放型的社会，家庭背景以外的因素对一个人职业成就的影响远大于家庭背景的影响。

布劳和邓肯的职业流动模型提出之后，不少社会学家以他们提出的模型为基础，也对职业流动问题进行了许多卓有成效的研究，并对以后的职业流动研究产生了很大的影响。

三、职业流动的测量

一个社会的职业流动会随着社会的发展而发生变化，这种变化可以通过一定的社会统计方法测量出来，社会学家通常将职业流动的数量特征分为三类即粗流动量（率）、结构性流动量（率）和净流动量（率）。

（一）粗流动量（率）

粗流动量（率）又叫一般流动量（率），它是反映代际间流动量的最简单的指标，指不同职业类别的人与他们父辈职业的差异。我们不妨先来看代际流动的模式表（见表 6—2）。

表 6—2　　　　代际流动模式表

父代的职业	子代的职业						合计
	1	2	…	I	…	k	
1	α_{11}	α_{12}	…	α_{1i}	…	α_{1k}	n_1
2	α_{21}	α_{22}	…	α_{2i}	…	α_{2k}	n_2
…	…	…	…	…	…	…	…
i	α_{i1}	α_{i2}	…	α_{ii}	…	α_{ik}	n_i
…	…	…	…	…	…	…	…
k	α_{k1}	α_{k2}	…	α_{ki}	…	α_{kk}	n_k
合计	n_1	n_2	…	n_i	…	n_k	n

上表中，对角线上的数字表示父亲是什么职业，子代继承了什么职业，父代与子代间的职业没有发生变化；不是对角线上的数字说明，与父代的职业相比，子代的职业发生了变化。

故：粗流动量　$M = n - \sum_{i=1}^{k} \alpha_{ii}$

粗流动率 $m = - \sum_{i=1}^{k} \sum_{j=1}^{k} \alpha_{ij}/n = (n - \sum_{i=1}^{k} \alpha_{ii})/n$（注：$i \neq j$）

为了理解方便，我们不妨以具体数字为例（见表 6—3）。

表 6—3　　　　父亲与儿子的体力与脑力劳动

父亲＼儿子	体力	脑力	合计
体力	70	30	100
脑力	20	80	100
合计	90	110	200

从上表可知，父代从事体力劳动的 100 人中，其子女有 30 人流动到了脑力劳动职业，而父代从事脑力劳动的 100 人中，其子女有 20 个流动到了体力

劳动职业中，那么，粗流动量 $M=30+20=50$。

$$粗流动率 \quad m=\frac{50}{200}=0.40$$

对粗流动的测量还有另外两个指标，即流入率和流出率。

流入率：是指相对于现在的职业，父亲的职业属于其他职业的比率，亦即在某一职业类中，父亲不属于这个职业类，但儿子属于这个职业类的比率。

$$流入率 \quad m_1=\sum_{\substack{i,j=1\\ i\neq j}}^{k}\alpha_{ij}/n_{.i}=\frac{n_{.i}-\alpha_{ii}}{n_{.i}}$$

流出率：是指相对于父亲的职业，儿子现在的职业属于其他职业的比例，即在某一职业类中，父亲是属于这个职业类，但儿子不属于这个职业类的比例。

$$流出率 \quad m_2=\sum_{\substack{i,j=1\\ i\neq j}}^{k}\alpha_{ij}/n_{i.}=\frac{n_{i.}-\alpha_{ii}}{n_{i.}}$$

（二）结构流动量（率）

结构流动量（率）是指由社会职业结构变动（一定职业的扩展或相对衰落）而引起的代际流动的量（或比率），又叫被迫流动量（率）。被迫流动量（率）又分为被迫流出量（率）和被迫流入量（率）。

结构性流动率的计算公式是：

相对于一种职业 $Z_i=(n_{i.}-n_{.i})/\max(n_{i.},n_{.i})$

相对于职业总体 $Z=\frac{1}{2n}\sum_{i=1}^{k}|n_{i.}-n_{.i}|$①

为了便于理解，我们仍以具体的代际流动为例（见表 6—4）：

表 6—4　　父亲与儿子的体力与脑力

父亲＼儿子	体力	脑力	合计
体力	80	20	100
脑力	0	100	100
合计	80	120	200

从上表可知，200 个父代劳动力中，100 个从事非农业劳动，其子女也是从事非农业，而 100 个从事农业的父代劳动者中，由于社会结构的变动，农业已经只能够提供 80 个职业岗位，其子女中有 20 个人必须进入非农业领域，则结构（被迫）流动量为 20，结构（被迫）流动率为：

① Yasuda, S. 1964: "A Methodological Inquiry into Social Mobility" in American Sociological Review. 29, 16～23

$$Z=\frac{20}{200}=0.1$$

若用上述公式进行计算，则：

$$Z=\frac{1}{2n}\sum_{i=1}^{k}\mid n_{i.}-n_{.i}\mid=\frac{1}{2\times200}[\mid 100-80\mid+\mid 100-120\mid]=0.1$$

（三）纯流动量（率）

纯流动量（率）是指粗流动量（率）中不是由社会职业结构变动引起的，而是完全由社会结构开放引起的流动量（比率），这种流动又称为自由流动量（率）。纯流动量（率）的计算公式是：

相对于一种职业 $B_i=\frac{\min(n_{i.},n_{.i})-\alpha_{ii}}{\min(n_{i.},n_{.i})}$

相对于职业总体 $B=\frac{\sum_{i=1}^{k}\min(n_{i.},n_{.i})-\sum_{i=1}^{k}\alpha_{ii}}{\sum_{i=1}^{k}\min(n_{i.},n_{.i})}$ ①

我们不妨再来看一下具体的例子（见表6—5）。

表6—5　父亲与儿子的体力与脑力

父亲＼儿子	体力	脑力	合计
体力	80	20	100
脑力	20	80	100
合计	100	100	200

从上表可以看出，父代从事体力劳动的，他们的子女中有20个从事脑力劳动，同样，父代从事脑力劳动的，他们的子女中也有20个从事体力劳动，社会的职业结构没发生变化，仍是100个体力劳动者和100个脑力劳动者。则：

纯流动量为　20＋20＝40

纯流动率为　40/200＝0.2

四、我国的职业流动

在1979年以前，我国劳动者的职业流动具有明显的身份性、行政性特征，即职业流动大多是由政府发出行政指令，按计划统一对不同身份的劳动者进行调动的结果。这种流动特点与中国当时的社会经济结构与制度安排紧密相关。在经济上，表现为国家对资源的一元化占有与分配，行政权力的直接全面的控

① Boudon，R. 1973：Methomatical Structure of Social Mobility. Elsvier，Amstrtdam

制。在城镇，企业在产、供、销和人、财、物等方面，根本没有自主的权力，企业不是自主经营和自负盈亏的独立实体。劳动者没有选择职业和工作单位的权利，而且一旦进入某一单位，要再想变动就很困难。在农村，通过人民公社体制，层层下达指标和命令，对农民的活动范围进行了严格的控制。从 1952 年到 1977 年 25 年间的几次大的职业流动看，基本上都是行政性计划的产物。如 1958 年的“大跃进”运动所导致的2 500万农民进城及以后由于经济困难 2 000多万工人的“下放”运动；“文化大革命”期间将近1 700万的城镇知识青年下乡运动及在此期间又从农村招纳 1 400 多万农民进城的运动等。在社会方面，从 20 世纪 50 年代末到 60 年代初，中国就塑造了一个以身份制度为核心的社会制度。在城镇，居民被划分为工人、小资产阶级和资产阶级等几种身份，在农村，农民则被划分为贫农、下中农、中农、上中农、富农和地主等成分。以后，这种“成分”犹如贴在个人身上的标签一样而为他人所共识，并成为各种人事安排和升迁柄地的评判标准。

与此同时，中国还建立了一套以户籍制度为核心的城乡割裂的 14 种制度：户籍制度、粮食供给制度、副食品与燃料供给制度、住房制度、生产资料供给制度、教育制度、就业制度、医疗制度、养老保险制度、劳动保护制度、人事制度、兵役制度、婚姻与生育制度。户籍制度作为“闸门”，以其制度化的方式将城乡劳动者的职业身份固定化了。这就使得中国劳动者的职业流动率保持在很低的水平上。在农村，人民公社体制下所实行的严格的户籍制度，将农村劳动者向城市流动的大门堵得严严实实，而农民在农村区域内的流动和职业变换也非常困难。在当时，中国农民除了通过升学、入伍及入党提干外，很少有改变自己职业的通道。在城镇，自 20 世纪 50 年代开始还逐步形成了一套以劳动力计划调配为龙头的劳动就业与用工制度，企业无择人权、辞退权，劳动者无择业权、辞职权，形成了僵死的劳动力单位所有制，劳动者在各行业、各职业、各部门、各单位间的流动极为困难。

改革开放以来，中国劳动者的职业流动发生了巨大的变化。社会职业流动开始呈现出多元化的特色。计划型流动虽还有存在，其影响和作用力已大为下降，市场型流动（即通过竞争机制实现的流动）开始在社会生活中占据了主导地位。职业流动的速度加快，职业流动的渠道拓宽。特别值得一提的是人们自由流动空间与自由流动资源的增加。在经济体制改革的过程中，原来的以国家垄断几乎全部资源的资源配置体制为资源拥有多元化的体制所取代，国家控制资源的范围缩小，控制的力度减弱。如对于原来只能从事集体生产劳动的农民来说，1978 年以来的制度变革型塑造了有利于农民流动的四大块“自由活动空间”第一块是由于体制改革和政策的调整，在种植业本身形成了多种经营的“自由活动空间”，从产品农业向商品农业的转变由此而发生；第二块是由对农民经商，特别是对长途贩运的解禁而形成的经商为主的副业的自由活动空间；第三块是由于国家政策的允许、支持和扶植而形成的乡镇企业的自由活动空间（包括私营企业），并由此开始了中国农村的工业化之路；第四块是由于政策上开始允许农民工进城，从事建筑、商业及其他服务性事业，并允许城市中的某些国营企业从农民中招收部分临时工，其他所有制企业和个体户从农村中雇工原则上也不再受到禁止，这样就形成了一块农民进城的“自由活动空间”。而农民从体制改革中得到的土地经营自主权和对自身劳动力的支配权这两项“自由流动资源”，正是在上述四大“自由活动空间”中具体发挥作用的，正是这种作用，使得农民向其他职业转移的速度加快。如根据陆学艺等学者的研究，从1978年到1999年，中国农业劳动者在职业分层格局中的份额由67.41%下降到了44%（详见表6—1），下降了23.4个百分点，城市农民工由1978年的1.1%上升到1999年的7.8%，此外还有大量的农村个体与私营劳动者的出现。在城镇，中国也进行了一系列以国有大中型企业为中心的改革，从体制上来说，城市改革的目的是由原来单一的公有制经济向多种所有制经济成分并存的模式转移；在经济运行机制上则是要由原来僵死的计划调节转变为以市场调节为主，要通过市场机制的引入来建立充满生机与活力的社会主义市场经济体系。在城镇劳动力流动方面，也采取了一系列相应的举措，从而减弱了计划管理对城镇劳动者流动的影响，也拓宽了城镇劳动者职业流动的渠道，这一切变化从陆学艺等学者关于中国1952到1999年的职业分层研究中也已得到体现。

此外，改革以来劳动者职业流动方面还值得一提的现象是劳动者职业流动的评价机制的变化，如人们不再是单纯地从一个角度（社会地位）去看待一个职业，而是从多重角度去评价一种职业，出现了职业评价的多元化倾向。

【本章小结】

职业分层是按照一定的标准将劳动者所从事的职业区分为职业地位和声望不同的等级序列。本章对职业分层进行了分析。首先给出了职业分层的概念和意义，介绍了职业分层的不同理论。然后又从影响职业分层的因素出发，介绍了职业分层的方法和我国职业分层问题。最后，作者详细论述了职业流动的分类与模式、影响因素及其差异，并分析了我国的职业流动问题。

【重要概念】

职业分层　职业地位　职业声望　职业流动　垂直流动　水平流动　代际流动　粗流动量　流入率　流出率　结构流动量　纯流动量

【思考题】

1. 什么是职业分层？试比较功能理论与冲突理论关于职业分层方面解释的异同。

2. 影响职业分层的因素有哪些？如何对职业分层进行研究？

3. 什么是职业流动？有哪几种分类方式，有何特点？

4. 简析影响职业流动的各种因素。

5. 如何对职业流动量（率）进行测算？

6. 试分析我国近年职业分层与职业流动问题。

第七章　劳动的社会心理

第一节　劳 动 环 境

一、人机系统

人机系统是人—机—环境系统的简称，是人的劳动所处的物质环境。构成人机系统的要素有机械、设备、环境、信息和人等。人机系统由人和机两个子系统组成，人和机有自身的独立性，有独自的功能，但它们不是简单的机械混合体，而是相互作用、相互依赖、相互共存的有机整体。

（一）人机关系中的人

人类的历史就是劳动的历史，就是人类在为不断满足自身需要而发明、改进、更新生产工具，由简单到复杂，直至创造现代科学技术，发展社会生产力的历史。因而，人与机器的关系也就随着科技的进步，劳动的条件、形式和内容等的变化发生着巨大的变化。参见表 7—1 所列的特点。

表 7—1　各种人机关系的特点

形式	人机关系	人的作用	能源
手动为主	人为主体	发挥技能	人的体力
机械化	人机共动	控制和监督	人与外部动力
半自动化	机为主体	强制性作用	外部动力
自动化	机为主体	监督管理为主	外部动力

由这些特点，可以把人的手工劳动到自动化生产，人机关系的巨大变化概括为：第一，体力消耗减轻，脑力劳动、心智负担加重；第二，人将远离机器，间接控制与操作；第三，信息时空的密集化，要求人的作业速度更快，作业精度更高；第四，系统越来越复杂，对人的智能要求越来越高，一个微小的失误都可能造成严重的后果，心理负担加重。

在人机关系中对如何看待人的地位和作用问题有不同的回答。有一种观点认为人机关系中起主导作用的是机，人从属于机器，为机器服务，因此，人应围着机器转。可把这种看法叫做“机器中心论”。另一种观点与此相反，认为人机关系中起主导作用的是人，机器是为人服务并由人驾驭的，应使机器服从于人的要求。根据这种观点，系统设计与机器设计中，自然就要突出人的地位和要求。随着社会的进步，人们的价值观发生了很大变化，人本身的价值也越来越受到重视，机器中心论越来越不易为人们所接受。

（二）劳动环境中的人

人在生产劳动中，离不开一定的环境。人不仅以自己的存在和实践活动影响并改造周围的环境，反过来，人也会直接或间接地受到周围环境的制约和影响。这里的“环境”既包括自然环境（或称物理环境），同时也包括社会环境（也称组织环境）。前者主要是指工作场所的噪声、照明、温度、湿度、色彩等物理因素；后者主要是指群体协作、人际关系、企业文化和民族传统等文化因素。

在研究人机系统时应把环境当作一个管理机构的重要因素来考虑，即应当考虑“人—机—环境”系统中人、机、环境三者之间的相互关系和相互作用。一个人在从事劳动时的工作效率、安全性和心理适应性均会受到环境因素的影响。但这种影响并非是一种简单的模式，在实际生产情景中往往表现出如下三种特性：

1. 主观性

一般说来，人对周围环境的感受是与客观条件相符的，但由于个体差异和知觉方式的影响，使人对环境条件的体验并非完全取决于自然环境本身的绝对条件，而要受到个体主观条件的制约。

2. 适宜性

劳动自然环境中的所有变量，如，照明、湿度、噪声、色彩等因素并非是越高（或越低）就越好。例如，灯光照明条件好，工作就省力，人会感到适应；而光线暗，看东西费力，人就会烦躁；但照明并非越亮越好，照明度要取决于劳动对象与背景的对比，取决于劳动过程的精细程度。许多研究认为，功能音乐能增加工人的工作效率，但音乐过多，也会使注意力分散而影响产品质量。因而，劳动自然环境中的所有变量对劳动者的情绪和工作效率的影响具有明显的相对性和适宜性，需要经过严格的实验研究来进行确定。

3. 复杂性

生产实践中影响工作效率的因素是极其广泛的。现代人把劳动环境看做是一种“保健因素”，这类因素如果处理不好，会导致劳动者的不满，从而引起消极怠工，生产效率下降。同时，在分析工作环境对生产效率的影响时，很难划分到底是什么因素导致生产效率的提高，是新的空调设备等自然条件本身促进了生产，还是因为管理部门改善了这些环境条件，提高了下属的满意感，激发了工人的积极性从而促进了生产效率的提高，如果两者均起作用，比例又是如何？总之，工作环境会影响劳动者的情绪和生产效率，但影响的程度如何则是一个极其复杂的多因素的综合问题。

人的劳动是有计划、有目的地进行的。整个劳动过程是依靠人的感觉、知觉、思维、意志、动机，最后表现为人的外在行为的过程。因此，劳动也是人心理活动的结果。劳动者的动机、情绪、意志、性格等个性因素，上下、左右、内外各方面的人际关系因素，以及家庭、社团组织、国家政策等社会因素，都会影响人的工作积极性和工作态度。因此不能把人看做是自然的生物人，更不应把人机系统中的人与机器等同看待。人在任何时候都既是自然人，同时又是社会人。只有正确而全面地认识人的特点，才能正确处理好人机系统中与人有关的各种问题。

二、工作与人

（一）工作与疲劳

疲劳是指劳动者在操作过程中，由于连续性工作而不断消耗能量，产生机体内生理、心理变化而引起工作能力下降的一种现象。

在现代研究中常把疲劳分为生理疲劳和心理疲劳两大类。生理疲劳按其产生的原因可以分为全身性疲劳和局部性疲劳。心理疲劳是指由于劳动者心理状态的变化而引起的工作能力下降的现象。它涉及的范围很广，包括从事脑力劳动而产生的精神疲劳；劳动者由于动机与态度的变化而引起的工作能力的波动；人们从事单调、重复劳动时产生的厌倦体验以及遭受挫折时的全身乏力等。

疲劳是人体所具备的一种保护性机制，疲劳与休息构成了消耗与恢复互相交替的机体正常活动，这是机体日趋完善的一个必备条件。疲劳与休息的多次重复，可以使机体得到锻炼从而提高劳动者的工作能力和耐久力。

在实际劳动情境中，劳动者产生疲劳的速度和疲倦体验是随着工作动机而波动的。美国心理学家迈尔（R. FMaier）在前人的实验结果基础上开展了关于动机—疲劳—能量消耗三者关系的研究。提出了疲劳的动机理论。

迈尔认为，每个人所储存的能量并不像打开水龙头就会哗哗流出水来那样简单，而只有当人达到一定动机水平时，那些分配给用于支配特定活动的能量才能得到释放，而当这部分能量在特定活动中耗尽时，就会感到疲劳，尽管此时他还有剩余精力，人体的总能量并未发生多大变化。该理论说明，每个人的总能量是个相对稳定的常量，每个人每天都在不自觉地根据自己的需要层次和优势动机的水平对这个总的能量系统进行合理的分配，而一个人分配给某项工作任务的能量值会直接影响他的疲劳感和工作效率。

疲劳的动机理论所揭示的规律性说明，管理部门通过适当手段激发人们的工作动机，提高工作兴趣，就能增加分配给特定活动的能量值，从而减少疲劳感，提高工作效率。

（二）单调作业的影响

在诸多引起心理疲劳的因素中，单调作业是其中最重要、最常见的一种。在现代企业里，随着生产规模的不断扩大，生产过程日益复杂，劳动分工也越来越细。加之有不少繁重或复杂工作也由机器代替，使人在劳动中的地位和职能发生了变化。一方面，在生产流水线上工作的人多了，他们成年累月地进行着几个简单的、重复性的操作；另一方面，自动化机器、仪器、仪表、电子计算机等进入生产过程，使人变成了“看管者”。单调的工作给他们精神上带来新的烦恼，不仅影响工作热情，而且还会由此造成心理障碍。

1. 心理饱和现象

劳动者长期从事单调、重复的生产活动，心理活动的能力会逐渐下降，最后感到筋疲力尽，达到无法继续维持作业的状态，称为心理饱和现象。影响劳动者产生心理饱和现象的因素有两类：一是主观因素，即劳动者对工作的态度、动机和工作中期望达到的目标会使人产生不同程度的进展体验，从而影响心理疲劳的产生和积累的速度；另一类是客观因素，即劳动者所从事的工作性质，是丰富多样，或是单调、重复、乏味，对心理疲劳产生的速度也有重大的影响。

心理饱和现象是一种受个体的主观因素和工作本身的客观因素以及二者相互作用所影响的复杂现象。因此，管理部门可通过工作丰富化、工作扩大化、目标管理、采用功能音乐等手段，消除劳动者在生产中单调、厌倦的消极情绪体验，以延缓和抑制心理饱和现象的产生和干扰，最终提高工作效率和员工的满意感。

2. 不完整任务所产生的心理影响

随着现代社会化大工业生产水平的不断提高，专业分工变得越来越精细，往往把制造一种产品分割为若干部件，每个部件又由若干部门或若干人分别共同完成。这样每个工人所从事的工作就经常只能局限在一个窄小的范围内，使他看不到自己工作的直接结果，享受不到成功的喜悦，满足不了成就的需要。

人具有完成任务的倾向。当客观条件阻止人们去完成任务时，人们就会产生各种消极的心理状态，这种心理状态不利于生产效率的提高和心理健康，是一种力求避免的倾向。

三、劳动的人际关系

人际关系是人与人之间在直接交往中所形成的心理关系、心理上的距离。它反映了个人和团体寻求满足其社会需要的心理状态，因此，人际关系的发展与变化决定于双方需要满足的程度。一个员工与他的上级领导、同事、家属、朋友之间存在着各种各样的人际关系。不同的人际关系会引起不同的情绪体验，良好的人际关系把人们之间的心理距离拉近，双方都会从中体验到快乐、舒畅和温暖的情绪和情感，否则就会有苦闷、烦躁、甚至愤怒等消极情绪体验。如果员工与领导、同事之间或夫妻之间产生矛盾冲突，不良的人际关系持续下去会降低机体的免疫力，易导致各种疾病的产生，并对心理健康造成危害。

（一）人际吸引

人际关系进一步发展的前提条件是相互吸引。影响人际吸引的因素有以下几个：

1. 人格魅力

有人格魅力的人，一定是人格发展比较完善健全的人。具体体现在：个人的温暖感，友善、温和、宽容、体贴、富有同情心、正义感、责任感等，它体现了人内在心灵的真、善、美；能力，人们喜欢那些有才能、有智慧，同时又谦和、幽默、平易近人的人；相貌，在其他条件相同的情况下，相貌好的人更具有吸引力。

2. 相似性

人际之间在年龄、性别、性格、个人、社会背景、受教育程度、价值观、社会态度、信仰、经济收入、社会地位、个人经历等的相似性都会增进相互吸引，这其中重要的影响因素是态度和价值观。

3. 熟悉性和邻近性

人们之间经常接触、来往，就能增进了解，互相熟悉，从而提供互相吸引的可能。同时，空间上物理距离的接近，也易互相吸引，尤其是交往的早期。在工作环境中，同一车间、同一班组、同一科室的人们之间易相互吸引。

4. 被人喜欢

每个人都有爱与被爱的需要，特别是当人感到不安全或自信心不足时，就更需要别人的关心和帮助。

（二）人际沟通中的心理因素

处理好人际关系的前提是要心智健全，情绪稳定，善于调整自己的心态，心理健康。在人际交往中，心理系统方面主要有认识的、情绪的、个性的影响因素。

1. 认识方面的影响是由双方认知失调而引起的。由于各人的认识水平不同，需求动机不同，看问题的角度不同，对同一个信息往往会做出不同的理解和评价。知觉的选择性对人的认知有着深刻的影响。

2. 情绪对信息沟通的影响也很明显。信息接受者在接收信息时，有时会按照自己的需要对信息进行“过滤”。信息接受者对信息发送者的信任是十分重要的心理因素。交往双方如果都处于激情状态，就容易歪曲对方的信息，使信息无法沟通。即使是同一个人，由于其接收信息时的情绪状态不同，也可能对同一信息做出不同解释和行为反应。

3. 个性对信息沟通的影响。性格、气质、价值观等的差异时常会成为意见沟通的障碍。人们在沟通意见时，由于价值观的不同，往往会按照自己的观点对信息进行筛选，符合自己的观点和需要的，很容易听进去，不符合自己的观点和需要的，就不大容易听进去。个人品质的好坏，会影响沟通的效果。一个诚实、正直的人，发出的信息容易使人相信。同样，气质也是影响沟通的心理因素。

四、社会文化

劳动者不仅是劳动组织中的成员，同时也是社会大环境中的一员。劳动者的成长经历无不渗透着社会环境中各种因素的影响，从父母、家庭、亲朋好友、群体和组织的规范、到价值观文化传统观念，以及各种信息等等都对劳动者的心理和行为带来潜移默化的影响。

（一）社会变革

在新时期的改革、开放过程中，将逐步建立新的体制、新的概念、新的行为方式。这种变革会使人所处的内、外环境发生变化。当人们不能应付这种变化着的情景，或感到这种情景是一种威胁，或者对这种情景的认识处于不协调状态时，就会感到焦虑和有压力。

人们对外界环境压力的反应各不相同。对压力的适应能力，即遇到压力时勇于接受挑战，免于行为和心理失常的能力称为心理承受力。我国劳动者的压力主要来源于以下几方面：

1. 劳动方式变化所带来的心理压力。在社会主义初级阶段，由于全民、集体、个体所有制并存，新的职业应运而生。必然会带来就业风险的压力，与新职业的不适应性的压力。此外，党政职能的分离，干部聘任制度的实行等，也会给某些人带来权利与地位变动的压力。

2. 分配方式变化带来的压力。由于存在多种所有制形式，一些从事个体经营的人员、工作在中外合资等企业的职工，他们的经济收入明显地优于其他社会成员，这样，人与人之间必然会产生横向反差压力。在物价调整中，人们又会有高收入期望与难以实现的压力。在工资改革中，又有由于收入风险状态与不适应性的压力。

3. 人际关系带来的压力。随着商品经济的实施，必然会产生因人际关系的变革而带来的压力。这是由于竞争机制的引入，人与人之间必然会出现得失不均、受益不均的复杂现象，从而造成人际认知与感情上差距的压力。此外，还会因增加社会透明度而产生对实现政治民主化不适应的压力。

4. 生活方式变化给人们带来的心理压力。现代生活的快节奏，必然会使人们产生不适应的压力，闲暇时间支配导向的不恰当的压力。在适当快节奏的生活消费中，也会有消费导向迷茫感的压力，以及对生活质量的高期望与实际不可能性之间的失望压力。

改革的成败，不仅取决于改革措施的正确性，还应考虑人的心理适应度。如何有效地按照人的心理适应度的规律来进行改革，可以从以下几个方面着手：（1）鼓励群众直接参与改革，帮助他们形成强烈的归属感。（2）重视群众对压力的心理适应过程，人的心理承受力并不是一成不变的，他会在内、外条件影响下逐步增强，这就需要有一段心理适应时间。（3）重视和加强改革中的信息反馈，在改革的过程中，应重视和加强向群众反馈改革中的成绩与存在的问题，并能及时做出妥善处理，发扬成绩，避免不必要的损失和挫折。（4）给职工以心理上的安全感。要采取各种稳定改革者情绪的措施，给他们以更多的机会，创造一种风险与机会配套的环境，防止他们因遇困难或挫折而产生的不安全感及后退无路之忧。（5）重视社会环境对人的心理承受力的影响，改革中的思想教育除个人外，也要重视社会环境、社会风气、社会舆论等对人的心理承受力的影响。职工对改革的心理承受力强，企业的绩效就高；反之，职工对改革的心理承受力低，企业的绩效就低。显然，在职工的心理承受力与企业的绩效之间，存在着良性循环，即承受力高，绩效高，进而又提高了心理承受力。

（二）组织文化

任何一个组织都具有独特的文化氛围。组织文化由组织的价值观念、归属意识、管理方式、组织规范、组织英雄代表人物等多项内容构成。社会制度不同、地区不同，文化的特点也不同。组织文化作为一种亚文化，既存在于国家的社会文化之中，又同组织的历史、类型、性质、规模、心理背景和人员素质等因素相关。组织文化能够潜移默化地作用于人的心灵，是组织的价值、规范、准则、礼仪等在成员的行为方面产生持久的作用。对成员行为的影响主要表现为：

1. 导向功能

由于组织文化基本上反映了组织大多数成员共同的价值观、共同的追求和理想，因此，这种强有力的文化就自然成为引导全体成员工作的有力工具。他能够使成员个体的思想、观念和追求与组织所要求的特定目标相一致，并对组织产生一种使命感、认同感和向心力，使成员为实现组织的共同目标而努力。

2. 激励功能

优秀的组织文化是一种以人为中心的文化，它强调个人自由而全面地发展，强调成员的自我管理和自我启发，造就一种人人都尊重的气氛。在这种气氛下，成员会有一种被赏识感、自由感、信任感和满足感，这种感觉能够促使成员努力工作、精神焕发，使潜在的劳动积极性得以发挥。

3. 约束功能

组织文化具有内在约束的作用。他通过组织成员共同拥有的价值观念和行为准则，在组织中相互组合渗透，从而控制、协调和监督着成员的日常行为。这种约束，有时比权威与命令更有效力，更能改变成员的行为。

第二节　劳动中的心理

一、需要与激励

需要是人的个性倾向，是指有机体缺乏某种东西时产生的一种状态，是对某种目标的渴求和欲望。人有温饱、住房、趋利避害等生理需要，也有交往、友谊、尊重、成就、实现理想等社会性需要。人的需要受到社会生产力发展水平的制约。动机是在需要的基础上产生的推动人们从事各种活动的内在动力。行为就是人们为了满足某种需要而从事的目标活动的过程。需要、动机、行为之间的关系可以通过需要的运动规律图来说明，见图 7—1。

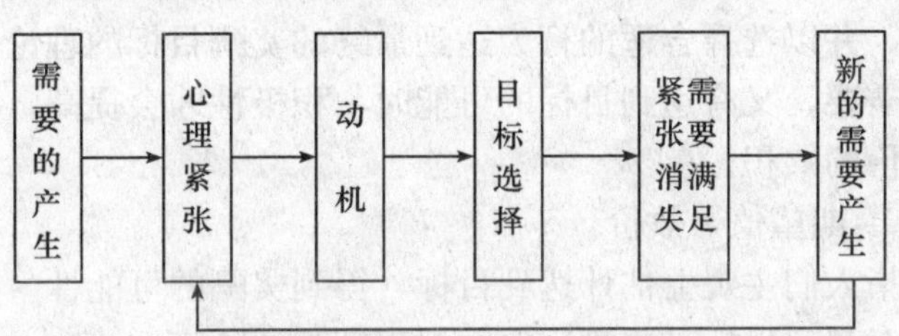

图 7—1　需要的运动规律图

如图所示，需要是人的能动性的源泉和动力，当人产生某种需要时，心理上会产生紧张和不安，从而成为一种内部驱动力，即动机，驱动人去寻求满足的特定目标，产生目标行为最终实现目标，需要得到满足，紧张消失。然后，随着人们新的需要的产生，需要、动机、行为的运动会循环往复，周而复始地运行着。

激励就是通过高水平的努力实现组织目标的意愿，而这种努力是以能够满足个体某些需要为条件的，而个体的需要必须同组织的目标相一致。

（一）需要理论

需要层次论是美国人本主义心理学家亚伯拉罕·马斯洛（Abranam Maslow）于 20 世纪 50 年代提出的著名理论，为当代激励理论得以产生奠定了基础。马斯洛假设每个人内部都存在着以下五种需要层次。（1）生理需要：

包括饥饿、干渴、栖身、性和其他身体需要；(2) 安全需要：保护自己免受生理和心理伤害的需要；(3) 归属与爱的需要：包括爱、归属、接纳和友谊的需要；(4) 尊重需要：内部尊重因素，如自尊、自主和成就，外部尊重因素，如地位、认可和关注；(5) 自我实现需要：一种追求个人能力极限的内驱力，包括成长、发挥自己的潜能和自我实现。

美国耶鲁大学克莱顿·爱尔德（Clayton Alderfer）发展了马斯洛的理论提出了 ERG 理论，他认为人有三种核心需要：生存、相互关系和成长。麦克莱兰德（Mcclelland）的需要理论认为，人主要有三种需要：成就需要、权力需要和合群需要。

在实际劳动过程中，职工的“生存—关系—成长”三个方面的需要，与“工作待遇—同事关系—工作内容”三个具体指标相对应，可以通过测量职工对上述三个具体指标的追求程度来了解和把握其需要特征，使管理工作有的放矢，从而提高职工的工作积极性。

(二) 期望理论

期望理论是美国心理学家罗姆于 1964 年在《工作与激励》一书中提出的。它是一种通过考察人们的努力行为与其所获得的最终奖酬之间的因果关系，来说明激励过程，并以选择合适的行为达到最终的奖酬目标的理论。这种理论认为，当人们有需要，又有达到目标的可能时，积极性才会提高。激励水平取决于期望值和效价的乘积。

激励水平 ＝期望值×效价

期望值是指人们主观上估计达到目标，得到奖酬的可能性。

效价是指对某一目标（奖酬）的重视程度与评价高低。

运用期望理论对劳动者的激励主要有以下几个方面：(1) 人们可以自觉地评价自己努力的结果（绩效）和自己绩效的结果（报酬）；(2) 一个管理人员可以通过指点、指导和参加各种技术训练的方法，明确提高员工对努力达到绩效的期望；(3) 报酬必须紧密地和明确地与对组织有重要意义的行为相联系，组织中的奖励制度和奖励又必须随个人的绩效而定。

人们对其从工作中得到的报酬的评价（效价）是不同的，有的人重视薪金，有的人更重视挑战性的工作。因此，管理人员应重视使组织的特定报酬同职工的愿望相符合。

我国过去的激励机制存在的一个重大缺陷就是对企业家和科技人员的激励不足，许多企业的经营者并没有得到与其才能、贡献、风险相对应的报酬。自 1979 年以来，随着改革开放的深入和现代企业制度的逐步建立，对企业经营者的激励机制取得了一定成功，但是经营者行为短期化问题仍未得到很好解决。另外，企业竞争在很大程度上是科技人才的竞争，建立对科技人员的激励机制对企业同样至关重要。

二、公平心理

美国心理学家亚当斯（Adams）于1967年提出公平理论，该理论侧重研究工资报酬分配的合理性、公平性对职工心理的影响。

公平理论指出：职工的工作动机不仅受其报酬绝对值的影响，还受其报酬相对值的影响。每个人会不自觉地把自己与他人的付出和报酬进行社会性比较，也会把自己现在与过去的付出和报酬进行个人历史的比较。如果当他发现自己与他人的收支比例相等，或现在与过去的收支比例相等时，便认为是正常的，应该的，但如果当他发现自己与他人的收支比例不等，或自己的现在与过去的收支比例不等时，就会产生不公平感，就会有满腔怨气（相关内容参见第十一章）。

中国古代的思想家孔子曾经有一句名言："不患寡而患不均"。这里的"均"并不是"平均""均匀"，而应该是"调和""协调"。孔子所说的"均"，是指财富分配量的比例关系要保持平衡和协调，而不是指量的平均和均等。在分配问题上，孔子认为，不同阶层的人之间占有财富的量的差别应维持某种协调的比例关系。如果这种关系遭到破坏，分配就会出现比例失调，造成"大富"和"大贫"的严重对立。结果"大富"则为"暴"，"大贫"则为"盗"。这样社会则不能"安"，政权就会有"倾"的危险。而孔子所说的"不患贫"是因为孔子所处的时代由于客观生产条件限制造成的社会财富的"贫"，人们即使有些不满和埋怨，也不致酿成社会的动乱。然而，由于"不均"造成"大贫"，由"贫"产生"怨"，就难免导致社会的"乱"和"倾"。可见这种"不均"比"贫"更堪忧。

劳动者在不公平状态下为了消除心理上的紧张和不安往往会有以下行为表现：（1）通过自我解释达到自我安慰；（2）采取一定的行为，改变别人的收支状况；（3）采取一定的行为，改变自己的收支状况；（4）更换比较对象，以获得主观上的公平感；（5）发牢骚，泄怨气，制造人际矛盾，甚至辞职。

三、群体心理

美国心理学家勒温（Kurt Lewin）认为，人们结成的各种群体，不是静止不变的，而是处于各种因素不断相互作用和相互适应的过程中，因此，群体的行为并不等于群体中各个成员个人行为的简单的算术和，而会呈现出一个新的行为状态。通过协作活动所产生的力量，会超过各个人单独活动的力量总和。正是这种群体的作用，群体对个体的心理和行为有很大的影响，这表现在社会助长作用和社会抑制作用、群体规范的影响与社会从众行为等。

1. 群体规范

所谓群体规范是指群体所确立的一种标准化的观念，他对群体成员的行动有着重大的影响。梅耶等人在著名的霍桑实验中发现，工人的群体各自有其行为的统一准则，对事情的对错有他们自己的一套看法，对于生产的速度、一天的工作量都有一定的标准。

在人们共同的工作和生活中，有一种将外界事物的经验格式化、模式化、标准化的倾向。这种格式化、模式化和标准化的东西一旦被确定下来，便成了群体规范，群体的每个成员都必须遵守这些规范。群体规范具有评价判断、行为导向、维持群体生存等多方面的功能。

群体规范是保持群体整体性的重要因素，但规范性质不同，则分别有积极与消极的作用。通常管理者都希望群体有一致的看法和意志的行为。如果把"一致"作为惟一的、至高无上的标准时，不仅会排斥和压制不同意见，还会使全体成员不自觉地为了一致而迎合别人，违心行事，导致群体犯错误，出现"一致性无能"的现象。

2. 社会促进效应（或社会助长作用）（effect of social facilitation）

指群体中个人的某种行为由于别人做同样行为而得到加强。劳动也是如此，单个人劳动往往不及有多人在一起劳动时有劲。企业管理者若能合理组织群体作业，就可利用这种社会促进效应，使每个劳动者的劳动效率得到一定程度的提高。

3. 社会抑制效应（effect of social inhibition）

指群体中个人的某种行为由于其他人的影响而消除或减弱。缺少经验的工人在有人参观他的操作表演时会因紧张而做错动作，这属于社会抑制效应。社会抑制效应在缺少经验的人从事不熟练的作业时特别容易发生。

4. 从众行为（conformity behavior）

指群体中的个体在认知和行为上表现出与群体的多数人相一致的现象。个体在群体中所表现的从众行为受多种因素的影响。群体中众人表现越一致、凝聚力越大，越容易发生从众行为。从众行为的强度还与个体自身的条件有关。一个人对自己的想法有信心，从众的程度就会低些。对没有把握的事则容易发生从众行为。

第三节　群体及其凝聚力

一、群体范畴

（一）群体的概念

群体就是人们通过一定的社会关系结合起来进行共同活动的集体。它以成员的相互依存和相互作用为基础，并有特定的目标。人们之所以形成群体，主要是为了追求社会需要的满足。

劳动者群体是一种基本的和重要的社会群体，它是指在从事劳动活动中具有一定关系的劳动者所组成的群体。组成劳动者群体的劳动者有着一定的共同目标和特征，并通过一定的组织形式结合在一起。

（二）群体的特征

群体作为能够产生相互联系的一群人，具有不同于一般人的特征。

1. 成员之间有相对持久、明确的关系；

2. 成员之间在心理、行为上相互产生影响，有某种共同的行为期待和行为能力；

3. 成员具有共同的群体意识，在心理上彼此意识到对方的存在；

4. 各成员心理上有“我们同属一体”的感受，这种感受也能为群体外的人所意识。

正式群体与非正式群体在上述四个方面有着很大的不同。劳动者的正式群体是指为了实现群体的共同目标而按照正规的组织制度正式组成的，它具有明文规定的单位名称、目标任务、职责分工、等级结构、人员编制以及群体成员的权利、义务、和行为规范等。例如企业、商业、服务业组织及其中的各级各类单位，都是劳动者的正式群体。人们通常所讲的劳动集体就是指劳动者的正式群体。劳动者的非正式群体，是劳动者正式群体中的一些成员在共同的工作和互动过程中，由于共同的特殊利益、志趣爱好、共同的价值观念、或相似的社会经历与背景等而自然形成的一种社会群体。譬如在一个企业中，同一车间的同事之间，或者兴趣相同的但不是同一车间的劳动者之间，或者因关系接触较多的朋友之间，经常会有各种各样的来往，从而会形成各种各样的群体。他们在一起的时候，谈论的问题可能与工作有关，也可能与工作无关，可能是在一起传播某些信息，也可能在一起打球、打牌等。这些人的来往不是按照正常的隶属关系进行的。

二、群体凝聚力

（一）群体凝聚力的含义

群体凝聚力是指劳动者群体对于劳动者所具有的吸引力和结合力，它是群体生存和发展的必要条件。如果群体缺乏凝聚力，人心涣散，一盘散沙，就会使群体的目标难以实现，丧失其应有的功能，甚至无法继续生存下去。如果群体的凝聚力比较弱，也一样会影响群体目标的实现，严重时会危及这个群体的生存。如果一个劳动者群体具有很强的凝聚力，成员对于群体具有较强的归属感，自觉关心集体，并愿意为集体承担责任和贡献力量，成员之间关系融洽，内部沟通良好，就能够顺利地完成群体的目标，使群体富有生机与活力。因此，劳动者群体的凝聚力问题是一个非常值得研究的课题。

（二）劳动者群体凝聚力的制约因素

劳动者群体的凝聚力受到多种因素的影响，主要有以下几种：

第一，群体成员的利益目标和价值观念的相近程度。如果群体中劳动者的利益目标与价值观念比较相同或接近，则这个群体的凝聚力就强；反之，则弱。

第二，群体目标的实现状况。如果劳动群体能够实现预期的目标，发展前景良好，则成员就会产生自豪感和安全感，增强对集体的相信和向心力。相反，如果劳动集体难以实现预期目标，发展前景暗淡，就难免会使成员灰心丧气，人心思动，从而使集体对于成员的吸引力减弱。

第三，群体满足成员需求的状况。如果劳动者所在的群体能够满足成员的各种经济需求与社会需求，则会加深其成员对于群体的依赖性，增强群体对其成员的吸引力；否则，就会使成员对群体感到失望而产生离心倾向。

第四，群体的社会地位状况。劳动者所在的群体的社会地位（如社会声望、福利待遇、工作条件、职业技术层次等）越高，则其对成员的吸引力越强，劳动者也越愿意在这样的地方继续呆下去。而如果群体的社会地位很低，则很难指望它能够对劳动者产生足够的吸引力。

第五，群体的领导方式。比如实行的是开明的领导方式，还是独裁的领导方式。许多西方学者关于这方面的研究表明，领导方式对群体的凝聚力有着很大的影响。

第六，群体规模的大小。一般而言，当一个群体的规模非常庞大时，该群体作为一个整体的凝聚力就比较弱，即群体的规模与其对成员的吸引力之间存在着反向的关系。

第七，群体成员对付外部压力的情况。在面对外部压力时能够更加紧密地团结起来的群体，其凝聚力就强。

第八，群体成员之间的相互沟通状况。群体成员之间越能通过各种正式与非正式的渠道彼此进行沟通，互相了解，则越有助于彼此之间良好的人际关系和友谊的建立，从而增进群体对于成员的吸引力。

三、士气

（一）士气的概念

“士气”（morale）一词来源于法语，本来是指军队中士兵的战斗热情。人们通过对军队的研究发现，在同样的武器装备下，士气高涨的部队一般都比士气低落的部队更有战斗力。对军队士气的研究使人们认识到士气存在的普遍性，从而有了各种关于士气的研究。

1. 国外学者的界定

国外学者在对士气进行研究的过程中指出，士气可以分为士气实在论与士气名目论两类。

所谓士气实在论是认为士气中有本性，士气是劳动者行为的作用力之一。这种看法实际上是把士气看做是某种确实存在的实体，好像一种心理的“力”。士气实在论又可以分为三类：第一类，认为士气的核心是“个人肉体和精神上的幸福感状态。这种幸福感状态的内涵是：以个人分担群体目标的感觉为基础，满怀希望，努力工作，提高效率；无论产生什么障碍和瓜葛，必须完成个人的以及社会的目标，在这种使命感的基础上，热情洋溢，精力充沛，自我控制地完成了自己的工作。”这个个人层次的定义主要强调士气是个人幸福度的函数，而幸福度则是实现群体目标的决定性因素。第二类，认为士气是指以下的群体状态：第一，在认识到个人的重要性的同时，综合每个人的目标，构成明确无误的群体目标；第二，个人具有完成这一目标的信心；第三，为了实现这一目标，相信各种制度、领导、同僚和自己；第四，能够有效地控制群体行为，广泛开展协作；第五，懂得使个人和群体丧失效益的原因是相互攻击、彼此敌意。这个定义强调的是承认群体目标、信赖群体对士气的作用。第三类，认为士气是指个人在完成群体交办的课题与作业时，致力于群体效果的提高，信心百倍，精力充沛地参与群体时所产生的内在积极性。

所谓士气名目论则是把士气看做是操作性概念，具体地可以分成以下可以测定的要素：(1) 劳动生产率与产业能力；(2) 对工作的满足感；(3) 对作业群体的称赞；(4) 凝聚力；(5) 对待遇的满足感。

可以看出，国外学者对士气的划分与定义，有一些地方是含混不清的，如“实在论”把士气看做是某种实体，但在其下面归纳的三类“实在论”里，第一、二类都把士气看做是一种状态，状态和实体并不是一回事，状态是描述性的，是形容词，就像“冷、热、黑、白”一样。所以，士气实在论的第一、二类应该划入“名目论”中。

2. 国内学者的界定

国内学者对劳动者群体士气的研究，大多倾向于从劳动积极性的角度来分析，如认为士气或劳动积极性是劳动者在劳动活动中表现出来的倾向于付出体力或脑力的主观状态，是推动劳动活动进行的心理力量①；认为士气是群体内部人与人之间的关系的整合程度，反映了群体的生存和发展状况，是决定劳动生产率的一个重要因素②等。

3. 士气的科学含义

---

① 企业职工工作积极性调查组编写. 厂情·人情·心情. 北京：海洋出版社，1991. 3

② 社会学词典. 上海：上海辞书出版社，1992

从总体上看，劳动者群体的士气反映的是群体成员在为实现群体目标而进行的群体活动中的一般工作态度，它体现了群体成员的个人目标与群体目标的一致性，并表现出个人对群体的信任与认同，从而具有很高的劳动积极性和自觉性，形成为实现群体目标而努力工作的集体心理氛围。

（二）劳动者群体士气的评价指标

一个士气高涨的劳动者的群体与一个士气低落的劳动者群体具有什么样的特征呢？对这个问题进行过研究的学者们提出了很多判别的标准。

1. 国外学者的研究

美国学者克雷奇（K. Krech）和克拉奇非尔德（R. S. Crutchfield）认为，衡量一个群体士气的高低可以从以下几个方面进行：

（1）群体的凝聚力。从一个群体凝聚力的强弱可以看出群体士气的状况。士气高昂的群体，其成员有较强的群体认同感和群体归属感，能够自觉维护群体的利益。

（2）群体的分裂倾向。通过观察劳动者群体中有无互相对立的小群体，可以察看这个群体的士气状况。一个士气高昂的群体，其内部很少有互相对立的小群体。

（3）群体为适应内外部变化的自我调整能力。士气高昂的群体一般具有较强的应付内部冲突与外部环境压力的能力。

（4）劳动者对群体目标的态度。士气高昂的群体，其成员对目标能够自觉的认同。

（5）群体中领导与被领导之间的关系状况。士气高昂的群体，一般都有良好的领导与被领导者之间的关系。

（6）群体可以给成员多少有益的价值。

美国学者沃克（N. Walker）认为，劳动者群体士气的高低可以从以下的要素反映：

（1）劳动生产率；

（2）对工作的满意感；

（3）对作业群体的满意感；

（4）对待遇的满意感；

（5）群体的凝聚力。

2. 全面的评价指标

评价劳动者群体的士气，可以从主观与客观两个方面入手。

主观方面的指标主要考察群体中的劳动者对于群体的感受、价值等。这方面的指标有诸如对工作的满意感，对作业群体的满意感，对待遇的满意感，群体的凝聚力，群体为适应内外部变化的自我调整能力，群体中领导与被领导之间的关系状况，群体可以给成员多少有益的价值等。

客观方面的指标主要考察生产任务与经营绩效等方面的情况，如生产任务的完成状况；劳动生产率；劳动者的流转率等。

（三）劳动者群体士气的制约因素

劳动者群体的士气对于群体的生存和发展具有非常重要的意义，因此，各国学者对于这个问题的研究都很关注，特别是关心什么样的因素会对士气的高低产生影响。

1. 国外学者的研究

国外学者对于这个问题研究的历史比较久远，对于什么样的因素影响劳动者的产业士气有过较多的研究，如行为科学、企业文化理论等对于这方面的研究。当然，不同的学者由于知识结构和研究所处的历史时代不同，对于什么因素对士气有影响这个问题的认识也是不一样的。如日本著名的劳动社会学家尾高邦雄在他的《产业社会学》一书中指出，士气的形成受到以下一些因素的影响，包括：(1) 作业条件；(2) 待遇；(3) 劳动组织；(4) 监督领导的方式；(5) 公司的管理方式；(6) 工会的性格；(7) 公司与工会的社会地位；(8) 外部社会环境；(9) 个人差别。

2. 国内学者的研究

在中国，近年来也有不少学者对于这个问题进行研究，中国社会科学院社会学所“劳动积极性”课题组的研究人员认为，劳动者的心理需要结构、劳动者的心理需要满足程度、劳动者的价值观、群体内部环境、领导作风和领导方式、群体内部人际关系状况、企业民主管理、用工制度以及企业外部环境因素对劳动者群体士气的状况都有非常重要的影响。南开大学社会学系的研究人员认为，劳动者群体士气问题的实质是在企业管理中对人的管理问题，是劳动者的行为和态度问题，影响劳动者群体士气的经济因素与社会因素是不可分割的，因此，需要以企业中的人和群体为核心进行综合性的、全面的分析。他们认为，士气形成的因素主要包括社会公平感与政策导向、社会地位与工作目的、同事关系及其工作小群体的和谐度、职工个人需要的满足度、职工与经营管理者的关系、企业一体感与职工对企业的忠诚度。① 还有学者对这个问题进行了详细的探讨，认为影响劳动者群体中成员的积极性的主要因素是劳动者与企业间的劳动交换的公平性，职工与企业间的基本关系是劳动交换关系，职工用自己的劳动力与企业进行着经济交换与社会交换，职工将自己的劳动力让渡给企业使用，他想获得的是收入、福利、职业稳定性、社会地位、社会声望、社会身份、权力、荣誉、工作成就和各种心理需要。但是，职工与企业劳

---

① 王处辉. 关于职工劳动积极性研究中的若干问题的思考. 社会学研究. 1992，3

动者之间的劳动交换关系受到许多因素的影响。从职工与企业劳动交换的权力结构看，劳动者处于权力的弱势方，因此在诸如福利、收入分配方面几乎没有影响力，所获的利益份额也较少。劳动者的劳动投入与其所获得的经济报酬之间没有形成合理对应的关系，即存在着不公平的交换，这种不公平交换对劳动集体的士气产生了深远的影响。[①] 有学者认为，影响劳动者群体士气的因素可以从五个方面来进行考察，即：（1）群体特征，包括群体的社会地位和发展前景；（2）领导特征，包括管理方法、管理艺术、监督方法与领导者行为；（3）外部特征，包括群体所在地区、周围集体以及整个社会的主要动向等；（4）个人特征，包括劳动者的需要结构、出身经历、价值观念、技能水平以及年龄、性别等。

3. 影响因素的划分

影响劳动者群体士气高低的因素是多方面的，可以从群体中的劳动者个人方面的因素、劳动者群体方面的因素和劳动者群体环境方面的因素这三个方面来考虑。

（1）与劳动者个体有关的因素

与劳动者个体有关的因素可以从两个方面来考察，一是反映劳动者基本情况的，如劳动者的性别、年龄、婚姻状况、生活地区、政治面貌、文化程度、工作年限、技术水平、收入水平、职业工种等；二是反映劳动者个人心态方面的，如劳动者的工作满意度、需求层次及其满足状况、劳动价值观等。

（2）与劳动者群体有关的因素

这些因素主要有：1）成员对群体目标的认同状况；2）成员对工作的满意感；3）成员对作业群体的满意感；4）成员对待遇的满意感；5）群体的凝聚力；6）群体内部人际关系状况；7）劳动关系状况；8）管理风格；9）分配方式；10）群体内部的各种规章制度与相关政策；11）领导者的素质（如领导者的知识、能力、人格魅力等）。

（3）与劳动者群体社会环境有关的因素

这些因素主要有：1）社会政治制度，它从总体上规定了劳动者的社会地位状况和参与程度；2）社会经济制度与政策，包括劳动就业制度、社会保障制度、工资制度、物价政策等。例如，分配不公与物价波动曾经对劳动者的士气产生很大的影响；3）市场供求状况。劳动集体生产的产品的销路、竞争对手的状况等；4）社会风气。如党风、民风建设、社会治安情况，一个社会一定时期流行的各种思潮等，也会对劳动者群体的士气产生影响。

---

① 金维刚．劳动交换与企业职工劳动积极性问题研究．北京大学社会学系博士论文（打印稿），1993．9～10

【本章小结】

本章从劳动环境中的人、劳动中的心理、群体凝聚力三个方面对劳动的社会心理进行了阐述。

在现代劳动系统中，人、机、环境三者相互联系、相互影响，随着生产技术及劳动环境的变化，人的劳动方式也在不断地改变，但人始终占据主导地位；同时，劳动组织及人际关系的变革也会对劳动者的意识和行为产生直接影响。在劳动组织中，劳动者的需要、动机、对劳动者的激励、公平心理以及群体规范、从众行为等心理因素直接影响着劳动者个体的行为取向。群体凝聚力是指劳动者群体对于劳动者所具有的吸引力和结合力，它是群体生存和发展的必要条件，劳动者群体的凝聚力受到多种因素的影响。劳动者群体的士气对于群体的生存和发展具有非常重要的意义，影响劳动者群体士气高低的因素可以从群体中的劳动者个人方面的因素、劳动者群体方面的因素和劳动者群体环境方面的因素这三个方面来考虑。

【重要概念】

人机系统　疲劳机制　人际沟通　需要理论　期望理论　公平心理　群体凝聚力　士气

【思考题】

1. 分析人机系统中人的特点。
2. 根据劳动者疲劳时的表现，分析疲劳的心理机制。
3. 社会文化对劳动者有何影响？
4. 在劳动中有哪些值得重视的心理问题？
5. 分析影响劳动者群体凝聚力的主要因素。

第八章　劳 动 组 织

第一节　劳动组织基本分析

一、组织范畴

（一）组织的含义

组织是当代社会的支配要素，它包围着我们，我们生于斯，长于斯，老于斯。设想一下人们一天中的活动，有哪些是不受组织影响的？如读书，这是一种个体行动，不仅书是由一个组织——出版社出版的，而且个人的读书行为可能还因为是组织学校或单位的要求所引发。

对于什么是组织这一问题，学术界有不同的看法，大多数学者认为组织是有目的地建构的。我们认为，组织就是为了实现其特定目标而精心建构与重构的社会单位或人类群体。

（二）组织的特点

组织是与初级社会群体不同的另一类社会群体，它的主要特点是：

1. 有相当清晰的界限和比较明确的目标；

2. 经过设计的劳动分工和权利分配，能使群体更为有效地实现组织的目标，完成个人力所不能的事情；

3. 权力主要集中于领导者或行政官员手中，他们使用这种权力控制着组织的活动，以实现组织的目标；

4. 成员资格经常变化而不固定，但组织却能独立于成员的行为而存在。

（三）组织的类型

组织可以划分成各种不同的类型。如美国社会学家帕森斯将组织区分为生产组织、政治组织和整合组织三种；彼得·布劳和里查德·斯卡特则将组织划分为互利组织、赢利组织、服务组织与公益组织四种；艾米塔·爱桑尼则认为组织由自愿组织、强制组织和功利组织三种类型组成。

我国习惯上将组织分为五种类型：（1）经济组织，即指各种生产与经营商品、为社会提供生产与生活服务的赢利组织，如工厂、商店、银行、农场；

(2) 政治组织，即指各种为阶级利益服务的政党组织、政权组织和群众团体，如军队、政府、共青团；(3) 教科文组织，即各种从事教育、科研、艺术、娱乐活动的组织，如学校、研究院、图书馆等；(4) 社会福利组织，即为公共福利事业服务的组织，如医院、养老院等；(5) 宗教组织，即以宗教信仰为基础而形成的社会组织。

（四）劳动组织

1. 劳动组织含义

劳动组织作为组织中的一种类型，它是为社会生产商品，提供劳务，按照一定的劳动法规、章程建立起来的组织，是执行生产、经营、服务与管理职能的劳动者的有机体。

2. 劳动组织分类

根据不同的标准和研究目的，劳动组织也可以区分成不同的类型。以规模分，可以将劳动组织区分为大型、中型和小型三种；以地区分布看，可以将劳动组织区分为本地、跨地区和跨国组织三类；以组织目标或产业特性分，可以将劳动组织区分为工业、商业、服务业、农业组织等类型；以产权特征为标准，可以将劳动组织区分为全民所有、集体所有、个体、私有、中外合资、股份制等类型；以垄断程度分，可以将劳动组织区分为卡特尔、辛迪加、托拉斯、康采恩四种。

在许多劳动社会学者对组织行为学的研究中，将其划分为正式组织与非正式组织两种类型。这种分类是以组织方式与人际关系特征为标准的。(1) 正式组织，是为实现组织的共同目标而按照正规的组织制度组成的，具有明文规定的单位名称、目标任务、职责分工、等级结构、人员编制以及各种规范和制度。(2) 非正式组织，是正式劳动组织中的一些成员在相互交往中自然形成的一种人际交往关系系统。非正式组织的人际关系不是契约性的，人际互动具有个人化特征，组织的结构是无形的，其成员也具有不可替代性，即在非正式组织中没有特设的“岗位”，它的存在完全依靠每一个特殊的个人。非正式组织可能对正式组织产生巨大的影响。

二、劳动组织的结构

劳动组织结构的元素与变项

1. 劳动组织结构概念界定

劳动组织结构是组织内部各部分之间相互关系的一种模式，主要包括组织构造体系、权力关系体系、职位系列以及内部沟通网络等等，其中组织构造体系是劳动组织结构的基础。

劳动组织的构造体系一般是由纵向结构与横向结构复合而成。纵向结构是劳动组织的层级节制体系，主要由组织中的高层管理职位、中层管理职位、低层管理职位和基层员工四个层次构成，处于各个层次的人员的职责权力、职业地位和经济待遇等都由组织制度规定。一定的组织的构造体系就有一定的与之相应的权力机构、沟通结构和角色结构。权力结构是指各层次之间和同一层次中的各部分其权力的等级与权力分配关系。沟通结构就是在这种组织构造网络中的正式沟通途径，表现为组织内部各个部门和成员之间的正式沟通关系。角色结构就是在这种组织结构中的职位体系，所有组织中的人员都在其中扮演一定的角色，并承担这一角色所规定的职责、义务，拥有相应的权利和权力。

2．劳动组织结构的元素

可以从组织结构的元素与变项入手分析其特点。劳动组织结构的元素主要包括组织层次、目标、角色和联系四个方面。

（1）组织层次。帕森斯（T. Parsons）认为组织有三大层次：第一是制度层次，主要是和外界接触、维持资讯和资源的来源，由上层管理人员负责。第二是管理层次，是组织内的联络、控制、决策、排除纠纷以及解决问题的层次，由中层管理人员负责。第三为技术层次，这主要是指生产及服务的活动，由基层工作人员负责。

（2）目标。组织的目标即指其要达到的要求、要生产的东西和要做出的贡献。分析一个劳动组织的状况，就要弄清其目标是什么。

（3）角色。组织的结构是其内部地位与角色的基本关系，它体现为该单位或办公场所所包含的活动与期望及各种衔头、工作描述与评价准则。

（4）联系。组织联系主要依靠权威和规则，横向联系则多用会议、工作组及联络人方式等。

3．劳动组织结构的变项

劳动组织结构的变项最常用的四个：

（1）组织规模，即雇员的人数。

（2）复杂性。劳动组织的复杂性体现在细致的分工、分层、分部门之间的联系及控制方面，其指标包括纵向分化、横向分化及地区上的分散。

（3）形式化。指组织运用抽象规则与程序驾驭成员行为的状况，它决定着组织成员的角色行为。

（4）非正式组织。当劳动组织的正式结构不能满足成员的要求时，由其来满足。

三、劳动组织的功能

劳动组织是人们从事社会活动的基本单位，一般来讲，它有以下功能：

1．经济功能

劳动组织作为执行生产、经营、服务与管理职能的劳动者的有机体，它要通过组织其成员为实现自己的目标而努力。通过生产商品、提供劳务、创造经济价值而为社会提供各种各样的财富。同时，劳动组织还是劳动者获取维持生存和发展所需要的各种报酬的主要场所。

2. 社会心理功能

劳动组织不仅能够向其成员提供职业保障、生活保障和安全保障，而且还能使劳动者因为在组织等级序列中担当一定的角色而获得社会地位、社会声望以及职业成就。

3. 教育训练功能

劳动组织为每个成员提供了一个基本的职业环境，每个成员在这个环境中劳动、学习，一方面受到各种必要的职业规范、价值观念、劳动纪律、职业知识、职业技能等方面的教育，同时，也通过担当一定的职业角色而使所受的各种教育内化为自己的一种价值，起到继续社会化的作用。

4. 社会控制功能

劳动组织将分散的、零乱的劳动者组织在一起，用各种劳动规范、劳动纪律及劳动法规等对劳动者的行为进行约束，在客观上起到了维护社会稳定的作用。对劳动者实行的奖励和惩罚，都可以在某种程度上为社会的整合作出贡献。

第二节 非正式组织

一、非正式组织的类型

非正式组织是正式劳动组织中的一些成员在相互交往中自然形成的一种人际交往关系系统，它有多种表现形式，可以按其特性而分为各种不同的类型。

(一) 按与正式组织目标关系分类

可以将非正式组织区分为四种类型：

积极型，其价值观念、活动准则等与正式组织接近，其活动一般会给正式组织和本人带来积极的效果。

中间型，这种非正式组织仅是满足成员的某种需要，无所谓好坏。

消极型，这种非正式组织的活动往往会给正式组织的生产和经营等带来消极后果，如酗酒者群体。

破坏型，其活动往往会给生产或经营等带来破坏性影响。

(二) 按形成基础分类

可以将其分成感情型、兴趣型和利益型。

感情型，成员以亲密的情感为基础，在社会互动过程中感情融洽，相互了解，相互支持。

兴趣型，成员由于某种兴趣爱好而结合在一起。例如，打球、下棋、钓鱼、钻研技术等，以共同感兴趣的问题为基础。

利益型，成员由于某种共同利害关系而结合在一起，例如为某方面的互利而共同对抗其他群体的结合等。

（三）按双重侧面或多重侧面分类

M·道尔顿（M. Dalton）从双重侧面或多重侧面来观察非正式组织，认为可以把非正式组织分为三类①：

甲类：垂直型。它是由同一组织系统中不同层级人员所组成，他们彼此间的关系在正式组织中表现为一种上下级关系。垂直型非正式组织又可分为垂直共栖型和垂直寄生型两种。垂直共栖型群体在吸收成员时不考虑成员的等级地位，在这种关系中，成员间互相帮助或互相利用，上级要依靠下属来实现某些正式的目标，诸如弥补其能力的缺陷，下级则依靠上级而得到保护。垂直寄生型群体也是由同一正式组织中地位不同的人所组成，只不过在这种群体中，这些人一般是朋友或亲戚关系，其中地位较低者较多地从地位较高者那儿得到各种帮助。

乙类：水平型。水平型非正式组织突破了部门界限，它是由地位层级相等的部分组织成员因为某种需要或关系所组成，他们在正式组织方面不存在上下级关系，彼此是一种同僚或同事关系，因而其地位是平等的。水平型非正式组织又可分为水平防守型和水平攻击型两种。水平防守型群体多是由其成员因本层次的共同利益和地位受到威胁而引发的，为了维护既得利益，就不得不借助团体的力量，但当外部威胁消失时，团体意识和行为也会消失。这种情况往往出现在外单位领导调入或不受欢迎的领导上任的时候。水平攻击型群体的出发点不在维护既得利益，而在于改变正式组织内的某种不合理的状态。如为了废除某项规章制度或迫使某一领导下台时，有关劳动者就会组织起来进行活动。

丙类：混合型。它是组织系统中的不同层次、不同部门、不同地位、不同工作地点的成员组成，因兴趣、友谊、社会满足等关系而聚合到了一块。

（四）按层次和规模分类

美国劳动社会学家将非正式组织分为劳动组织中不合群的个别劳动者，亲密朋友群体，以一定的车间、班组为基础的小团体，跨车间、班组的自发群体和非正式组织体系五种。

二、非正式组织的特点

与正式组织相比，劳动者的非正式组织在形成的过程、目标、权威、组织边界、结构、沟通系统、成员行为等方面都有自己的特点。

---

① Melville Dalton, 1959. *Men Who Manage*, New York, John Wiley & Sons

（一）形成过程

从形成过程看，非正式组织最大的特点是其自发性，它不像劳动者的正式组织那样，是经过精心酝酿和设计的。

（二）目标

与正式组织相比，非正式组织的目标或目的具有短暂性、模糊性、广泛性以及满足个人社会需要的特点，而劳动者的正式组织的目标往往比较单一而清晰，持久而正式。

（三）权威

在劳动者的正式组织中，人们强调的是以职权和责任为依归的法定地位，权威是由机构赋予的，并授予职位。由于权威是由上级赋予的，因此它是向下运动的。而非正式组织中的权威则是由团体成员给予的，不代表管理当局的委托。因此，在非正式组织中，权威往往是从同等地位中自然形成的，因而它是平行运动的。有时，在正式组织中地位低的人在非正式组织中却能处于中心地位，甚至领导者对其在各方面还有所依赖，故而在非正式组织中有时也会有权威向上运动的情形。

（四）组织边界

从组织边界看，非正式组织是无形的，它既无完整的群体结构和建制，亦无固定的组织体系与纵向关系，更没有明确的工作任务与分工，人员的进出是随意的，只要成员之间有心理上的认同与交往，即可认为进入非正式组织了，因此在人员构成上具有不确定性的特点。

（五）结构

劳动者的正式组织的结构是根据技术要求而精心设计的，而非正式组织的结构是自然形成的，其结构特点取决于成员的特性。非正式结构一般有以下四种形式：(1) 环形结构。在这种结构中，成员之间都有直接沟通的渠道，因而群体稳定，内聚力较强。(2) 伞状结构。其特点是一批关系松散的成员聚集在影响力很强的领袖人物周围。(3) 链状结构。这是一种群体内聚力和领袖人物的影响力都比较弱的结构，内部结构非常松散。(4) 复合结构。这种结构又可分为多极复合和多元复合两种。多极复合是在一个非正式组织里，由于同时存在两个以上的形成因素，因而有两个以上领袖人物。多元复合则是两个或两个以上的非正式组织有着一个共同领袖人物。

（六）沟通系统

在劳动者的正式组织中，信息沟通有正式的渠道，沟通的路径是清晰的，信息一般都是经过指挥系统而扩散的。但是，非正式组织的信息沟通一般是通过非正式的沟通渠道，这种信息沟通往往是通过非正式组织成员以传闻的方式进行的，因而也称为传闻式沟通，或称之为“小道消息”。根据戴维斯对美国一家皮革公司的调查研究，传闻式沟通的形式主要有四种：(1) 单线型，各自只将信息随机告诉其他人；(2) 闲聊型，一个人将信息告诉所有人；(3) 随机型，群体成员各自随机将信息告诉其他人；(4) 组串型，某些人有选择地将信息告诉其他人，这是最典型的方式。正式组织中的“传闻”或“小道消息”往往经非正式沟通方式而传播开来，而“小道消息”由于多属令人激奋不安和不安全的事件、最新消息或关系到自己切身利益的事情，因此它的传播尤为迅速(见图 8—1)。

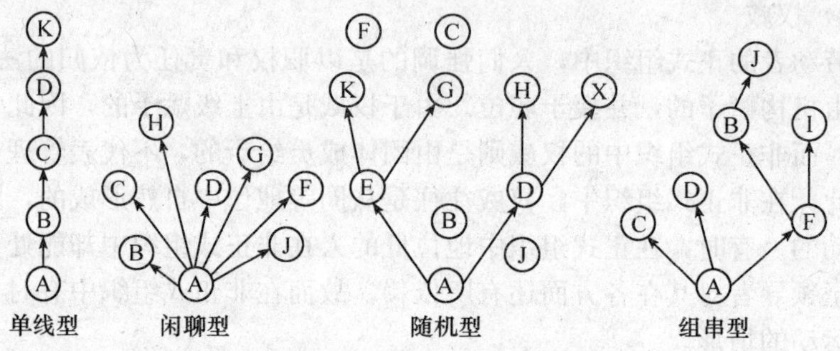

图 8—1　非正式沟通方式

(七) 领袖

在正式组织结构中，劳动者的职位、权力等是有明文规定的。但在非正式组织中，领袖人物的产生与形成是由多种因素决定的，诸如个人的年龄、资历、工作能力、工作地位、个性等都可以对之产生影响。在非正式组织中，那些乐于助人、善于社交、消息灵通、足智多谋、有一技之长、有特殊身份或有特殊人格魅力的人，往往被大家公认为领袖。非正式组织的领袖人物由于是成员公认而形成的，因而他在左右成员舆论，调解成员间的分歧以及保护群体成员的利益等方面起着举足轻重的作用。

(八) 行为规范

在正式组织中，劳动者所在的行为受到规章、规则的限制，其行为以合理性和效率为准绳。在非正式组织中，成员的行为则受团体的规范和价值观念的影响。每一个非正式组织都有自己的职业道德、惯例习俗、行话暗语和文化礼仪，它们对成员的行为起着极为重要的制约作用。非正式组织的规范和价值观念有时是与正式组织的一致的，有时则是相左的。如罗特利斯伯格和狄克生在《管理与工人》一书中所写，企业中的工人有着不同于正式组织所要求的行为规范，如在生产时不应生产太多，否则便是马屁精；不应生产太少，否则便是滑头鬼；不应向领导透露不利于同伴的任何事情，否则便是告密者；不应与大家保持距离或一本正经，否则便是怪物。

三、非正式组织的功能

非正式组织的存在对于劳动者所在的正式组织的目标实现和生产经营活动而言，既有积极的功能，也有消极功能。

（一）非正式组织的积极功能

1. 凝聚功能

非正式组织能够满足个人的某些特殊需要，使个人在劳动组织中不再感到孤独，从而有助于增强个人对正式组织的归属感。同时，在非正式组织中，个人可以检验自己的思想能否发挥作用，能够通过与他人的比较而恰当地评价，使个人更好地把握自己。而且，非正式组织还有其特有的行为规范和价值观，所有这一切，都有助于增加劳动集体的凝聚力。

2. 培养和利用领导潜力

在非正式组织中，成员之间在个性、人格、能力等方面的差别，使得某些个人获得较多的尊敬，因此，出现了以情感尺度而排列的成员的等级系统。在这个系统中，总有一个人成为非正式领导，所有其他人都是追随者，他之所以成为领导，可能因为他是一位有说服力的演说家，或优秀的组织者，甚至是耐心的听众。由于不同的人为了不同目标而处在不同的劳动集体中，所以每一个人都有机会成为领导，这使得某些方面有潜力的人得到了尝试领导职务的机会，积累了经验，而劳动者的正式组织的领导也确实经常从非正式组织中挑选，因而非正式组织实际上为培养和利用领导潜力做出了贡献。

3. 减压功能

非正式组织能够减缓劳动者在生产、生活中碰到的各种心理与社会压力，起到一种类似“安全阀”的作用。

4. 辅助生产功能

当非正式组织的价值观念、活动准则等与正式组织接近时，其活动的开展会起到辅助生产的作用。

5. 监督功能

非正式组织能够对成员施加压力，监督成员的行为，使成员的行为通过群体尤其是群体压力而得以重构。

（二）非正式组织的消极功能

非正式组织的存在有的情况下也会对正式组织的目标实现和生产经营活动带来消极的影响，这些消极影响可以体现在下面五个方面：

1. 制造冲突

非正式组织在目标、利益、价值观和行为规范等方面常常有与正式组织相应方面抵触的情况。作为正式组织的成员，劳动者不能无视正式组织的规范和章程，而作为非正式组织中的一员，劳动者则会在情感上倾向于维护小团体的利益，结果很多人常常会由此产生角色冲突。

2. 反对变革

非正式组织常常是阻碍变革的根源。

3. 压制冒尖

为避免不愉快的“相形见绌感”与“相对剥夺感”，非正式组织往往会限制产量，打击先进，压制其成员的冒尖。因而是孕育平均主义和大锅饭的温床。

4. 小集团行为

非正式组织中的某些人经常将小团体利益置于团体利益之上，拉帮结伙，徇私舞弊，假公济私，互相争斗，不惜牺牲他人利益，使正式组织的目标实现受到影响。

5. 散布谣言

非正式组织常常是各类谣言的活跃场所。研究表明，在非正式沟通系统中传递的信息有 3/4 是准确的，但是，那不准确的 1/4 却往往由于以讹传讹，无意中伤或恶意攻击而使个人与劳动集体遭受侵害，导致劳动意志的涣散或产业士气的削弱。

第三节　劳动组织理论

18 世纪 60 年代现代劳动组织——工厂诞生以来，人们就对劳动组织及其劳动者进行研究，理论上的研究和实践上的探索形成了被后人称之为劳动组织理论的各种流派。根据英国组织理论学家瑞德（M. Reed）的观点，100 多年来各组织理论主要关注的问题是秩序、共识、自由、统支、控制和参与，用于分析这些主要问题的元阐述——解释架构分别是理性、整合、市场、权力、知识和正义。以此为出发点，他区分了六种不同视角下的组织理论①。这里对组织理论的介绍就是以这些视角为基础的。

一、理性——秩序下的组织理论

古典组织理论主要关注的是秩序问题，而用以阐述解释的元理论架构是理性，泰罗的科学管理理论、韦伯的科层制（又称行政组织理论）便是这类理论

① Michael Reed ‘Organizational Theorizing: A Historically Contested Terrain’. in Stewart R. Clegg, Cynthia Hardy and Walter R. Nord ed. *Handbook of Organization Studies*. 1996. Sage Publication. P. 34

的代表。

(一) 泰罗的科学管理理论

泰罗是科学管理理论的创建者，这一理论思想体现在他的《科学管理原理》《车间管理》著作及一系列的实践探索中。科学管理理论提出了以下七个主要的组织管理原理：(1) 标准化原理；(2) 合理的日工作量或恰当的工作定额原理；(3) 第一流工人制，根据人们不同的体质和禀赋来挑选和培训不同岗位所需要的最合要求的工人；(4) 刺激性付酬制度，根据工人定额完成的情况采用“差别计件工资制”，超产者多得；(5) 职能管理原理或职能工长制；(6) 例外原理，即企业高级管理人员把一般日常事务授权给下级，自己只保留对例外事项（重要事项）的决策和监督权；(7) 精神革命论，把工人的注意力尽量引导到如何提高生产上，而不是分配上。通过这些科学的组织管理原理，泰罗试图建立的是一种理性、有序的组织管理格局。

(二) 韦伯的科层制

对秩序的关注，贯穿在韦伯对于科层制这种理想型组织的分析中，在韦伯来看，科层制意味着集体活动的合理化，作为一种理性化的组织和管理方式，它在保证组织及其成员行为的准确性、稳定性、严格的纪律性、有序性和可靠性方面优于其他形式的组织方式，它的最大优点就在于高效性，能够有效地实现组织的目标。当然，这样一种理性使各种为了某种目标而进行的合作活动能够高效、有序地实现的理想组织形态，其运行有特定的前提与要求，而这种要求与保持秩序的某种权威有关。韦伯认为，科层组织的前提是建立法定权威，而法定权威又是从传统权威和魅力型权威演进而来。法定权威是以理性为基础，建立在对法律具有无上权威的信仰上，根据法定程序而取得权威地位的人，不但有发布命令的权利，接受命令者也有服从命令的义务，但服从的是权威地位而不是发布命令的人。建立在法定权威基础上的理想的科层制有以下特点：(1) 组织中的人员应该有固定和正式的职位并依法行使职权。内部分工，权力与责任有明确的规定；(2) 组织的结构是一种层节节制体系（职位分等）；(3) 人员与工作的关系——事本关系；(4) 人员的选用与保障：按照自由契约原则，公开招聘，采用考试方法；(5) 专业分工与技术训练；(6) 人员的升迁制度有章可循。

二、整合——共识下的理论：人际关系学派与权变学派

(一) 人际关系学派

在整个20世纪30年代与40年代，古典理性组织理论在一个不确定与不稳定的世界中对于社会整合与秩序问题的解释上显得越来越力不从心。批评者指出，如果没有自愿和自发的合作，权威的实施等于是一句空话，并认为管理权力与权威的实践与理论基础并非是机械的、决定论的理性，权威的有效性应该考虑群体成员的共同体感受。组织的使命并非仅仅只是提供商品和服务，它还是一个提供成员身份的场所。理性的正式组织并不是效率的保证，组织的效率还取决于人际关系的和谐与协调。人际关系学派的出现，恰好反映了人们对组织的这种考虑和当时组织在社会生活中面临的问题。

人际关系学派是组织行为学的前身，它产生于20世纪20—30年代，以著名的“霍桑实验”及其后一系列的实验为标识，其主要代表人物是梅耶（Elton Mayo，1880—1949）与麦克蕾戈（Douglas Mc Gregor，1906—1964）。人际关系理论认为，组织不是达成特定目标的工具，它们是试图适应特定情景并获得生存的社会群体。组织中的目标是复杂的，多样的，组织公开表述的目标与组织实际追求的目标之间是有距离的，同时组织的目标也不是支配行动者行为的惟一目标，组织除了产出目标，还有一些支持性目标。不同行动者的目标与行为如何调适以及目标的实现，不能仅仅依靠正式结构，还需要依靠非正式结构。非正式结构是以特定参与者的个人特点或资源为基础的，对精心设计以达成组织目标的正式结构有着重要的影响。人际关系学派反对以往组织理论将组织看做是一种无个性化系统及忽视组织中个体行为的看法，强调组织成员的组织过程而不是组织构成本身对组织效能的影响。指出个人不是简单的经济人，组织参与者不是孤立的、原子化的个人，而是所谓的“社会人”。

（二）权变学派

人际关系学派虽然把组织参与者看成社会人，看到了组织中的非正式结构对于共识的达成和目标的实现产生重要的影响，但其分析基本上是局限在组织内部，没有考虑组织环境对于个人的影响，也没有把组织外部世界与组织联系起来作为一个整体进行考察，由人群所创造的文化与组织的关系、由人群所构成的部门协调、组织内部与外部的协调等重要论题，也是被忽视的。权变理论（contingence theory）可以被认为是对组织环境开始进行考虑的一种组织理论。权变理论的主要代表人物如伯恩斯和斯多克（Tom Burns and G. M Stalker，1961）、伍德沃德（John Woodward，1965）等主要探讨的是一些管理问题，如组织结构、领导问题、沟通的形式化的程度、集中化、权力结构、组织瓶颈等（可以把这些变量看做自变量）。这些问题及其解决被认为与一些变量的影响有关，主要的变量包括所有权模式、策略、任务不确定性、规模、目标、技术、区位、资源、独立于其他组织的程度等（因变量），并认为如果组织内在的特征能够最好地满足环境的要求，组织就具有最好的适应性。

三、市场——自由下的资源依附理论和种群生态学

以市场为基础的组织理论看起来是一个矛盾的词语，因为正如科斯所言，如果市场是很完善的，那么企业的存在是不需要的；但实际上市场是不完善的，并且由于社会经济、政治、意识形态等因素的影响，市场常常运作失败。

作为集体经济行动者的企业，便是针对市场的失败而出现的一种达成交易的解决办法。在并不完善的市场架构下，组织的生存、运行以及它们的自由到底取决于什么呢?

（一）资源依附理论

资源依附理论（resource dependence theory）主要关注的是组织本身在市场框架下的自由度问题，其主要代表人物有扎尔德（Zald，1970；Wamsley and Zald，1973）、汤普森（Thompson，1967）等。①

资源依附理论的基本假设是：没有一个组织在市场中是完全自给而自由的，所有的组织都与环境进行交换，并由此获得生存。在和环境的交换中，环境给组织提供关键性的资源，没有这样的资源，组织就不能运行，因此，对资源的需求构成了组织对外部的依赖。资源的稀缺性和重要性决定了组织对环境的依赖程度，从而也决定了组织在环境（市场）中的自由度。

资源依附理论非常关注那些关键的供给者、购买者、规则制定者及竞争者等这些互为依赖的组织行动者之间的关系，这些组织行动者或者彼此竞争直到只剩最后一个、或者长期合作、或策略性联合、或合并，无论是那一种情况，对于视焦组织（focus organization）的行动自由都产生影响。

资源依附理论分析的起点是确定视焦组织的需要和可以满足需要的来源。方法是首先确定资源的关键性，特别是针对组织的稀缺性；接着寻求关键性资源的获得途径，比如建立多渠道的资源依附途径。

资源依附理论认为组织与市场中其他组织实体的关系或互动可能是主动的，也可能是被动的，当其与其他组织实体主动互动时，组织通过参与，考察环境，进而发现机会和威胁，并由此趋利避害。

资源依附理论认为组织是有能力与市场中的其他实体进行交换，并有能力做出各种反应的，这可以表现在管理人员对环境和组织的管理。资源依附理论的一个重要贡献是让人们看到了组织在市场中的自由度：组织的自由是有限的，它的生存需要依靠采用各种战略来改变自已、选择环境和适应环境。

（二）种群生态学

种群生态学（organizational ecology ）是生物进化论原理在组织研究中的运用，20 世纪 70 年代后期，汉南和弗里曼（Hannan and Freeman，1977）受豪雷（Hawley，1950）和坎佩尔（Campell 1969）的影响②，创立了组织研究

① Pfeffer，J. &G. P. Salanick，1978. *The External Control of Organization*. New York: Harper and Row

② Jel A. C. Baum. ‘Organizational Ecology’ in Stewart R. Clegg，Cynthia Hardy and Walter R. Nord ed. *Handbook of Organization Studies*. 1996. Sage Publication

中的种群生态学理论。

种群生态学不是把组织个体当作分析单位，而是从作为群体的组织（组织种群——organizational population）入手来分析各种问题。它强调环境选择过程对于组织种群的影响，试图解释为什么一些类型（或形态）的组织生存了，而另外一些则消亡了。其基本的假设是分享系统资源的组织之间会因为争夺资源而相互竞争，这样的竞争直接影响到组织的生存与发展。

借用生物学的观点，种群生态学关于组织的基本命题是：组织类型（或形态）的适应性决定了组织的存亡。在分析时，种群生态学强调三个基本过程：变异、选择与存留。变异指的是组织的创新；选择指环境选择适宜的组织；存留指组织的生存，这些过程也是自然选择的三个阶段。在这三个过程中，环境的选择被认为是最重要的，一旦通过选择，就获得了生存的基本要素。

种群生态学理论到目前还在不断地发展，这个理论使我们看到，组织的生存和发展，组织在市场环境中的自由怎么样，不是由单个组织的业绩或者努力所决定的，而是与作为种群的组织的命运有着紧密的关系。

四、权力——统支：制度理论简介

以市场为基础的组织理论隐含着环境决定论的假设，组织本身的能动性被忽视，实际上，组织并不完全受环境的摆布，环境也并不完全是压制性的力量，它同时还具有使动性。瑞德（M. Reed）把制度理论放在这一架构下似乎有点勉强，不过制度理论分析中很多方面确实涉及了统支问题。当然，制度理论关注的并不仅仅是统支问题。

制度理论代表了一种对社会、经济与政治现象的特殊的分析方法，学术界对之有老制度主义和新制度主义之分。老制度主义的分析与新制度主义的分析在很多方面有差异，如早期的研究比较强调制度压力的一致性与稳定性；而近来的研究则认识到制度环境本身也是不连续的、分割的与含混的，也会随时间而变化；早期的研究强调组织自动遵从环境制约的要求，而近来的研究则关注组织是否也经常试图影响、侵蚀与抵制制度要求，特别是当制度环境本身不是很一致时。早期的研究关注建立一种稳定的制度秩序，而近来的一些研究关注那些削弱与导致结构化过程的因素。DiMggio and Powell 对于新老制度主义的差异进行了较全面的比较，见表 8—1。

表 8—1　　老制度主义与新制度主义关于组织特征的比较

核心特征	老制度主义	新制度主义
利益冲突是	中心性的	边缘性的
（合力）惯性来源于	授予的利益	合法性职责（imperative）
结构重点在于	非正式结构	正式结构的符号角色
组织嵌入于	地方社区	场域、部门或社会

续表

核心特征	老制度主义	新制度主义
嵌入的性质是	吸收（co-optation）	组成（constitutive）
制度化的场所在	组织	场域或社会
组织的动力在于	变迁	持久性
批评功利主义的基础是	利益聚居理论	行动理论
批评功利主义的证据是	未预测的结果	未思考的后果
认知的关键形式是	价值观、规则和态度	分类、常规、大纲、图解
社会心理学（的考察基于）	社会化理论	归因理论
秩序的认知基础是	职责（commitment）	习惯、实践行动
目标是	置换性的（displaced）	模棱两可的
日程（agenda）是	政策相关的	原则性的

资料来源：Walter W. Powell and Paul J. Dimaggio ed. *The New Institutionalism in Organizational analysis* The University of Chicago Press. 1991 P. 13

五、知识与控制：组织理论中的后现代主义

以知识为基础的组织理论对制度理论分析的视角与陈述表示怀疑，也对以往组织理论对组织的分析表示怀疑，认为权力与统支有效实施的基础是知识，知识就是权力。

后现代主义是与西方由发达工业社会进入信息化后工业社会相应的社会思潮，它是一种新的思维方式，超越了西方“主客二分”以主体为中心的传统观点，以反主客二分、反主体性、反普遍性、反整体性、反中心化为特征，强调否定性、破碎性、不确定性、多元性等。

与大多数社会科学一样，组织研究中的后现代主义[①]也是一个无法回避的潮流，在组织研究中，后现代主义反对理性主义偏向的任何假设，强调权力在组织塑造中的中心地位，强调文化信念和符号过程的重要性。后现代主义者们经常引用的经典包括福柯（M. Foucault)、哈贝马斯（J. Habermas)、德里达(J. Derrida）等。

不过，在后现代主义的组织研究中，几乎不可能选择核心的理论在这里进行介绍，原因主要有两个：第一，后现代主义组织研究的多样性；第二，“核心的”“有代表性的”本身就是后现代主义所反对的概念。在这个意义上，后现代主义者是相对论者，他们反对普遍性规则，不承认“真实”，认为对、错、好、坏都是社会建构的结果。

组织研究中的后现代主义直接脱胎于20世纪60年代后期的法国后结构主

① Jel A. C. Baum. ‘Organizational Ecology’ in Stewart R. Clegg, Cynthia Hardy and Walter R. Nord ed. *Handbook of Organization Studies*. 1996. Sage Publication

义，在语言学、符号学和文学批评等后现代主义的影响下，组织研究中的后现代主义基本是一个头绪众多的格局。对组织理论而言，后现代主义者认为，现代主义理论（主流理论）代表了从启蒙运动到理性人类的文化积累，并没有包括现时代；后现代主义代表了对理性主义的质疑。

后现代主义对组织研究主流理论的挑战主要有两点：第一，知识整体性。后现代主义者确信人类的知识是碎片化的，可以有不同的组合方式，因而也就不存在单一的权威方式。他们认为，后工业主义的发展破碎了家庭、社区、社会，甚至威胁到自我的认同，譬如，电子网络就破坏了私域与公域的界限，也使得组织的边界更加模糊不清。这些都直接作用于人们的角色扮演和日常生活。第二，知识的真实性。如果说主流理论家始终不渝探讨的是“真实”，那么，后现代主义者则认为后工业社会的发展已经使组织更加松散、成员的参与程度更高，进而也使得成员国家迷茫，组织行为变得越来越不可预测。

后现代主义的组织理论由于过于关注否定性、破碎性、不确定性与多元性，也受到了持实证主义立场的组织理论家的批评，他们认为后现代主义的组织研究基本上脱离了“科学”，把组织研究变成了“人文游戏”，即使是符号学解释立场的组织研究者也认为，后现代主义的组织研究过于激进，也远离了科学。

六、正义与参与：批判理论

批判理论出现于 20 世纪 70 年代末期 80 年代早期，是组织理论中比较新的流派，更确切一点的说法是一种分析方法，它向我们提供的是研究组织的一种全新的视角。主要思想营养或代表人物是哈贝马斯（J. Habermas）、埃尔文森（M. Alvesson）[①] 等人。批判理论批判的是剥削、压迫、不公平、权力关系的不对称、扭曲的沟通、虚假的意识等，主要对现代主义以及整个资本主义的理性进行了批判。

批判理论特别对现代主义和资本主义理性进行了批判，认为在现代主义话语下的组织与管理，强调控制、理性化以及人与自然的殖民化。泰罗的科学管理与韦伯的科层制即代表了现代主义的逻辑与工具理性化。人际关系学派（包括工作生活质量研究与后来的文化研究）强调传统中的一些特定逻辑价值和规范的有效性，其目的是通过对这些因素的关注而提高企业的效益。批判理论认为资本主义理性将社会生活置于技术理性之下，实际上是为维持某些利益群体的人服务的。资本主义的理性是一种工具理性，把解决个人和社会问题的方法归结为技术方法的使用，将人类社会的存在看做是为了实现预定的规范目标，默认组织等级与权威的合理性，将好的生活看做是由财富的拥有而不是个人的

① M. Alvesson 1987，Organization Theory and Technocratic Consciousness. Berlin：De Gruyter

自我实现与社会民主。埃尔佛森指出，在资本主义企业中，管理专家的活动导致了组织中其他参与者的被动，占统治地位的管理阶层对现实的界定削弱了低层群体与边缘群体在工作场所的协商，金钱符码对工人的工作经历与价值是歪曲的。通过对资本主义企业的研究，他提出了关于组织批判理论的六个命题：

第一，组织中存在着技术理性和实践理性，它们之间存在着紧张，技术理性寻求的是资源最大化，短缺最小化，而实践理性追求的是自由最大化与压制（repression）最小化。实践理性强调理解的过程和结果，而不是控制和发展工具以达成目标，技术理性是工具性倾向的，它强调采用手段目标链的发展来进行控制。

第二，占支配地位的技术理性对操作过程的控制与占统治地位的社会阶层的利益是一致的。

第三，技术理性在一种意识形态的支撑下，对现实进行系统的歪曲。

第四，与人类需要相符合的组织实践以及与大多数人的利益一致的组织实践必须与技术理性的至高无上进行决裂。

第五，商业组织等是技术理性再生产的工具，而他们的存在也仰仗技术理性。

第六，对组织功能的理解应该在支配既定历史与社会框架的理性范畴下进行。

从总体上看，批判理论的主要目标是希望构建不受支配的社会与工作场所，在这样的环境下，工人们都是平等的，他们可以有平等的机会为生产系统作出贡献，满足作为人的各种需求，达到彼此的进步。不过，组织的批判理论目前还不是很成熟，有不少人在这一思想路向下对组织进行分析，但还没有形成共识，批判理论给人们以启发和灵感，但它也同样面对着很多人对它的批评。

第四节　单位——中国的劳动组织

一、单位制度的成因

“单位”一词，原意是城市的人指称自己就业的劳动组织。在计划经济时代，中国的劳动组织往往具有双重性质：一方面它们是分工不同的专业化组织，另一方面它们又都具有超越于专业分工的共同性质。中国的单位根据人们的工作，按照职能团块被组织在一起，单位普遍按行政组织模式构造，同时，党群组织贯穿其中，各级各类组织的同质性极高，全国形成了一个庞大的行政组织体系，国家通过行政组织体系，借助政治运动，对社会成员进行动员和管理，组织成为国家与社会成员之间不可缺少的中介，处于社会生活的中心位置，整个社会的运转表现为各级组织的运行，这种社会结构体制被学术界称为单位制度。而中国的劳动组织，则集中体现了这种单位制的特点与运作机制。

单位制度是中国的基本体制和国情在特定历史条件下作用的结果。首先，它是特定社会历史条件的产物，其雏形可追溯到革命战争年代共产党在农村建立的独特的根据地组织制度，根据地的经验对后来党在全国的领导方式和组织方式产生了深刻的影响。其次，它是社会重新组织需要的产物。1949 年以后中国面临的一个重要任务是对社会进行各方面的改造，如完成生产的社会主义改造并实现工业化。但新政权所面临的却是一个以传统农业和手工业为主、人口负担过重的社会经济，社会因缺乏现代生产方式以及近代民族主义精神而异常涣散，社会主义宏伟目标与中国社会落后状态之间的落差，导致了党和政权组织所直接推动的对社会的大规模重新组织过程。在对社会的重新组织过程中，单位逐渐成为中国一切社会组织的基本形式。第三是社会经济需要，特别是在生产力极为落后的条件下要克服外界的封锁，迅速进行工业化，国家必须在政治上实现完全的统一，集中人、财、物进行建设，这样就必须建立起一个强大的中央集权的社会经济管理体制，依靠行政的力量，就可以通过微观组织调动资源。

二、单位组织的特点

中国传统的单位组织有以下一些基本特性：

（一）行政组织的功能

第一，任何单位都有一定的行政血缘关系，隶属于相应的条和块（见图 8—2）。

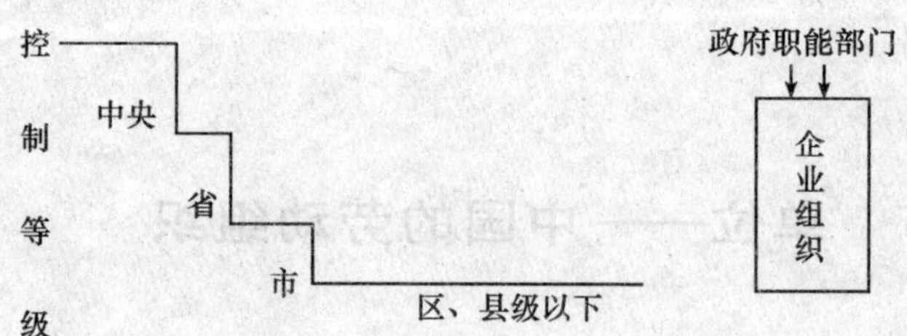

图 8—2 处于条块控制等级结构中的劳动组织

第二，具有国家行政组织延伸的特性，在结构上雷同于行政组织结构，主要社会活动被限制在行政化的组织结构中。一些国有大中型企业非常像个小国家、小政府。这一特点体现在国有企业的组织架构的设计上。

第三，政府机构以对下属单位直接行使管理权的方式对劳动组织执行其行政功能。

第四，承担了许多本应由其他社会组织承担的功能，同时，对这些活动的管理方式以行政方式进行。

（二）功能综合

即劳动组织往往同时具有政治的、社会的以及自身专业分工的多种功能。如企业，它扮演着多重角色，实现着多种功能，远不只是一个生产和经营单位，它还是一个生活单位，除了经济功能，还要实现一些特殊的政治功能和社会功能，企业本身变成了一个小社会，企业职工的生老病死、孩子入托上学、上下班交通、住房、部分食品供应，乃至业余娱乐生活和职工家属纠纷也都要企业来处理。很多企业抱怨，除了火葬场，它们几乎什么都有了。

（三）生产要素主体之间的非契约性关系

以企业为例，这种关系具有以下特点：

第一，企业与国家在财产关系上不存在“有偿”和“无偿”的债权关系。在“统收统支”的财务制度下，无论是利润的上缴还是资金的下拨，对于工厂来说都是无偿的，因此，资产的使用效率取决于行政组织系统的权威和资产使用者对这种权威的服从程度。

第二，企业组织的领导人是由上级行政机构任命的国家干部，其首要职责是完成上级党政机关下达的各项任务。企业领导人的自身利益不是与利润率而是与行政职务的级别联系在一起的，企业领导者的政绩冲动大于利润冲动。

第三，企业组织的劳动者不是企业从劳动力市场上以契约的方式招来的，而是由政府的劳动部门按国家计划分配的。

（四）生产要素的不可流动性

生产要素的不可流动性表现为：

第一，企业组织的资产由国家投入后，几乎被其永久占用。就企业来说，企业与国家的财产关系实际上是一种行政关系而不是契约关系，企业本身并没有独立的资产权，而企业资产的国家所有权实际上又是虚置的和非人格化的，这样企业资产权的实现方式就表现在企业所隶属的和难以变动的行政条块结构中，企业的资产流动在多数情况下是不可能的，资源一旦由国家配置，就在单位中沉淀下来。在这种情况下，自发地组织企业集团或企业的破产、兼并都很困难，因为任何企业的主管部门都不可能自愿地将自身掌握的配置资源“有偿”和“无偿”地转移到其他部门。

第二，企业的人力资源——干部和工人都是被国家计划和行政管理规定了固定身份的单位工作人员，流动很困难。

（五）家族化倾向

在中国的特定社会环境下，单位逐渐演化为家族式团体，它与传统式家族有很多相通之处：它们对自己的成员都具有家长式权威；个人对团体的义务比个人的权利更受到强调，而团体本身也必须负起照料其成员的无限责任——形成了父爱主义。家族化倾向表现为：

第一，重视人际关系，在人际交往方面表现出很强的私人关系意识。

第二，平均主义，尤其在分配上。

第三，服从权威，因为这种权威对个人的命运、生活机遇有着很大的影响。

第四，父爱主义。在中国的单位组织，国家对企业的父爱形式主要有诸如特殊照顾、授予特权、护短等。

三、单位制度的变化

（一）单位制变化的原因

单位制的变化，主要是我国20世纪80年代以来为推进市场经济目标而在经济、社会等各个领域的改革所引起的。具体来说，主要是因为：

第一，国家集中控制和统一分配资源的情况逐渐改变。如国家对指令性计划的减少，价格逐渐放开等，特别是邓小平南巡讲话及中国共产党十四大社会主义市场经济发展战略的确立，社会经济生活中的计划性成分减少，单位对人、财、物的控制发生了变化。

第二，以“分灶吃饭、权力下放”为标志的宏观经济管理体制的改革使中央与地方、上级政府与下级政府的权力与利益格局发生了重大变化，原来上倾的利益格局开始向下倾斜。同时“党政分开、政经分家”等一系列改革措施使原来党、政、经集于一体的高度集中的权力与利益向政府各个部门分散，权力与利益分散的结果是使各级政府和各个部门的组织的独立利益和自主权大为扩大。

第三，由于政府组织与各种专业组织间实行“政企分开、放权让利”，专业组织所受到的行政控制大为减弱。市场机制的引入使改革后收入分配机制由单一的行政配置方式转变为行政与市场两种配置方式并存，组织的行为约束因而由单一的行政等级约束转变为市场约束与行政等级约束并存。

第四，在计划体制外逐渐成长起来的私营企业，在资源获取、雇佣关系、企业与国家的关系、组织结构等方面表现出与体制内企业的很大不同，并对体制内企业产生了相当的冲击。

（二）单位制度变化的表现

20世纪80年代以来，由于中国社会经济生活中推行的一系列改革，使得单位制也发生了一定的变化，这种变化表现为：

1. 单位角色职能化

随着国家工作重心向经济建设转移，企事业单位的政治职能在减弱，其专业职能在加强。企业不再是承担国家指定任务的“部件”，事业单位也不再是过去那样的国家“代理人”，它们在不同程度上成为功能性整体。

2. 单位利益独立化

政企分开使企业逐渐脱离政府的监护与干预，企业自主经营、自负盈亏则使其成为相对独立的利益主体。政府对企业不给予投资、利税包干及让企业自行消化由改革带来的矛盾等一系列措施，使企业的独立利益进一步明显化。与此相应，事业单位因定编定岗、财政包干也不得不逐渐改变它们对于政府的过分依赖，谋求自我改善，从而利益也相对独立化。

3. 单位责任具体化和内向化

由于企业成为利益主体，并同国家建立契约关系，使得企业承担的社会责任具体化。同时，企业对提高其成员的收入及生活水平的责任无处推卸，以及国家对企业约束的弱化，使企业由外向性责任向内向性责任变化，即由完全对国家负责向主要对企业职工负责转变，甚至内向性责任的承担重于外向性责任的承担，这也使得企业成为真正的职工利益的共同体。

4. 单位的“家长”角色强化

单位成员利益共同体的形成加强了成员的同舟共济意识及企业对其成员的保障意识。这些责任的不可推卸和社会化机制使得单位的家长角色普遍强化。

这样，组织不再是国家的“部件”，而是具有一定独立性的整体。虽然中国社会以组织为单位的外部特征没有改变，但组织的职能正在发生实质性变化，它们虽然还承担着一定的社会管理职能，但其中心任务是满足成员的需要及谋求组织自我发展。同时，改革以来“单位制”的某些特点有一定程度的加强。

（三）单位制度变化对中国社会结构的影响

20 世纪 80 年代以来中国单位制的变化对中国的社会结构产生了深远的影响。

第一，中国的单位制虽然发生了某些方面的变化，但单位制还依然存在，所以由特殊的单位现象构成中国社会独特的两极结构：一极是权力相对集中的国家和政府，另一极是大量相对分散的单位组织，国家通过单位组织对社会成员的控制还依然存在。

第二，由计划体制外逐渐成长起来的私营企业，即非单位体制与单位体制的并存构成了当前中国社会结构的一种新形式，但以单位体制为主要要素的社会结构没有根本改变。

第三，单位体制的一些变化促成了中国社会结构的分化。结构分化是指在发展过程中结构要素产生新的差异的过程，它有两种基本形式，一是社会异质性增加，即结构要素的类别增加，二是社会不平等程度的变化，即结构要素之间的差距拉大。由于单位角色的职能化，单位利益的独立化等变化，中国社会结构的异质性大为增加，即促进了结构的分化。

第四，单位制的变化方式影响着社会结构分化的方式与走向。改革以来各类单位的自主权扩大，利益逐渐明确化，不同单位的边界扩大，差别扩大。原来由行政级别和身份等级决定的等级式社会分化逐渐转变为一种由类属和边界决定的团块式分化。社会结构从等级式分化到团块式分化的转变意味着中国社会的阶层化过程将是缓慢的。

【本章小结】

在现代社会，人们以不同的方式以各种不同的关系存在于各种劳动组织中，我们的生活和工作无时不与劳动组织发生着联系，因此，劳动组织对于我们异常重要。本章介绍了组织与劳动组织的特点、类型、结构、功能等；并对中国特有的劳动组织现象——单位制进行了回顾与分析；最后，从理性、整合、市场、权力、知识与控制、正义与参与等角度介绍了劳动组织的理论。

【重要概念】

组织　劳动组织　正式组织　非正式组织　劳动组织结构　科层制　单位　人际关系学派　权变学派

【思考题】

1. 什么是劳动组织？简述劳动组织的功能。

2. 什么是劳动组织结构，试问中国劳动组织结构有何特点？

3. 简述非正式组织的类型及特点。

4. 试分析中国单位制形成的原因、表现形式，20 世纪 80 年代以来发生了哪些变化，变化的原因是什么。

5. 谈谈你对学习西方关于组织理论的感受。

第九章 劳 动 力 市 场

第一节 劳动力市场初析

一、劳动力市场含义

市场就业，是我国在市场经济体制下劳动制度的根本选择。剖析劳动力市场范畴，为理解走向市场的中国劳动社会学问题所必须。本章对劳动力市场问题做出进一步的阐述。

（一）劳动力市场概念

劳动力市场，是我国随着经济改革的进程而提出的。关于其概念，人们有着不同的表述。有的人称为“劳动市场”，有的人称为“劳动力市场”，还有的人（特别是劳动管理业务部门）称为“劳务市场”，此外还有“劳动力资源市场”“职业市场”“人才市场”“企业家市场”“技工交流市场”等提法。在我国，最常用是劳动力市场、劳动市场、劳务市场、人才市场四个概念。

劳务市场一词，是20世纪80年代中期在政府劳动部门开始使用的，指的是劳动部门举办劳动要素交换场所，如技工交流中心、从事职业介绍的劳动服务公司等。当时之所以称为“劳务市场”，是因为理论上有禁区，要避免劳动要素在市场上交换、以避免与“资本主义剥削”相联系。这种理论上不彻底的表现，导致了非科学的用法——把反映非物质产品劳动的“劳务”一词代替全部劳动。1993年中期，在国家体制改革委员会的文件中，已经把“劳务市场”与“劳动力市场”二词并用。1993年11月，党的十四届三中全会《关于建立社会主义市场经济体制若干问题的决定》中提出，培育和发展我国的市场体系，其中劳动市场是市场体系建设的重点之一，此后，“劳务市场”的用法被摒弃。

人才市场，是我国政府举办的“干部”层次的技术人才、管理人才的流动和双向选择机构，是对高素质劳动要素的交换场所与机制的称呼。可以说，它是劳动市场或劳动市场总体中的高层次部分。

“劳动力市场”与“劳动市场”则是学术界使用的两个含义近似的学术

概念。

（二）劳动力市场的口径

“劳动力市场”一词，有大小不同的三种含义。

1. 劳动力市场是经济要素配置场所

狭义的劳动力市场，是指从事劳动要素交换的场所，如各地挂牌的“劳动市场”“职业介绍所”“劳动力交流中心”“人才交流中心”“人才市场”。这正如某处有个可以买卖商品的店铺或摊位。

2. 劳动力市场是经济交换关系

中等口径的劳动力市场，是指劳动要素交换场所与劳动要素交换关系二者之和，它强调市场上的工资由供求双方“讨价还价”决定。这正如人们在自由市场进行买卖，谈妥价钱，然后成交。

3. 劳动力市场是经济运行体制

最广义的劳动力市场，除了具有交换场所、交换关系的含义外，还反映了一种机制，即对供求双方进行引导，促进劳动要素配置实现的机制。这种机制包括价格机制（即工资决定）、竞争机制和供求机制。

美国著名劳动经济学家帕恩斯（H. S. Parnes）从理论和实践两个角度比较全面地阐述了劳动力市场问题，既分析了“经济学家的劳动力市场模型”，又研究了“劳动力市场中的劳动者行为”“雇主行为”，值得我们借鉴。①

（三）劳动力市场划分

对于劳动力市场，可以进行多种划分：

1. 从市场分层的角度，可以分为普通市场与人才市场两种，普通市场中又包括技术工人市场与非熟练工市场。

2. 从市场内容的角度，可以分为各种专业、职业的市场，如电子工程师市场、计算机软件人员市场、土建工人市场、保姆市场等等。

3. 从市场形式的角度，可以分为固定机构性市场、临时集中性市场（如各种供需见面会）、散在性市场（如在路口“待唤”的木工）。

4. 从市场范围的角度，可以分为地区性市场与全国性市场、行业部门性市场与综合性市场、用人单位内部市场与社会性市场。

5. 从社会认定的角度，可以分为正式的市场与非正式的市场、有组织的市场与非组织的市场即自发市场、合法市场与非法市场。

6. 从市场环境的角度，可以分为自由市场、垄断性市场与政府干预性市场。

7. 从市场供求的角度，可以分为非均衡性市场与均衡性市场、买方市场

① ［美］帕恩斯. 人力资源（第四、五部分）. 哈尔滨：黑龙江教育出版社，1990

与卖方市场。非均衡性市场又包括供不应求和供过于求两种类型，总量均衡市场中又有结构性不均衡的问题。

二、劳动力市场运行

劳动力市场运行的内容，包括以下几点。

（一）劳动力市场要素

1. 劳动力市场主体

劳动力市场主体，包括求职者个人与用人单位两方，这两个主体积极行为，构成劳动力市场上就业的实现。

2. 劳动力市场客体

在劳动力市场上被交换的客体，是“劳动”要素或人力资源。劳动要素是依附于人的身上，受人的劳动意识支配而发挥功用的。劳动要素具有主体能动性、自我选择性、个体差异性和非经济性，这些特性是个人与用人单位都要考虑的。

（二）劳动力市场过程

劳动力市场过程，是劳动要素供求双方互相见面，谈好条件，议定价格（工资），从而完成交换的过程。

这种市场过程，要通过劳动力市场中介机构进行。一般来说，这种中介机构是由某个组织，包括政府、非营利性组织或者私立机构提供。有时，劳动市场机构并不集中出现在某一确定地点，而是分散存在。在现代社会，大众传播媒体如报纸、电视、网络等也成为劳动力市场中介，而且是形式众多、针对性强、灵活高效的中介。

（三）劳动力市场规则

劳动力市场规则，可以概括为“公平”“等价”与“合法”。

1. 公平规则。即劳动力市场上要公平竞争，反对垄断、欺诈、歧视等不正当竞争行为。在劳动力市场上，劳动者有广泛的选择权，不应当存在权力、金钱、关系等对于劳动者选择权的障碍和剥夺。

2. 等价规则。即供求双方要等价交换，劳动者获得公平的工资，雇主获得能生产出预期价值产品的人力资源。当然，“等价”的真正实现，是在完成了劳动过程以后，根据劳动绩效发放工资的“结算”才能完成。

3. 合法规则。即人力资源的交换要符合劳动法、劳动标准、政府的有关规章制度及要求，如最低工资法、禁止童工法、劳动保护法，并要订立劳动合同等。

三、劳动力市场格局

劳动力市场的格局即劳动市场的供求关系，它可以分为供过于求、供不应求、供求平衡三种基本类型。

（一）供过于求类型

供过于求类型，即劳动要素的供给数量大于社会对它的需求数量。这种类型表现为一个社会的就业不足，存在着相当数量的失业人员或求业人员。这是对社会劳动要素的闲置浪费。造成劳动力市场供过于求的原因，可能是由于资本缺乏、物质资源的供给数量不足，可能是由于人口和劳动要素数量过多、增加过快，可能是由于生产停滞或者下降，也可能是由于技术进步、资本集约而排斥已经吸纳了的劳动要素。总之，造成劳动要素供过于求现象的原因是复杂的，解决方法也应该是多方面的。此外，它还不明显地存在于“在职失业”“停滞性失业”“潜在失业”等状态下。

劳动要素总量过剩，即没有足够的岗位将其吸纳，因而必然造成一部分劳动要素不能利用，形成失业问题。即使把它强性配置到劳动岗位上，也会因劳动需求不足而使人员充斥，形成“在职失业”。

劳动总量过剩，是许多落后国家之所以落后的一个主要原因。逐步把过剩的劳动要素转化为有用的供给，也是落后国家经济迅速成长的条件之一。发展经济学就把这一问题作为主要课题。我国的下岗，是实际上已经被用人单位排出、但仍维持劳动关系的过剩劳动者。

在劳动供给总量过剩的情况下，不同的资源个体因其自身条件和所处的环境不同，而形成下列不同状态：

1. 被社会劳动需求所吸收的正常就业状态。

2. 从就业岗位上被排挤、辞退或从学校毕业后尚未找到职业的青年，他们是显在的公开性失业。

3. 一部分人处于开工不足、半日工作等状态，成为“半失业”人员，这被经济学家称为“不充分就业”（underemployment）。

4. 社会劳动需求不充分、但仍将劳动者硬性吸收进工作单位而就业，或者原正常的就业者在劳动需求数量下降但未退出结合状态。这形成劳动力在岗位上工作任务少、效率低的“潜在性失业”或“在职失业”。

5. 农民、小生产者、小零售商等在经济水平落后、经济状况不景气、就业严重困难的情况下，难于进入市场与他人竞争，只能困守在自己现有的劳动岗位上，从事极低工资的劳动，这是“隐蔽性失业”。当社会经济非常景气、劳动力需求旺盛时，他们就可能成为一支庞大的劳动力供给大军。因此，这种隐蔽性失业就成为经济波动和经济发展的“劳动力蓄水池”。尤其是农村，其储存过剩劳动力的容量很大，甚至被人称为“大海绵”。

（二）供不应求类型

供不应求类型，即劳动要素供给的数量小于社会对它的需求数量。这种类型表现为一个国家或地区缺乏劳动要素，结果是影响其正常的经济活动，使经济增长受到一定限制。劳动要素的供不应求，通常产生于生产持续发展、经济持续增长的情况下。当生产大幅度发展，而人口和劳动供给增加速度却比较慢时，就可能出现劳动力市场供不应求的现象。需要注意的是，当某个地区、部门感到劳动要素供给趋紧时，即社会的劳动要素供给增加量赶不上对其需求的增加量时，应该分析这种扩大的劳动需求是否能通过各生产单位产出率的提高，或者通过“物”对“人”的替代，即提高资本一劳动的比例采取自动化技术，来满足其中的一部分以至全部。

（三）供求均衡类型

供求均衡类型，即劳动要素供给与社会对其需求达到基本一致的状态。这种平衡应当包括数量、质量、职业类别等方面的内容。劳动供求平衡，除了宏观上的平衡，还要在结构上、微观上达到平衡。

一个社会劳动要素的供求关系，又表现为这个社会人力资源与物质资源两种资源供给的数量、质量、种类等方面的关系。这样，劳动供求平衡与否，就表现为“人”的供给与“物”的供给是否平衡。在人力资源数量较少的条件下，物质资源数量相应地也少，也可能达到平衡；物质资源数量较多，必然是劳动力供不应求。

从理论上说，一个国家或一个地区劳动要素供求平衡的标志是：一方面，劳动要素的供给能够为社会全部吸收；另一方面，社会的劳动要素的需求又能全部得到满足。但是，在现实生活中，这种理想状况是罕见的。比较现实的目标，是达到市场劳动供求的基本平衡。

劳动力市场供求基本平衡的标志是：要求就业的人绝大部分都能够得到就业岗位，不存在长期的大量求业人口；同时，不存在长期大量缺乏人力的部门、行业。少量劳动要素处于短期失业状态，是经济正常运行条件下不可避免的，这种现象的存在不能认为是对供求平衡状态的打破，而是供求实现结合过程所要付出的代价。

四、劳动力市场功能

（一）劳动力市场的基本功能

劳动力市场在社会经济运动中具有重要的功能。它主要包括以下方面：

1. 劳动力市场是个人与用人单位相互选择的具体场所，是个人实现就业的重要途径和用人单位配置、取得劳动要素的途径。

2. 劳动力市场是人力资源供给、需求状况及其二者结合的直接反映。

3. 劳动力市场是社会人力资源流动的流向指南。

4. 劳动力市场是个人参加教育培训活动的动力导向系统。

5. 劳动力市场是宏观经济运行景气程度的晴雨计，可以反映国家或地区经济的繁荣或衰退状况。

6. 劳动力市场是一个社会平等状况的反映。

（二）劳动力市场在要素配置中的作用

劳动力市场，对于实现劳动要素的合理配置以至生产全要素的合理配置，有着积极的作用。

1. 劳动力市场是求业人员自主进入工作岗位的媒介，它的存在可以调动劳动供给一方积极寻找需求岗位，从而具有促进就业的功能。

2. 在劳动力市场体制中，人们要根据自己的能力、意愿择业，从而减少资源的错配，达到有效就业。

3. 劳动力市场中存在求业者的竞争和用人单位对员工的选择，因而对劳动者提高自身素质和主动就业产生引导作用。

4. 劳动力市场的建立和运转，可以使摩擦性失业、信息性失业、结构性失业、选择性失业有所减少，可以矫正错误的择业行为和避免劳动要素的盲目流动。

第二节 劳动力市场运作

一、政府的劳动力市场管理

劳动力市场的功能，是使用人单位和劳动者能够自由地进行相互选择，进而使双方都取得效益，达到人力资源的有效配置。因此，政府劳动力市场的管理模式，应具备以下特征。

（一）高效、开放、全方位

劳动力市场应立足于经济发展，为用人单位提供所需的各种人力资源，为广大社会成员的就业、转业提供优质的服务，为双向选择提供全方位的服务。在劳动市场上，不应当有部门、地区、所有制、身份等各种障碍。

（二）统一领导和分散管理相结合

劳动力市场的服务机构，可以分级别、分地区、分部门，但它们的总任务是共同的。要加强“上下”（各层次间）“左右”（各部门、地区间）的沟通和协调，特别是加强信息沟通与交换，使之在更大范围内促进劳动要素的合理流动，达到人力资源的有效配置。

（三）政府举办与民间举办相结合

劳动力市场是一种独特的市场，政府对之的干预和参与必然要多些。理想的模式是，政府制定劳动力市场的基本活动准则，制定建立具体有关机构的条件，自己也直接兴办综合性的劳动力市场机构（如公立职业介绍所、人才交流中心)。部门、社会团体、企业和个人，可以在遵守政府提出的活动准则、具备政府规定的开办条件的前提下，举办劳动力市场机构。非政府性的劳动力市场机构及其活动，应当接受政府的监督。此外，对尚未形成正式市场的劳动要素零散、自发交换活动，政府也要积极引导和加以组织。

(四）经济效益与社会效益兼顾

在劳动力市场的运作中，要根据“人”的特点，从劳动者的主体性、主动性、创造性出发，考虑社会的需求，尽量使劳动力市场在实现资源有效配置的同时，满足劳动者的各种合理愿望，为其提供良好的服务，保护劳动者的利益，促进人的能力发挥，同时注意消除对劳动者不利的各种因素。

二、公立职业介绍

(一）公立职业介绍原则

职业介绍，是一定的组织对于社会上谋求职业的人提供帮助，使其了解社会某些职业岗位空缺及该职业的具体内容，从而选择其中某一职业。公立职业介绍是一种重要的社会活动，是政府劳动就业部门的一项重要工作内容。从另一角度看，它又是个人进入职业岗位的一条重要途径，是对社会劳动者进行管理的一项重要制度。

在公立职业介绍中，应掌握以下原则：

1. 科学性

职业介绍的科学性，在于既符合个人的能力与择业意愿，又符合用人单位的需要，并能达到个人未来职业生涯的顺利发展和用人单位的经济效益。职业介绍的方法对于结果的科学性具有至关重要的作用。为了达到职业介绍的科学性，要运用就业需求预测技术、职业心理测定技术、计算机方法等。科学地进行职业分类，是科学地进行职业介绍的基础。

2. 合理性

职业介绍工作所面对的，是具有自身特点和独立择业意识的诸多个人和具有不同用人要求的一个个用人单位。个人与用人单位的选择要求，有时是不符合实际和不合理的，例如文化水平不高的求职者一定要到外贸单位工作；许多单位招收一般的职员、文秘，却一定要大学毕业生，并有“男 1.75 米、女 1.65 米”等条件。在职业介绍工作中，应当对个人和用人单位的选择方向与条件进行适当的引导，帮助他们明智地进行选择，使选择结果趋于合理。

3. 服务性

服务，是现代政府的职责，职业介绍作为政府就业服务的一项内容、作为一种社会性的事业，更应当强调服务，成为个人择业和用人单位择员的中间纽带，使二者能够顺利结合。我国劳动力市场服务机构统一称职业介绍所、发布通用标志，是为了强调其服务功能。在我国向市场经济体制过渡的形势下，适应改革深化、用工形式多样化与劳动要素大规模流动的形势，各地公立职业介绍所和人才交流机构还办理调动存档、出国存档、为民办企业科技人员评定职称等业务，也体现了它们的服务性。

要搞好职业介绍方面的服务，必须依靠各级、各类职业介绍机构工作人员的职业道德精神、认真努力的工作态度、热心助人的良好品格和社会责任感。此外，丰富的职业知识和渊博学识、灵敏的职业信息和科学的工作方法也有利于搞好服务。这就要求职业介绍人员具有良好的职业道德水平和多方面素质。

4. 无偿性

按照国际惯例，公立职业介绍业务工作应当不收费，公立的职业介绍机构的性质应当是非盈利性组织。我国的改革中，许多地方政府“甩包袱”、不少职业介绍机构谋利的做法，与国际性的无偿性原则是格格不入的，也违背社会主义市场经济的根本思想。这种做法必须禁止。从我国单位体制的角度看，职业介绍工作部门应当纳入全额拨款单位，经费开支由政府的财政预算中加以解决。

（二）职业介绍的内容

职业介绍的内容主要有以下几个方面：

1. 发布职业信息

职业信息包括不同职业活动特点与各种职业岗位数量两个方面，拥有准确、及时的职业信息，才能正确、及时地进行职业介绍，取得良好的效果。职业信息的来源主要有：用人单位和社会有关部门提供、职业介绍机构中管理人员收集、职业预测以及其他来源。

对于职业信息加工分析的一个重要方面，就是将各种职业分门别类予以区分，作为人们选择职业方向的基础。我国现在已经参照国际标准制定了国家标准，出版了《中华人民共和国职业分类大典》，这是职业介绍必不可少的基础性资料。但是，与国际职业岗位规范相比，我国的职业分类大典内容还偏简单，应用性还很不够，有待增加“各类职业对于人员素质标准”等方面的内容。

2. 职业咨询指导

职业咨询，是进行职业介绍的基本环节。对于求业者来说，到职业介绍机构进行咨询，一般是要了解各种职业的劳动性质、工作条件、工资待遇，要求的年龄、学历、健康条件、专业职业教育背景、职业的就业机会等。职业介绍机构就此提供答案。

职业咨询对于尚未就业者，主要是给他们以引导、启发，使他们了解适合自己特点的职业类别方向，从而恰当地从事职业学习和选择职业；对于已就业者，主要是帮助他们根据自己的能力与客观条件，调整职业目标。

3. 职业能力与性向测试

人的职业能力与职业性向，是从事职业劳动的重要条件，对于职业能力与性向的判断，是职业介绍机构经常开展的重要工作，其目的是指导人们根据自己的职业能力与职业性向确定职业方向和选择职业。

对于职业能力与职业性向的了解和测定，可以采取多种方法，通常有人体生理医学检查、心理测试、谈话询问、个人履历记载等方面。职业心理测试是运用心理学技术判断一个人职业适应性的科学手段。我国目前职业介绍机构、人才交流机构已经开发多种测量技术，用于求职者的职业能力与性向测试。

第三节　中国的劳动力市场

一、中国劳动力市场的推进

(一) 中国实行市场经济的背景

要研究劳动力市场的成长，需要对整个市场体制的成长有一个清晰的认识。这是深刻把握劳动力市场的基础。

社会主义经济制度和政治制度是人类历史进步长河中的一种实践。世界上许多国家，在马克思主义政党夺取了国家政权以后，以马克思主义经济理论为基础，建立了“公有制”和“按劳分配”为基本特征的社会主义经济制度，其目的是为了“人”，为了广大社会劳动者和全体人民的富裕、自由和个性发展。

但是，从社会主义经济发展史的角度看，1917 年世界第一个社会主义国家建立以来，经济管理体制基本上都是以国家统一计划和行政手段为特征的，各社会主义国家在经济管理中都发现了计划管理的严重弊病，因而进行了各种各样的改革。从经济的角度看，社会主义变革的共同趋势，就是从计划管理、行政控制转变为市场经济的模式。我国 20 世纪 60 年代前期的“三自一包”等措施，可以说是向市场经济靠拢的局部改革尝试；20 世纪 80 年代开始至今的经济改革，则是逐步走向市场经济、并比较顺利地完成新旧体制交替的转变过程。

中国的市场经济发展，也伴随着认识上、理论上、指导思想上的进步。1987 年，党的十三大提出了“有计划的商品经济”，实际上是确定了市场经济的体制方向。进而，在邓小平到南方视察讲话后，党的十四大明确提出了建立社会主义市场经济体制；1993 年 11 月，党的十四届三中全会根据改革形势的要求，进一步讨论和通过了《中共中央关于建立社会主义市场经济体制若干问题的决定》，这是我国推行市场经济体制的一个全面、细致的方案设计和施政纲领。

按照《中共中央关于建立社会主义市场经济体制若干问题的决定》，我国市场经济体制的框架是：社会主义市场经济体制是同社会主义基本制度结合在一起的，建立社会主义市场经济体制，就是要使市场在国家宏观调控下对资源配置起基础性作用。为实现这个目标，政府采取了以公有制为主体、多种经济成分共同发展的方针，进一步转换国有企业经营机制，建立适应市场经济要求、产权清晰、权责明确、政企分开、管理科学的现代企业制度；建立全国统一开放的市场体系，实现城乡市场紧密结合，国内市场与国际市场相互衔接，促进资源的优化配置；转变政府管理经济的职能，建立以间接手段为主的完善的宏观调控体系，保证国民经济的健康运行；建立以按劳分配为主体，效率优先、兼顾公平的收入分配制度，鼓励一部分地区、一部分人先富起来，走共同富裕的道路；建立多层次的社会保障制度等等。这些方面是相互联系和相互制约的有机整体，构成中国社会主义市场经济体制的基本框架。

20 世纪 90 年代中期以来，我们的市场经济体制构架中，又增添了发展科技和教育、与国际接轨、可持续发展和社会发展的内容。

在社会主义市场经济体制的建设过程中，主要的措施有：转换国有企业经营机制，建立现代企业制度；全面推进国有企业改革，大力解决企业亏损问题，实行“鼓励兼并，规范破产，减员增效，下岗分流、实施再就业工程”的措施；转变政府职能，建立健全宏观经济调控体系，大力精简政府机构；建立合理的个人收入分配制度，建立全面的社会保障体系；加强法制建设；惩治官员和经营者腐败，打击经济犯罪和社会丑恶现象，净化市场环境；加快培育和发展商品市场、金融市场、劳动市场、房地产市场、技术市场和信息市场，等等。针对市场建设，还采取了规范市场行为、反对不正当竞争、发展市场中介组织、改善和加强对市场的管理和监督等措施。

（二）中国劳动力市场的现实功用

1. 实行劳动力市场体制有利于经济社会发展

劳动力市场的存在与运行，可以使各个用人单位具有较充分的用人权，因而可以出于经济效益的要求比较充分地选择生产要素，从而为总体经济的良性化奠定基础。在存在劳动力市场的情况下，全社会的人力资源易于实现有效、合理的配置，从而有利于国民经济的正常发展和效益的提高。

在劳动力市场全面运行的条件下，个人出于向上流动的意愿，在人力资源的生产、开发、配置、使用上均呈主动状态，这有利于人尽其才、才尽其用，并在就业公平竞争、失业有社会保障的条件下，从根本上保证劳动者的主体地位。

2. 培育和发展劳动力市场是劳动人事制度改革的核心

劳动力市场是中国社会主义市场体系中的一个重要部分，它的产生顺应了经济改革的“放宽、搞活”潮流，也对经济改革和经济发展起到一定的促进作用。我国过去实行“统包统配”的人力配置模式和“铁饭碗”用工制度，扭转不适应市场经济要求的统包统配模式，打破使人们产生惰性和依赖思想的“铁饭碗”，就成为中国劳动人事制度改革的中心环节。我们现在设置的劳动力市场，对于实行“多渠道就业”的资源配置，对于打破“铁饭碗”、实行自主雇用的灵活用工制度，都具有一定的积极作用。总之，劳动力市场是按照新模式用人的场所，是一种新型“劳动力蓄水池”。

劳动人事制度改革的核心任务，是充分调动劳动者的积极性，为经济现代化和社会现代化服务。实行劳动力市场体制，正可以发挥蕴藏在广大劳动者身上的巨大积极性，促进社会经济的进步。中国在劳动人事制度改革中，实行了“三结合就业方针”、企业工资总额包干而放开用人、新职工实行劳动合同制、固定工优化劳动组合、打破“三铁”、全员劳动合同制等等，近年进一步配合国企改革实行了下岗制度，这些都是对“铁饭碗”的不断冲击，是打破计划体制、推进市场就业体制的措施。发挥劳动市场机制的作用，即实现市场就业、竞争就业、就业淘汰，构成中国劳动人事制度改革的核心与主攻方向。

3. 发挥劳动力市场作用有利于国企改革和解决下岗问题

中国当前城市经济改革的中心，是国有企业方面的问题，需要解决国有企业的体制僵死和经营不善问题。解决国有企业问题的关键，是为企业解除富余人员的负担。在解决国有企业富余人员问题的过程中，必然要把职工大量排出并投放到劳动力市场上。朱镕基总理就此指出：“解决好下岗职工的再就业是关系着国有企业改革成败的关键。”而再就业工作正需要劳动力市场作依托。进而，劳动力市场机制的发挥，还能起到促进国有企业改善经营、完成优化配置与资产重组任务的功效。

从中国目前的情况看，大连已经结束了过渡性的“再就业服务中心”体制，上海、北京等大城市和广东省也关闭了再就业服务中心的入口，并努力地帮助下岗职工“出中心”。以后，企业富余人员从“下岗”改为辞退、失业后，他们的就业就自然更加需要劳动市场。

（三）中国劳动力市场的发展历程

中国的劳动力市场是在长期停顿以后，于 20 世纪 80 年代初又萌发的。最早对“劳动力市场”的报道见诸于 1982 年初的《人民日报》。据报道：云南省大姚县出现类似“桥头待唤”式的民工“劳动力市场”。这是中国的劳动供求冲破计划经济制度的禁锢而寻求自由结合的标志。80 年代初，政府劳动部门为解决上山下乡返城待业青年的就业问题，贯彻“三结合”就业方针，广泛建立了劳动服务公司。这也具有一定的劳动市场因素。1984 年 8 月，西安市首开先河，挂起“劳务市场”的牌子，组织技术工人交流，并为企业提供咨询和技术服务，这是中国劳动力市场正式起步的标志。

着手劳动力市场机构和机制的培育政策，是在 1985 年后。1985 年 9 月国务院总理赵紫阳在新华社《国内动态清样》刊登的“西安市开办劳务市场调剂调配技术工人”一文上批示，要求各级劳动部门开办有领导的劳务市场，即劳动力市场。这是党和国家领导人首次对劳动市场的肯定性表态。① 1987 年党的十三大提出要发展“劳务市场”。1988 年，国家劳动部根据改革需要，在各地陆续举办劳务市场的基础上，召开了“劳务市场工作会议”，推动全国劳务市场的发展。

中国在明确了实行市场经济体制的方针后，1993 年党的十四届三中全会通过的《关于建立社会主义市场经济体制若干问题的决定》，对中国的劳动力市场做出了原则规定，劳动力市场的理论地位和实践地位都得到确认和高度重视。该决定指出：“改革劳动制度，逐步形成劳动力市场。……要把开发利用和合理配置劳动力资源作为发展劳动力市场的出发点。广开就业门路，更多地吸纳城镇劳动力就业。……运用经济手段调节就业结构，形成用人单位和劳动者双向选择、合理流动的就业机制。”

各级政府劳动、人事部门建立了大批劳动服务公司、职业介绍所、技工交流中心、人才交流中心、人才市场等机构；政府科技部门和其他部门的劳动人事机构、工青妇组织开办了大量劳动力市场、人才交流机构；一些私人和企业组织也开办了经营性劳动市场机构，如职业介绍所、猎头公司、求职网站等。从全国情况看，2000 年末劳动市场机构已达 2.9 万家。我国劳动市场体系的建立，大大有利于就业问题的解决和经济、社会的现代化。

目前国家劳动和社会保障部、国家人事部在全国几大地区都建立了“中心劳动市场”，进行了联网和个人求职就业与单位择员的信息中介和其他服务。劳动和社会保障部在 1999—2000 年还开展了劳动市场科学化、规范化、现代化的“三化”建设。从总体上看，目前中国的劳动力市场形式众多，服务内容和手段多样化，覆盖面广，在社会就业领域已经占据主要地位，在促进就业和实行资源优化配置方面发挥着重要作用。

二、中国劳动力市场现状

（一）劳动力市场体系已经建立

目前，中国的劳动力市场已经形成一个以毕业青年、技术工人、下岗职

---

① 夏积智，张小建主编．中国劳动力市场实务全书．北京：红旗出版社，1994．588

工、管理干部、科技人员和其他人员为对象的从事就业信息中介、职业介绍和各种就业相关业务的庞大体系。在我国的劳动力市场体系中，政府劳动保障系统的职业介绍所和人事系统的人才交流中心占主要地位，其职能包括就业介绍、就业咨询、职业能力测试、职业指导、就业培训、临时性工作安排、失业保险、存档、失业人员与流动人员管理等。政府其他系统、工青妇组织、私人、企业举办了职业介绍、人才交流等各类劳动力市场机构，这些机构在中国的劳动力市场体系中具有对象定向、业务有特色的特点。此外，自发劳动力市场，如木工、保姆、某些临时工市场等，也是客观存在的事物。

上面是就市场含义之一的“场所、机构”而言的。以此为基础，劳动力市场的运行规则、管理措施在中国也相应地发展起来。

（二）现行劳动力市场存在的问题

我们不能因为在体制上已经基本实行了市场就业、也建立了诸多的劳动市场机构，就对劳动力市场问题盲目乐观，而应当发现问题、解决问题、加强研究、强化管理，以便使其迅速而健康地发展，适应我们即将到来的就业全面市场化的需要。从总体上看，中国现行的劳动力市场存在着以下问题：

1. 劳动力市场的分割

从理论上看，劳动力市场应当是劳动要素交换的一种公平的、全方位的、无限制、无垄断的场所，其运行的目的是为个人就业与单位用人提供选择场所、信息与帮助，实现“双向选择”的结合。但是，中国目前的劳动市场机构间，统一的市场体制尚不能很好地运行，而存在着分割状态。

劳动力市场分割的表现之一，是在政府的资金投入与政策扶持、行政管理权限方面，仍然有“劳动部门管理”和“人事部门管理”两套内容。应当指出，政府劳动部门的职业介绍所和政府人事部门的人才交流中心，不是两个不同隶属关系的企业，而是同一个政府下面的两个职能机构，尽管二者有着工作对象、服务对象层次上的区别，但作为实现市场配置方面的功能是完全一致的。而二者的分割，使得现实的劳动市场既有重复之处，又有空白存在，还有政策上的矛盾。

劳动力市场分割的表现之二，则是以户籍制度为束缚的城乡劳动市场分割。一方面，农村人口不经资格批准（例如现行的农民工就业“证卡制度”），从理论上说是不能在城市就业的，国家在有限引进、合理疏导的同时，力图在大城市严格控制无“就业资格”的人；另一方面，已经进入城市就业的农村人口，也不能真正融入城市社会，而成为边缘人。①

① 李培林，张翼，赵延东. 就业与制度变迁——两个特殊群体的求职过程. 杭州：浙江人民出版社，2000

劳动力市场的分割与不统一，还使得不同的地区和体制之间存在一定的阻碍劳动要素流动的障碍问题。

2. 劳动力市场运行的高投入

中国现行的公立劳动力市场机构，基本上由劳动系统、人事系统两个部门分别设立机构、投入资金、建立场所，是明显的“重复建设”，占用了较多的经济成本和政策成本。

3. 劳动力市场机制的不健全

中国的劳动力市场机制存在较多问题，这里进一步阐述。

其一，作为劳动力市场价格的工资，不能完全反映劳动供求关系。尤其是国有企业工资薪酬方面问题较大，既不反映人工成本，也不反映劳动供求，并处于明显的低水平，致使国有企业在市场竞争、吸引人才方面处于劣势。

其二，中国的社会保障制度改革尚未完全到位，劳动要素流动、尤其是人才的流动尚有一定的劳动人事制度和住房、户籍等方面的障碍，人们也有医疗、养老等方面的后顾之忧。

其三，连接市场主体、规定双方权利义务的劳动合同形式主义成分较大，双方无视合同规定的行为很多。尤其是用人单位在处于买方市场的情况下，存在着订立不公平合同、欺诈性合同与违反合同的问题。

4. 劳动力市场规则的缺位

中国在劳动力市场法规建设方面，仍然存在不小的空白和难点：

其一，目前的劳动力市场法规体系不健全，尚有一定的疏漏，监督系统和执法手段也很不健全。于是，许多劳动力市场机构有法不依的现象严重，非法劳动力市场大量存在，不少不法分子乘机诈骗钱财和从事贩卖人口、强迫劳动等犯罪活动。

其二，现行有关法规，也缺乏配套，部门和地方性法规存在着不完备和保护主义色彩，影响了劳动力市场及其运行的统一性、开放性和整体性。

其三，双向选择、竞争就业，应当是公开、公平、公正的，这是劳动力市场的基本准则。但是，在实际上的用人单位择员录用中，存在着严重的以权谋私、依仗关系、领导点名、金钱开路等不正之风，形式上是“公开考试”“按条件录用”，实际上相当程度上的存在着幕后交易，严重地破坏了市场体制应有的公正。

5. 劳动力市场服务的低质量

其一，中国的劳动力市场发展时间尚短，管理经验还不足，职业介绍、人才交流、信息服务等覆盖面尚窄，不少市场机构的人员素质差，服务效率低，跟不上市场变化的要求。

其二，一些公立劳动力市场机构有谋利倾向，乱收费、高收费，违背政府服务的宗旨。这些市场机构的性质、职能方面，也存在着定位不明确、不合理的问题。

其三，许多非公立劳动力市场机构行为缺乏规范，提供无效的供需信息以及名不符实的招聘广告，扰乱了劳动力市场的正常运行，侵害了求职主体的合法权益。

三、完善中国劳动力市场的对策

（一）理顺劳动力市场管理体制

要从体制上进行协调，解决劳动、人事两个部门在管理、政策、投入方面的分割问题。要根据各地实际情况，促进职业介绍与人才交流两个机构合并、合作与沟通，至少是达到合理分工、资源共享。目前，在海南省，政府的劳动人事部门是合一的，从而从事人力资源配置管理工作的机构也是合一的。尊重经济规律，打破狭隘的部门权力观念，是使得体制合理化的重要前提。

（二）增加政府财政投入

国家应当对公立劳动力市场机构解决定位问题，进行财政拨款的投入，解决公立劳动力市场机构的经费来源，实行免费为求职者服务的方式，整顿公立劳动市场机构的乱收费问题，改变其谋利倾向。

（三）加强劳动力市场法制建设

加强在劳动力市场方面的立法与监督，加强对于企业与个人的宣传教育，规范市场主体的行为。严厉查处非法劳动市场，严厉打击以开办劳动市场、进行职业介绍和人才交流业务为名进行经济诈骗甚至拐卖人口的各种犯罪活动。

（四）强化劳动力市场管理

加强对于劳动力市场机构的正规化管理，搞好机构建设，进一步完善各项工作的规章制度，加强人员培训，提高其工作水平。

【本章小结】

市场就业是中国劳动制度的根本选择。本章讲述了劳动力市场的基本内容，包括劳动力市场的概念、口径、划分和运行的要素、过程和规则，阐述了劳动力市场的供过于求、供不应求和供求均衡三种格局，对其基本功能和配置劳动要素的功能进行了分析。

在此基础上，阐述了政府劳动管理的模式，具体分析了公立职业介绍的科学性、合理性、服务性和无偿性原则和职业介绍的工作内容。本章最后，对中国劳动力市场的发展背景、现行发展状况和完善中国劳动市场的对策进行了分析。

【重要概念】

劳动力市场　劳动力市场规则　供过于求　职业介绍　劳动力市场分割

【思考题】

1. 你如何理解劳动力市场概念?
2. 劳动力市场运行的规则有哪些? 其作用是什么?
3. 试分析中国劳动力市场的格局和市场中的“人”。
4. 政府应当塑造什么样的劳动力市场形象? 政府应当进行哪些劳动力市场的服务?
5. 对中国现实生活中劳动力市场的运行状况与问题进行调查，并举行小型研讨会。

第十章 劳动关系

第一节 劳动关系基本分析

一、劳动关系的概念

劳动关系是在一定形态的生产资料所有制的基础上，人们在社会劳动过程中所形成的社会经济关系的总称。从广义上讲，劳动关系是指人们在参加社会劳动过程中所发生的一切社会经济关系，不仅包括劳动者与生产资料所有者或劳动力使用者（亦可简称用人单位）之间的关系，而且包括在同一劳动集体中的劳动分工与协作关系（亦称业缘关系）。通常所讲的劳动关系则专指前一种关系，即劳动者与生产资料所有者或劳动力使用者（用人单位）之间的关系，这是具有本质意义的关系，也是本章所要论述的劳动关系。

在生产资料所有权与经营权分离的情况下，生产资料所有者与劳动力使用者并不是同一的；不过，劳动力使用者是代表生产资料所有者的利益的，因此，劳动者与劳动力使用者之间的关系实质上仍可归结于劳动者与生产资料所有者之间的关系。

在国外，这种通常意义上的劳动关系一般被称为劳资关系。在日本，劳资关系被称为劳使关系，使这一概念具有中性意味。在西方国家中，劳资关系往往又被称为产业关系，并出现用产业关系的概念替代劳资关系的趋向。产业关系是劳资关系的延伸，是指在产业领域内，劳动者及其组织（工会）与雇主及其组织以及政府之间以劳动为纽带所形成的相互关系。这种产业关系不仅包括劳资双方及其组织之间的相互关系，而且包括劳动者及其组织与政府之间的关系、雇主及其组织与政府之间的关系。在产业关系中，劳资关系是其基础与核心。

在市场经济体制下，劳动关系的建立、变更和终止通常是经劳动者与劳动力使用者之间通过双向选择和协商确定的，并且往往以订立劳动合同的形式确立双方的劳动关系。劳动合同具有法律效力，将双方的劳动关系规范化和法制化。劳动关系经劳动法律法规调整之后所形成的法律上的权利和义务关系，就成为劳动法律关系，其性质、内容和形式都是由劳动关系所决定的。

二、劳动关系的属性

（一）劳动关系的实质

劳动者与生产资料所有者或劳动力使用者之间建立劳动关系的主要目的是为了双方各自的经济利益。一方面，劳动者通过向雇主或用人单位付出自己的劳动来获得一定的报酬，以便在某种程度上满足其物质与精神需求。另一方面，雇主或用人单位通过向劳动者支付报酬来获得对劳动者的劳动力的使用权，以便组织生产经营活动和取得更多的经济收益。因此，这种劳动关系实质上是一种劳动交换关系，并且是由生产资料所有制决定的。不论在任何一种社会经济制度下，劳动关系在本质上都是一种经济利益关系。

劳动关系是社会生产过程中生产资料与劳动者相结合的具体表现形式，是在社会劳动活动过程中劳动者与劳动力使用者之间建立的一种社会经济关系。劳动者与生产资料的结合、运作、互动和协调，都是通过劳动关系来直接反映和解决的。不仅如此，劳动关系能够体现出社会经济关系的本质和特点。劳动关系的性质取决于生产资料所有制的性质。由于不同性质的所有制在对生产资料的占有、使用、管理以及其他方面存在着本质区别，这种差异也反映在劳动关系方面，因而不同所有制下的劳动关系的性质及其特点也有所不同。生产资料所有制对劳动关系的决定作用是通过社会经济体制来实现的。这主要表现在社会经济体制直接关系到各个生产要素在生产过程中的地位、作用和相互关系，其中包括直接影响劳动者与生产资料所有者以及劳动力使用者之间的关系。此外，社会政治体制也是影响劳动关系性质的一个重要因素。这是因为劳动关系作为一种最基本的社会经济利益关系，必然反映到社会政治关系之中，从而受到社会政治体制的制约。

（二）劳动交换的二重性

劳动交换的二重性，即劳动者与用人单位之间的劳动交换既是一种经济交换，同时也是一种社会交换。

在劳动者与用人单位（或资方）建立的劳动交换关系中，劳动者不仅期望通过劳动从用人单位获得经济报酬，以满足其物质需要，而且也期望相应获得某些社会报酬，如社会地位、社会声望、权力、成就、荣誉以及自身心理需要（如职业稳定感、集体归属感、人际交情、受人尊重等）。另一方面，用人单位为了调动劳动者的积极性、增强对劳动者的凝聚力、提高劳动生产率，除了向劳动者支付经济报酬（包括工资、奖金、补贴、保险、福利等）之外，还可以根据需要和条件向劳动者提供一定的社会报酬，如晋升职务或职称、授予荣誉、签订长期劳动合同、建立各种组织、开展集体活动等。

在劳动者与用人单位之间的经济交换中，金钱充当衡量一切价值的一般媒介物。在商品经济条件下，劳动者的劳动力具有价值和使用价值。用人单位根据劳动力市场中劳动力的价格水平（在一定程度上反映劳动力的价值），向劳动者支付一定的经济报酬，以换取对劳动者的劳动力的支配使用权。用人单位支付的经济报酬既有货币形态的，也有实物形态（如住房、劳保用品以及其他生活消费品）的。这种实物性的报酬也可以换算成货币收入。一般来说，这种经济交换是按照明文规定的标准和方式进行的。如果交换双方签订了劳动合同，这种经济交换便纳入法制化，并受到有关法律法规的保护和约束。

劳动者与用人单位进行劳动交换的最主要的目的是为了获得经济报酬，以满足其生存需要；至于对社会报酬的期望则因人而异，由于每个劳动者的工作目的不一定相同，对社会报酬的期望往往存在着显著差异，如果对精神追求较高，那么对社会报酬的期望也较高，反之亦然。社会交换不是劳动交换存在的必要条件，换句话说，社会交换并不一定是必不可少的。在这种社会交换中，社会报酬的价值具有相对性和模糊性，也不一定有统一、规范、准确的交换规则和衡量标准，交换双方都期待对方给予相应的回报，否则就会终止这种交换。

在劳动者与用人单位的劳动交换中，经济交换占主导地位；社会交换是建立在经济交换的基础之上的，属于更高层次的交换活动。随着社会经济的迅速发展，人们的物质生活条件不断提高，在精神方面的追求将会越来越高。与此相应，社会交换在劳动交换中的地位和作用也将逐步提高。

三、劳动关系制度

劳动关系制度的重点是劳资冲突以及通过制定一定的规章和协议对其进行调整。劳动关系制度所涉及的主要是雇员的报酬分配以及雇员进行工作的物质和其他条件，针对这些方面问题所制定的各项法律、法规、规章以及其他制度体系，就构成了劳动关系制度的基础，其重点是调整劳动关系，解决劳动争议或劳资矛盾与冲突，促进劳动关系的公平、和谐与稳定。

劳动关系制度的主体是代表工人的工会与企业（或资方），政府作为第三方也可能包括在内。工会是工人们自愿组建起来的组织，在劳动关系中代表和维护职工在就业、工资、保险、福利、劳动条件以及其他方面的合法权益。在以私有制为基础的资本主义国家中，拥有生产资料的资本家具有强大的力量，而受雇于资本家的单个工人往往处于弱者地位。在工人通过各种斗争和强烈要求下，政府逐渐通过立法加强对工人的保护，允许工人建立自己的组织，联合起来与力量强大的雇主抗衡，形成了劳资关系中的主体双方，而政府则作为第三方，对劳资关系进行规范与协调。

在确立了劳资关系的主体双方之后，集体谈判逐渐成为劳资双方处理其相互关系的主要制度。集体谈判制度实施指工会与雇主或雇主组织之间通过直接谈判确定工资、工时以及其他就业条件和劳资关系的方式。谈判结果是一份具有一定期限、覆盖谈判单位内所有雇员（工会会员和非工会会员）的书面合同。集体谈判制度是处理劳资关系的核心。正是这种制度使工人的合法权益得以保障，雇主的正常经营得以维持。

概括地讲，在世界上各市场经济国家中，劳资关系制度的基本原则大体可以归结为结社自由、集体谈判自由与三方性原则。集体谈判自由是指雇主与工会在确定工人的工资等劳动条件时，是以雇主为一方、以工会代表为另一方的自由谈判来确定的。在一般情况下，公共机构在决定劳动关系双方的工资等劳动条件方面的作用是有限的。因此，各国议会和政府对劳资关系双方的集体谈判不进行直接干预，而是创造良好的环境，建立必要的机构，促进谈判的顺利进行，规定谈判必须遵守的程序和禁止通过谈判确定某些违背公共利益和公共秩序的条款。三方性原则是要求政府、雇主、工人三方携手合作，共同协商，政府在有关事务上应征求雇主和工人的意见，取得共识。1960 年国际劳工大会通过的《产业和全国一级协商建议书》规定：应采取适合国情的措施，在产业一级和全国一级，促进政府同雇主增长、工人增长之间以及雇主组织同工人组织之间就互相关心的事务进行有效的协商与合作。

第二节　劳动关系类型

劳动关系有着各种不同的类型。从劳动关系的性质和表现特征来看，可以将所有制、利益关系、交换方式等作为划分标准进行分类。

一、按产权制度划分

按产权制度分类是划分劳动关系类型的一种主要方法。这是因为，生产资料所有制是劳动关系的性质及其特征的决定性因素。因此，有什么样的所有制就有什么样的劳动关系。在我国，按产权制度划分，劳动关系主要有以下几种：

（一）国有经济的劳动关系

在国有企业中，生产资料归国家所有，企业隶属于政府，由政府代表国家行使所有权。在职工与国有企业建立的劳动关系中，企业只是与职工进行劳动交换的形式主体，企业背后的真正主体是国家。在计划经济体制下，国有企业由政府直接负责经营管理，企业没有自主权，其职工具有国家职工的身份，职工与企业的劳动关系的各个方面均由政府确定。在市场经济体制下，国有企业具有独立的法人资格，并享有充分的自主权，企业成为劳动力市场的主体，因而也是与职工进行劳动交换的主体；不过，职工与企业的劳动关系也在一定程度上受到政府的制约。

（二）集体经济的劳动关系

在集体所有制企业中，生产资料归本企业全体职工集体所有，即每个职工都是所有者中的一员。同时，职工又是与企业建立劳动关系的劳动者，与企业进行劳资交换。因此，集体所有制企业职工具有双重身份。在这种情况下，每个职工既享有作为所有者的合法权益，其中包括参与企业管理以及决定利益分配的权利，又作为一个普通劳动者接受企业的劳动管理，并履行自己的责任和义务，也相应享有劳动者的合法权益。

（三）股份制经济中的劳动关系

股份制是市场经济发展的产物，是在市场经济中进行资源有效配置和提高经济效益的一种占主导地位的企业组织形式与经营管理机制。现代企业制度就是以股份制企业为主要形式的。股份制企业的性质是由控股权归属者的性质和利益主导关系所决定的。在股份制企业中的产权关系十分明晰，所有权与经营权相分离，劳动关系双方的主体地位也很明确，劳动交换的权力结构以及利益格局比较规范。同时，劳动关系的建立、维持、调整和终止都主要通过市场机制来运作。在股份制企业中，职工既可以通过购买本企业的股票而成为股东中的一员，从而具有双重身份；也可以不买本企业的股票，只作为企业的雇员。职工是否拥有本企业的股票对于职工与企业之间的劳动关系通常并没有显著的影响。

（四）股份合作制经济中的劳动关系

股份合作制是由劳动者全员入股自愿组织起来，从事生产经营或服务活动，实行民主决策与管理，按劳分配与按资分红相结合，利益共享，风险共担，独立核算，自主经营，自负盈亏，并以企业财产独立承担民事责任的一种企业制度形式。在股份合作制企业中，企业资产是由全体职工分别按一定份额出资所构成的。股份合作制的基础是劳动合作，虽然在形式上也采取股份制的某些做法，但与股份制那种股权式合资的财产组织方式不同，它在本质上是合作经济股份制。同时，它与未将产权量化到职工的集体所有制企业也明显不同。在这种企业中，职工具有股东和劳动者的双重身份，职工与企业之间形成比较紧密的利益共同体。

（五）私营经济中的劳动关系

在私营企业中，生产资料所有权全部归雇主（即资本家）所有。在这种私有制基础上的劳动关系是一种雇佣关系，是具有阶级剥削性质的劳资关系。雇主不仅占有和支配生产资料以及剩余价值，而且一般都直接掌管企业的生产经营权、工资分配权、劳动力支配使用权等，雇主在企业和劳资关系中占主导地位。雇员只是出卖自己劳动力的雇佣劳动者，处于被雇佣、被管理、被压迫、被剥削的地位。劳资双方在利益上是根本对立的，劳资关系也是不平等的。

（六）个体经济中的劳动关系

个体经济是以私有制为基础的，并以生产资料所有者从事个体劳动为特征的一种经济类型。在个体经济中，一类是以自营职业者为主体，即通常被称为自谋职业的个体户，这种个体户既是所有者，又是劳动者，一般以单干为主；另一类是有雇工的个体工商户，即业主雇佣一个或几个雇工。按国家有关规定，个体工商户雇用人数在 7 人以下，如果业主雇工人数在 8 人以上，就应登记为私营企业。因此，在个体经济领域，如果存在雇佣现象，就会产生劳资关系。

（七）外商投资经济中的劳动关系

在中国的外商投资经济主要包括外商独资企业、中外合资企业、中外合作经营企业三种类型。在外商独资企业中，生产资料所有权全部归外商拥有，由外商全权掌握企业的经营管理，企业具有资本主义性质，这就决定了劳资关系是一种雇佣劳动关系。中外合资企业一般都实行股份制，而中外合作经营企业则属于契约式的联营企业，在这两种企业中的生产资料分别由中外投资双方各拥有一部分，其中外商所有的资产属于私有性质，中方资产的性质则由投资方的所有制类型而定。因此，后两种企业的劳动关系比较复杂，职工在企业中只具有雇员身份，这种劳动关系也是一种雇佣性的劳资关系。不过，外商投资企业在中国境内必须遵守社会主义制度下的法律法规，这就使外商投资企业的劳资关系与资本主义国家的劳资关系有所不同。

二、按权力结构划分

按劳资关系的权力结构标准，可将劳资关系划分为四种类型：一是绝对型劳资关系，即决定劳动条件的实权完全掌握在雇主手中；二是亲权型劳资关系，即雇主和雇员的关系建立在温情主义的基础上；三是阶级斗争型劳资关系，即工会所代表的工人阶级与雇主是敌对的阶级，劳资双方进行阶级斗争；四是竞争型劳资关系，即劳资双方相互承认对方的地位，并在通过谈判和协商来解决劳资问题的原则下建立劳资关系。

三、按利益关系划分

按照劳资双方的利益关系标准，可将劳资关系划分为三种类型：一是利益冲突型的劳动关系，劳资双方尖锐对立，并为各自的利益而产生激烈的矛盾冲突；二是利益一体型的劳动关系，其特点是强调劳动关系主体双方的利益一致性，并且往往以企业或雇主为中心，通过密切合作形成利益共同体；三是利益协调型的劳动关系，劳资双方在人格上和法律上的地位平等，并享有对等的权利，通过平等协商谈判来保障双方的合法权益。

第三节　劳动关系发展状况

由于各个国家的社会、政治、经济、文化背景不同，其劳动关系制度的起源、发展过程以及特征也就不完全相同；但是，它们也具有一些共同的方面。下面分别论述中外劳动关系发展状况。

一、国外劳资关系发展概况

（一）西方国家的劳资关系

西方市场经济国家的劳资关系在其二百多年的发展过程中，大致可以分为两个阶段。

第一阶段是从18世纪中期产业革命至第一次世界大战结束。产业革命标志着资本主义工业化的开端。在这一阶段，劳资关系在总体上一直充满着激烈的阶级对抗和冲突。这个阶段劳资关系的主要特征是工资、工时、就业和劳动条件的改善等方面的问题始终是劳资关系矛盾斗争的焦点；劳工运动由分散、个别和局部的状态逐步走向有组织的、阶级的和国际范围的联合；政府开始加强对劳资关系的调整，使劳资关系由自发的和对抗冲突的方式逐步趋向以劳动立法的形式加以规范。

第二阶段是从第一次世界大战结束到现在。在这一时期，各国工人阶级加强同资产阶级的斗争，集体谈判和集体协议制度也在西方各国广泛兴起。同时，西方资本主义国家的政府进一步加强对劳资关系的调整力度，劳、资、政三方协调机制开始逐步建立起来。这一阶段的劳资关系由对抗转向缓和，其主要特征是：工资、工时、就业条件和环境的改善依然是劳资关系的矛盾焦点，但民主参与和追求权利平等也成为劳资关系的重要内容；现代科技和工业化的迅速发展及产业结构的变化，阶级分化加剧导致劳资关系多元化；国家调节劳资关系的立法形成体系并趋于完善；“三方协调机制”成为调整劳资关系的一种重要途径。同时，社会保障制度及福利水平的完善与提高为劳资关系的稳定创造了有利的条件；劳资关系的行为方式形成一种有组织的行为，解决劳资争议的途径趋于制度化和法制化。

（二）亚洲新兴工业化市场经济国家的劳动关系

在亚洲新兴工业化市场经济国家（韩国、新加坡、马来西亚等）中，政府根据发展经济的需要，或从稳定政权的需要出发来构建劳资关系制度，并形成了不同于西方市场经济国家的劳资关系特征。这些国家为了发展经济和稳定政局，对劳资关系制度的构建采取不同的态度，特别是在对待工会与劳工运动的态度上有很大差异。譬如，韩国在20世纪80年代以前对工会运动采取压制态度，不允许工人组建工会与雇主对抗，以此来保护雇主的利益，保证低廉的人工成本与其经济在世界上的竞争力，促进经济的发展和政权的稳定。80年代以后，开始逐渐解除对工会的压制，工会运动高涨，工会数量大量增加，同时，新增加的工会开始运用集体谈判方式来处理与雇主的关系，但因缺乏集体谈判的经验，导致劳资争议增加，加之政府缺乏规范，其中许多争议带有政治与暴力色彩，造成韩国经济与政治的不稳定。进入90年代以来，韩国的劳资关系趋于平缓，工会从关心政治问题转向关心经济和与其相关的实际问题。在新加坡，政府通过控制工会，在构建劳资关系制度方面，采取了与韩国压制工会不同的方式。在新加坡建国的初期，劳资关系十分紧张，达到势不两立、剑拔弩张的程度。执政的人民行动党对工会采取由官方建立的办法来达到控制全国职工总会及其所属的工会组织，从而能对广大劳工施加有效的影响。

（三）国外劳资关系发展的特点

纵观国外劳资关系及其制度的发展过程，工人与雇主的关系经历了由单一的雇佣关系向集体的劳资关系的转变。单一雇佣关系是指单个雇主与工人个人之间的相互关系，是一种原始的劳资关系。在这种雇佣关系中，雇主占据统治地位，有权决定所有就业条件，双方一般没有书面的和法律的雇佣合同，而是在双方之间形成一种非书面的心理合同，是双方所有的一系列希望。雇主要求雇员提供充足（甚至超额）的日工作量，接受企业的权威，按时工作。而工人则希望雇主对其劳动提供合理的报酬、良好的就业条件与福利。维持心理合同是维系良好雇佣关系的前提条件，因此，它要求雇主与雇员之间互相努力并经常沟通。如果双方保持一致并公平行事，信守诺言、保持诚实，加强沟通，双方就可以在心理合同下维持良好的雇佣关系。如果雇主反复地和严重地违背诺言，破坏心理合同，必然引起雇员的不满、不信任与失望，转而寻求其他形式的途径保护自己。在资本主义早期时代，资本家以野蛮、专制的态度与方式剥削和压迫工人，迫使工人在极其恶劣的条件下从事超负荷的劳动，而工人的反抗仅局限于消极怠工或自动离职。随着时代的发展，工人们逐渐开始组织起来。工人要求建立工会的愿望源于心理合同的破坏与雇佣关系的破裂，以加入工会的形式组织起来与雇主对抗。工会通过与雇主进行集体谈判以达成集体合同，保护工人们的权益，并且在必要时组织工人进行罢工，加强了同资本家的斗争。在这种形势下，各资本家不仅采取各种手段压制和破坏工会和工人们的斗争，而且也建立雇主组织，与工会组织相对抗。这样就使单一的雇佣关系变为集体的劳资关系。

由个人劳动关系制度向集体劳资关系制度发展是世界各国劳资关系制度演变过程中的共同趋势。无论是西方工业化市场经济国家还是亚洲新兴工业化市场经济国家，在其劳资关系制度的发展演变过程中，都经历了由个人劳动关系制度向集体劳资关系制度转变的趋势。这一转变趋势以政府从对劳工运动的打击、压制到认可、保护与规范，以及劳资双方从对立、冲突到合作、和谐为特征。个人劳动关系以个人劳动合同为基础，劳资双方的力量十分悬殊，所导致的结果必然是一方是强大的雇主，另一方则是弱小的雇员，双方力量的失衡往往引发违约、不满、对立与冲突，这种对抗性个人劳动关系的最后结果是劳资双方的两败俱伤。严重对立的个人劳动关系使政府逐渐认识到，必须采取措施对弱小的单个工人进行保护，增强单个工人与雇主抗衡的力量。通过立法，允许工人成立自己的组织，以集体的力量与雇主抗衡，进行集体谈判，达成集体协议，对劳资双方的责任与义务加以约束，从而形成以集体合同为基础的集体劳资关系制度，劳资双方也逐渐从对抗转向妥协合作。

二、我国劳动关系的发展

长期以来，随着中国深化改革，对外开放，逐步建立了以公有制为主体的多种经济形式和多种经营方式，劳动关系也随之发生深刻变化。

（一）计划经济体制下的劳动关系

在中国经济体制改革之前，即在计划经济体制下，在所有制方面搞“一大二公”，以实行全民所有制为主，集体所有制为其次，几乎消除其他所有制形式。国营企业有政府直接经营管理。集体所有制企业实际上也变成了“二全民”。企业没有用人自主权，职工也没有择业自主权。国家成为劳动关系中的一方主体，而且起着支配劳动者一方的作用。在劳动关系建立方面，企业必须执行国家下达的指令性计划，劳动者要服从国家统一分配。在劳动关系变更和解除方面，企业一般不得辞退职工，职工个人的工作岗位变动往往是服从组织调配的结果。企业的劳动关系实际表现为国家与职工之间的关系。这种由国家直接用行政方式确立的劳动关系只能是僵化的。

（二）体制转轨中的劳动关系

自1978年开始改革开放以来，中国逐步进行劳动制度改革。在改革过程中，政府逐渐弱化并放弃了高度集中的劳动管理体制，将企业用人权还给企业。企业作为独立的生产者、经营者，成为用人主体即劳动关系的一方主体。劳动者过去虽然也是劳动关系的一方主体，但处于服从地位，因而是不平等的。通过改革，劳动力归个人所有逐渐得到社会的承认，因而劳动者有了择业自主权。一旦劳动者成为企业职工，那么，由此所形成的劳动关系的主体就是职工与企业双方，而双方的地位是平等的。在此基础上，中国在劳动关系制度方面的改革主要表现在以下三个方面：

一是实行劳动合同制度。劳动合同即劳动契约，它的一个显著特征是，当事人双方自愿协商一致。而且，订立劳动合同时，当事人双方法律地位平等。

实行劳动合同制度，企业和劳动者可以在平等协商的基础上相互选择。企业可以根据生产、工作的实际需要和市场供需情况的变化，调整劳动力结构，合理配置劳动力。另一方面，劳动者可以按照自身的条件和自己的意愿，选择适当的生产和工作岗位，有利于人尽其才。依法订立的劳动合同具有法律约束力。因此，劳动合同可以使企业和劳动者双方平等地置于法律的保护之下。双方都要根据劳动合同履行自己的职责，同时享受劳动合同条款规定的权利。在劳动制度改革中，针对过去长期实行的固定工制，一些地方从 20 世纪 80 年代初期就开始试行劳动合同制度。此后，各地逐步推行劳动合同制度，并相应废除了固定工制，并广泛推行全员劳动合同制。目前，劳动合同已经成为确立劳动者与用人单位之间劳动关系的基本形式。

二是推行集体协商与集体合同制度。改革以来，在全民所有制企业逐渐恢复通过集体协商来签订集体合同的制度。1994 年 7 月 5 日通过的《中华人民共和国劳动法》，对用集体合同调节企业、职工和国家之间的社会劳动关系做出了规定，并规定企业职工一方与企业可以就劳动报酬、工作时间、休息休假、劳动安全卫生、保险福利等事项签订集体合同，履行签订集体合同的程序。通过推行集体协商和集体合同制度，增强了工会组织代表职工参与协调企业劳动关系的重要职能，有利于维护企业全体职工的合法权益，预防和减少了劳动争议的发生。

三是恢复、建立和健全劳动争议处理制度。我国劳动争议处理制度始建于 1950 年。1987 年 7 月 31 日，国务院发布《国营企业劳动争议处理暂行规定》，这是劳动争议处理制度重新恢复的标志。1993 年 7 月 31 日，国务院颁布了《企业劳动争议处理条例》，将其适用范围扩大到我国境内的所有企业。1994 年 7 月出台的《中华人民共和国劳动法》，对劳动争议处理的程序和机构做出了明确规定，标志着劳动争议处理体制在国家基本法律中得以确定。另一方面，按照“重在源头、重在预防、重在调解、重在基层”的原则，各地总工会加强企业（特别是非国有企业）劳动争议调解委员会的建设，并制定相应的工作制度，规范调解程序，将大量劳动争议化解在基层。目前，我国正在继续积极探索建立与社会主义市场经济体制相适应的、符合我国国情的劳动争议处理体制。

四是探索建立劳动关系三方协调机制。我国在 1990 年就已经批准了国际劳工组织制定的《三方协商促进履行国际劳工标准公约》。目前，在国家一级和大部分地区，都已经分别建立了劳动关系三方协调机制，由各级劳动行政部门、企业组织和工会三方代表通过协商方式，对涉及劳动关系方面的重大问题进行经常性和制度化的沟通与协商；对具有重大影响的集体劳动争议和群体性事件进行调查研究，提出解决有关问题的意见；对制定涉及调整劳动关系的法律、法规、规章和政策提出意见和建议，并监督实施。

第四节 劳动关系调整机制

从各国劳动关系（或劳资关系）的发展趋势来看，双方的关系由对立逐渐趋于缓和与合作，推动了经济和社会的发展，这是与各国建立的劳动关系调整机制密不可分的。劳动立法是西方工业化市场经济国家用以调整和规范劳资关系的基础。在个人劳动关系期间，由于劳资双方的矛盾与冲突需经过一段时间的发展才能逐渐显现出来，并愈演愈烈。政府在其发展过程中，适时地制定出相关的法律，便成为规范、协调劳资关系的必要措施。在大多数市场经济国家中，通过逐步颁布与实施有关劳动法律法规，形成了系统完善的劳动法律体系。除劳动法与劳动标准法外，还制定了专门的劳资关系法规，对劳资关系主体、集体谈判、劳资争议处理程序等进行规定。通过制定这些法律法规，将劳动关系调整纳入法制化轨道。在各国劳动关系的发展与协调过程中，通过建立和健全劳动法律法规体系，推行集体协商与集体谈判，提倡工人民主参与，政府适时调整并建立劳、资、政三方协调机制。尽管各国的政治与社会制度、社会经济发展水平有所不同，由此决定的劳动关系制度的特征也不尽相同，但都致力于建立和完善劳动关系调整机制，以促进劳动关系的和谐与稳定。

一、集体谈判制度

（一）市场经济国家的集体谈判

在劳资关系法律的规范下，西方市场经济国家主要靠推行集体谈判制度来协调和处理劳资关系。集体谈判制度在创造和谐的劳资关系氛围中起着核心作用。

集体谈判制度之所以在西方市场经济国家广泛推行，其原因是多方面的。主要可归结为以下几方面：首先，它将平等和社会公正引入了工业社会和劳动力市场。前面已经谈到，在资本主义经济发展初期，单个工人不能通过与雇主单独较量来保护自己，为了防止可能产生的过分剥削，许多社会团体就产生了一种愿望，通过加强雇员集体的力量来与雇主对抗，在集体谈判中实现与雇主力量的平衡。集体谈判机制成为雇员得到社会公正与公平的一种主要手段。其次，集体谈判是工人参与工业社会决策过程的一条渠道。工人有权参与制定其工作条件的观念，即工业民主的观念是集体谈判所固有的。集体谈判使工作以及劳动条件的决定过程由单方面变成了双方参与决定的过程。第三，集体谈判是劳资双方缓解冲突，实现共同目标的重要途径。在劳资关系中，雇主与雇员既有冲突，又有共同利益。集体谈判虽然不能消除雇主与雇员之间的固有矛盾，但它为双方提供了一种互相沟通，互通有无，让对方了解自己的立场、目标和问题，摒弃分歧，努力去实现共同的目标场合。最后，集体谈判是一种具有灵活性的机制。它比立法、司法和行政更有弹性。适合于不同经济制度的国家，也可以满足各种产业和职业的需要，无论是私营部门还是公共部门，无论是一个工厂还是一个行业，无论是技术工人还是一般体力劳动者，都可以运用这一方法。

（二）集体谈判制度的一些特点

目前，集体谈判制度已成为各国调整劳资关系的一个主要途径。自从19世纪30年代，集体谈判制度在西方市场经济国家兴起以来，逐渐成为市场经济国家劳资关系制度的核心，成为政府用以规范与协调劳资关系的有效机制，为许多国家的政府和国际劳工组织所推崇。集体谈判制度在西方市场国家被广泛采用已有半个多世纪的历史，亚洲新兴工业化市场经济国家以及转轨市场经济国家在近20年来，也逐渐将其作为处理劳资关系的基本制度。这些国家实行集体谈判制度的经验表明，由于集体谈判在法定的协议程序下将劳资双方的权益纳入到严格规范化的契约轨道，从而有效地缓解了雇佣失衡领域中的劳资冲突，使劳资关系从无序到有序，在缓和劳资矛盾中起到了重要作用。正是集体谈判制度的有效实施，保证了西方市场经济国家劳资关系的稳定与协调，从而为其社会经济的持久增长，政治制度的长期稳定创造了条件。

不仅如此，集体谈判分散化趋势也日益加剧。在市场经济国家，集体谈判近20年的一个明显趋势是分散化程度加剧，谈判由国家级、行业级向企业级发展，这种发展趋势主要是因为世界经济竞争加剧，要求企业降低人工成本，提高经济效益。企业级谈判有助于根据企业的实际情况达成集体协议。

此外，个人劳动合同与集体协议制度共存。尽管集体谈判与集体协议制度在市场经济国家的劳资关系制度中起着重要的作用，但是，通过个人劳动合同调节劳资关系在许多市场经济国家仍然存在。如加拿大的劳动关系以个人劳动关系为主，到目前为止，工会会员率约为40%。在有工会组织的企业、事业、政府部门，雇主与雇员的劳动关系受经集体谈判达成的集体协议约束。未加入工会的雇员与雇主之间的劳动关系则由就业标准加以约束。

二、民主协商制度

西方市场经济国家在推行集体谈判制度的同时，也提倡和鼓励雇主与雇员之间进行民主协商，将民主协商制度作为集体谈判制度的一种主要补充。民主协商成为一些国家全国性劳资关系体系的内容。

民主协商与集体谈判不同，它是一个咨询过程，而非决策过程，强调劳资关系中的合作而非对立关系。协商为劳资双方提供了一种互相交流信息，在相互沟通的基础上解决问题的途径，使双方正式或非正式地在一个有组织的框架内讨论共同关心的问题。从理论上讲，协商主要涉及生产和生产率问题，集体谈判则用于决定工资、就业条件及其相关问题。从实践上看，这种界限正在模糊，那些主要由集体谈判解决的问题，如工资、就业条件、卫生与安全、小额优惠等，在协商中得到了高度重视。而与集体谈判无关的生产率问题也被引入了集体谈判。二者的分离与结合与否，主要依赖于经济的状况。一些国家持续出现的经济衰退现象，导致民主协商活动的不断增加。

譬如在日本，民主协商与集体谈判是一种程序性的合作关系。在绝大多数企业，成立了劳工和管理者委员会，涉及工作条件的问题，首先交由该委员会协商讨论，如果双方协商不成，问题再由集体谈判加以解决。日本的“劳资协议”制度是从 1946 年开始的“经营协议会制度”发展而来的。这一制度是劳资双方就企业经营方面的问题进行探讨、协商的制度。这是在产业民主社会背景下，为劳动者更多地参与企业经营管理而制定的。事实上，在日本的企业，劳资双方经常通过召开协议会，收到了缓和劳资矛盾、减少纠纷的效果。现在，劳资协议会涉及的范围不仅是企业的经营管理问题，也包括职工的工资、雇佣、生活福利等事项、

三、劳动争议处理制度

（一）国外劳动争议处理体制

国外在劳动争议处理体制方面主要有两种类型：一种是设立劳动争议仲裁机构，由来自劳工部门、工会、雇主组织的代表担任仲裁员，对劳动争议案件进行受理和裁决；另一种是设立劳动法院，按司法程序审理劳动争议案件。例如，德国设立了劳动法院，负责审理劳资关系中发生的纠纷与争议；澳大利亚设立了劳资关系委员会和产业法庭处理劳资争议；加拿大、美国设立了“劳资关系委员会”来处理劳资争议。在亚洲，日本政府设立了专门处理劳资纠纷的劳动委员会，成员由劳、资、政三方组成；新加坡和马来西亚设立了产业仲裁庭作为专门审理和裁决劳资争议的法庭，所做出的裁决为终审裁决。新加坡的产业仲裁庭专门处理工会与雇主之间的集体争议案件，并另外在劳工部设立劳工法庭专门受理雇员个人与雇主之间的争议案件。通常在受理劳资争议过程中，首先由有关职能机构召集劳资双方进行调解，如果调解无效则将案件提交有关劳动法庭或仲裁庭，依法进行审理，并做出裁决。韩国设立了劳资关系委员会，通过调解、调停和仲裁的方式来处理劳动争议。在必要时，当事人可以上诉到高级法院进行审理和做出判决。在特殊情况下，有的国家还可以将劳资争议案件提交劳工部门的首脑出面裁决和强制执行。

（二）我国劳动争议处理体制

根据《劳动法》的有关规定，我国劳动争议处理的调整对象包括企业、个

体经济组织和与之形成劳动关系的劳动者以及国家机关、事业单位、社会团体和与之形成劳动合同关系的劳动者。

我国劳动争议处理体制的特点主要有以下三点：一是按照我国法律、法规的规定，现行劳动争议处理实行的是“一调、一裁、两审”。即职工与企业双方发生劳动争议后，当事人应当协商解决；不愿协商或协商不成的可以向本企业劳动争议调解委员会申请调解。企业可以设立劳动争议调解委员会负责调解本企业发生的劳动争议。调解委员会由职工代表、企业代表和企业工会代表组成。工会代表担任委员会主任。如果调解不成，当事人可以向劳动争议仲裁委员会申请仲裁，也可以不经调解而直接申请仲裁；对仲裁裁决不服的，可以向人民法院起诉。二是建立体现“三方性原则”的劳动争议仲裁委员会工作制度。各级政府劳动保障行政部门、工会组织和企业管理部门（或企业家协会）三方共同参与劳动争议处理工作。三是以仲裁裁决为主，司法审判监督为辅的劳动争议处理体制。目前，绝大部分的劳动争议案件是经过劳动争议仲裁委员会独立裁决的。按照“重在源头预防、重在基层调解”的方针，我国正在进一步改革和完善劳动争议处理体制，使之与市场经济发展的要求相适应。

鉴于劳动争议处理制度的现实重要性和政府在其中的作用，此内容在后面“政府与社会劳动”章中详细阐述，这里不再赘述。

四、三方协调机制

在市场经济体制下，政府作为社会公共利益的保护者、法律的执行者和裁决者，在协调劳动关系中起着特殊的作用。从国外的情况看，政府在劳资关系协调方面基本上处于一种旁观者与调和者的地位上，主要起“裁判”的作用，不直接介入。只有在特殊情况下，才会有直接介入的行动。

劳资关系包括了劳资双方之间、劳资双方与政府之间等多方面的关系。在劳资关系中，劳、资、政三方扮演着不同的角色。三方的互相交流与沟通，通过协商解决矛盾与争议，就显得十分必要。目前，许多国家都十分重视在协调劳资关系方面贯彻三方原则，共同协商，化解矛盾。许多国家都建立起了相应的三方协调组织与机制。可以说，在市场经济国家，劳、资、政的三方从对立走向合作，以协商为基础，建立社会伙伴关系，共同促进社会经济进步，已经成为劳资关系制度的重要特征。许多国家都强调坚持三方原则，加强协商，建立社会伙伴关系。实践表明，在处理劳资关系中的重大问题与争议时，由三方参加，以平等协商为基础，有助于各方的沟通与了解，实现问题的和平解决。

【本章小结】

劳动关系是社会生产过程中生产资料与劳动者相结合的具体表现形式，是在社会劳动活动过程中劳动者与劳动力使用者之间建立的一种社会经济关系。任何劳动关系在本质上都是一种经济利益关系。劳动者与用人单位之间的劳动交换既是一种经济交换，同时也是一种社会交换，这就是劳动交换的二重性。

劳资关系制度的基本原则可以归结为结社自由、集体谈判自由与三方性原则。我国的劳动关系调整要适应培育和发展劳动力市场的客观需要，借鉴国际上劳动关系调整方面的有益经验，确定以"主体自行协商，政府适时调整"为基本特征的劳动关系调整模式，健全包括劳动法律法规政策、合同管理、争议处理等系统在内的劳动关系调整体系，综合运用法律手段、经济手段和必要的行政手段，逐步实现劳动关系调整的规范化、制度化、法制化，促进劳动关系的公平与和谐，为经济发展与社会稳定提供必要保证。

【重要概念】

劳动关系　劳资关系　劳动交换　集体谈判　三方协调机制　民主协商　劳动争议处理制度

【思考题】

1. 如何理解劳动关系的实质？
2. 中外劳动关系（劳资关系）的发展有哪些差异？
3. 如何建立适合我国国情、符合国际惯例的劳动关系调整机制？

第十一章　劳动报酬与社会收入

第一节　劳动报酬与员工激励

一、劳动报酬

（一）社会学意义上的劳动报酬

社会学意义上的劳动报酬，有两方面不同于经济学的特殊含义：一是报酬本身并不局限于物质的范畴；二是报酬是否满足了劳动者的全面需要。因此，从社会学的角度对劳动报酬进行研究，需要注意：

第一，社会学意义上的报酬体现了马克思主义对人的承认基本观点。劳动报酬从根本上讲是为了满足劳动者的物质与精神方面的需要，劳动报酬的非物质方面对劳动者的承认和激励具有非常重要的作用。

第二，社会学意义上的报酬，不仅包括劳动者通过劳动获得的工资、奖金和津贴，还包括劳动者通过劳动得到的其他方面的收益，特别是心理上的满足与精神上的实现。

（二）劳动报酬的内容

劳动者通过劳动获得的报酬项目众多，包括劳动组织支付的工资和所有其他形式的奖励，内容非常复杂。具体来讲，劳动报酬的构成可以用图 11—1 来表示。

从总体来看，劳动报酬可以区分为内在报酬与外在报酬两大块。劳动者的外在报酬指的是由于就业关系的存在，从企业或其他形式的劳动组织得到的各种形式的财务收益、服务和福利。通常意义上的报酬指的是这种外在报酬，它可以分为直接报酬与间接报酬。

直接报酬包括基础报酬、绩效报酬、鼓励劳动者进一步提高生产效率的各种激励性报酬和各种延期支付。

基础报酬在大多数情况下是企业或劳动组织根据劳动者的工作性质支付的基本现金报酬，它只反映工作本身的价值，而不反映劳动者因为经验或工作态度而引起的对企业贡献的差异。

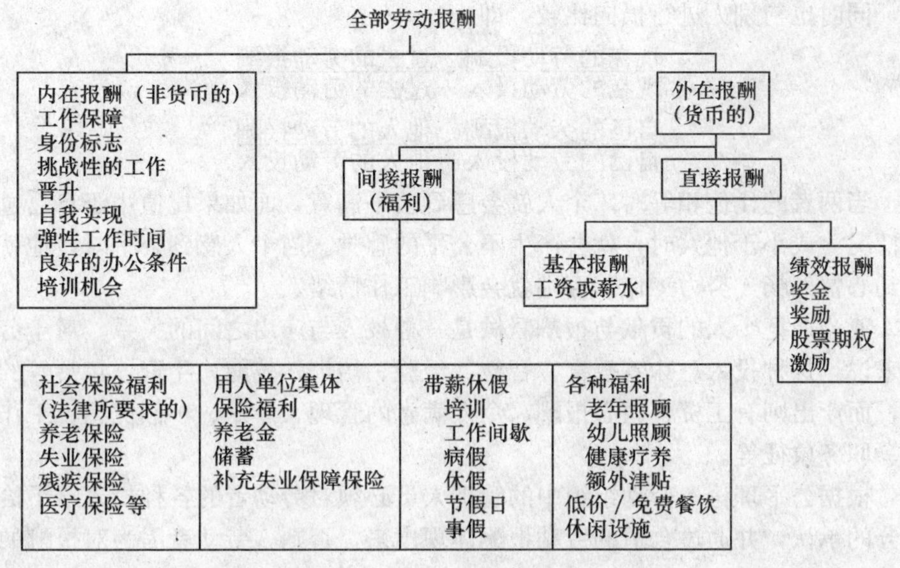

图 11—1　劳动者劳动报酬的构成

绩效工资是对劳动者的工作行为和所取得成绩的奖励，是在基础工资基础上的增加，它取决于劳动者的绩效水平。

激励性报酬也是直接把劳动者的报酬和绩效联系起来，它们可以是短期的，也可以是长期的，可以以单个劳动者为对象，也可以以劳动群体为对象。

二、员工激励

（一）激励理论

关于劳动报酬与劳动者激励之间的关系，已经有很多学者进行过出色的研究，行为科学中很多关于激励的理论，有相当部分阐述的就是报酬与激励的关系，如马斯洛（Abrahan Maslow）的需要层次理论，强调劳动者生理需要、安全需要、社交需要、尊重需要和自我实现需要满足的重要性；赫茨伯格(F. Herzberg)则发现劳动者工作上的满足因素与工作内容有关，它们包括从工作中得到的成就、赏识、提升、工作本身、发展前途和工作责任，这些因素的满足，可以激励劳动者的积极性的充分发挥。工作的不满足因素与工作周围的事物有关，包括公司的政策与管理制度、技术监督、与上级之间的关系、与同级之间的关系、与下属之间的关系、工资、职务保障、个人生活、劳动条件。要保持劳动者的积极性，就要注意劳动者这些方面的满足。而亚当斯(S. Adamas）的公平理论，则更加系统地分析了报酬与劳动积极性的关系，该理论的基本思想是：职工对他所得的报酬是否满足不是只看绝对值，而是看相对值，即每个人都会将自己目前的报酬水平和贡献比率与自己过去的情况进行比较，同时也与别人进行横向比较，即：

$$\frac{\text{现在的劳动报酬}}{\text{现在的劳动投入}}:\frac{\text{过去的劳动报酬}}{\text{过去的劳动投入}}$$

$$\frac{\text{自己的劳动报酬}}{\text{自己的劳动投入}}:\frac{\text{他人的劳动报酬}}{\text{他人的劳动投入}}$$

当两者的比值相等时，个人就会感到公平满意，而如果比值小于自己过去的情况，或小于他人时，就会产生不公平的感觉。当个人感到公平时，他就会感到心情舒畅，努力工作，否则就会影响工作情绪。

亚当斯把个人的贡献与报酬看做是一种投入与产出之间的关系。对于劳动者来说，这种投入意味着教育、智慧、经验、培训、技能、年资、年龄等的投入，而产出则有工资、内心报酬、令人满意的管理、津贴、小额优惠、工作地位、职务象征等。

根据公平理论，劳动组织中的管理人员必须对劳动者的各种投入给予恰如其分的承认，并通过合适的劳动报酬体现出来，否则，劳动者因为对报酬的不满意，就会对工作没有动力和积极性，并会产生一系列不良的后果（见图11—2）。

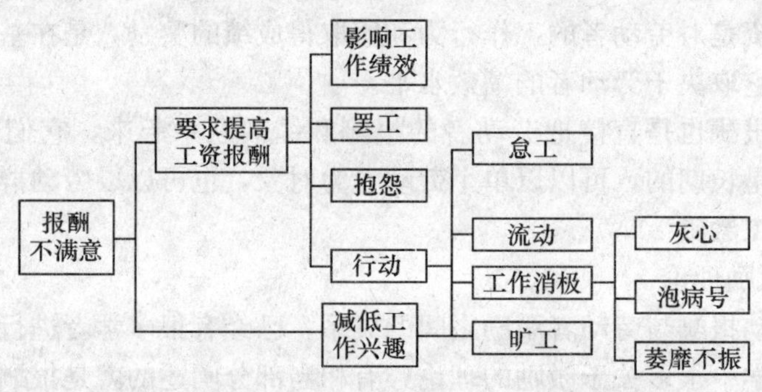

图 11—2　报酬不满意的后果

关于激励理论对报酬与劳动者的积极性及工作激励之间的关系，还有很多的理论，因为一些理论已经在其他的章节进行了介绍，我们在这里就不再多述。

（二）劳动报酬与个人激励

这里主要是指利用报酬机制，通过对劳动者个人的业绩考核（而不是集体的业绩）来激励劳动者的工作热情与士气。同时员工报酬的增加可以是绩效工资：增加的报酬计入基础工资。

利用报酬对劳动者个人进行激励，首先是要灵活运用各类报酬，如员工劳动报酬的提高可以是基础工资、绩效工资或激励工资，它们在不同的场景下对于劳动者的激励作用是不一样的。其次，采取灵活的报酬调整政策，在对个人的报酬进行调整时，需要向劳动者解释清楚增加报酬或减少报酬、什么时候加什么时候减、加多少减多少以及加减的标准是什么。第三，对于劳动者的激励要采用差别化的策略。差别化策略如：对于操作工人，主要采取计件制，它是最古老但也是常用的报酬制度，计件制首先由工程师确定每一工作小时的标准件数，然后根据工作评价确定的小时工资除以每小时的标准产量，可以得到单位产量给付的标准。计件制又分完全计件制与部分计件制（员工超过某一个产量水平后的收入由员工和企业按照某一比例进行分配）；对于管理人员，则可以采取（1）短期奖励、（2）长期激励、（3）福利计划、（4）特殊福利与津贴；对于销售人员，采取佣金制（收入完全按照业绩来确定）与底薪制（领取固定的薪水，但根据销售情况有红利等奖励）。

（三）劳动报酬与集体激励

这种激励不是在劳动者个人层次上实施的，主要是通过劳动报酬机制来对整个劳动集体的成员进行激励，一般来说，旨在影响大部分劳动者报酬的激励计划都可以被称为集体激励计划。集体激励的办法主要有：

1. 利润分享计划

利润分享计划，是用赢利状况的变动来作为对部门或者整个企业的业绩的衡量，超过目标利润的部分在整个企业的全体劳动者之间进行分配。这种办法的优点是，劳动者对组织和组织的目标会有更高的认同感，更加关心企业的发展和生产，努力工作，减少浪费，提高生产效率等。缺点是由于经济不景气等无法控制的因素，当利润目标得不到实现时，那么，即使是最优秀的劳动者也不能得到奖励，同时，延期支付容易使劳动者的绩效与激励脱节。

2. 增益分享计划

增益分享计划，指的是将一个部门或整个企业把本期生产成本的节约或者人工成本的节约与上期的系统指标进行比较，然后把节约额度的某一个事先确定的比例在这一部门或整个企业的全体劳动者之间进行分配。这种办法的优点是，劳动者个人的目标与组织整体的目标联系起来，可以改进个人与团队的努力；从事间接服务的人员的个人业绩不容易考查，但现在可以得到奖励；还可以避免劳动者之间的恶性竞争。缺点是它的实施需要一些条件，如企业的规模不能太大；劳动者的业绩标准可以根据过去的状况进行考核；企业的财务情况良好；企业的产品市场需求大；劳动者能够控制产品的生产成本；在组织中有开放与信任的氛围；劳动者能够参与管理；生产部门的管理人员值得信赖；管理当局的能力强；劳动力的技术水平比较高等。

三、薪酬确定

（一）薪酬确定的原则

劳动组织内薪酬的确定，应该特别注意满足公平要求。这种公平主要也包括外部公平与内部公平。外部公平性要求组织的薪酬标准与其他组织相比具有竞争力，否则就难以吸引或留住人才；内部公平性要求组织内的劳动者感到自己与同事之间在付出和所得的关系上是合理的。同时，薪酬确定还要研究与考虑在一个组织内部那些承担相同工作或者具有相同的技能水平的劳动者之间的薪酬关系问题。一般而言，在相同的组织中承担相同工作或拥有相同技能的劳动者可能在工作业绩方面存在着差异，薪酬结构与政策也应该充分体现这种差异。

因此，在薪酬结构如何决定问题上，公平性起着非常重要的作用。而公平理论则是这种公平性如何得以体现的理论基础（见图 11—3）。

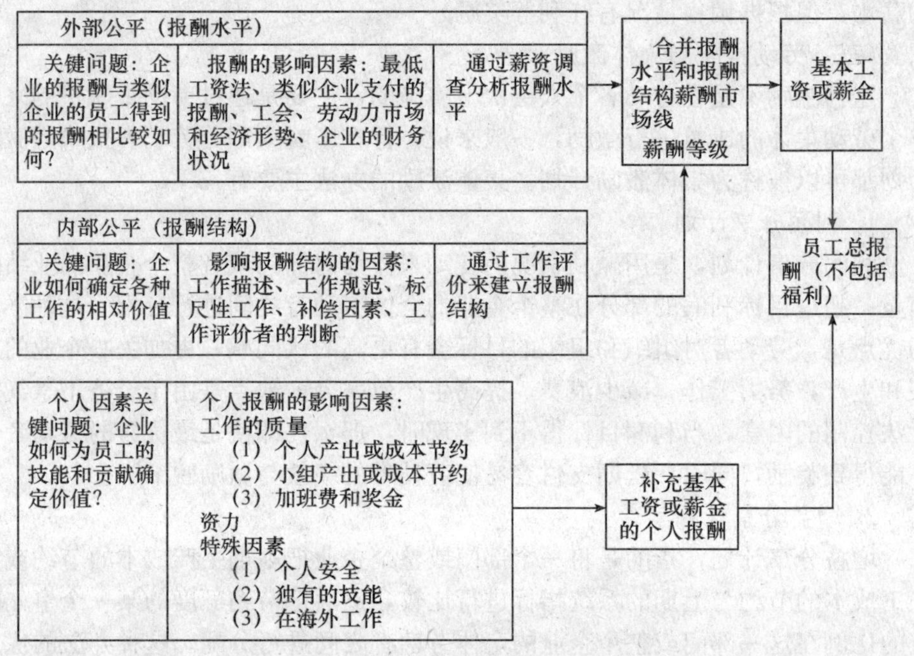

图 11—3　公平理论在薪酬决定中的作用[①]

（二）薪酬制定方法

劳动组织中劳动报酬的结构是怎么确定的？一般来说，可以以某一个方面的依据为标准来设计劳动组织内部的报酬结构，这些依据可以是工作本身、工作所需要的技能、或者市场报酬水平。目前报酬结构确定的原则主要有三种。

1. 工作导向的报酬结构

这是一种在以工作方面的因素为标准来设计劳动报酬结构的方法，在进行

① 张一驰．人力资源管理教程．北京：北京大学出版社，1999

这种设计时，需要首先进行工作评价。所谓的工作评价是指根据各种工作中所包括的技能要求、努力程度要求、岗位职责和工作环境等因素来决定各种工作之间的相对价值。

工作评价的内容主要包括评价工作的任务和责任、完成工作所需要的技能以及各种工作对组织整体目标实现的相对贡献的大小等。

在实际工作中，工作评价一般是在组织的外部顾问的指导下，由熟悉本组织各种工作的劳动者组成的工作评价委员会实施。工作评价委员会应该按照工作对于组织的相对价值来确定工作之间的关系，要防止代表各个部门的委员会成员的本位主义倾向。主要的工作评价方法有工作排序法、因素比较法、工作分类法、点数法等。

2. 技能导向的报酬结构

以技能为导向的报酬结构，是指根据劳动者掌握的技能来确定报酬，而不是按照劳动者所承担的工作来确定劳动报酬，一般有两种表现形式，一种是以知识为基础的方法，根据劳动者所掌握的完成工作所需要的知识的深度来确定报酬；另一种是以多重技能为基础的方法，根据劳动者能够胜任的工作的种类数目，或劳动者技能的广度来确定报酬。这种方法主要强调的是劳动者方面的特征。

3. 市场导向的报酬结构

以市场为导向的报酬结构，是根据市场上本公司的竞争对手的报酬水平来决定公司内部的报酬结构的方法。具体做法是：首先对本公司内部的所有工作岗位根据其对公司目标实现贡献的大小进行排序，然后对市场上与本公司有竞争关系的一些公司的报酬结构情况进行调查，在确定本公司的报酬结构时，首先按照这些竞争对手公司与本公司系统的工作岗位的报酬水平来决定这些可以比较的工作岗位的报酬水平，然后参照这些可以比较的岗位的报酬水平，来决定那些不可以比较的工作岗位的相应的报酬水平。

这种方法实际上是以外部劳动力市场上的报酬来确定公司内部的报酬结构，它强调的重点是公司人工成本的外部竞争力，而不是公司内部各种工作之间在对公司整体目标的贡献上的相对关系，因此有可能使公司的报酬结构丧失内部一致性。

第二节　社会收入分配

不同劳动者以及劳动者群体之间的报酬差异问题，构成了社会收入分配问题的主要内容。从目前中国的情况来看，一个令人关注并值得研究的问题就是收入分配的差异问题。从银行储蓄存款余额的分布、各阶层个人年均可支配收入状况以及分位法计算的各个群体的收入差异看，都存在相当的差异，特别是从基尼系数看，收入分配差距问题比较明显。根据国家统计局公布的时间序列数据，城市居民的基尼系数由 1984 年的 0.16 上升到了 1995 年的 0.28，上升了 75%，农村居民收入的基尼系数由 1982 年 0.22 上升到 1995 年的 0.34，而有人根据两次调查数据估计的结果是，1988 年和 1995 年全国的基尼系数分别达到了 0.382 和 0.452。[①]

不同的人何以有不同的收入，这一问题近年来引起了社会科学工作者的广泛关注，社会学家对此是怎么看的?

一、一般社会学分析

对收入产生影响的主要因素有以下三类：（1）工作和雇主（job and employer）的特征；（2）从事工作的劳动者的特征；（3）匹配过程（matching process），即（1）和（2）的联合。为分析的目的，在某种程度上可以将这三类影响收入的要素看做是彼此独立而又与基本的社会结构相关的变量。

可以假定两种理想形态的情况，从工作特征来看，个人收入的多寡由职业的特征决定，而与从事该项工作的人的特征无关。韦伯关于科层制的阐述是这种景况的理想类型，也就是认为职位是由其在技术理性的劳动分工中的位置决定的，这种位置决定了相应职位的报酬，而与职位占有者的特征无关。韦伯论者认为，社会越是现代化，这种现象越是普遍。这种观点听起来非常熟悉，一些很有影响的关于分层的分析就持有这样的观点。功能主义者明确指出，所有职位的报酬与职位拥有者间并无必然联系，报酬的不平等分配是必要的，因为一些职位在功能上比另一些职位更重要。马克思也指出，在资本主义社会中，人们的收入由其在生产资料所有制的位置及对资本的控制决定，这种观点隐含着报酬的差别与职位占有者的特点没有关系。这样，对于比较不同社会经济体制下的收入差异，分析职位在劳动分工中的位置与程度就显得特别有意义。从实践上看，对于一些工作，个人的技能、魅力、才能与勤奋不仅无助于产出的增加，反而会减少产出的增加，如汽车流水线工作，加快工作速度不仅无助于效率的提高，反而破坏整个系统的运行，类似的工作还有大多数的秘书、甚至一些经理工作。工作的过度资力化（overqualification）与上述现象相关。

从另一个极端来看，我们可以假定一些人的经济收入主要由个人特征决定，在人类学中这一现象也被称为声望经济（prestige economics），经济报酬主要由个人声望决定，诸如依靠个人的人格力量或技巧等。在现代社会中，有

① 李实，赵人伟．中国居民收入分配再研究．经济研究．1999

些人的收入获得还依然遵循着这一模式，大多数在科层制度以外的人（如自我雇佣者）具有这一特征，一些医生、律师与作家等的收入获得具有这样的特点。

如果收入仅由个人的特征决定，则对不同人收入差异的分析只要通过对个人特征的分析即可，但实际上工作特征因素对个人的收入会产生影响，即收入是由个人特征因素与工作特征因素综合作用的结果，这就提出了第三个问题，即不同特质的个人是如何匹配到具有高低不同报酬的职位上去的。

二、收入差异理论

（一）地位达成理论与人力资本理论

1. 地位达成理论（status attainment theory）

在社会学与经济学中，地位达成理论和人力资本理论是用于解释收入差异的两种很有影响的理论，这两种理论的共同特点是在分析包括个人经济成就及差异的原因时，对个人决策、工作特征及匹配过程的相对忽略。

在社会学中，自布劳与邓肯的《美国职业结构》一书问世以来，有很多学者对地位达成和收入问题进行研究，并认为地位达成或收入主要是由个人特征和社会经济背景等因素决定，斯威尔（Swell）与豪斯（Hauser）的观点尤其有代表性，他们指出："社会经济背景影响着个人的心智能力，社会经济背景和能力影响个人可以取得的教育成就，社会经济背景、能力和教育成就影响个人的职业成就，以上因素综合作用影响了个人的收入……这个模式是基本的，因为包括了关于先赋因素与成就因素的最根本的变量。"① 地位达成模型还研究诸如个人的家庭背景、父母的职业以及社会经济地位隶属对个人的职业选择幅度和在劳动力市场上的流动性的影响，由于这些因素的影响，在劳动力市场上形成了很多非竞争性的群体，竞争能力的不同造成了个人收入的最终不同。地位达成这一方面的研究很少关注雇主和职业特点及匹配过程对收入的影响。

2. 人力资本理论（human capital theory）

人力资本理论最早可以追溯到现代意义的经济科学创立之处，如古典经济学家威廉·配第和亚当·斯密的劳动价值论就隐含着人力资本理论的思想。斯密在《国富论》中指出：一个国家全体居民的所有后天获得的有用能力是资本的重要组成部分。因为获得能力需要花费一定的费用，所以它可以被看做是在每个人身上固定的、已经实现了的资本。当这种能力成为个人能力一部分的时候，也就成为了社会财富的一部分。一个工人技能的提高如同一部机器或一件工具的改进一样，可以节约劳动，提高效率。20 世纪 50 年代以后，人力资本

① Swell, W., and R. Hauser, Education, Occupation and Earnings. New York: Academic Press, 1975

理论因舒尔茨（Theodore Schultz）与贝克尔（Gary Becker）等人的努力而进一步完善。舒尔茨认为人力——包括人的知识和人的技能的形成是投资的结果，并非一切人力资源都是最重要的资源，只有通过一定方式的投资，掌握了知识和技能的人力资源才是一切生产资源中最重要的资源。因此，人力，人的知识和技能，是资本的一种形态，可以称之为人力资本。贝克尔则从微观层面对教育、培训和其他人力资本投资过程进行了细致独到的分析。贝克尔认为人力资本是体现在人身上的技能和生产知识的存量，人力资本含量高的人或通过人力资本投资使个人拥有较高人力资本的个人，其技能和获利能力将大为提高，在市场活动和非市场活动中的经济决策效率也将由此提高。人力资本的获得是通过对人的投资活动获得的，一般的人力资本投资包括各级正规教育、在职培训活动、用于改善健康状态所花费的时间与金钱、父母用于照看孩子的时间、寻找工作活动的时间、从一个地区向另一个地区的迁移六项，前四项可以增加一个人所掌握的人力资本的数量，后两项则可以使一个人的人力资本实现最有效率和最有益的使用。

总的来说，人力资本理论认为，劳动者是理性的个体，他们将通过投资以使其一生收入的最大化，教育是其中最典型的一项投资，此外像健康、在职培训等也能对收益产生影响，劳动者的收入差异主要是初期人力资本投资与其后的人力资本投资收益差异的结果，或者说，收入的差异反映了由于教育、训练等投资不同而造成的人的生产能力的差异。个人每多投资一年或一定量的教育与培训，就会比没有投资的人在收入回报上要高一截。

显然人力资本理论基本上也是从劳动力的角度进行考虑，对工作特征及其制度等方面的重视不够。问题是：如果人们精心的教育、健康等投资在市场上没有需求而不能将技能转化为生产力呢？这便是人力资本理论不能解释的地方，因为人力资本理论的基本假设是收入的差异反映的是不同的个人因为训练、能力和训练机会的差异所造成的，而且，市场的运作是良好的。

（二）制度经济学：工资结构、部门劳动力市场和劳动力序列（labor queues）

邓拉普（John Dunlop）非常强调工资结构这一概念，他认为某一岗位的工资关键在于该岗位在工作岗位结构中的位置、与其他工作岗位之间的关系、该工作岗位在企业中的位置及与其他企业的关系。在工作岗位结构中，有些工作是关键工作，这些工作收入的变化会引起其他一系列工作工资的变化。①

邓拉普的理论给后人很多启发，多尔嘎（Doeringer）与皮尔（Piore）因

① Dunlop, J. the task of contempory wage theory. In G. Taylor and F. Piersonn (eds.), New concepts in wage Determination. New York: McGraw-Hill. 1957

此提出了内部劳动力市场（internal labor market）概念，认为劳动力的价格与分配是依据一系列的行政规则与程序的。在内部劳动力市场中，存在着经济学家所谓的‘隐含契约’（implicit contract）、有效工资（efficiency wages）与职位晋升规则。‘隐含契约’指雇主与雇员之间存在着一种没有法律约束力的默契：雇主应为雇员提供就业，保证工资延续性与工作条件等，而雇员则必须放弃为了更好的工作机会而辞职的行为。有效工资理论认为工人的生产率依赖于其工资。职位晋升规则表明在企业内部存在着工作岗位变动的相应规则，尽管在开始时劳动力的工资与其边际劳动生产率不协调一致，但在一段时间后，不同劳动者之间的不同劳动生产率会被雇主认识到，具有较高劳动生产率的人将会被提升到内部市场的等级结构中较高的位置。① 卡尔伯格（Kalleberg）通过对劳动者在不同部门安置机制的进一步分析发现，实际的劳动组织在以下三个方面存在着重要的差异：（1）内部劳动分工或内部任务差别；（2）晋升阶梯或内部劳动力市场；（3）它们的控制机制或在对劳动者如何引导、评估与报酬的监督层级间存在差异。这些差异对劳动者的收入是会有影响的。他认为，个人在劳动组织内部是有“职业生涯”的，生涯指的是工作的获得、获得的顺序、依次从事的工作及职务上的变化、变化的频率、对工作尝试或稳定的水平等。生涯线路受到结构性因素的影响，如劳动组织内的职业分布、顶端职位的招募方式（是从内部招还是外部招）及劳动力市场制度化的人口特点（是扩张的还是收缩的）。②

部门劳动市场理论强调制度性要素（工会、政府及大型企业等各类组织）可以将整个劳动力市场分割为联系松散且大小不同的准市场或部门劳动市场，组织为劳动市场提供了一种框架、一个个虚拟的边界以及各市场间难以消除的区别。部门劳动市场理论其中一种典型的区分是将劳动市场按职业的社会等级来划分，认为至少可以分为两大市场，这就是好职业的市场和坏职业的市场，前者又称头等市场或劳动市场上层，后者又称次等市场或劳动市场下层。头等市场的特征在于：这里的职业通常被称为好职业，在这些工作岗位上，基本工资高，额外的津贴和福利较多，工作条件好，技术要求高，在职深造和学习的机会多，被提拔的可能性大等。次等市场的特征在于这里的职业通常被称为坏职业，在这些工作岗位上，基本工资低，额外的津贴和福利较少，工作条件差，技术要求低，在职深造和学习的机会少，被提拔的可能性小等。因此在头

---

① Doeringer, P., and M. Piore: Interal labor markets and manpower analysis. Lexington, Massachusetts: Heath

② Kalleberg, Arne (1983). Work and Stratification: Structural Perspectives. Work and Occupations 10 (August) 251～259

等劳动市场就业的人，其收入就高。另一个学者贝克（E. M. Beck）用二元经济方法来分析收入差异的决定因素，发现不同部门的劳动者收入有很大的不同，中心部门（core）的劳动者的收入高，边缘（periphery）部门劳动者的收入低，是部门的特性决定了劳动者收入的差异，而不是其他因素。[①]

（三）信息与匹配问题

从供给或需求方面考虑的关于收入差异的理论，往往认为劳动供求会自动平衡，市场的信息是完备的，劳动供求匹配不是一个需要关注的问题。然而从20世纪30年代以来对地方劳动市场的研究表明，劳动市场的信息是很不完备的，信息的分布也是不均匀的，信息的不完善必将加大实际工资与统一工资（在完全竞争的条件下，由供求要素的相互作用而形成的工资水平）之间的离散程度。

首先，从供给方面看，要涉及对就业机会和工资水平等信息的搜寻过程，如果信息是完备的，人们在求职过程中就能详尽地知道各单位给付的工资水平，这样人们就能完全避开低薪工作单位而一窝蜂地涌向给付高额工资的部门，其结果是低薪单位必须不断提高工资水平，直到与高薪单位持平。在这种情况下，市场可以实现均衡，能够形成统一的工资水平。但问题是现实的劳动市场与假设的劳动市场、与其他类型的市场间有着很大的差距，在劳动力市场上，有关工资、工作条件、工作机会等信息透明度较低，为获得这些信息，求职者必须依时间序列走访各单位，即进行有关工作的寻找过程。20世纪60年代以来，斯蒂格勒（Stigler，G）对信息的经济价值进行研究，认为信息是一种稀缺商品，其获得需要花费时间、努力和金钱。[②] 劳动市场中的信息同样也需要时间、努力与金钱，只是长期以来人们对此不予重视，而实际上劳动市场供给与需求的信息对于匹配非常重要。寻找工作信息的过程要给付成本，这个成本可以分为两部分。一部分是外显成本，如函件费用、交通费用等，一部分是寻找过程中花费的机会成本。寻找一个称心如意的工作是每一个求职者的愿望，但随着寻找过程的延续，搜寻的成本也将不断上升。因此，对于一个理性的求职者来说，他不可能无限期地寻找下去，直到寻求到满意的工作为止，事实上，大多数的求职者都根据自己的偏好遵循着“适可而止”的寻找规则：一旦发现尚可接受的工作便终止寻找过程。用经济学的语言讲，就是当寻找工作的边际收益等于继续寻找的边际成本时，求职者就会停止寻找过程。尚可接受

① E. M. Beck etc. 1978. Stratification in a Dual Economy：a Sectoral model of earnings Determinations. ASR 43（October）：704～720

② Stigler，G. 1961. *The economics of information*. in Journal of political economy 69（June）：213～225

的工作不是最好的工作，于是就会出现各个劳动者即使职业相同，但彼此之间的收入存在一定差距的现象。

在寻找工作信息的过程中，信息的获得是一个非常关键的问题，新经济社会学家们（M. Granovetter，H. White，M. Schwartz）对这一问题进行了卓有成效的研究，他们运用“网络”“嵌入”等基本概念对社会经济生活中的各种现象包括劳动市场中的职业匹配过程进行了分析，提出了所谓的网络理论。网络理论认为，经济行动是被社会性地限定着的，它不能仅通过个人动机得到解释。它嵌入于现存的个人关系网络中，而不是由原子似的个人所单独进行的。网络指个人或群体间一套固定的联系或类似的社会组合。网络中的一个成员的行动是嵌入于网络之中的，因为它体现于与他人的互动之中。嵌入这一概念则由波拉尼（K. Polanyi）在与主流经济学原子论的斗争过程中提出，他认为经济从来就不是一个单独的领域，在前工业社会中经济是嵌入于社会、宗教以及政治制度之中的。像贸易、货币和市场这样的现象是由谋利以外的动机所激发的，并和具体的社会现实结合在一起。在工业革命之前，社会中的经济生活为互惠或重新分配的方式所支配，市场的交换机制还没有统治经济生活，但他认为在现代社会中，经济由市场价格来引导，嵌入现象不见了，经济行动是所谓的非嵌入。网络理论对波拉尼关于嵌入的概念进行了批评性的发展，认为若用网络理论来审视社会的经济生活及相关的社会结构，则无论是前工业社会还是工业社会，嵌入的现象始终存在，只不过是在不同的社会嵌入的程度存在着差异。网络理论的要点在于，不管从何种角度来研究经济现象，都必须仔细考察经济行动者所处的社会结构以及个人与群体之间的具体互动。格兰诺维特（M. Granovetter）分析了人们在就业中的信息网络的作用，指出社会关系的结构塑造着信息与机会的流动形式，社会网络是对相关信息的接近途径，即“入口”，在实际中，就业者或雇佣者通过正式的市场来一个个筛选适合自己的雇主或雇员，而通过各自社会关系来实现这一点。如找工作的人通过自己过去的熟人介绍到一份工作，雇主委托自己信任的手下为自己找到新的雇员。格兰诺维特的研究发现，寻职者通过所谓的纯粹劳动市场就业机构实现的就业只占很小的部分，在寻找工作的过程中，大多数人更倾向于使用非正式渠道，利用个人接触等手段，即是通过从朋友和亲戚处得到的信息或其他非正式方式实现就业的。这种选择既不是偶然的，也不是非理性的考虑，而是因为通过这样的渠道获得的信息成本低，而质量却高，进一步的研究发现，经由劳动市场机构或广告等途径获得职业的人的收入与那些通过非正式渠道信息获得职业的人相比，前者的收入低于后者。他选取了一份由波士顿地区300名男性专业人士、技术管理人员等组成的样本，发现这些人在最近的5年都更换过工作，非正式的人际关系是这些人找到工作的主要渠道，56%的人依靠非正式的人际关系找到工作，对于收入高的人来讲，更是这样。[1] 格兰诺维特指出，在获取工作信息的过程中，经济学的理性选择方法基本没有意义，因为人们往往只是在有关人际联系中偶然地获得信息，最重要的信息提供者是工作中的或与工作有关的人，这种提供者一般不是家庭亲属或好朋友，而是与自己工作职业完全不同的人，由此他提出了关于人际关系的弱纽带在寻找工作中具有重大作用的观点，强关系是指人与人之间的关系比较紧密而强烈，如亲戚与好朋友之间的关系；弱关系或弱纽带是指人与人之间的关系比较松散，如与一般熟人之间的关系。格兰诺维特认为弱纽带在寻找工作中比强纽带更重要。因为与个人最亲近的他人（如家庭成员、好友、关系密切的同事等）具有彼此重叠的社会关系，这样的一个人际关系网络中每个人都互相了解，并发生频繁的接触，所以每个人拥有的关于工作机会的信息就是同样的。只要其中一个人知道某个工作机会，其他人也会知道，所以，这样的关系无法带来更多的关于工作的异质性信息，而那些更少接触和来自各不相同的工作环境所组成的弱关系则可以提供更多的新的信息。他主要用互动的频率、情感强度、亲密程度、互惠交换四个维度来定义关系的强弱。

关于在劳动力市场中的匹配，从需求方面看，信息不完善也会加大实际工资与统一工资之间的离散程度。在信息完备的条件下，企业可以毫不费力地评价各个员工的工作绩效并据此确定其工资水平。但实际情况是，供方和求方对工作努力程度所拥有的信息极不对称，供方在生产过程中极易滋生道德风险现象，求方在生产经营过程中只能部分地检测和评价供方的工作绩效。这一方面由于监督成本过高，难以实施全面监督，另一方面由于有些工作绩效是很难计量的，因此，生产经营过程中的效率损失是在所难免的。在现实生活中，雇主解决这一问题的举措有两个：一是人为地提高工资，使之超过市场上统一工资的水平，这样，工资越高，雇员们因玩弄道德风险或偷懒而被解雇所面临的机会损失成本就越大，雇员们要想保住饭碗就必须努力地工作，二是给付低工资，但同时增加监工的人数，这样效率损失可以部分地减少，但监督成本则相应地上升。由于雇主们所采取的措施各不相同，从而形成了企业间不同的用工和工资政策，也使实际工资和统一工资之间的离散程度增加。

关于雇主如何确定员工的工资水平，20 世纪 70 年代以来，主要的理论有“信号论”（signaling）或“筛选论”（screening）。该理论认为，对于雇主来说，他面临着很多不确定因素，在雇用某人以前，他并不知道某人的生产能力，雇主无法在雇用前直接观察待雇者的生产力，雇主往往通过一些“信号”

① Granovetter, M. Getting a Job: A Study of Contracts and Careers. Cambridge, Massachusetts; Harvard Univ. Press. 1974

来推定未来雇员的生产能力，而经常被雇主用作信号的便是教育。而雇员也经常投资于教育，去获得某种形式的信号，以此作为使雇主相信其具有某种水平的生产能力的凭证，在这方面进行投资的个人将会获得很高的收益，而不作投资者则获得较少的收入。[①] 这一理论与人力资本理论看来有相似之处，但实则不同，人力资本理论强调的是通过教育等投资使人们获得了更大的生产能力，从而也获得更高的经济收益，而信号论则强调这样的投资与个人生产能力的实际提高并无必然的联系。

三、我国的社会收入分配问题

以上这些关于收入差异的理论分析，大多以西方学者对西方社会的分析为基础，对于收入的差异现象具有一定的解释力，那么，这些理论是否可以对中国的收入差异现象进行解释呢？显然，由于中国情况的特殊性，上述的这些理论并不能够照搬使用，而必须结合中国的实际和情况进行分析，但上面的理论对于我们进一步的研究具有很重要的参考作用。

对于中国目前的收入差异分析，主要的理论解释有几种。

（一）经济学家库兹涅茨的倒 U 型曲线理论

该理论认为在市场推动经济发展的初期，社会不平等的程度会明显地持续上升，当社会经济发展水平达到比较高的程度后，由于有了福利政策和税收制度的调节，社会不平等程度才会降低，这个转折点是人均 GNP800 美元。根据世界银行估计，中国的人均 GNP 将近 800 美元，所以，中国在这之前的收入不平等一直处于上升的状况。

但是，库兹涅茨的理论是建立在各国的数据统计基础上得出的，而中国的情况具有很大的复杂性，他的结论能否在中国得到证实，还有待检验；其次，从中国的情况来看，市场的推进并不是同步的，而是分阶段的，由商品市场向生产资料市场再向劳动力市场和其他市场演进，而且市场化的程度还很不一样，如劳动力市场建设，目前还处于较低的程度，所以，即使中国的人均 GNP 达到 800 美元后，收入不平等很可能还会继续上升。

（二）制度分析视角

认为收入差距扩大是制度因素和非制度因素共同作用的结果，而不仅仅是市场演进的产物。研究者普遍认为，目前我国存在着三种社会资源配置的关系或制度，它们是权力授予关系、市场交换关系和社会关系网络。[②] 在这里，权力授予关系和市场交换关系是制度性关系，社会关系网络是非制度性关系。

权力授予关系即社会资源主要由国家行政权力及其一系列制度安排所配

① Spence, M. Market Signaling. Cambridge, Massachusetts: Harvard Univ. Press. 1974

② 张宛丽. 非制度因素与地位获得——兼论现阶段中国社会阶层结构. 社会学研究. 1996, 6

置，不同社会群体及其地位获得都受到这种关系的支配和制约，在1949年到1978年前，在中国的社会生活资源的分配上，这种制度安排起着主要的作用。改革以来，这种关系虽然有所弱化，但在社会经济生活中，这种制度安排仍然起着相当的作用。

市场交换关系即社会资源主要依据商品交换及其市场规则进行分配，不同社会群体成员的地位获得包括收入的获得主要依赖生产交换关系手段。在中国，这种分配关系主要是在1978年以后所进行的一系列改革的过程中逐步建立并努力完善的。

社会关系网络，指将人们之间亲密的、特定的社会关系看做是一种社会资源，借助特殊主义的社会关系机制，作用于不同社会群体成员的地位分配与地位获得。社会关系网络对资源分配的作用在人类社会广泛存在，但在东亚社会及其儒家文化圈的国家与地区，它的作用尤其明显。如费孝通在20世纪40年代的时候就指出了中国人在社会互动中形成的“差距格局”特点，在现阶段，社会关系作为一种资源的特性尤为明显。

资源配置的三种方式共存于社会，但在不同的社会阶层、群体中发挥的作用是不一样的，其作用方式也是非常复杂的，它不仅表现为体制内地位和权力的不同造成对三种资源配置方式的依赖不同，从而使个人在社会经济生活中的命运不同，更为重要的是人们依据现有的资源占有结构而进行资源配置方式的交换。在社会经济生活中的钱权交换、寻租行为等都属于这种交换的结果。

（三）精英变化理论（changing elite Thesis）

在社会学文献中，近年来有一些文献对中国社会经济转型过程中谁获得多与谁获得少的问题进行了广泛的讨论，并形成了两种非常有影响的观点：即精英循环命题与精英再生产命题。

1. 精英循环命题

一些学者们认为，向市场经济转型过程的受益者是在转型开始时在社会中处于不太有利地位的人，在转型过程中社会上层人员会有一个大的更替，并将产生一个新的企业家阶层，随着新的优势波及到以往的非特权阶层，社会的不平等将缩小。在《社会主义企业家：匈牙利农村资产阶级形成》和《精英循环》中，撒列尼指出，在共产主义革命之前其先辈就从事农业商品生产，因而保存着法国学者布迪厄所说的习俗（habitus）的人，在市场经济重新实行后获得了明显的优势。匈牙利是在20世纪60年代初恢复家庭农场制度的，在这个时候最活跃的那些人，其家庭在40年代中期的时候就很熟悉农业中的市场经济。撒列尼认为目前在农业中正在形成的市场是一种长时期的历史趋势的连续，只不过这个过程被共产主义的实验打断了。也就是说，目前正在发生一种来自下层的精英形成过程，这个下层就是集体化之前其祖先富有进取性的阶层，正是他们从共产党干部手中重新获得精英的地位。撒列尼的研究还发现，干部们并不太愿意从事市场取向的私营农业生产。但他的重要发现之一就是，虽然干部不太愿意从事家庭农场，但他们一旦决定从事这个工作，其产值就会比其他人的产值高。

此外，撒列尼和曼钦（Robert Manchin）还对匈牙利城市住房改革进行了研究，这项研究指出，城市住房的私有化改革明显不利于精英特权，并认为，市场改革对于干部精英总的影响是“其物质特权的逐步被侵蚀”。由其他一些学者对东欧市场改革所进行的研究，也证明了干部的特权会在市场化的过程中逐步丧失的观点；黄雅胜（Huang Yasheng）对中国的改革所进行的研究甚至发现，从1978年到1986年间，中国国家官员和企业雇员的收入差距在扩大，企业雇员的收入明显高于国家官员（Huang，1990）。瓦尔德（Andrew Walder）在中国天津进行的研究表明，党的领导干部的收入在相对下降，国营部门收入不平等的程度在降低（Walder，1990）。[①] 维克多·倪则依据其经验性研究，从三个论题和十个假设论证了市场转型过程中精英循环的可能性。其三个著名的论题是：(1) 市场权力论题（the market power thesis）：如果剩余产品不再由再分配部门垄断，而是由市场交换进行配置和分配，那么，就会出现下述两种情况。第一，控制资源的权力会更多地存在于市场交易中，而较少存在于再分配经济中。第二，当劳动力和商品的价格是以买卖双方的相互契约为基础，而不是通过行政法令确定时，直接生产者对其商品和服务进行交换的权力会扩大。因此，从再分配向市场的转型会波及权力的转移，这种转移有利于直接生产者而不利于再分配者。(2) 市场刺激论题（the market incentive thesis）：如果说再分配经济是压抑对直接生产者的刺激，那么，市场则对直接生产者提供强有力刺激。向市场经济转变意味着对人力资本特征的更高回报。(3) 市场机会论题（the market opportunity thesis）：在由再分配经济向市场经济的转变过程中，会形成进入市场的新的机会结构，市场将会形成社会经济流动的另一条渠道，机会结构的变迁将会使企业家成为类似于官僚的社会成就的标志。[②]

2. 精英再生产命题

主张市场化的主要受益方是旧精英（干部或技术人员）（Oi，1989；Shirk，1989；Nee，1991）。对于传统社会主义制度滋养出来的那些技术专制官僚或技术精英，他们在转型过程中能够借助习得的专长维护其地位，无论是

① 转引自孙立平．从“市场转型理论”到关于不平等的制度主义理论．中国书评．1995，7

② Victor Nee. Social Inequality in Reforming State Socialism. Between Redistribution and markets in China. In ASR，1991，Vol. 56. June：267～282

社会主义制度还是市场经济，教育在地位配置方面都发挥了重大的作用（Szalai，1990）。而原来的干部精英，能够利用其位置便利攫取国家财产，干部们利用非正式的渠道，利用过渡期的种种混乱含糊因素，将自己对国家财产的有限控制变成很大程度上的实际拥有。另外，干部能凭借其私人关系网络获取有价值的商业信息乃至贷款等，他们在新的获利机会面前占尽了优势。大量的文献探讨了社会主义经济制度里国营部门内外普遍存在的具有重要意义的人际关系纽带及这种纽带对于旧精英维持或提高其位置的特别重要的作用（Walder，1986；Hankiss，1990），即在正式制度结构安排变迁的条件下，个人不是这种正式安排的玩偶，结构性构成了对个人的一种限制，而个人也可以通过对规则与资源的利用使结构与制度朝着有利于个人的方向建构。

【本章小结】

劳动报酬是劳动者赖以生存的经济基础，意义重大。本章作者首先简要地概述了劳动者的报酬，而后从激励的角度论述了个人报酬与集体报酬的设计。在第二节里，作者着重介绍报酬结构，因为涉及公平与否的问题。并且作者认为报酬结构可以以工作内容为导向，以技能为导向，以市场为导向。不同劳动者之间的报酬差距构成了整个的社会收入分配差距，作者在最后从社会学角度阐述收入分配差距问题，介绍收入差异理论，包括地位达成理论、人力资本理论等，并且深入地分析了中国现阶段的收入分配问题。

【重要概念】

劳动报酬　内在报酬　外在报酬　直接报酬　间接报酬　劳动报酬结构　外部公平　内部公平　社会收入分配　收入差异理论

【思考题】

1. 劳动报酬主要由哪些内容构成？有什么特点？
2. 劳动报酬与工作激励是一种什么样的关系？
3. 劳动组织中的劳动报酬结构制定应该遵循什么原则？为什么？
4. 如何运用社会学关于收入差异的理论对中国的社会收入分配问题进行研究？

第十二章　政府与社会劳动

第一节　政府的角色

一、政府及其职能

（一）政府的含义

政府，是指一定国家或地区的行政机构，其实质是一个社会公共权力的运用机构。政府的职能即国家职能，是国家性质的表现，各个不同社会性质与政权属性的国家，政府职能和实现职能的手段、方法各不相同。

我国是市场经济社会主义国家性质的国家，发展社会生产力是主要任务，体现了最广大人民的利益和要求。政府组织和管理社会主义市场经济的职能将不断扩大和加强，政府担负着规划、引导与调控经济建设的责任，不断提高劳动生产率和经济效益；同时，政府也担负着保护劳动者权益的职责和促进社会生产关系和谐发展的任务。

（二）政府职能

世界银行高度关注政府的职责，尤其是改革中的政府职能重塑问题。主题为“变革世界中的政府”的《1997 年世界发展报告》中，世界银行指出，在市场经济条件下，政府对于社会经济发展也具有重要作用，担负着“解决市场失灵问题”和“促进社会公平”的作用。

按照世界银行的看法，政府在经济社会生活中担负以下职能，详见表 12—1。①

对于能力与权威度不同的政府来说，在完成上述两个方面的任务时，所做的事情是不同的。具体来说，在“变革世界”中，能力与权威弱的政府首先要完成“提供纯粹的公共物品”和“保护穷人”的基本功能，这不仅反映以经济为改革的重点，也要求重视社会和机构（包括法律）的疏导。进而，政府应当完成中级职能，以解决外部效应的管理、制定垄断行业法规、克服信息不完整

① 世界银行．1997 年世界发展报告．北京：中国财政经济出版社，1997

表 12—1　　世界银行的政府职能观①

	解决市场失灵问题			促进社会公平
基本职能	提供纯粹的公共物品： • 国防 • 法律与秩序 • 财产所有权 • 宏观经济管理 • 公共医疗卫生			保护穷人： • 反贫困计划 • 消除疾病
中级职能	解决外部效应： • 基础教育 • 环境保护	规范垄断企业： • 公用事业法规 • 反垄断政策	克服信息不完整问题： • 保险（医疗卫生、寿命、养老金） • 金融法规 • 消费者保护	提供社会保障： • 再分配性养老金 • 家庭津贴 • 失业保险
积极职能	协助私人活动： • 促进市场发展 • 集中各种举措			再分配： • 资产再分配

这三项“市场失灵”问题，还要解决社会保险这一“公平”问题。能力与权威强的政府则可以发挥更加积极的职能。政府在劳动和社会保障政策方面，也要以上述格局为目标。实际上，上述的不少政府职能本身就是制定劳动政策以及社会保障政策。

二、社会劳动管理

社会要进步，经济要发展，离不开资本和劳动两个最基本的要素：资本是社会生产之父，劳动是社会生产之母。自然，资本和劳动结合的过程就尤为重要。于是，政府的劳动管理职能就成为政府职能的重要部分。

（一）政府劳动管理职能

政府的劳动管理职能主要表现为对社会福利、社会保障体系和劳动市场等社会事业进行有效的管理。一方面是通过日常运行规则，确保市场机制正常发挥功能；另一方面，还要通过社会服务、社会保障和适当的调控手段弥补劳动力市场的缺陷，维护社会的公平。

具体来看，我国改革中的政府管理职能主要有以下几点：

1. 转换管理体制

改革是要破除那些妨碍生产力发展的旧体制，为此，政府要通过有关的管

① 世界银行. 1997年世界发展报告：变革世界中的政府. 北京：中国财政经济出版社，1997. 27

理工作，塑造适应劳动市场的新体制和管理环境。例如，实行劳动合同制、推动企业尽快消化富余和下岗人员、建立国有企业工资分配的自我约束机制等。这些任务要在政府的有关劳动管理工作中加以体现。

2. 培育劳动市场

培育劳动市场是政府的一项重要的职能，它包括两个方面：一是建立市场秩序所需要的规则与环境。主要是规范劳动者、企业和中介组织的市场行为，防止歧视、市场垄断等不正当行为，疏通劳动要素流动的渠道；二是培育市场主体。主要是确立劳动者对自身劳动力的所有权、自主支配权和企业的用人自主权。

从我国目前的情况看，劳动市场对劳动要素的配置已经起了主导作用。各地劳动市场现存的主要问题，并不是行政干预太多，而是市场缺乏必要的规范，如：最低劳动标准、调整劳动关系等方面的法规很不完备。因此，劳动部门必须对整个市场进行全方位的规范。

3. 进行社会服务

劳动市场的正常运行，需要政府提供必要的服务；同时，还要培植社会中介组织体系，为劳动市场主体双方提供优良服务。要有一定的资金投入，要有相应的服务设施，还要有比较先进的技术手段。另外，要加强信息服务，为用人单位和劳动者提供劳动市场上的信息。

4. 加强宏观调控

基于我国的各种经济政治条件，我国现阶段政府在社会劳动领域的宏观调控是一种混合性的调控。有的调控职能采取行政措施，如控制企业富余人员流出数量和速度，控制农村劳动力进城规模，这是为了保持劳动市场发育环境的相对宽松。还有一些宏观调控措施则是具有市场特色的，如调节收入分配差距的税收手段、控制失业率的经济措施等。

5. 建立保障体制

我国的市场化改革正在继续进行，社会保障制度是市场化推进和运行的重要条件。在我国，建立社会保障制度已经成为建立市场经济体制的核心内容之一。我国现行社会保障制度很不完善，存在不少弊端，如覆盖范围狭窄、不同所有制劳动者的待遇差异悬殊、差别过大和平均主义同时并存、水平低下的高待遇等等。为此，政府要通过确定模式、建立制度、设立基金、制定法律法规等方面的工作，来建立社会保障体制。

（二）政府劳动管理的方法

1. 进行劳动立法

劳动立法是指国家机关依照法定权限和程序制定、修改、废止劳动法律规范性文件的系统的活动。它包括劳动基本法律、劳动法律、劳动行政法规与劳动规章、地方性劳动法规与地方性劳动规章等劳动法律规范性文件的制定、修改和废止活动。我国的劳动法规按内容大致可分为：

（1）劳动标准法。主要包括劳动合同、职业培训、工资、工作时间、劳动安全卫生、女职工和未成年者劳动保护等方面的法律、法规和规章。

（2）劳动关系法。指劳动关系产生、变更和终止方面的法律规范。主要包括录用、调动、辞职、辞退，以及工会、劳动争议处理等方面的法律、法规和规章。

（3）职业保障法。包括劳动就业法与社会保险法两方面。劳动就业法，包括就业条件、就业程序、劳动服务公司管理、职业介绍所管理、特殊群众就业保障等法律、法规和规章。社会保险法，包括生育保险、疾病保险、工伤保险、养老保险、失业保险等法律、法规和规章。

（4）劳动行政机构组织法。包括劳动部组织法、地方各级劳动厅（局）组织法、市（县、区）劳动争议仲裁委员会组织法、劳动监察机构组织法等。

（5）劳动监察法。包括劳动监察制度、劳动监察机构、劳动监察人员等法律、法规和规章。

完善的社会劳动立法有利于规范劳动市场运行的规范，有利于在劳动领域全面保护劳动者的合法权益，有利于提高劳动者的工作积极性，并给予他们强烈的安全感，必然会促进社会的经济发展。

2. 实施劳动监察

劳动监察是保证劳动法规实施的重要环节和手段，是劳动法律体系中的一项具体措施。具体来说，劳动监察是指县级以上各级政府劳动行政部门依法对用人单位遵守劳动法律、法规的情况进行监督检查，对违反劳动法律、法规的行为有权制止，并责令改正。例如，企业的劳动安全卫生条件是否合格、工作时间是否合理合法、是否符合政府规定的最低工资、加班工资是否照付、大城市使用农民工是否有用工证，等等。

此外，各级工会依法维护劳动者的合法权益，也对用人单位遵守劳动法律、法规的情况进行监督，并依法对大规模辞退员工的情况进行监督。

3. 制定劳动政策

劳动政策是指国家在不同时期所确定的有关劳动工作方面的政策，包括各项方针、原则和指导思想等。例如，党的十一届三中全会以后提出并贯彻实施的“劳动部门介绍就业，自愿组织起来就业和自谋职业相结合”的方针政策，公开招收、择优录用的政策，促进再就业的政策等。劳动政策是劳动立法的重要依据。

4. 从事劳动行政

随着政府职能的转变和劳动立法的完善，行政手段从主导地位降到辅助地位，政府把主动权交给企业，但也不能完全取消。行政手段的作用，从整个市场范围来看，主要体现在对劳动争议的调解、社会保障制度的强制实施、最低工资法案的实行、职业卫生与安全、特殊劳动保护等方面，如：在出现对社会稳定和经济发展有重大影响的集体谈判僵持不下并发生过激行为时，在发生关系到国计民生重大影响的劳动争议行为而严重损害公共利益时，可由政府运用行政权力进行调停和处理。

5. 主持劳动仲裁

随着市场经济用人制度改革的推进，劳动争议以及人事争议大量出现。我国在政府劳动保障部门和政府人事部门设立劳动人事争议仲裁行政机构，如各省地级的劳动争议仲裁处、各区县级的劳动争议仲裁科，来处理劳动人事仲裁工作。根据我国的管理制度，劳动争议仲裁委员会由劳动者、雇主和政府劳动行政机构三方组成。可以说，在劳动争议仲裁委员会之中，发挥作用最大、对仲裁活动及其结果具有实质性影响的，正是政府的劳动仲裁行政机构一方。

6. 举办劳动服务

在市场经济体制下，企业和个人都具有择业权，这就需要有一定的社会组织作为中介，为双方进行劳动服务（即劳动就业服务）、尤其是对个人的服务，使双向选择得以实现。政府一方面制定社会上的劳动市场规范，一方面也通过自身的就业登记和职业介绍、就业培训、发放失业救济（我国为失业保险）、组织市场自救以及有关的管理活动，直接进行对广大社会成员的劳动就业服务。劳动就业服务问题重大，在后面还要专门阐述。

第二节　劳动政策

一、政策基本范畴

（一）政策的含义

政策，顾名思义就是政治策略。“政”在古代一直是指政治及其行政管理事务，而“策”，在古书中则有计谋、策划、办法等意，“政”与“策”结合起来，则具有“治理国家大事的谋略”之意。政策，在现代意义上，是国家或一定的组织为实现一定时期的路线和任务而采取的行政纲领、方针和准则，是对该国家、组织管辖对象的行为或活动的指导。

政策所涵盖的范围也比较灵活，从宽的角度来讲，政策更趋向于原则性，如我国的“改革开放”“控制人口”政策等等。当政策更具体化时，它又有特定的指导范围，如“残疾人按比例就业”“吸引国外留学生创办高科技企业”

等政策。

(二) 政策要素

政策的要素则包括目标模式、政策内容和政策载体。目标模式，是一切政策制定的依据、出发点，又是政策实施所指向的终点、要求达到的结果。政策的内容必须具有明确性、综合性和阶段性，特别是要有具体性，这是政策最主要的要素。政策的载体，即外部形式，包括制度、法规和文件等，通过上述载体，政策的目标和内容才可以准确地表达出来，并得到正确的执行。

(三) 政策的种类

由于管理对象的多样化和复杂化，各个国家都需要制定出各种各样的政策对社会进行全面的管理。一般而言，所有的政策大体上都可分为以下几个类型：政治的、经济的、科技的、文教的、社会的。这里所说的社会政策是指狭义的社会政策，它排除诸如经济、政治、军事、文化等领域的政策。它与公共政策和劳动政策都有着很密切的关系，本书在下一节进行更详细的论述。

二、劳动政策总析

(一) 劳动政策的性质

所谓劳动政策，是政府协调劳动关系而制定实施的政策。劳动政策是工业化社会的产物，它反映的是雇佣关系。劳动政策的范围涵盖各类劳动者，包括人才、干部、公务员，也包括业主和被雇佣的厂长经理等。劳动政策与劳动人事制度与管理方法都有一定的联系，并在一定情况下通过立法手段给予规定，如《劳动法》《劳动合同法》《社会保障法》《劳动基准法》等。

劳动政策是一种公共政策，与经济、政治等领域的政策有密切联系，在一定的意义上构成社会政策。

(二) 劳动政策的制定

社会劳动是与经济社会发展和劳动者权益密切相关、影响极大的事物，需要通过国家的政策加以引导。所谓劳动政策，是指政府在不同时期所确定的有关劳动工作方面的政策，包括各项方针、原则和指导思想等。劳动政策，是劳动立法的重要依据。

劳动政策的制定要有针对性和目标性，并严格遵守可行原则和动态原则，这样才能达到预期的目标，使社会劳动领域得到稳定、健康的发展，并促进社会、经济的协调发展。使社会秩序得以正常地良性运行，使劳动者权益得到必要的保障。

三、劳动政策的主要内容

劳动政策的内容包括：

1. 劳动供求调节政策；

2. 就业政策（公平就业、就业扶助、就业服务、再就业政策、农村劳动力转移有序化政策等）；

3. 劳动力市场政策（市场管理、处理劳动争议、集体谈判、外商投资企业劳动管理等）；

4. 工资收入政策（工资调控、工资保护、物价指数、收入差别调节等）；

5. 社会保障政策（社会保险、社会救济、职工福利等）；

6. 劳动关系政策（劳动关系和谐政策）；

7. 保护劳动者权益政策；

8. 人事管理政策（政府机关及企事业改革等）；

9. 人才使用政策；

10. 人力资源开发政策，等等。

四、我国的劳动政策

下面对我国的劳动政策择要进行阐述。

（一）促进就业政策

概括而言，我国的就业政策的基本点是“促进就业”“市场就业”和“双重效益”。

具体来看，我国现行就业政策的内容包括：

1. 拓宽就业渠道，促进新型集体经济、个体私营经济和其他类型经济，吸纳劳动力；

2. 调整产业结构，发展吸纳劳动力多的第三产业和劳动密集型经济；

3. 采取灵活的工时制度及用工形式，鼓励劳动力合理流动，促进劳务输出和境外就业；

4. 动员社会各界同抓共管，开拓新的就业门路；

5. 企业适当承担安置富余劳动人员的任务，裁减人员时“先挖渠后放水”；

6. 发展劳动就业服务企业，发挥作为劳动者生产自救、储存和吞吐基地的能力；

7. 转换观念，促进积极就业，鼓励失业者和企业下岗人员自行就业与创业，失业救济与就业培训相结合；

8. 提高劳动力素质，加强就业前培训和下岗再就业人员的培训；

9. 公平就业，帮助弱者，通过法律、经济政策和行政措施促进残疾人、妇女和中老年失业人员就业，如对企业实行按比例负担残疾人就业的办法；

10. 重点解决长期失业人员就业和特困职工的再就业问题；

11. 合理控制农村劳动力向城市转移的规模、速度，严格实行农村劳动力进城务工制度，达到农村劳动力流动有序化；

12. 发展乡镇企业和农副业生产，解决农村过剩劳动力的出路问题。

（二）工资保护政策

工资是劳动者的收入，为了保障劳动者的基本生活，需要在工资领域采取必要的保护政策。工资保护政策的内容有：

1. 最低工资政策

政府依据一个地区的最低生活消费水平、物价水平和社会劳动者抚养人口系数，确定最低工资标准。这种最低工资受法律保护，是劳动者的权益保护措施。最低工资水平，要随着一个地区的物价水平以及基本生活消费水平的提高而进行调整。

最低工资，是政府根据一定时期的社会收入水平和物价水平，所规定的保证劳动者基本生活需要的工资。最低工资的确定，要考虑三个因素：劳动者个人劳动基本生活消费品费用；劳动者接受社会生产必需的最低水平的教育培训费用；劳动者平均赡养人口的基本生活消费品费用。

劳动者的基本生活需要费用在不同国家、不同时期有所差别。一般来说，经济发展水平越高，社会的文明程度越高，最低工资的水平也就较高。作为劳动者利益代表的工会，也会在一定程度上影响社会舆论，影响政府决策活动，促使最低工资提高。

2. 行业保护政策

政府对于社会经济发展中所必须的，但赢利较少甚至为负数的行业，尤其是公共产品生产部门与企业，也要给予一定的保护和政策扶持。例如，对一些公用事业（公交、水电供应等）、科研事业、军工行业，国家可以给予财政补贴；对农业，提高农产品收购价格，实行保护价，以提高农民收入。

（三）工资激励政策

从一般意义上讲，政府是不直接干预用人单位的工资收入分配模式与水平的。但从政府对某些人员和职业阶层倾斜的角度看，政府也有工资激励政策。例如政府对优秀企业家和科学家的高额奖励、对国有企业经营者的年薪制和期权制等。目前，有的转制的事业单位也实行对负责人的年薪制度。

（四）社会收入分配政策

1. 收入政策及其衡量

收入政策一词，有两种含义。一种是狭义的，仅仅是宏观经济调控的手段，用于控制货币工资与物价的增长，达到宏观经济的稳定。这是与财政政策、货币政策并列的三大政策之一。另一种是广义的，它不仅包括上述宏观调控，而且包括在一定社会总收入、一定工资总量的条件下，对以工资劳动者为主体的居民个人分配关系的调整政策，即人们常说的社会收入分配政策。本书采用广义的收入政策。

实行收入政策，可以限制收入差距的过度扩大，有利于达到社会福利最大化的目标和维持社会的公平。在这一问题上要处理好“效率与公平”的关系，承认收入差距对调动社会经济中的积极动机、促进经济发展的积极作用，又不使这种差距过于悬殊，而且要保证最低收入阶层的基本生活需要。

对于收入差距的衡量指标，有洛伦茨曲线、基尼系数、库兹涅茨比率、人口（或家庭）众数组分布频率、帕累托定律等。最常用的是基尼系数，它具有方法简单（用一个数值即可表示社会收入差距程度）和可比性强的特点。

所谓基尼系数，是意大利经济学家基尼，依据洛伦茨曲线创制的用来判断某种收入分配平等程度的一种尺度，亦即社会居民或劳动者人数与收入量对应关系的计量指标。基尼系数可以用公式表示：

当基尼系数接近 0 时，收入便接近于绝对平等。反之，当基尼系数接近 1 时，收入便接近于绝对不平等。基尼系数越大，表示收入越不平等。

从世界各国情况来看，基尼系数的合理水平一般在 0.2～0.4 之间。当基尼系数小于 0.2 时，表示收入差距非常小，即过度平均；当基尼系数在 0.4 以上，则表示收入差距比较大，即贫富悬殊。

2. 收入政策措施

收入平等化的主要政策措施有：

第一，实行个人收入所得税制度，并且在实施中采取累进税率制。在个人收入中，劳动收入税率较低，非劳动收入税率较高。

第二，对遗产、赠与、财产（即土地、房产等不动产）、高消费征税。

第三，发展社会保障事业，解决失业保险、医疗保险、养老保险、未成年子女的家庭补贴、低于贫困线的家庭与个人的救济等方面的支出。这是财政的“转移支付”部分。

第四，对失业者，特别是其中的贫困者，提供就业机会与就业培训。

第五，发展教育事业，这有利于从根本上消除贫困，扩大社会平等。

第六，改善居民住房条件，向低收入阶层提供廉价住房或住房补贴。

（五）社会保障政策

基于我国体制改革的总体目标，要建设全面的社会保障政策。我国社会保障政策的主要内容是：

第一，建立资金来源多渠道、保障方式多层次、公平与效率相结合、权利与义务统一、管理集中统一、管理服务社会化的社会保险体系框架；

第二，建立多层次的养老保险新模式，改革医疗保险制度，建立新的医疗保险体制，完善失业保险制度，进一步扩大社会保险的覆盖面，解决好对劳动者的各项社会保障问题；

第三，初步建立起适应多种经济成分中各类劳动者统一制度、统一标准、统一管理、统一调剂使用基金的社会保险制度，建立和完善社会保险基金管理和监督体系等。

（六）保护劳动者权益政策

劳动者的权益问题，是关系人权、关系社会安定和关系政府支持率的重大问题，这一问题受到一般国家的重视，并受到国际劳工组织的高度重视。就我国体制转轨的形势而言，保护劳动者的合法权益还有利于改革开放和现代化建设的进一步顺利进行。

我国保护劳动者合法权益的政策内容与措施主要有：政府的有关法令和行政规定，例如最低工资和劳动时间等规定；对用人单位的各项劳动监察，尤其是对非法雇用和恶劣劳动条件的监察；促进工会组织的建设与发展；职工代表大会制度；企业员工的参与管理；现代企业制度中职工参加监事会的制度；劳动争议处理制度，等等。

第三节　政府的就业服务

一、就业服务的重要性

就业服务，也称劳动服务或劳动就业服务，它是政府专职劳动管理部门对于求业人员提供的各项帮助和服务工作的总和。就业服务是就业体制市场化的产物。在市场经济体制下，企业和个人都具有择业权，这就需要有一定的社会组织作为中介为双方服务，使他们的双向选择得以实现。

作为劳动者的人，是“活”的、有意识的经济要素，具有主体性、自主选择性和个体差异性，并有着“得到就业权和获取劳动收入权”的社会要求。因此，它不能等同于其他生产要素的供求实现方式，而需要有特殊的供求中介组织。帮助社会成员就业，是各级政府的工作任务，作为社会公众代表、管理者和“公仆”的政府，必须把就业服务工作作为自己的职责。一般来说，政府要在各个地区设置专职就业服务机构，如职业介绍所、就业技能训练中心等，为社会成员就业提供一个可靠的、免费的、信息广的、公正无私的、方便及时的服务场所，适应个人择业和用人单位择员的需要，为解决就业问题、促进充分就业服务。

我国正在进行政府职能的转变，由运用权力分配资源向政策引导、利益协调和为社会服务的方向转变。“服务”是政府职能的新特征，就业服务恰恰适应这种政府职能的转变，是市场经济体制下政府劳动工作中具有高度必要性的新内容。

二、就业服务工作理念

就业问题是涉及面很广的国民经济与社会发展中的重大问题，劳动就业服务则是其中的实体性工作。在我国，这一工作是由劳动保障部门的就业管理局或就业服务局、职业介绍所、人才交流中心等机构承担。政府就业服务机构的就业服务工作应当具有四个理念。

（一）就业服务立足于社会

就业工作、劳动工作，其本身的性质就是社会性的。在我国传统的指令性计划体制下，政府劳动部门成为完成劳动要素分配任务的执行部门，从而降低了其重要性。从我国的经济体制改革与政府职能转变的角度看，劳动部门、就业工作部门越来越显现出其重要性，它们不再是简单地执行劳动要素分配任务的工具性部门，而开始恢复其社会性质，担负起研究宏观形势、解决就业和劳动方面社会问题的重要职能。具体来说，就业服务系统在国家就业政策制定、各地就业工作重点选择等大局和职业介绍、职业培训、举办劳动服务网点、保障失业者生活等具体工作方面，都体现出其重要性。随着我国向市场体制转轨措施的步步推进，随着我们的经济社会生活越来越与国际接轨，社会也越来越感觉到就业部门的作用，就业服务也就体现出极其重要的社会价值。

在我国人力资源严重供过于求的情况下，要解决好就业问题，还需要就业服务领域付出极其艰苦的努力；在我国目前正处于经济持续发展和改革全面深化时期，面对大批新成长劳动力就业、大规模企业职工分流下岗出路和大规模农村劳动力转移进城问题，要解决好这三方面社会成员的就业问题，需要就业服务部门发挥更大的作用。

（二）就业服务立足于经济

就业问题的根本是经济问题，一个国家的就业状况说到底是由经济发展水平及劳动供求关系所决定。如前所述，就业由经济活动所引致，是一种派生需要。因此，就业服务工作要从经济发展和经济体制改革的需要出发，立足于经济需求和企事业单位用人需求，立足于劳动市场机制的培育，立足于双向选择的实现。

（三）就业服务立足于人

我国实行市场经济，要保证劳动者的充分就业。从劳动要素配置部门的角度看，过去作为一种经济执行机构，是为国家及其下属的行政性企业服务的，劳动者则处于被忽略的地位。改革是要解放生产力，使社会劳动者的主体地位得到确立。这样，劳动部门、就业机构就是介于用人单位和劳动者个人双方中间的协调者、服务者，且偏向于为劳动者服务，保护劳动者权益。因为与用人单位相比，劳动者个人显然是弱者，是需要国家和社会给予一定倾斜的。

就业服务工作立足于人，就要注重搞好人力资源的开发利用，使得人尽其才，使人的竞争思想、创造意识、创业精神得以形成和发挥，从而有利于人的主体地位的形成和确立。具体来说，就业服务要为人的自由择业、自强创业、自主劳动、自由流动和个性的充分发展，提供良好的场所、信息和制度等方面的服务。进一步来说，就业服务工作还应当要为解决好人的职业生涯服务，为此，要对人们的职业加以指导，帮助他们搞好职业生涯设计、搞好职业选择、搞好就业后的职业转换，为劳动者的发展创造更好的条件。

（四）就业服务立足于科学

为了解决好我国的就业问题，为了使就业服务提高工作水平、增强自觉性，则应当注意使就业服务立足于科学。

在就业服务的业务工作以及有关的研究中，可以学习和借鉴经济学、管理学、心理学、现代方法论等诸多学科的成果。主要的学科有宏观经济学与就业理论、公共政策学、管理学与行政管理、职业社会学、职业指导理论与方法、心理测验、社会工作等等。

从我国就业工作的实践角度看，当前需要研究的问题主要有：就业形势与就业战略；人力资源供求预测，尤其是失业预警；就业政策制定；失业者状况分析；求职者结构与择业倾向；职业介绍机构的建设等等。

三、就业服务的内容

劳动就业服务是政府的一项具体工作，我国从20世纪80年代开始予以确认和重视。在我国长时期的劳动就业服务实践中，形成了一套劳动就业服务工作体系。这套体系的主要内容包括：进行失业登记、开展职业介绍、提供就业训练、组织生产自救、发放失业救济、开展职业技能鉴定、农村进城劳动力就业管理等。下面介绍其中四个主要方面。

（一）职业介绍

职业介绍是就业服务体系中的核心与主要部分。在我国，政府劳动部门设立公立职业介绍所（区县级以上为中心）、技工交流中心、劳动力市场、劳动市场等机构，政府人事部门设立人才交流中心、人才市场等机构，开展职业介绍的各项工作。以劳动供求见面的各种活动（如洽谈会）来对求业人员、转业人员寻找职业牵线搭桥、提供“就业机会”的服务。政府除自己进行职业介绍外，还统辖着民间的各种非官办的职业介绍活动。

服务，是现代政府的职责，职业介绍作为政府就业服务的一项内容、作为一种社会性的事业，更应当强调服务。在我国，劳动市场服务机构统一称职业介绍所，发布通用标志，是为了强调其服务功能。要搞好职业介绍方面的服务，必须依靠各级、各类职业介绍机构工作人员的职业道德精神、认真努力的工作态度、热心助人的良好品格和社会责任感。此外，丰富的职业知识和渊博学识、灵敏的职业信息和科学的工作方法也有利于搞好服务。这就要求职业介绍人员具有良好的职业道德水平和多方面素质。

（二）提供就业培训

就业培训包括就业前培训、转岗训练和下岗后再就业培训。开展就业训练是各国解决失业问题的通行做法。我国实行“先培训后就业”的政策，以帮助普通中学毕业生获得就业技能与就业资格，并开展对于失业人员和富余、下岗职工的培训，为提高他们就业能力服务，并对下岗职工进行再就业免费培训。

（三）发放失业救济

失业救济，是对失业人员在生活方面的救助，政府对符合救济条件的失业者在一定期限内发放一定数额的救济款项，以维持他们的基本生活。我国实行的是失业保险制度，即对失业者采取了投保缴费、享受保险的做法。1998 年我国颁布了《中华人民共和国失业保险规定》。

在我国，领取失业保险的对象是“就业以后失业”，并且是已经投保缴费、符合给付条件者。在我国改革中存在着大量下岗职工，他们丧失了工作岗位也丧失了工资收入，因而很多人处于生活困难的境地，为此我国对下岗职工实行了基本生活保障制度，对其发放基本生活费，为其缴纳社会保险，以保证其生活和维持社会的稳定。

（四）组织生产自救

生产自救，是通过政策扶持和就业服务部门的直接组织，安排失业人员从事临时性的生产自救劳动，或者帮助建立并鼓励失业者自己组织“就业性企业”，使失业者有一定的短期或长期的工作岗位。我国在 20 世纪 80 年代以来，发展了一大批名为“劳动服务公司”的就业企业，组织生产自救，安置了大量待业人员；90 年代后期，下岗职工再就业也实行了发展就业服务企业、组织生产自救的措施。我国劳动就业服务企业的经验，受到国际专家的重视。

第四节　劳动争议处理

一、劳动争议基本分析

（一）劳动争议概念

劳动争议，是基于劳动关系的一种矛盾，又称为劳动纠纷或劳资纠纷。劳动关系的产生即生产资料与劳动者结合的过程，也就是雇佣的实现。劳动关系的主体是用人单位和劳动者，双方的根本利益显然不是一致的，而是对立的。从经济学的观点来说，资源是稀缺的，这就决定了劳动争议的不可避免性。

具体来说，劳动争议就是劳动者与用人单位之间在劳动法的调整范围内因劳动权利和劳动义务受侵犯所引起的争议和纠纷。理解劳动争议概念时要注意：

1. 劳动争议的主体可以是个人或团体，可以是单个劳动者或多个劳动者与单个单位与单位团体，不局限于某个用人单位和某个劳动者之间。

2. 争议的内容一定要在劳动法调整的范围内，否则就不成为劳动争议，即争议双方是作为劳动关系主体发生争议而不是其他法律关系，如雇员谋杀雇主的刑事犯罪问题。

3. 争议的焦点，是劳动权利和劳动义务。

（二）劳动争议发生的原因

劳动争议发生的原因是多方面的，在不同国家和不同经济状况下，劳动争议产生的原因也有所不同，但其根本原因是劳动关系双方的利益冲突。由于企业获取的利润是既定的，要用于给付工资和资本积累，但这两方面不是统一协调、而是顾此失彼的关系，一方利益的获得意味着他方利益的丧失。具体来说，劳动争议有以下几个原因：

1. 当劳动关系双方在相关利益上不能达成一致时，就会导致劳动争议。

2. 经济发展和技术进步等因素，会使劳动契约、劳动关系等出现不适应现象，也会引发劳动争议。如竞争激烈，雇主要求加班加点；通货膨胀，工人要求加工资等。

3. 劳动关系双方的立场不同、出发点不同，对劳动法规或劳动合同的理解解释也有可能不同，因而在执行过程中，可能产生争议。

劳动争议是劳动关系处于不协调或不平衡状态的表现，它会对社会进步、经济发展和社会安定造成不良影响。因此，合理处理劳动争议问题具有极其重大的意义。

（三）劳动争议的分类

1. 根据发生劳动争议的人数划分

按照劳动争议的人数，可以分为个别劳动争议和集体劳动争议。个别劳动争议指职工一方单个劳动者与用人单位的争议。集体劳动争议指职工一方达到法定的集体争议人数，争议标的相同，并以集体选出代表提出申诉的劳动争议。

2. 根据劳动争议的原因类别划分

按照产生劳动争议的原因，劳动争议可以分为劳动报酬争议、福利保险争议、劳动保护争议、职业培训争议、变更劳动合同争议、解除劳动合同争议、终止劳动合同争议和其他争议。在我国，劳动争议的最主要原因是劳动报酬、福利保险和变更劳动合同。

（四）劳动争议的范围

劳动争议的范围，不同的国家有不同的规定，根据我国《企业劳动争议处理条例》第2条规定，我国劳动争议的范围为：因企业开除除名、辞退职工和职工辞职，自动离职发生的争议；因执行国家有关工资保险福利培训劳动保护的规定发生的争议；因执行劳动合同发生的争议；法律、法规规定应当依照本条例处理的其他劳动争议。

判定是否属于劳动争议，原则上有两个衡量标准，一是看是否是劳动法上的主体，二是看是否是关于劳动权利和义务的争议。

二、劳动争议处理

（一）劳动争议处理的原则

我国《劳动法》第78条规定："解决劳动争议，应当根据合法、公正、及时处理的原则，依法维护劳动争议当事人的合法权益。"我国《企业劳动争议处理条例》对劳动争议处理的原则，也作了相应的规定。具体包括：

1. 合法原则

即在处理劳动争议过程中，承担处理职责的劳动争议处理机构，必须坚持以事实为依据，以法律为准绳，对争议案件进行审查和处理。对当事人双方在适用法律上一律平等、一视同仁，对任何一方都不偏袒、不歧视，对被侵权或受害的任何一方都同样予以保护。

2. 公正原则

坚持公正原则，即要求劳动争议处理机构在处理劳动争议时，秉公执法，一切依据客观实际做出判断和裁决。为实现公正原则，劳动争议处理实行回避制度。

3. 及时处理原则

劳动争议发生后，当事人双方应及时进行协商，协商不成的应当及时向劳动争议处理机构申请处理；劳动争议处理机构应当依据法律、法规所规定的时限及时受理，抓紧审查和做出处理决定，按时结案；当事人不执行决定的，要及时进行解决，以保证案件的顺利处理和处理结果的最终落实。

4. 调解原则

我国《劳动法》第80条规定："在用人单位内，可以设立劳动争议调解委员会。"第79条规定了"劳动争议发生后，当事人可以向本单位劳动争议调解委员会申请调解"；调解不成再申请仲裁，对仲裁不服再起诉。第77条第2款规定："调解原则适用于仲裁和诉讼程序。"

（二）劳动争议处理的程序

我国《劳动法》第77条规定："用人单位与劳动者发生劳动争议，当事人可以依法申请调解、仲裁、提起诉讼，也可以协商解决。"我国处理劳动争议的机构是劳动争议调解委员会、仲裁委员会和人民法院，处理的程序包括协商、调解、仲裁和诉讼。当劳动争议发生后，应先由争议双方协商；协商不成，可申请劳动争议调解委员会调解；调解不成，可申请劳动争议仲裁委员会仲裁；仲裁不成，可向人民法院提起诉讼。

1. 劳动争议协商

劳动争议协商，是指由劳动关系双方采取自治的方法解决纠纷，是由工会代表和雇主代表出面，根据双方集体协议，组成一个争议处理委员会，就工资、工时、劳动条件等工人提出的争议内容，双方相互协商，达成协议，以和平手段解决争议。

2. 劳动争议调解

劳动争议调解，是指企业的调解委员会对用人单位与劳动者的纠纷，在查明事实，分清是非，明确责任的基础上，根据法律或合同约定，推动双方互相谅解，解决争议的方式。

劳动争议调解的机构是企业的劳动争议调解委员会，是设立在工会下面的一个机构，其性质是群众调解性的调解组织，由职工代表、企业代表、工会代表三方组成，采取自愿和民主说服的原则，对企业内部的劳动争议进行调解。它的优点有及时、易于查询情况、方便当事人参与活动等。而且又容易做思想工作，将纠纷消除在萌芽状态中。

调解委员会调解劳动争议，无严格的程序要求，一般包括调解准备、调解开始、调解实施、调解终止几个阶段，其过程是受理、调查、调解。受理是在劳动争议发生后，由争议双方或一方提出口头形式的调解申请，调解的期限是30天，即调解劳动争议，应自当事人申请之日起30日内结束，到期未结束的，视为调解不成。

3. 劳动争议仲裁

仲裁，也称公断，是一个公正的第三者对当事人之间的争议做出评断。其特点是专业性较强，较其他司法程序更简便、及时。劳动争议仲裁是劳动争议处理程序的中间环节，也是诉讼的前置程序。

仲裁的机构是国家授权的，依法独立处理争议的，由县、市、市辖区设立的劳动争议仲裁委员会，由劳动行政部门代表、工会代表、用人单位方面的代表组成，委员会中人数为单数，实行少数服从多数的原则。

劳动争议仲裁委员会主管的案件包括：发生争议后直接向仲裁委员会申请仲裁的劳动争议；调解不成，或调解委员会经过30天未结案，当事人向仲裁委员会申请仲裁的劳动争议。

向仲裁委员会申请仲裁的案件，必须经过调解，调解无效再仲裁。但这种调解和企业劳动争议调解委员会的调解不同，它是由仲裁委员会进行的调解，其调解书有法律效力，而后者不是解决劳动争议的必经程序，且调解书无强制的法律效力。若调解成功，则应当根据协议内容制作调解书；调解未达成的，经裁决后，制作裁决书。当事人对裁决不服的，自收到裁决书之日起 15 天内，可向人民法院起诉，期满不起诉的，裁决书即发生法律效力。

在正常情况下，仲裁的提请有时效的限制。我国《劳动法》第 82 条规定："提出仲裁要求的一方应当自劳动争议发生之日起 60 日内向劳动争议仲裁委员会提出书面申请。"如果超过 60 天，则视为丧失申诉权，仲裁委员会对其仲裁申请不予受理。特殊情况下，当事人由于不可抗拒力或其他正当理由超过时效的，仲裁委员会应当受理。

4. 劳动争议诉讼

劳动争议诉讼，是人民法院按照民事诉讼法规定的程序，以劳动法规为依据，按照劳动争议案件进行审理的活动。按照《企业劳动争议处理条例》的规定，当事人如果对仲裁庭的裁决不服，可以自收到裁决书之日起 15 天内，向人民法院起诉，由此而引起诉讼活动。人民法院对劳动争议案件的审理包括一审、二审及再审程序，当事人不服地方人民法院第一审判决的，有权在判决书送达之日起 15 日内向上一级人民法院提起上诉。到期不上诉的，判决书自动发生法律效力。最终的生效判决标志着这一劳动争议案件的诉讼程序的终结，也即劳动争议的最终解决。

同仲裁一样，劳动争议诉讼也有时效限制。我国《企业劳动争议处理条例》第 30 条规定："当事人对仲裁裁决不服的，自收到裁决书之日起 15 日内，可以向人民法院起诉。"我国《女职工劳动保护规定》规定，女职工劳动保护的权益受到侵害时，有权向所在单位的主管部门或者当地劳动部门提出申诉，受理申诉的部门应当自收到申诉书之日起 30 日内做出处理决定。女职工对处理决定不服的，可以在收到处理决定之日起 15 日内向人民法院起诉。在 15 日内，当事人不向人民法院起诉，劳动争议的仲裁或主管机关的处理就生效。对于仲裁决定，一方当事人如果期满不起诉，又不执行，另一方的当事人可以向人民法院申请强制执行。

人民法院对劳动争议案件的审理，适用我国《民事诉讼法》规定的程序。审理程序由起诉与受理、调查取证、调解、开庭审理等几个阶段组成。这里的调解类似于仲裁的调解，与企业劳动争议调解委员会的调解不同，是诉讼中的一个程序。若调解成功，同样具有法律效力。

【本章小结】

政府作为一个国家或地区的行政机构，对于社会生活的方方面面都有着一定的管辖权和影响力。在前面的四章分别阐述了劳动制度的四项内容之后，本章从政府对社会劳动的管辖和影响的角度，就这一问题进行了综合的和现实的分析。本章首先阐述了政府的职能，尤其是对世界银行的政府职能观进行了阐述，进而具体阐述了政府的社会劳动管理职能与方法。

政策是实行政府的管理目标的手段。本章对政策的基本范畴和劳动政策的基本内容进行了阐述，并侧重介绍了促进就业政策、工资调控政策、社会收入分配政策、社会保障政策和保护劳动者权益的政策。

服务是现代政府的职责。本章对在政府工作和公民劳动问题上最主要的服务——劳动就业服务的专业性、指导理念和主要内容进行了阐述和分析。

劳动争议是现代产业社会常见的现象，也是政府高度关注和努力加以协调和解决的社会问题。本章对劳动争议的概念、产生原因和分类做了基本分析，对劳动争议范围的界定和处理的原则、程序也进行了阐述。

【重要概念】

政府　政府职能　劳动立法　政策　劳动政策　收入政策　就业服务　职业介绍　劳动争议　劳动争议仲裁

【思考题】

1. 什么是政府？政府在经济社会发展中有什么职能？
2. 试结合实际分析政府在社会劳动管理中的作用。
3. 劳动政策在经济社会发展中有什么作用？其主要内容有什么？
4. 如何搞好就业服务？
5. 解决好劳动争议的意义是什么？

第十三章　劳动的社会保障

第一节　社会保障概述

一、社会保障与社会保障制度

（一）社会保障

社会保障（social security）一词，原意为社会安全，最早出自美国 1935 年颁布的《社会保障法》。[①] 之后，社会保障一词逐步被世界各国在建立对社会成员给予物质帮助的法律制度中以及国际劳工组织在国际劳工公约和建议书中正式使用。

在当代，社会保障对世界各国来说已经不仅是一个名词，而是一项重要的法律制度的总称，它已在社会生活中被广泛使用和为人们所普遍接受。

（二）社会保障制度

社会保障制度，是指国家为了保持经济发展和社会稳定，对公民在年老、疾病、伤残、失业、生育、遭遇灾害、面临生活困难时，由政府和社会依法给予物质帮助，以保障公民的基本生活需要的制度。社会保障制度作为工业社会的产物，实质是劳动者为生存权利而斗争的过程。

社会保障制度发展的第一阶段，是"自发互助"阶段。18 世纪欧洲产业革命爆发，机器大生产取代手工生产方式之后，在全社会范围内建立安全保障体系才有了必要和可能。在这一阶段，工人收入微薄，工伤事件频繁，劳动者为求生存，自发组织起来，由工友自筹资金进行互助，以解决生活中由于意外事故给自己和家庭带来的不幸。

第二阶段，是"有组织互助"阶段。资本主义发展到大机器生产阶段，自发的互助行为已不足以抵御事故和贫困的威胁，于是出现了"预防互助会""共同救济会"等集体互助形式。随着自我防卫措施数量、规模的增大，逐步有企业主加入。

① 赵曼．社会保障制度结构与运行分析．北京：中国计划出版社，1997

第三阶段，是“国家立法”阶段。到了 19 世纪中叶以后，随着大生产的发展，阶级斗争激化，为缓解社会矛盾，政府当局被迫实行强制性的社会保险，使社会保障进入了国家立法阶段，也是现代社会保障制度建立和发展的阶段。英国在 19 世纪上半叶颁布实施新《济贫法》，系社会救助第一次采取立法形式颁布，从此开创了社会实行救济是应尽义务的新格局。19 世纪晚期，德国推出的第一批社会保险法案，包括 1884 年正式通过的《工人伤亡保险草案》、1883 年通过的《疾病社会保险法草案》、1889 年通过的《老年和残疾社会保险法》、1927 年通过的《失业社会保险法》，标志着社会保险体系的初步建立。继德国之后，西欧和北欧各资本主义国家、美国等也建立了社会保险体系。20 世纪下半叶，中国以及东欧和亚洲一些实行计划经济的国家，仿效苏联模式，纷纷建立了社会保险体系。与此同时，亚非拉发展中国家也先后建立了社会保险体系。20 世纪下半叶，英国首先宣布建立公民“从摇篮到坟墓”均有保障的“福利国家”，继之其他国家也都先后宣布实施“普遍福利”政策。这样，社会福利事业得到空前发展。随之，社会保险和公共医疗保健活动更加加强，社会优抚工作也因二次大战造成的伤残牺牲而广泛开展起来。

二、社会保障制度的内容

（一）社会保障制度的基本内容

在现代社会里，社会保障制度是一个国家的基本经济社会制度之一，是国家通过立法建立起来的。由于各国社会经济制度、经济发展状况、价值取向、法律文化传统等方面的不同，其社会保障制度的内容也不尽一致。概括起来，社会保障制度一般由五部分组成，即：作为最低层次的社会救助，作为基本部分的社会保险，作为最高层次的社会福利，作为特殊纲领的社会优抚，以及医疗保健服务。[①] 这五个项目分别为：

社会救济，是指国家对因意外事件或自然灾害等原因造成生活困难，以至于无法正常生存的公民，无偿给予物质帮助，提供生存保障。

社会保险，是以劳动者为保障对象，以劳动者的年老、疾病、伤残、失业、生育等特殊事件为保障内容，由国家依法强制实行。社会保险是社会保障体系中的基本部分，经常占据社会保障资金支出的大部分。

社会福利，是指国家和社会通过各种福利服务、福利企业、福利津贴等方式，使全体社会成员在享受基本生存权利的基础上，随着社会经济的不断发展而提高生活水平的社会政策的总称。社会福利目的在于增进群众福利，改善国民的物质和文化生活，因而更进了一个层次。

社会优抚，是国家和社会对军人等特殊群体及其家属提供一定水平的救助

---

① 侯文若. 社会保障理论与实践. 北京：中国劳动出版社，1991

以及其他社会优待的社会政策的总称。

医疗保健服务，把工作对象放在全体居民，被视为一种带有普遍性色彩的制度。

（二）我国的社会保障制度

我国的社会保障制度包括社会保险、社会救济、社会福利和优抚安置。这一制度的建立，为发展国家经济、巩固国家政权、保障人民生活起到了重要的作用。在我国社会保障体系中，社会保险是重点内容，是整个体系的支柱，其适用范围主要是城镇劳动者。社会保险有三大原则，一是强制性原则，即国家通过立法强制实施，受保人必须参加，承保人必须接受；二是互济性原则，即社会保险不以赢利为目的，按照“大数法则”，在全社会的范围内统一筹集资金，统一调剂使用，依靠全社会的力量均衡负担和分散风险，以保障人们的基本生活，以从根本上安定社会秩序；三是社会性原则，即普遍性。社会保险应尽可能在全社会普遍实施，覆盖面尽可能涵盖所有劳动者，以至全体社会成员。目前我国社会保险的主要内容为养老保险、医疗保险、失业保险、工伤保险、生育保险，本章下面介绍其中的养老保险、医疗保险和失业保险三大内容。

三、社会保障制度的作用

社会保障，是一个很重要的经济和社会问题。社会保障制度的主要作用，是帮助人们降低生活和工作中可能遇到的风险，保障社会成员的基本生活，增强他们的生活安全感，促进并实现社会的稳定发展。

（一）是社会稳定与社会发展的有力保证

一方面，社会保障制度有效地维护了国家的稳定。新中国成立 50 年来并未出现过因为灾祸、贫困等而导致的社会动乱。这在幅员辽阔、人口众多、灾害频繁、发展落后的中国，确实是一个奇迹。在这个奇迹中，除社会主义制度本身所具有的保障功能外，自 20 世纪 50 年代初期相继建立的劳动保险、社会救济、社会福利、优待抚恤、公费医疗等社会保障制度，亦使亿万国民在各种灾祸及贫困面前免除了生存危机。这正是社会稳定发展的重要前提与基础。另一方面，社会保障制度有力地促进了我国社会的发展进步。一是贫困人口大幅度减少。政府通过经常性的救灾救济措施来解除城乡贫困人口的生存危机，更通过实施大规模的扶贫工程来促使贫困人口摆脱贫困，大多数城乡居民家庭已步入小康生活阶段。二是人口素质大幅度提高。国家通过传统的公费医疗、乡村合作医疗制度和目前正在建立的医疗社会保险制度等，使亿万国民的健康得到了有效保障，不仅早已洗掉了“东亚病夫”的耻辱，而且人均预期寿命日益接近发达国家的水平。三是人民的生活质量大幅度提高。如养老金使老年人得以安享晚年，医疗保险使疾患者免除了沉重的经济负担，失业保险支持着失业工人重新就业，康复事业帮助残疾人融入主流社会，等等。人民免除了许多后顾之忧，安全感、信心感的提升又促使着生活质量的提升。四是新型的社会保障制度，还有力地维系和润滑着市场经济的运行，成为我国社会发展进步的重要推动力量。

（二）对促进经济和社会协调发展具有重要意义

首先，建立和完善社会保障体系，为广大人民群众提供适当水平的基本生活保障，保障他们安居乐业、老有所养、病有所医，是新世纪我国全面建设小康社会的必然要求。其次，在市场经济条件下，竞争机制优胜劣汰，造成部分劳动者被迫退出劳动岗位，使其本人和家庭因收入减少而陷于生存危机。市场经济的建立和发展要求保护劳动力的再生产和合理配置劳动力资源，社会保障的建立打破了劳动者自我保障或企业保障的局限，使劳动者在更换劳动岗位和迁徙时没有后顾之忧，促进了劳动力的合理流动与合理配置。第三，完善的社会保障体系能够改善居民对改革的心理预期，增加即期消费，在促进我国经济持续、快速、健康发展方面发挥着重要作用；另外，目前我国已经进入老龄化社会（60 岁以上人口占总人口的 10%），人口老龄化危机需要完善的社会保障体系来化解。

（三）是促进社会公平的调节器

在市场经济条件下，由于收入分配机制与竞争机制相联系，必然存在收入分配方面的不均等，贫富悬殊。社会保障制度对社会成员的收入进行再分配，将高收入者的部分收入适当转移给收入较少的社会成员，在一定程度上缩小了贫富差距，缓和社会矛盾，促进了社会公平目标的实现。

第二节　养 老 保 险

一、养老保险基本范畴

（一）养老保险的概念

养老保险，也称“老年保险”或“年金保险”，是指劳动者在达到国家规定的解除劳动义务的劳动年龄界限，或因年老丧失劳动能力的情况下，能够依法获得经济收入、物质帮助和生活服务的社会保险制度。

就其保险范围、保险水平、保险方式的不同，养老保险可分为基本养老保险、补充养老保险和个人储蓄性养老保险，国际社会通常称之为养老保险的第一支柱、第二支柱和第三支柱。[①] 基本养老保险是由国家立法强制实行的政府行为，全体劳动者必须参加。补充养老保险是在国家法律、法规和政策的指导下，在企业和职工已经参加基本养老保险的前提下，由企业或单位与职工视企业经营状况，通过民主协商，自主确定是否参保和确定保险水平，自行选择经办机构。个人储蓄性养老保险完全是一种个人行为，公民和劳动者均可按照自己的意愿决定是否投保以及投保的水平和选择经办机构。本节所介绍的养老保险主要是指基本养老保险。

（二）养老保险的作用

养老保险制度的建立和健全，是人类文明与社会进步的标志和成果，它的产生和发展，同社会保障制度的发展历程一样，经历了自发互助和有组织的互助阶段，然后进入国家立法阶段，迄今已有一百多年的历史。

国家建立养老保险制度，通过社会统筹的方式筹集资金，参与国民收入的再分配，解决劳动者的养老问题，实现了国家、企业和劳动者原始收入的再分配，对均衡地区之间、企业之间的经济负担，调节劳动者之间的收入分配差距，实现互助互济，缩小贫富悬殊，保障劳动者的基本生活，促进社会稳定等方面发挥了积极作用。

二、养老保险模式与改革

（一）模式

目前，已有 160 多个国家和地区建立了不同类型的养老保险制度。世界各国养老保险制度类型主要有传统型、福利型、国家保障型和公积金型。养老金一般是通过现收现付的方式，或者部分或者完全积累的方式来筹集的。享受养老保险待遇的条件，一般由年龄条件、投保年限（工作年限或工龄）、居住年限等构成。

1. 传统型养老保险模式

传统型养老保险制度以美、德、法等发达市场经济国家为代表，贯彻“选择性”原则，即并不覆盖全体国民，而是选择一部分社会成员参加，强调待遇与工资收入及缴费或税相关联，也可称为“收入关联型养老保险”。此类保险制度的保险对象一般为工薪劳动者，费用由雇主和雇员共同负担。待遇支付方面，一般有利于收入人群。[②]

2. 高福利国家养老保险模式

福利型养老保险制度以日、英、澳、加等部分市场经济国家为代表，贯彻“普惠制”原则，基本养老保险体系覆盖全体国民，强调国民皆有年金，也称

① 焦凯平主编. 养老保险. 北京：中国劳动社会保障出版社，2001

② 屈祖荫主编. 市场经济国家社会保险概况. 北京：改革出版社，1995

为“普惠制”养老保险。在日本，政府建立了“国民年金”；在英国和澳大利亚，称为“老年年金”；在加拿大，称为“普遍年金”。在这一制度下，所有退休国民或达到一定年龄（如70岁）的退休国民，均可无条件地从政府领取一定数额养老金。这种养老金与公民的身份、职业、在职时的工资水平、缴费或税年限无关，所需资金完全来源于政府税收。这种普惠制的养老保险待遇，一般水平很低，不足以维持退休者的基本生活；退休者要维持自身的基本生活，必须同时加入到其他养老保险计划之中。

实行福利型养老保险的国家，除澳大利亚外，目前均被一种混合型制度所取代。即福利型养老保险与“收入关联型养老保险”同时并存，共同构成第一支柱的基本养老保险。在日本，政府建立了“厚生年金”；在英国，称为“附加养老金”；在加拿大，称为“收入关联年金”。这种收入关联型养老保险的待遇，一般要高于普遍年金的待遇，资金主要来源于雇主和雇员的缴费以及基金的投资收益。

3. 前苏联东欧国家的养老保险模式

国家保障型养老保险制度曾经在大多数实行计划经济的国家流行，以前苏联、东欧国家为代表。按照“国家统包”的原则，由用人单位缴费，国家统一组织实施，工人参与管理，待遇标准划一，保障水平较高。其弊端是：第一，随着养老保险费用的不断增加，国家财政的包袱日益沉重，成为经济转轨的障碍。第二，平均主义倾向日益严重。由于养老保险基金增长快于劳动报酬基金增长，在整个消费基金中按劳分配的比重逐步减少，严重影响了职工的积极性和主动精神。

这种养老保险制度在历史上曾经发挥了积极作用，但与市场经济不能适应，不利于企业参与市场竞争，不利于劳动力的流动，不利于培养劳动者个人的自我保障意识。目前，这种养老保险制度类型已经或正在退出国际社会保障领域。

4. 新兴市场经济国家的公积金模式

公积金型养老保险制度在一批新兴市场经济国家流行，主要以新加坡、智利，以及一些英联邦的成员国家为代表，强调自我保障的原则，实行完全积累的基金模式，建立了不同类型的个人养老保险账户或“公积金”账户。养老保险费用由雇主和雇员共同分担，在被保险人退休或遇有特殊需要时，将个人账户基金定期或一次性支付给个人。

公积金型养老保险制度有利于发挥个人的自我保障功能，体现多劳多得的原则，也能够保障劳动者退休后的基本生活。但这一制度无法充分发挥社会保障的互济互助功能，同时普遍面临着如何使基金保值增值的压力，在持续通货膨胀和面临金融危机时难以正常运行。目前这种养老保险制度正在发展过程中，具体走向和实效尚难以预料。一些欧洲国家，如瑞典、意大利也引进了个人账户制度，但基金实行“空账”运转。

（二）各国养老保险制度的改革趋势

由于人口老龄化问题日益突出等问题，比较通行的养老保险现收现付体制遇到困难，引发各国的养老保险制度改革。目前，越来越多的国家已经采取步骤，试图将公共的现收现付体制转变为完全积累体制，允许员工和雇主为他们的退休生计选择私营体制，以防止危机。目前至少有 20 个国家已推出强制性的储蓄方案，要求员工为他们的退休而储蓄。一些国家或者已对他们的公共养老金体制进行了部分私有化，或者已设立私营管理的养老金计划。一些国家要求雇主在传统的社会保障款项之外提供养老金。但是，正如前文所指的那样，实行完全积累式的改革，其前景和效果究竟如何，目前尚难以预料，因为这种模式同样隐含着巨大的金融风险。

三、我国的养老保险制度

（一）我国养老保险制度的发展

1953 年《中华人民共和国劳动保险条例》的颁布实施标志着中国城镇企业职工社会养老保险制度的建立，至今已近 50 年。在此期间经历了发展、停滞、改革三个历史阶段。

第一阶段：1953—1965 年，发展阶段。在这一时期建立了雇主按本企业工资总额 3%缴纳的劳动保险基金，实行了分级管理，全国统一调剂使用的办法，较好地发挥了社会保险互助互济的功能，有效地保障了退休人员的基本生活。

第二阶段：1966—1976 年，停滞阶段。这是中国历史上动乱的十年。由于“文革”的干扰破坏，原由各级工会组织负责的劳动保险基金从 1969 年起不再筹集，退休人员养老金所需要的费用由各企业自行负担，在“营业外项目”下列支（即税前提取）。由此造成企业之间养老金负担畸轻畸重的矛盾十分突出，退休人员的生活难以保障，社会保险倒退为企业保险。

第三阶段：1978 年至今，改革阶段。城镇企业职工养老保险实行养老保险费用社会统筹，开始从“企业保险”向社会保险转变；实行城镇企业职工个人缴纳养老保险费，开始了社会保险费用由企业一方负担向多方负担的转变；探索实行企业补充和个人储蓄性养老保险制度，开始了社会保险由单一层次向多层次的转变。

（二）我国现行养老保险制度体系

1. 城镇企业职工基本养老保险制度——社会统筹与个人账户相结合

我国城镇企业职工基本养老保险制度实行社会统筹与个人账户相结合。养老保险费用由国家、企业和职工个人三方负担。其中企业和职工个人应按月按规定的费率缴纳基本养老保险费，在养老保险基金发生入不敷出时，由国家财政承担最终支付责任。城镇企业职工基本养老保险的覆盖范围为：国有企业、城镇集体企业、外商投资企业、城镇私营企业和其他城镇企业及其职工，实行企业化管理的事业单位及其职工。一些地区还将城镇个体工商户及自由职业者纳入了保险范围。

基本养老金与个人在职时的缴费工资基数以及缴费年限长短挂钩，即缴费工资越高、缴费年限越长，个人账户积累越多，退休时基本养老金就会相应较高。按照现行制度规定，满足以下三个条件的，可以按月领取基本养老金：一是参加了城镇企业职工基本养老保险；二是达到了国家法定退休年龄。即男年满 60 周岁，女干部年满 55 周岁，女工人年满 50 周岁。因病完全丧失劳动能力以及从事特殊工种工作的符合条件可提前退休；三是个人缴费满 15 年。个人缴费年限不满 15 年的，只能一次性领取个人账户储存额。

2. 企业年金问题

企业年金是在国家政策指导下，由企业及其职工依据经济状况自主建立的一项养老保险制度，它是基本养老保险的重要补充，也是多层次养老保险体系的一个重要组成部分。企业年金有五个特点，一是计划由企业与职工协商制定；二是费用一般由企业和职工共同负担；三是经办方式较为灵活，有大企业自办、小企业联办、委托社会中介机构或金融机构经办等多种形式；四是基金实行长期积累和市场化运营；五是政府不承担直接责任，但通过制定各项政策（特别是税收方面）予以鼓励或限制，并进行严格的监管。

我国的企业年金计划原来被称为“补充养老保险”，从 1991 年开始，国家发了一系列文件，提倡、鼓励企业实行补充养老保险。我国补充养老保险定位为缴费确定型模式，采用个人账户方式管理，投资风险由职工个人承担。2000 年，国务院在完善城镇社会保障体系的试点方案中，将企业补充养老保险更名为“企业年金”，明确了企业缴费在工资总额 4%以内的部分可以从成本中列支，并确立了基金实行市场化管理和运营的原则。

3. 机关事业单位养老保险制度

机关事业单位在人员构成、经费渠道、工资福利制度等方面，都与企业有很大不同。从发展沿革来看，我国是先有企业职工退休制度，后有机关事业单位工作人员退休制度。1958 年起，我国干部和工人实行同一退休办法，直至 1978 年才正式分开。1982 年《中华人民共和国宪法》的颁发，标志着干部的退休制度以法律形式固定下来。机关事业单位现行的养老保险制度费用由国家提供，资金来源较为可靠；政策比较优惠，待遇水平略高于企业。这一制度对保障工作人员的基本生活，促进各项事业的发展，维护社会稳定，都起到了积极作用。

公务员退休条件的基本构成包括年龄、工作年限和身体状况，退休方式包括法定退休和自愿退休两种。法定退休是指公务员达到最高任职年龄丧失工作能力时，必须退休。法定退休条件坚持公务员退休的法律效力和普遍约束力，着重强调公务员应严格履行义务；自愿退休是指公务员虽不到最高任职年龄，如符合一定条件，本人提出要求，经任免机关批准，可以退休。自愿退休条件，主要强调了公务员的权利，且尊重本人的愿望。公务员的养老金也称退休金，是国家规定发给退休人员的生活费，也是退休人员享受物质待遇的基本部分。

事业单位工作人员的退休条件是：（1）男年满 60 周岁、女年满 55 周岁，参加革命工作年限满 10 年的；（2）男年满 50 周岁、女年满 45 周岁，参加革命工作年限满 10 年，经过医院证明完全丧失工作能力的；（3）因工致残，经过医院证明完全丧失工作能力的。

机关事业单位退休人员的养老金标准，是按照其在职时的贡献大小（即所积累的年功贡献）和国家的经济发展水平来确定的。

4. 农村养老问题

我国是一个农业大国，有 9 亿多农民，其中 60 岁以上的老年人超过 9300 万人。这个庞大的老年群体与城市老年职工的重大差异是：他们无工薪，没有退休年龄的规定，年老丧失劳动能力后，不能享受退休金待遇。随着传统的家庭赡养和土地养老方式功能的逐渐弱化，如何解决他们的养老是一大难题。

1986 年，我国开始在富裕的沿海地区开展农村社会养老保险试点。1992 年，民政部正式出台《县级农村社会养老保险基本方案》（试行）。所确立的原则是：（1）社会养老与家庭养老相结合；（2）自助为主，互助为辅，国家给予政策扶持；（3）农村各类人员（务工、务农、务商）社会养老制度一体化。试点方案确定的农村养老保险的模式为完全积累的个人账户模式：个人缴费和集体补助全部计入个人账户，个人账户归个人所有，实行基金积累；养老金根据个人账户积累额确定。

由于受农民的经济状况和其他条件的限制，我国目前推行的农村养老保险的覆盖面仍然很低，主要覆盖人群是农村青壮年，90%以上的农村老年人口没有包括在内。另外，目前推行的农村养老保险还存在保险基金的保值增值能力和实际保障能力差、缺乏法律的支持、政策不能持续等问题。总的来看，我国农村社会养老保险的总体水平不高，特别是经济欠发达地区的农民对社会养老保险的认识还是空白，或者认识相当模糊。

（三）我国养老保险制度的问题及改革

1. 养老保险基金支付压力

养老保险基金不足和存在支付缺口，是许多国家普遍存在的问题。由于养老保险制度改革起步较晚，长期以来没有基金积累；加之法制不健全，基金征缴乏力；以及退休人员数量增加较快等原因，使我国的养老保险基金支付压力问题比别国更加严重。

从图 13—1 可以看出，1989—2001 年间 1989 年离退休人员数表现为陡升的曲线，而职工人数则相对较为平缓。在职职工负担逐年增加，养老保险基金压力逐年加重。

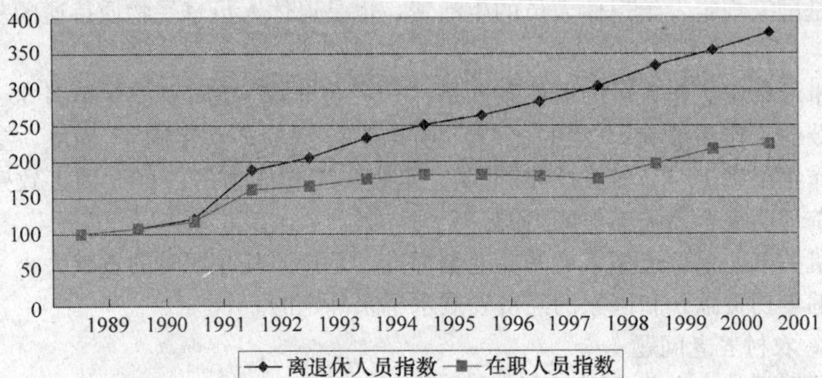

图 13—1　1989—2001 年离退休人员和职工人数

针对这一问题，我国已积极探索和开辟了养老保险资金来源渠道，包括进一步调整财政预算支出结构，逐步增加社会保障支出；开征新的税种，通过发行社会保障长期债券、增发彩票等形式筹集资金，专项用于社会保障等。为完善我国养老保险制度奠定坚实的基础。

2. 尚未建成完全独立于企业之外的养老保险体制

我国养老保险制度改革 20 年来，虽然在实行退休人员与原企业相分离，养老金实行社会化发放等方面做了大量工作，但由于历史的原因，长期以来我国企业的退休人员脱离不开原企业，这项改革还未完全彻底，养老保险体系还没有完全独立于企业之外。很多企业还承担着对退休人员的管理工作，退休人员进入社区管理的进程还有待进一步推动。

3. 基本养老保险覆盖范围还有待进一步扩大

虽然有相关规定，但由于缺乏强制的法律、法规依据，有的地区以改善投资环境为由擅自允许“三资”企业不参加养老保险；有的企业为了降低成本，故意逃避参保缴费；有的企业在破产、改制过程中，原参加养老保险的职工中断了养老保险关系，参保职工流失。等等情况都表明，养老保险覆盖面不扩大，直接损害了职工的合法权益。

4. 省级统筹还不完善

尽管按照规定，各地养老保险应实行省级统筹，通过省级调剂，增强基金的抗风险能力，保障退休人员基本生活，加强基金管理，但许多地区在养老保险覆盖范围、缴费标准、基金管理、组织管理等方面做法还不规范，存在基本养老保险统筹项目不统一、省级统筹层次较低、覆盖面参差不齐、省级统筹强制性及法制化不够、缴费基数以及缴费比例等存在较大差异等问题。如何推进省级统筹的规范化进程，是当前中国养老保险制度面临的一项重要任务。

5. 不同经济组织实行不同的养老保险制度

与其他国家不同的是，我国的企业职工与机关事业单位工作人员实行不同的养老保险制度，这在一定程度上制约了机关事业单位人事制度改革，影响了职工在不同经济组织之间的正常合理流动。特别是由于机关事业单位与企业退休人员在养老金计发办法上的不同，导致两类退休人员养老金水平出现差距且呈逐步扩大的趋势，容易引起攀比和矛盾，影响社会安定。目前，一些地区已开展对机关事业单位养老保险制度改革试点，部分改制为企业的事业单位已经执行企业职工的基本养老保险制度。对在机关事业单位和企业之间流动的人员的养老保险关系问题，有关部门也进行了有益的探索。

建立和完善独立于企业事业单位之外的养老保险体系是中国政府的重要任务，是关系人民群众根本利益的一件大事，有利于改善居民的心理预期，扩大消费。我国的养老保险改革，应逐步覆盖到全体城镇劳动者，并改革机关事业单位工作人员养老保险制度，最终建立统一、规范、完善的社会养老保险体系，推动社会保障体系的建设，促进国民经济持续快速稳定发展。

第三节 医疗保险

一、医疗保险基本范畴

（一）医疗保险的概念

医疗保险是指当劳动者生病或非因工负伤时，由国家和社会给予一定的经济补偿与医疗服务的一种社会保障制度。医疗保险通常是由国家立法建立基金制度，强制实施。保险费用由用人单位和个人共同缴纳，参保人员患病就诊发生医疗费用后，由医疗保险经办机构给予一定的经济补偿。医疗保险能够将集中在个体身上的由疾病风险所致的经济损失分摊给所有参加保险的社会成员，并将集中起来的医疗保险资金用于补偿由疾病风险所带来的经济损失。

（二）医疗保险的作用

医疗保险是社会收入再分配的方式，除了具备社会保险的一些共性功能外，还有一些特殊的功能。一是保障劳动者身心健康，减轻其经济负担。劳动者一旦患病，不能从事劳动，正常收入中断或减少，势必会影响劳动者本人及其家庭的生活，医疗保险制度可使患病的劳动者从社会获得必要的物质帮助，有效地帮助他们从“因病致贫”“因贫致病”的困境中解脱出来。二是医疗保险可以依靠国家、单位和个人的经济力量，筹集医疗费用，促进各类卫生保健事业的发展。三是可以使劳动者在生病后得到及时治疗，恢复身体健康，从而有利于提高劳动生产率，促进社会生产力的发展。

二、医疗保险模式与改革

（一）模式

医疗保险是世界上立法最早的社会保险项目。德国在1883年就颁布了《疾病社会保险法》，这是世界上第一部现代意义上的、比较完整的社会保险立法。受国家的政治、经济、历史、文化等诸多因素的影响，按照不同的医疗保险筹资方式，世界各国有着多种不同的医疗保险模式，大体可以分为“国家卫生服务模式”“社会医疗保险模式”“储蓄医疗保险模式”和“商业医疗保险模式”四种类型。

1. 国家卫生服务模式

国家卫生服务模式，又称“国家医疗保险制度”，是指政府直接举办医疗保险事业，通过税收形式筹措医疗保险基金，采取预算拨款给国立医疗机构的形式，向全体国民直接提供免费（或低收费）的医疗服务。采取这种模式的主要是西方福利国家，如英国、瑞典、加拿大等。

在这种模式下，医疗保险基金绝大部分来源于国家财政预算，卫生行政部门直接参与医疗服务的计划、管理、分配与提供，医疗保险基金往往通过全额预算下拨给政府举办的医疗机构。这种模式是一种普惠型，但易造成医疗消费水平过高，政府财政不堪重负的情况。

2. 社会医疗保险模式

社会医疗保险模式是国家立法强制推行的医疗服务制度。它是由雇主和雇员依法共同缴纳医疗保险费，政府通过社会保险为参加者提供基本卫生服务。采取这种模式的有德国、日本、法国、韩国等。

在这种模式下，医疗保险基金由医疗保险机构按照以收定支、力求当年收支平衡的原则统一筹集、管理和使用，不以营利为目的；提供的医疗服务内容一般包括基本医疗服务、大多数病种的住院治疗及必要的药品。这种模式能够实现社会互助共济、风险分担，但由于实行现收现付，没有积累，不能解决代际之间医疗保险费用负担的转移问题，随着人口老龄化社会的到来，这种矛盾将日趋尖锐。

3. 储蓄医疗保险模式

储蓄医疗保险模式是根据法律规定，强制性地以家庭为单位筹资，以支付未来患病时所需的医疗费用。这种模式源于新加坡，目前只有少数国家采用这种模式。

这种模式强调个人通过积累支付部分医疗费，政府分担部分费用。这样可避免过度利用医疗服务的行为，减少浪费。但该模式不能实现社会互助共济，低收入人群得不到医疗保障而在一定程度上降低了社会保障的功能。

4. 商业医疗保险模式

商业医疗保险模式与社会医疗保险模式相对应，是由商业保险公司承办的、以营利为目的的医疗保险形式，由投保人自愿选择保险基金，属自愿保险。美国采取这种模式。这种模式能较好地满足中高收入者高层次的医疗需求，但由于保险公司经办，通常低收入人群、体弱多病者和老年人往往被排除在外。

（二）各国医疗保险制度的改革趋势

医疗保险是一项比较复杂的社会保险。至今为止，世界上还没有任何一个国家的医疗保险制度可以说是十分完善的。而且可以说任何一种医疗保险制度都存在着或多或少的缺陷和弊病。由于医疗保险制度所依赖的社会经济背景不断发展变化，医疗保险制度本身也在不断地改革调整，以适应新的形势。①

如实行国家卫生服务模式的英国，为解决国营医疗机构效率低的问题，通过允许私立医院、允许集体开业医生提供住院服务、允许居民自由选择家庭医生等手段，鼓励国营医院与私立医院、集体开业医生之间、集体开业医生与医院之间、家庭医生之间开展竞争。

实行社会医疗保险模式的德国，针对其制度中存在的第三方付费造成的医疗费用增长快，而病人与医生都缺乏一种经济上的约束机制的问题，采取对药品分期分批实行固定药价，药费差额由病人自付；撤销与一些多余的医院、或不注意节约的医院的保险合同等等办法。

实行商业医疗保险模式的美国，针对制度中存在的不公平性、缺乏控制医疗费用动力机制和过度医疗需求的问题，采取了改变医疗服务的提供方式、改变医疗费用支付方式等等办法。

三、我国的医疗保险制度

（一）城镇职工医疗保险制度的发展

1. 建立时期

我国企业职工医疗保险制度，最早被称为“劳保医疗制度”。劳保医疗制

① 广东省医疗保险制度改革研究项目办公室、美国林肯国民集团编著. 广东省医疗保障制度改革研究. 385

度是根据 1953 年颁布实施的《中华人民共和国劳动保险条例》等相关法规、政策建立和发展起来的。其适用范围主要是全民所有制企业的职工及其供养的直系亲属。劳保医疗经费按照企业职工工资总额和国家规定的比例，在生产成本项目中列支。享受劳保医疗的职工患病可享受近乎免费的医疗待遇，其供养直属亲属可享受半费医疗待遇。

1966 年“文化大革命”开始后，社会保险金统一征缴、管理、支付的制度被终止执行，劳保医疗制度受到破坏。直到 20 世纪 70 年代末至 80 年代初，医疗保险事业才又回到了正常的轨道上来。

在这一时期，我国的劳保医疗主要由企业包揽职工医疗费用。这虽然较好地保障了城镇职工的医疗需求，但是它也带来了许多弊端，主要是浪费严重，并造成了城乡之间医疗机构布局的极不合理。

2. 改革时期

党的十一届三中全会召开以后，我国的政治、经济发生了重大的变化。劳保医疗制度是计划经济条件下的产物，只能适应高度集中的计划经济条件，随着经济体制改革的逐步推进和深化，这种传统的制度日益暴露出机制上的弊病，改革成为历史的必然。

1985 年至 1992 年，医疗保险制度改革主要是围绕控制费用为中心。通过要求个人支付少量的医疗费用，使职工个人的费用意识有所增强，在一定程度上限制了对医疗服务的过度需求。在强化需方的费用意识外，通过改变以往对医疗机构的经费管理和使用办法，加强对医疗机构的控制。到 20 世纪 80 年代后期，全国陆续开展了大病医疗费用社会统筹制度，即以地区和行业为单位，由企业缴纳保险费形成统筹基金，对发生大额医疗费用的患者给予补助。

1993 年至 1998 年，通过选择江苏省镇江市和江西省九江市进行改革试点，以及在全国近 40 个城市对“两江模式”的推广和扩大试点，社会统筹与个人账户相结合的医疗保险制度初步形成。

（二）城镇职工基本医疗保险制度介绍

我国现行的企业职工基本医疗保险制度，覆盖了城镇所有用人单位及职工，并实行统筹和个人相结合的原则。主要内容包括：

1. 建立新的共同负担筹资机制

按照权利与义务相统一、待遇与责任相对应的原则，改变过去由财政或用人单位包揽资金来源单一的做法，医疗保险费由用人单位和职工个人双方共同缴纳。目前全国城镇职工基本医疗费用的筹资控制标准为：用人单位缴费率控制在工资总额的 6%左右，职工个人缴费比例一般为本人工资的 2%。缴费比例随经济发展可作调整。

2. 统筹基金与个人账户相结合的管理模式

用人单位缴纳的基本医疗保险费分为两部分：一部分用于建立统筹基金；另一部分即用人单位缴费的30%左右划入职工个人账户。职工缴纳的基本医疗保险费，全部记入个人账户。个人账户的本金和利息归个人所有，但只能用于支付本人的医疗费。

在这种体制下，统筹基金主要用于支付大额和住院医疗费用，个人账户主要支付小额和门诊医疗费用。统筹基金支付时，由各地根据当地情况和基金的承受能力，确定起付标准和最高支付限额，但个人也要负担一定的比例。统筹基金起付标准以下的医疗费用由个人账户支付，不足部分由个人自付。超过最高支付限额以上的医疗费用，主要通过大额医疗费用补助、企业补充医疗保险、商业医疗保险等途径解决。

3. 基本医疗保险基金的统筹

原则上以地级以上行政区（包括地、市、州、盟）为统筹单位，京、津、沪三个直辖市原则上在全市范围内实行统筹。城镇职工基本医疗保险实行属地管理，不搞行业统筹。为了不降低一些行业（例如金融、铁路、邮电等）的企业职工现有较高的医疗消费水平，这些企业在参加基本医疗保险的基础上，作为过渡措施，允许建立企业补充医疗保险，企业补充医疗保险费在工资总额4%以内的部分，从职工福利费中列支，福利费不足列支的部分，经同级财政部门核准后，列入成本。企业补充医疗保险不参加社会统筹。

（三）面临的问题

从上文可以看出，我国的医疗保险制度改革虽然已经取得了一定的成绩，但也和其他国家一样，面临许多亟待解决的矛盾，集中表现在以下几个方面：

一是医疗资源的有限性与医疗需求的无限性之间的矛盾。医疗资源的有限性，主要表现在医疗保险基金的有限性，即在一定的时间和范围内，医疗保险基金的筹集是有限的；而医疗需求的无限性，则表现为医疗消费是一种弹性很大的、医患之间信息不对称的“非理性消费”。如果没有有效的制约措施，医疗保险基金极易出现赤字。

二是医疗消费中的公平性问题。医疗消费中公平性的程度高低，直接影响着医疗资源的使用效率以及社会效果。公平程度高，医疗资源的使用效率就高，社会效果就比较好；反之亦然。

三是医药科技的发展与医疗保险基金之间的矛盾。医药科技作为自然科学的一部分，其发展可谓是日新月异，但医疗保险基金的增长则相对比较缓慢。因此，医疗技术、药品科学的飞速发展，也给医疗保险基金带来了挑战。

第四节　失业保险

一、失业保险基本范畴

（一）失业保险的概念

失业是现代经济运行不可避免的一种社会现象，普遍存在于市场经济发达的一切现代国家，其中既包括资本主义国家，也包括社会主义国家。[①] 失业人员是指在劳动年龄内有劳动能力，目前无工作，并以某种方式正在寻找工作的人员，他们需要一定的物质帮助。所谓失业保险，是国家和社会为保证劳动者在等待重新就业期间的基本生活而给予的一种物质帮助制度。

失业保险制度具有几个方面的特征：一是普遍性，它是为保障有工资收入的劳动者失业后的基本生活而建立的；二是强制性，制度范围内的单位及其职工必须按照法律法规参加失业保险，并履行缴费义务；三是互济性，收缴的失业保险费在统筹地区统一安排使用。

（二）失业保险的作用

在承认失业现象不可避免的前提下，如何为暂时无法就业的社会成员提供帮助，是各国政府的责任，也是全社会的责任。建立失业保险，通过建立失业保险基金，使劳动者在职业中断期间从国家和社会得到必要的经济帮助，通过转业培训、生产自救、职业介绍等途径为其重新实现就业创造条件。实践证明，失业保险制度的建立和实施，有效地解决了失业人员基本生活没有来源的问题，保障他们的基本生活，成为保护基本人权的重要内容。通过提供资金支持，帮助失业人员再就业，把失业造成的消极影响降到最低限度，对维护社会稳定的作用至关重要。

二、失业保险主要内容

失业保险制度起源于欧洲。法国于 1905 年建立了失业保险制度，是最早建立失业保险的国家。1911 年，英国颁布了《国民保险法》，开了强制性失业保险制度的先河。目前，世界上已有 70 个国家和地区建立了失业保险制度，其中绝大多数国家和地区实行强制性失业保险，自愿性失业保险的范围只限于工会已建立失业保险基金的产业。

在基金来源上，通常由雇主和雇员共同负担，也有一些国家规定失业保险费全部由雇主缴纳。但不论是强制性失业保险，还是自愿性失业保险，政府通

---

① 侯文若．社会保障理论与实践．北京：中国劳动出版社，1991

常都会提出必要的财政支持，且补贴数额都很大。

享受失业保险待遇，一般都规定要满足以下三个条件：(1) 失业者必须处于劳动年龄阶段，且属非自愿性失业；(2) 缴纳一定期限的失业保险费或在受保职业工作一定年限；(3) 申请领取失业保险金人员具有工作能力，且有继续寻找工作的愿望。

在失业保险金标准上，国际劳工组织规定了三条准绳：(1) 应以失业者的原工资或投保费用作为制定依据；(2) 宜界定在失业者原工资的50%以上；(3) 可规定一个上限。按照这一准绳，失业保险金通常以周为单位支付，标准为其最近一段时期平均工资的一定百分比。大多数国家计算失业保险金的替代率，为平均收入的40%～75%。如美国大多数州平均替代率不超过纳税前工资的一半，并规定了每周支付失业保险金的最低与最高限额。最低限额为180美元/周，最高限额为390美元/周。①

所有国家对连续领取失业保险金的时间都有一定限制，多数定为13—36周，具体时间还要由缴费或参保期限决定，在某些情况下可适当延长。除失业保险金外，有些国家还提供失业援助或提供以失业人员家庭经济状况为条件的其他待遇作为补充。

三、我国的失业保险制度

(一) 我国失业保险制度的发展

我国失业保险制度的历史很短。解放初期，我国曾实行过短暂的失业救济制度。1950年，政务院发布《救济失业工人暂行办法》，保障了旧中国遗留的400多万失业人员的基本生活，并很快解决了就业。但我国长期以来在“左”的理论影响下，根本否认在社会主义国家存在失业的可能性，因此，失业保险理论和实践基本上是空白。直到20世纪80年代实行改革开放以后，为了配合劳动制度改革和企业破产法的实施，国务院颁布了《国营企业职工待业保险暂行规定》，首次提出“待业保险”，也就是有中国特色的失业保险的代名词，标志着失业保险的建立。1993年，国务院颁布《国有企业职工待业保险规定》，对保险对象、保险水平、保险项目、保险费来源、给付条件等做了详细规定，对原有的失业保险制度作了部分调整。在此基础上，1999年，国务院颁布了《失业保险条例》，总结吸收我国失业保险建立和发展的实践经验，借鉴国外有益做法，对原有制度大胆突破，使失业保险制度框架初步形成。

(二) 现行失业保险制度

现行的失业保险制度，覆盖了城镇所有企业事业单位及其职工，包括：国有企业、城镇集体企业、外商投资企业、城镇私营企业和城镇其他企业及其职

① 毛健. 失业保险. 北京：中国劳动出版社，2000. 95

工，事业单位及其职工。

1. 失业保险金的筹集

在费用筹集方面，实行国家、用人单位、职工本人三方负担的筹集原则。城镇企业事业单位按照本单位工资总额的2%、职工按照本人工资的1%缴纳失业保险费。在失业保险基金入不敷出时，财政将给予必要补贴。

2. 失业保险基金支出项目

失业保险基金的主要支出项目有：(1) 失业保险金；(2) 领取失业保险基金期间的医疗补助金；(3) 领取失业保险金期间死亡的失业人员的丧葬补助金和其供养的配偶、直系亲属的抚恤金；(4) 领取失业保险金期间接受职业培训、职业介绍的补贴。

3. 关于失业保险金的规定

失业保险金的标准一般应高于当地城市居民最低生活保障标准，低于当地最低工资标准。

享受失业保险待遇必须符合以下三个条件：(1) 按照规定参加失业保险，所在单位和本人已按照规定履行缴费义务满1年；(2) 非本人意愿中断就业的；(3) 已办理失业登记并有求职要求的。当失业人员出现重新就业、服兵役、移居境外、享受基本养老保险待遇、被判刑或劳教，或者拒绝重新就业时，将停止享受失业保险待遇。

失业人员领取失业保险金的期限，根据失业人员失业前所在单位和本人累计缴费时间长短不同，享受失业保险的上限分别为12个月、18个月和24个月。

（三）我国失业保险面临的问题及改革趋势

由于建立和推行的时间较短，我国失业保险制度在运行中还存在不少问题。主要体现在保险统筹层次低，互济性较差；基金支出结构不合理，管理费支出居高不下；失业保险的社会功能较弱等方面。

特别是在深化国有企业改革中，劳动力供大于求的矛盾十分突出，就业形势十分严峻。为解决企业富余人员的问题，国家实行了下岗职工基本生活保障制度。这在失业保险制度不够完善的情况下，不失为一种解决问题的好办法。但从社会保险制度的要求看，这一办法应该是过渡性的。如何向失业保险并轨，失业保险如何真正适应发展社会主义市场经济的需要，成为我国失业保险面临的问题。

从改革的趋势看，应着眼于以下几点：一是加强失业保险立法，进一步拓展失业保险实施的空间和范围，提高失业保险的共济性。二是提高统筹层次，扩大失业保险的调剂能力。三是调整基金支出结构，提高基金使用效益。四是加强失业保险基金的财务和预算管理。五是完善失业保险的社会化功能。

【本章小结】

本章对社会保障制度作了简要概述，并着重介绍了社会保障制度的重要组成部分社会保险中三大险种养老保险、医疗保险、失业保险的有关内容。全章共分四节。第一节是对社会保障制度范畴的概述，阐述了社会保障制度的定义、基本内容（社会救济、社会保险、社会福利、社会优抚和医疗保健服务）和作用。

第二节阐述了养老保险的概念和作用、世界各国养老保险中的传统养老保险模式、高福利国家养老保险模式、前苏联东欧国家的养老保险模式、新兴市场经济国家的公积金模式等四类基本模式，并阐述了养老保险制度的改革趋势，进而对中国的养老保险制度体制沿革、体系内容和现存的问题进行了分析。

第三节阐述了医疗保险的概念和作用，分析了世界各国医疗保险的社会医疗保险模式、商业医疗保险模式、储蓄医疗保险模式等四类模式以及发展改革趋势，并对中国的企业职工医疗保险制度和国家机关工作人员医疗保险制度的发展分别做出了分析。

第四节阐述了失业保险的概念和作用，介绍了世界各国失业保险的基本内容，并对中国的失业保险制度的发展沿革、现行制度内容和面临的问题以及改革趋势进行了分析。

【重要概念】

社会保障　社会保障制度　养老保险　传统型养老保险　普惠制　国家保障型养老保险　公积金制　企业年金　医疗保险　公费医疗　劳保医疗　个人账户　社会统筹　失业保险　强制性失业保险

【思考题】

1. 社会保障制度的基本内容是什么？
2. 世界各国养老保险对中国有哪些启发？对中国养老保险制度存在的问题有什么改革建议？
3. 请简要阐述中国现行的养老保险制度。
4. 中国医疗保险的发展趋势如何？
5. 如何理解“统账结合”的医疗保险模式？
6. 如何借鉴世界经验建立适合中国国情的失业保险制度？
7. 各种失业保险方式有何利弊？

第十四章　就 业 问 题

第一节　就业基本范畴

一、就业概念

（一）就业

1. 就业的含义

就业是劳动者与生产资料的结合，是社会求业人员走上工作岗位的过程与状态。劳动就业是反映一个国家或地区经济社会发展状况的重要方面，历来受到社会各方面人士的高度关注，也成为各国政府决策、政策制定和公共管理的重要问题。

2. 就业者

根据国际劳工组织统计，凡在规定年龄内属于下列情况者，均为就业者：

(1) 在规定期间内，正在从事有报酬或有收入的职业的人；

(2) 有固定职业，但因疾病、事故、休假、劳动争议、旷工，或因气候不良、机器设备故障等原因暂时停工的人；

(3) 雇主或独立经营人员，以及协助他们工作的家庭成员，其劳动时间超过正规工作时间的 1/3 以上者。

各国的经济统计中，对于就业者标准的具体掌握有所不同，在国际对比中就有一定的出入，主要是在就业者的年龄规定和从事劳动时间方面有不同之处。

（二）失业

失业，是经济学的一个重要概念。所谓失业，其含义是“失去职业”即从就业状态转为无业状态，英文为“unemployment”。失业是就业（employment，即雇用、使用、职业、工作）的反义词，是以“就业”为词根、加上表示否定意义的前缀“un”组成。就业对于人的最基本功能，是取得生活收入的来源，失业则对这一功能组成破坏。现代市场经济国家对失业一般定义为：凡是统计时被确定劳动力有工作能力，但没有工作，且在此以前四周内曾做过专门努力寻找工作，但没有找到工作的过程或状态都被统计为失业。在我国，失业是指劳动力在劳动年龄内，有劳动能力和就业要求但没有工作岗位和劳动收入的过程或状态。

失业问题，必然带来不良经济影响、社会影响和政治影响，甚至造成巨大的社会动荡，成为破坏经济发展、危及社会安全的重大问题。在不少国家和地区，失业问题都被作为最大的经济问题和社会问题来看待和应对。

（三）失业率

1. 失业率

失业率，指失业人数在一定的经济活动人口或某种劳动适龄人口中的比例。

失业率作为反映一个国家或地区社会经济发展状况的综合性指标，是非常重要和不可或缺的。控制失业率就成为各个国家经济政策和社会政策的重要目标，成为政府决策和政府公共行政工作的重要内容。

就任何一个国家来说，对于失业问题都有一定的承受限度，在正常的市场经济体制下，失业率更应当有一定的合理区间限制。在通常意义上，5%以下的失业率基本属于正常状态或者一般性的失业问题；5%～10%的失业率意味着存在相当大的经济问题和一定程度的社会问题；失业率超过10%，往往说明失业问题的经济和社会危害进一步加深，并且导致一定的社会冲突和政局不稳。

2. 失业率计算

对于失业率的计算，一般计算公式为：

$$\text{失业率}=\frac{\text{失业人数}}{\text{在业人数}+\text{失业人数}}\times 100\%$$

在失业率统计中，常用的方法有两种：

(1) 行政统计法

行政统计法包括对于失业的行政登记和对于就业的行政统计。

失业登记法。许多国家的政府就业管理或劳动管理机构，都对失业者进行登记。这种登记是各级政府掌握其公民的失业状况及家庭经济状况、掌握其求职意向、发放失业救济金和从事其他就业工作的依据。

就业统计法。对于就业者数字，一些国家、尤其是计划经济国家，采取由各个行业部门进行行政统计及估算，然后汇总的方法。我国目前的从业人员统计数据，则是通过“半行业部门统计、半地区管理机构（工商行政管理部门）统计”两结合的方式完成的。

目前我国政府公开发布的失业率数据，是城镇登记失业率。它反映了城镇范围内处于明显失业状况的人，但对失业的其他形式，如企业职工下岗、大学毕业生失业等未能反映。

(2) 统计调查法

人口普查。在各国的有关经济社会普查中，都有一定的失业与就业状况资料。在人口普查中，有人们的在业或失业状况，所从事的职业类型，所在的行业类型，从业人员的年龄性别、文化结构等项目，这些普查项目的资料构成相当精确的失业与就业数据。在行业普查中，也有一定的从业人员数量与结构等项目资料可供使用。

人口与劳动力抽样调查。抽样调查是通过统计抽样技术从调查对象总体中选取一部分单位进行观察，从而推断总体状况的科学调查方法。抽样调查包括纯随机抽样、等距抽样、重点抽样、分层抽样等方法。许多国家的失业与就业数字都是运用人口抽样调查资料或者专门的劳动力抽样调查资料对象方法推算出来的。

我国在人口普查和人口与劳动力抽样调查中，有大量的失业和失业率数据可供研究。

3. 我国失业率统计中的问题

按照国际通行的方法和统计科学的定义，失业率的计算公式应当是“失业者÷（就业者＋失业者）”。

中国长期以来实行城乡割据的户口制度。我们对城镇的户籍控制，是为了对农民进入城镇就业进行控制，以实现国家对就业的计划配置和维持社会就业局面的稳定。由这一国情所决定，我国对城镇劳动适龄人口进行失业登记，以此发布城镇范围的“登记失业率”统计数据。这一做法不仅反映了农民是“二等公民”的体制性问题，而且会导致失业统计数据的错误。

登记失业与同一地域的真实失业之间，有“登记条件限制”和“登记行动落实”方面的问题。前者主要反映在非本地户口者，尤其是根本没有城镇户口的农民身上，后者主要反映在大中专毕业生身上。这些问题导致了现行发布的“城镇登记失业率”与真实失业率水平之间的差异。

20世纪90年代以来，我国出现了城市职工下岗，尤其是国有企业职工下岗问题，其实质是转轨过程中的变相失业问题。但由于下岗职工具有“职工”身份，因而仍然被统计为就业人员，这使得我国城镇失业的数据不正确问题更大。

二、就业的效益

就业问题是重大的经济问题、社会问题和政治问题，这是一种世界性的共识。因此，我们从就业性质的角度讲，就业就具有经济性、社会性、政治性这“三性”。

全面认识就业的性质，是要在就业问题上取得多方面的效益。就业问题具有经济性、社会性和政治性，显然应当取得经济、社会和政治三个方面的效益。这里对就业的三个效益进行分析。

（一）就业的经济效益

就业的经济效益，从根本上说是劳动生产率和产出总量的提高。具体来说，它包括微观上的高效率，也包括宏观上的社会总产值高、国民收入高、经济增长速度快，还包括根本意义上的社会劳动要素得到比较充分的利用，其闲置和浪费较少。就业的经济效益是社会进步的必要物质基础，其目标——高效就业的量化指标，可以根据国家、地区、部门和企业的劳动生产率、全要素生产率和经济发展速度等指标确定。

（二）就业的社会效益

就业的社会效益，是保障人民的就业权益，即为了“人”。具体来说，是指通过就业使社会成员的个人福利以至社会整体福利扩大化，达到就业领域的社会平等。“社会福利”有多方面的内容，人们也有着多种解释，但它无疑要包含“减少失业痛苦”的内容。在就业问题上，“平等”不仅仅是一般意义上的“机会均等”，而且是体现在对劳动市场上的弱者——困难群体的帮助和向其的倾斜。社会对困难群体的帮助，往往采取扶持就业的办法，而不仅仅是救济，这是对其帮助和达到公平的治本之法。

社会效益是为了“人”，也就是为了广大公民、为了广大工人阶级的福利，是为了人的全面发展。

（三）就业的政治效益

就业的政治效益，具有政治和谐和社会安定的内容。具体来说，是消除导致社会动乱的失业因素，维系社会秩序和政权的稳定，减少社会关系的冲突，促进政治关系的和谐。从我国的现实情况看，就业的政治效益是保持改革开放和发展的良好政治局面。从社会主义政治的角度看，就业的政治效益还包括达到“人人有工作、人人有饭吃”（即达到充分就业及全面就业）这一社会理想，最大限度地保证工人阶级（尤其是产业工人阶级）的利益，提高劳动群众福利的含义。

三、就业的社会性

（一）就业社会性的国际认识

就业问题是重大的社会问题，这是一种世界性的认识。1995 年 3 月，联合国世界首脑大会以后，在作为其后续行动的国际劳工组织 1995 年世界劳工大会上，国际劳工局局长作了主题为《促进就业》的报告。国际劳工局长指出，就业作为经济问题、政治问题已经为人们所重视，但是就业作为社会问题人们则普遍重视不够。

在我国，情况也是如此。人们常说“经济效益优先，兼顾社会效益”，或者说“效率优先、兼顾公平”。实际上，“兼顾”的说法往往是不能落实的，或者说在诸多的政策选择中，其实是经济效益的单腿跛行。往往是重资本而忽视劳动，重经济效益而忽视劳动者权益和忽视社会就业。在中国，人们认识到，就业问题关系着提高国企经济效益、使其获得出路与新生和新体制建立，是极其重大的经济问题，而且是“关系着国有企业改革成败的关键”①，即看到和高度重视了就业的经济性。由于就业问题是涉及上千万富余职工、下岗人员的生活出路的问题，因而会导致社会安定与否的问题。这被看做是重大的政治问题，即就业的政治性，也为政府所认识和重视。而从“缓解贫困、达到社会公平”角度出发考虑就业问题，解决就业问题的观点、思路和政策则很少。这说明，在我国的学术界和政府工作中，就业的社会性还远远没有被认识和重视。

国际劳工局长还指出，“在世界各地，所有国家，不论其发展程度如何，都将创造足够的新的就业机会的任务列为经济和社会政策的首要挑战，以便解决失业、就业不足和低报酬的问题。为什么要这样做，其理由一目了然。高失业率带来一系列的问题：不平等和社会排斥的扩大；以往的产出和未能利用的人力资源的浪费；经济不安定的加剧；以及失业者的人身痛苦。与此相反，高速与稳步地创造生产性就业，是公平的经济和社会发展的主动力。”②

（二）我国的就业社会性

鉴于我国人口和劳动力严重过剩的基本国情，就业问题一直成为严重困扰着经济增长、影响着国家经济社会发展战略抉择和政策选择的巨大障碍因素。可以说，我们的发展战略、我们的许多经济社会政策以至就业政策本身，都受到就业压力的影响，不得不被动地对就业的社会性加以兼顾或者解决。20 世纪 50 年代初限制企业裁员的政策、六七十年代的“上山下乡”运动、80 年代初的“三结合就业方针”、80 年代中后期的对企业富余人员“先挖渠后放水”、90 年代以来对于城镇失业和下岗人员的“再就业工程”和对农村劳动力进城控制的“有序化流动工程”等等，无不带有适应社会就业压力巨大，适时采取变通性措施、兼顾社会问题的味道。

应当指出，我国经济改革的目的是要解决经济效益低的问题，改革之中的“企业自主择员、实行劳动合同制、优化劳动组合、下岗分流”等措施，就是要力图通过就业改革达到经济方面的目标（如减少国家财政赤字和国企亏损）。而在改革中出现的下岗与失业现象，显然是造成“不平等和社会排斥的扩大、以往的产出和未能利用的人力资源的浪费、经济不安定的加剧，以及失业者的人身痛苦”等问题的原因，即存在着多方面社会效益的损失。显然，我们应当

① 朱镕基 1998 年视察天津劳动力市场的讲话。

② 国际劳工大会第 82 届会议局长报告。

在就业的社会性方面大做文章，在就业政策思路和就业工作目标上，充分地、自觉地考虑就业的社会层面问题，大力解决好社会效益问题。

1996 年 3 月，经第八届全国人民代表大会第四次会议批准的《中华人民共和国国民经济和社会发展"九五"计划和 2010 年远景目标纲要》中，把"人口和就业"作为国家宏观调控的七大目标之一，提出 2000 年"城镇失业率力争控制在 4%左右"，由此，就业问题作为一种多重性质的问题在中国已经开始被提到国家宏观决策和长期政策的高度，成为各级政府关心的大事之一。这也说明，就业问题的社会属性已经开始受到一定程度的重视。

我们要注意解决好各种特殊群体的问题，特别是改革中出现的下岗职工、特困职工的生活保障问题。在我国的体制改革中，存在着巨大的"社会保障欠款"缺口问题。现在，国家以"基本生活保障"的形式把这笔欠款的一部分发放给下岗职工，用于其生活解困，正是对社会效益的"补课"。近年，我国为确保城镇特困职工与下岗职工基本生活和促进再就业问题，实行党政领导的"一把手责任制"。2002 年 9 月，中共中央、国务院召开"全国再就业工作会议"，江泽民总书记讲话中还指出，要"善待下岗职工"，因为他们为国家的建设做出过贡献。这些都是解决就业问题的自觉的社会行动。

第二节 就业目标

就业问题是重大的经济问题、社会问题和政治问题，就业目标则是包含着一个政府价值判断的方针大政、具有战略性行动指向、决定一个国家就业政策方向和就业格局前景的根本性问题。长期以来，人们对就业目标缺乏全面的认识，例如，经济学基本上以"充分就业"为目标，政府工作往往以"维持稳定"和"不闹事"为目标。当今中国，就业问题已经成为最突出的问题，在我国全面推进市场经济和加入 WTO 的情况下，全面认识和正确设计就业目标至关重要。

国际劳工组织提出，要实行"充分的、自由选择的生产性就业"。结合我国的情况看，就业目标应当概括为"促进充分就业、达到社会公平、积极自主就业、取得多种效益"，即就业目标包括"充分、公平、积极、多效"四个方面。

一、充分就业目标

"充分就业"是现代市场经济国家经常提出的口号。在我们的就业目标体系中，它是一种综合：不仅是一种经济目标，而且也是一种社会目标。

（一）充分就业——经济政策之首

在市场经济国家的长期发展中，由于经常遇到失业问题的困扰，减缓失业就成为各国的重要经济目标。基于就业问题的综合性与影响的深远性，充分就业经常被当作各项经济政策的首要问题。按照经济学家的经验数据，失业率在4%～5%以下时即达到充分就业。

在典型的自由市场资本主义国家——美国，第二次世界大战结束后即把充分就业作为政府对宏观经济干预和调节的目标。1945年和1946年，美国连续两年出台《就业法案》，肯定了政府要对控制社会就业承担责任，争取达到最大的就业。1964年《就业法》规定，国家有责任保持高水平的就业、生产和贸易能力。1978年，议会通过了《充分就业与平衡发展法案》（即“汉弗莱——霍金斯法案”），宣布为所有的求职者提供就业的可能性，提出“1983年争取失业率达到4%”的充分就业目标。为了把握宏观经济、达到充分就业，美国还建立了失业率和通货膨胀率预期指标体系，作为制定经济政策的参考。1982年，里根总统在确定5年计划目标中就提出失业率控制目标。前任总统克林顿对解决失业问题、达到充分就业相当重视。可以说美国近年的经济成就之一，就是失业率持续下降，至今仍然只有4%多的低水平，保持了充分就业的状态。

（二）充分就业——社会政策的重要内容

失业现象对社会危害极大。政府对于充分就业的重视，不仅在于它是经济领域的核心政策，而且在于政府要对公民负责、要保障人们劳动权和就业权的实现、要大面积减少失业和困难群体，从而避免多种社会问题。

市场经济国家的政府有义务保证劳动人民的生活，保障公民就业权的实现。我国作为实行市场经济的社会主义国家，更应该从社会的角度维护人的充分就业权。我国的改革中出现了失业，这是经济发展的客观和自然现象，是对超过经济单位需求容忍限度的过度就业的排斥和释放。[①] 我们认为，虽然我们长期计划经济形成的低效率与“铁饭碗、大锅饭、低工资、高就业”有着密切联系，虽然改革以来“就业岗位有风险”对于懒惰的就业者确有一定的警示作用（这是市场经济的文化），但把“增加失业、解雇员工”作为“提高效率”的手段甚至成为一种目标，不仅不是社会主义的原则，而且也绝不是真正的市场经济思想。实际上，凡是人道的、进步的思想家，都是关心劳动人民的，都主张减少劳动人民失业的痛苦。在现代经济发达国家，即使有比较完善的失业保障体制，政府也仍然把充分就业作为解决社会问题、保障公众利益的重要政策。

① ［匈］亚诺什·科尔内. 短缺经济学. 北京：经济科学出版社，1986. 234，239～272

（三）充分就业——国际劳工界的目标

劳动权、就业权，是应当得到保证的最基本人权，因为它是劳动者普遍追求的目标。

国际劳工组织对人的就业权给予了极高的关注。1919 年，建立之初的国际劳工组织就发布了第 2 号公约即《失业公约》，第 1 号建议书即《失业建议书》。在《关于国际劳工组织的目标和宗旨的宣言》即《费城宣言》中指出，“（国际劳工）大会承认国际劳工组织的下列庄严义务在世界各国推进各种计划，以达到：（a）充分就业和提高生活标准；……。”① 这说明，国际劳工组织把“充分就业”作为其基本理念和首要目标（即“义务”），并把之作为具体的实施目标（即“计划”）。

国际劳工组织有关就业的最重要的文件是 1964 年通过的第 122 号《就业政策公约》，该公约全面阐述了充分就业目标，指出“每一个会员国都应当为了鼓励经济增长和发展、提高生活水平、满足对劳动力的需求以及克服失业与就业不足而宣布和执行一项积极的政策，促进充分的、生产性的和自由选择的就业，并把它作为一个重大的奋斗目标。”②

20 世纪 70 年代中期，国际劳工组织举行了一次“世界就业、收入分配和社会进步以及国际劳动分工”的会议。这次会议强调各国的发展方针应着眼于满足国民的基本需要，指出促进就业和满足每一个国家人民的基本需要应当是国家发展计划和发展政策的优先目标，呼吁各国政府要检查和变动各自的发展政策，以确保人民的充分就业和获得最低限度的食物、住房等基本生活需要。

1995 年国际劳工大会对“全球充分就业的挑战”进行了阐述，回顾了 20 世纪 50—60 年代工业化国家充分就业和“超充分就业”的黄金时代与发展中国家“从世界范围的繁荣中受益”的状况，总结出“制度特征”，指出制度特征首要项目就是“将高度优先重点放在充分就业的目标方面”。③

我国是国际劳工组织参加国，我们的就业目标体现在国家的“促进就业”政策上。我们认为，我国的就业目标应当是“城镇充分就业”目标，失业率水平应当是低于 5%，并且以失业者享受相对充裕的失业救济金为前提。明确提出“充分就业”，对于促进企业下岗职工的再就业和社会失业人员的就业的工作，具有一定的约束和激励作用。

（四）充分就业的数量把握

国外学者对“充分就业”目标的具体认识，对我们把握现实生活中的充分

① 刘有锦编译. 国际劳工法概要. 北京：劳动人事出版社，1985. 145

② 王家宠. 国际劳动公约概要. 北京：中国劳动出版社，1991. 74～75

③ 国际劳工大会第 82 届会议局长报告。

就业具有一定的借鉴作用：

1. 短期失业论。把人的短期失业作为充分就业，意味着人的失业状态减低到很短的时间，即失业者能较快回到原工作单位或者很快被新单位雇用。当然，在统计中大于半年以上的“持续性失业”和“长期失业”就不应当存在。

2. 快速寻职论。劳动市场上的求职者寻找工作的平均持续时间短，即实现了充分就业；平均失业持续时间越长，偏离充分就业状态就越远。①

3. 最小失业论。最小失业指失业率低于历史上的失业水平，即用最低失业率表示充分就业。我们认为，“最小失业”的经济学意义，是非自愿失业或者不合理失业基本为0，或者是“1－合理失业率②”时的失业率最小或趋向于0。

4. 最大就业论。即就业量最大时就达到了充分就业，最大就业量可用劳动人口的最大就业比率来表示。可以说，最大就业是最小失业的另一种表现形式。

二、公平就业目标

公平就业有着丰富的内容，这里分别进行阐述。

（一）公平的就业机会

就业机会不仅仅是指一个“岗位”，而且体现在较多的方面。国际劳工组织指出，就业机会“包含得到职业培训的机会、得到就业的机会、得到在特殊职业就业的机会以及就业条件”。在国际劳工组织的第111号建议书中，专门对此做出说明。建议书指出：

“所有的人都应当在以下方面不受歧视地享有机会均等和待遇平等。

——得到职业指导和分配工作的服务；

——有机会按照自己的选择得到培训和就业，只要他适合于这种培训或就业；

——根据个人的特点、经验、能力和勤奋程度得到晋升；

——就职期限的保障；

——同工同酬；

——劳动条件，包括工作时间、休息时间、工资照发的年假、职业安全和卫生措施以及同就业相联系的社会保障措施、各种福利和津贴。”③

根据这一思想，各国政府都应当在大力发展经济、扩大就业岗位的同时，直接干预社会的雇佣行为，反对和禁止一切不公平的做法。同时，作为人力资

① 梁晓滨. 美国劳动市场. 北京：中国社会科学出版社，1992. 323

② 合理失业率一词的含义即凯恩斯所说的充分就业时的失业率或弗里德曼的“自然失业率”。

③ 王家宠. 国际劳动公约概要. 北京：中国劳动出版社，1991. 64～66

源市场配置的操作机构之一，政府在社会政策的制定上和公立就业机构的服务上对“公平就业”予以重视，把它作为具体的工作任务。

（二）反对就业歧视

按照国际劳工组织的看法，就业歧视是指“根据种族、肤色、性别、宗教、政治观点、民族血统或社会出身所做出的任何区别、排斥或优惠，其结果是取消或有损于在就业或职业上的机会均等或待遇平等。”①歧视是社会中的不公正现象，就业歧视会使一部分社会成员丧失较好的工作机会，减少应得的收入，以致被剥夺生活的权利，这是非常严重的社会问题。政府应当通过法律、政策、制度等途径限制就业歧视，以达到就业的公平。

（三）反对不平等的报酬

公平就业，就应该有公平工资，但在劳动市场上，弱者和供给过剩类别者的工资往往是较低的。工资歧视，实际上是就业歧视的体现或延伸。各国政府一般都主张“同工同酬”，要求做同样多工作的人获得同等的工资报酬，不得对妇女、青年、未成年人、非本民族本地区的劳动者付与较低的工资。但在市场经济条件下，工资歧视却是一种相当普遍的倾向，因此政府要对此予以一定的矫正。

（四）反对非法雇佣

非法雇佣是雇主在不合法的企业、地下职业或者采用蒙骗政府的手段雇用工人。非法雇佣对于劳动者有很大的危害：其一，雇主不向劳动者提供必要的劳动条件，从而使劳动者的安全健康造成损害；其二，雇主克扣工资，严重剥削劳动者，赚取黑心钱；其三，劳动者失去法律保护，其权益失去保障，基本上没有“公平”可言。从社会的角度看，非法雇佣还影响合法的经济活动和雇佣，对社会造成不良影响。因此，政府反对和禁止非法雇佣行为，以保证就业的公平。

（五）反对不合理的解雇

解雇有着不同的原因，有些合情合理，有些则不合理。有些解雇不是因工作失职，不是因劳动契约到期，不是因企业经营不景气，而是一些雇主违反合同、出于个人恩怨、甚至是对雇员的不合理要求（如过度劳动、性骚扰）未能达到而将员工解雇，这是对劳动者的侵害和对人权的否定。因此，政府需要做出规定，反对和禁止不合理的解雇。

（六）反对职业垄断

职业作为劳动者的工作岗位，与特定的劳动技能相联系，它也构成人在工作单位中的地位和社会中的身份。当一些同类型的人结合在一起，形成公开或

① 王家宠. 国际劳动公约概要. 北京：中国劳动出版社，1991. 64～66

无形的组织，为了自己的私利而排斥他人时，就形成职业垄断，如一些律师公会、医生行会。职业垄断的性质是劳动者之间的不公平，政府也要加以反对。

（七）保护和扶助弱势群体

政府是社会利益的协调者，是财政再分配的主持者。政府对社会中的弱者有关心和帮助的责任，也拥有完成这种职责的财力、行政权力和政策手段。政府对弱者的就业扶助，是公平就业体系中不可或缺的一项内容，也是实现社会公平的重要体现。

从社会的角度看，不是因为个人懒惰而处于困境，而是在劳动市场中处于不利地位、需要得到扶助的特殊群体有：学校毕业后缺乏就业技能的青年；中老年无技能者；残疾人；妇女；落后地区的失业者；文化、技能条件较差者；其他处于不利地位的人（如有犯罪记录、少数民族等）。在上述处于不利地位的人群中，哪些人形成数量众多、生活窘迫、难于自救的群体，哪些人就成为社会救助、特别是政府扶助的对象。

三、积极就业目标

从现代社会的一般状态看，公民的求职意愿不强和自谋职业、自行创业态度不够的问题，是造成自愿失业现象和失业率扩大的原因，因此，积极就业至关重要。应当指出，在不少经济发达国家，实行高福利、高社会保障的体制，对失业者缺乏约束，对就业者缺乏激励，这是许多国家失业救济金“养懒汉”和失业率居高不下的重要原因。

我国的改革开放已经走过20个年头，市场经济体制格局已经确立，市场就业已经成为就业的主渠道。1998年4月，在我国全面推进市场经济的形势下，江泽民总书记提出“要实行在国家政策指导下，劳动者自主就业、市场调节就业、政府促进就业的方针”，这一方针体现了“积极就业”思想在我国受到的重视。目前我国大力倡导创业、发展就业培训、促进非正规部门就业等做法，就是以“积极就业”和积极的劳动市场政策为目标的。

在实现“积极自主就业”方面，不仅有社会求职人员的思想观念问题，还有求职人员的技能素质、社会需求信息的传播、社会就业资源的支持等诸多具体问题需要解决。这就是说，在推动积极自主就业方面，不仅要运用宣传、教育、说服的手段，而且更应当采取多种物质手段、政策手段，为积极就业创造良好的条件。

四、多效就业目标

（一）世界性认识

就业问题不仅是经济问题、政治问题，而且是重大的社会问题，这是一种世界性的重要认识。1995年国际劳工大会上，国际劳工局局长指出，高速与稳步地创造生产性就业，是公平的经济和社会发展的主动力。关注社会性，把就业问题作为社会问题，而且把搞好就业问题作为“公平的经济和社会发展的主动力”，这一思想是非常深刻的，值得我们在研究和处理就业目标问题时思考与遵循。

如上所述，就业效益包括经济效益、政治效益和社会效益三个方面，多效就业也就是要处理好就业三个效益之间的关系，并尽量达到三者的最大化，尤其是社会效益的最大化。

（二）协调就业三效益的关系

就业三效益之间的关系具有以下联系：

1. 就业的经济效益是社会效益和政治效益的物质基础

在就业的三个效益中，经济效益是根本。就业的经济效率高、生产的社会总产品丰富时，除了有较多的财富用于促进生产和扩大就业岗位，也可以较多地用于社会的再分配、用于社会保障（包括对失业者的保障）。这有利于社会效益和政治效益的提高。从更广阔的角度看，经济效益作为我们的重要目标，是中华民族富强和腾飞的物质基础。

就业的经济效益也可以表述为“有效就业”或者“高效就业”，这正是我国进行经济改革的根本出发点，是我们实行大规模下岗分流、排出数千万富余人员的目的，也是我国进行体制改革和结构调整的努力方向。

2. 就业的政治效益是经济效益和社会效益的组织保证

改革需要安定的政治局面和卓有成效的组织安排，政治效益在这里就成为实现经济效益目标不可或缺的重要保证条件。而且，保证公民的合法权益、解决劳动人民的疾苦，正是现代社会的政府责任，是社会主义国家的政治。在就业问题上，尤其是下岗职工基本生活保障与再就业问题上，我国实行各级领导干部“一把手责任制”，是取得就业政治效益的有效措施。

3. 就业的社会效益是经济效益和政治效益的终极目的

社会效益是为了“人”，也就是为了广大公民、广大工人阶级的福利，是为了人的全面发展，这是我们进行各项改革、追求经济效益和讲求政治效益的终极目的。因此，我们应当对社会效益给予充分的、高度的重视。

在计划经济体制下，就业的实现是由政府代替微观单位配置完成的，而且往往是在经济效益差即边际劳动要素产出为负数的情况下强行配置、强行摊派的。虽然这可以取得政治效益，但肯定会使经济效益受到一定的牺牲，而且，把人当作物的配置方式必然使社会效益也受到相当大的损害。

在市场经济体制下，经济效益、尤其是微观经济效益天然受到倾斜。但是，市场经济的自发倾向是不考虑社会效益的，相反，理性经济活动还要产生外部效应，从而损害社会效益，政治效益以至宏观经济效益也可能受到一定损害。因此，在我们推进市场经济的过程中，应当采取各种社会政策和具有社会效益的经济政策，以弥补社会效益、政治效益和宏观经济效益方面的损失。

从我国的现实情况看，解决好各种特殊群体的就业问题以及相关的问题，特别是改革中出现的下岗职工和特困职工的生活问题，以取得社会效益，意义重大。良好的社会效益不仅可以有利于政治效益，在一定条件上对经济效益也有着积极的促进作用。在既有的就业人数与产出量一定的情况下，对富余劳动力进行失业保护（如实行下岗和计划分流）并伴以就业培训和创业帮助，不仅比简单地加以辞退的社会效益好，而且从经济的角度看有利于增加新的有效就业岗位，有所产出，即能够取得经济效益。

第三节　失业问题

一、失业的类型

从失业原因的角度，失业可以分为七种类型。

（一）总量性失业

总量性失业，指劳动力供给数量大于社会对它的需求数量，即处于供过于求状态的失业。它也可以称为“需求不足性失业”。总量性失业的直接表现是大量求职人员找不到工作，一些已就业的人员被辞退；其间接表现则是就业人员过剩，人浮于事、开工不足、在职失业等。

当经济处于长期停滞和危机状态时，劳动力总量需求不足问题可能逐渐加剧，从而失业人数逐步扩大，这也可以称为“增长性失业”。

当经济周期波动明显，劳动力需求时涨时落，造成失业率上下周期性变动时，这种失业可以称为“周期性失业”。

总量性失业与宏观经济运行的景气程度不高有一定联系，因此，要立足于解决宏观经济总体的问题。具体来说，应从根本上扩大经济需求以增加派生的劳动需求，并进而解决一系列的具体问题，以增加就业装备数量，开拓就业渠道，扩大劳动密集型经济，消除不合理的供给，调动社会创业机制，来缓解这一问题。

（二）结构性失业

结构性失业，是在产业结构调整情况下，一部分被排出的劳动者不能适应新产业、新工作岗位的需求而形成的失业。在现实经济生活中，结构性失业是极其常见的现象，它往往表现为“有的人没事干，有的事没人干”。在社会经济结构急剧变动的时期，结构性失业成为失业世界中最主要的一员。

解决结构性失业问题，可以采取下述办法：

1. 大力发展教育培训事业，使人们迅速掌握新的技能，适应新的岗位。这一点对于中年转业人员尤为重要。

2. 改进人们的职业评价，使人们乐于从事以前不愿干的工作。这可通过各种办法解决，如大大提高其工资水平，树立该类职业“光荣”的良好形象等。

3. 改进职业。这又包括两方面：其一是简化新兴行业、新职业、新工作的复杂程度；其二是改善繁重、低下职业岗位的劳动条件。

（三）摩擦性失业

摩擦性失业，是劳动力供给与需求在结合过程中出现的暂时或偶然失调所造成的失业。例如，一个人转换职业时新职业对他的随机性，以及就业供求信息不畅等。摩擦性失业，实质上是人在就业或转换职业时进行必要的选择的时间代价。在经济、技术迅速发展和劳动者素质提高的条件下，这种失业会相应地增加。

摩擦性失业既然是就业选择的代价，因而也被经济学家看做是正常性的失业。当然，对这种“正常”的失业，也需要采取措施，使其尽可能减少。减少摩擦性失业的方法主要是：使劳动供求信息及时、广泛地传递；加强对求业者的就业指导；促进劳动力的流动；加强就业培训等。

（四）技能性失业

技能性失业，即个人缺乏就业技能而处于失业状态。技能性失业者，有的是由学校毕业步入劳动市场就缺乏技能，有的是被先进技术与设备所淘汰。技能性失业，也可以说是从个人角度看待的技术性失业。解决技能性失业的方法，主要是提高失业者的就业技能。为此，各国都采取各种教育、培训措施，以利于技能性失业的消除。

（五）技术性失业

技术性失业，是因为在生产中采用先进机器、先进设备、先进工艺、先进技术所造成的失业。与“技能性失业”的不同之处在于，技术性失业是从宏观角度看待的改进技术所引起的失业。

技术进步是人类社会发展的重要特征，也是生产力水平，特别是人类劳动水平大幅度提高的根本途径。技术的变动，造成资本—劳动比例的改变，即资本的比例上升、劳动的比例下降，因此，必然会影响就业者，造成既定就业状态的改变，使一部分就业者被排挤出就业队伍。一个社会技术进步得越快，所排斥的就业者就可能越多。

那么，技术进步究竟有益还是有害？它对就业造成多大影响？人们有着不同的看法和判断。有的人说技术进步对就业起积极作用，有的人说技术进步必然造成失业，有的人说技术进步是既扩大就业又造成失业的“双刃剑”。劳动经济学家对此认为，改进技术所排斥出来的人找不到工作，应属于总量性或结构性失业，而不是技术进步所引起的。[①] 一些发达国家也对“技术进步是否造成失业”这一问题进行研究，结果表明，技术进步从总体上不会造成失业，相反，它能从多方面促进经济的发展因而有利于就业。

（六）选择性失业

选择性失业，是求业人员在社会上尚有一定的就业岗位时，不愿意到该岗位上去工作，而要等待更好的职业所形成的失业。西方经济学家指出，当工作选择考虑的是高工资时，因而不接受市场现有的职业而宁可失业的现象，叫做“自愿失业”，它被认为是一种正常性失业。换言之，这种失业的责任在失业者自己，并且也不构成经济、社会问题。

对一个社会存在的选择性失业应当作具体分析。有的人仅仅是因为工资水平低而不去就业，这当然可以说是“自愿失业”。但是，有的人由于自身能力水平大大高于社会即有的职业岗位，但他们不到低等级岗位上就业（如博士失业后不去当推销员），而等待适合于自身条件的岗位就业，其性质与前者是有区别的，这种选择显然有一定的合理性。因此，对二者应加以区分，而不能一概而论。

实际上，不论是出于工资水平的考虑，还是出于岗位技能等级考虑的选择性失业，都有“摩擦性失业”的色彩，因而也需要从进一步完善劳动市场、扩大职业信息、协助就业选择等方面入手，解决一部分选择性失业问题，加快资源的配置。

（七）转轨性失业

社会经济制度是影响就业的最基本因素之一。20 世纪后 20 年、尤其是后 10 年，原有的计划经济体制国家纷纷转向市场经济体制，其中的大部分国家还伴随着政治体制的改变。在社会经济体制的转轨中，不可避免地要出现大量失业。这种失业使大量社会公众承受社会变革的痛苦，甚至成为社会转型的牺牲品。而且，转轨性失业还可能导致劳动者和原雇用单位之间的冲突，并形成对政府的巨大压力。

我国改革已经 20 多年，20 世纪 80 年代后期开始实行劳动合同制，90 年代以来在经济竞争加剧和迅速推进改革的形势下，出现了大规模国有企业以及集体企业职工下岗问题。可以说，中国的转轨性失业问题比前苏联、东欧国家的转轨性失业复杂得多。发展经济、扩大就业、深化体制改革和实施再就业工程，是解决我国转轨性失业问题的政策选择。

① 张一德等．美国劳动经济学．北京：劳动人事出版社，1986．157～159

二、失业的代价

失业会产生诸多不良后果。

（一）劳动要素闲置浪费

就业是对劳动要素的使用，是使这一资源发挥经济效用，失业则造成劳动力的闲置。劳动要素在闲置期间，不仅不能有所产出，而且还要增加一定的社会保障等方面的费用开支。

劳动要素闲置不仅造成其浪费，而且由于失业者脱离了社会劳动，其工作技能还会逐渐下降，因此，失业使劳动力造成“有形磨损”和“无形磨损”的损失，长期失业还会使其完全失效而“报废”。

（二）导致劳动者的生活困难

就业不仅是社会经济正常运行的表现，也是劳动者正常生活的必要经济来源。在失业的情况下，人的收入大幅度下降以至丧失，正常的经济生活受到影响，因而处于困窘的境地。

失业者处于经济困难状况，其自身能力的再生产无疑要受到较大影响。失业者家庭中未成年子女的教育和生活，也不可避免受到很大影响，这进一步限制了下一代劳动力的再生产。

（三）使人受到多方面的损失

就业给人带来工资福利等经济收益，也给人带来一些非经济的利益，失业则使人的多方面收益丧失。在失业的状态下，个人的身心健康也受到一定的影响，还要承担社会舆论的压力，这些都进一步给失业者带来消极影响。

（四）导致社会问题和政治问题

一个社会存在失业问题，意味着这个社会的福利有一部分被削弱，也意味着社会不公平程度的增加，并且会导致诸多的社会问题。从社会运行的角度看，则是不安定因素的出现与扩大：当一个社会失业量过大、失业率过高时，一方面许多人会聚众、请愿、游行，产生社会骚动；一方面“饥寒起盗心”，出现闹事、偷盗等违法犯罪活动。上述问题都会影响社会的稳定，并可能危及到政府的声誉和政局的安全。

三、我国的城镇失业问题

（一）20 世纪 80 年代的城镇失业问题

长期以来，我国处于人口数量巨大、劳动资源数量过剩且出现增长的状态。20 世纪 80 年代，我国的体制改革幅度不大、速度不快，尽管存在着相当多的劳动要素过剩问题，但一直是以在岗的低效率人员形式出现，而没有成为“停工、待工人员”或者被用人单位排出的“下岗人员”。显见，在岗人员就是就业人员，在岗的低效率人员是“不充分就业”人员，而不是失业人员。

从社会的层面看，在 80 年代末 90 年代初，第一批劳动合同制职工因合同到期终止而加入了失业者的队伍，加之治理整顿严格控制招工，新成长劳动力也因而待业，由此出现了待业率连续 5 年稳定之后的 1989 年迅速提高的局面。

从用人单位的层面看，这时企业的用工制度改革尚未开始，“优化劳动组合”处于刚刚倡导和试点时期，且由于治理整顿的经济形势和政治风波的外部大环境而基本停止，这时的企业富余人员没有被排挤出来，而是依然滞留在生产岗位上。因此，这时政府发布的待业率无疑即是登记失业率，这基本上是城镇真实的全部失业率。

（二）20 世纪 90 年代的城镇失业问题

20 世纪 90 年代以来，我国发布的城镇登记失业率水平与按国际方法和统计学公式计算值之间出现了误差，“公式计算”值比同期“政府发布”城镇登记失业率的数值要小，其误差一直存在，且呈现加大的趋势。这反映我国在现行城镇登记失业率方面存在着数据失误问题的现实。

实际上，20 世纪 90 年代我国城镇最大的失业问题，是“登记失业率”不能反映的下岗问题。90 年代初以来，城镇企业职工下岗问题出现并逐步扩大，至今规模仍然在近千万人的高水平，而登记失业人数不到 600 万人，只有下岗人数的 2/3。不考虑下岗职工的失业数据，显然是不正确的。

因此，我国的城镇真实失业数据应当是由“登记失业＋下岗中的失业[①]＋其他失业”三部分组成。根据国家自然科学基金课题《失业率测量与失业风险控制研究》的调查测算结果分析，我国当前的城镇真实失业率水平为 7%。[②]该数值与国家的权威性调查数据是一致的。

第四节 非正规部门就业

一、非正规部门概述

（一）非正规部门的概念

1.“非正规部门”的由来

非正规部门的概念是在 20 世纪 70 年代初由国际劳工组织正式提出来的。1972 年国际劳工组织在考察了肯尼亚的就业问题后发现，像肯尼亚这样的发展中国家，主要问题不是失业，而是存在着一大批“有工作的穷人”。他们以

① 我国目前根据企业下岗人员的经济活动状态分为“回家”“求职”“打工”三种，其中的“求职者”即构成真实失业人员。

② 姚裕群，莫荣．我国城镇失业率已进入风险区．中国青年政治学院学报．2002，5

生产产品或提供劳务（服务）的方式，从事市场经济活动以维持生活，但政府当局并没有承认、登记、保护或管理他们的活动。1973 年，该代表团在其提供的报告《就业、收入和平等：肯尼亚增加生产性就业的战略》中将这类活动统称为“非正规部门”，从而引起了国际劳工组织和有关国家的关注。

2.“非正规部门”的定义

所谓“非正规部门”，主要是指发展中国家城市地区的小规模生产和服务部门以及自谋职业的商品生产和服务部门。国际劳工组织指出：“非正规部门”是指发展中国家城市地区那些低收入、低报酬、无组织、无结构的很小规模的生产或服务单位。[①] 这些单位大部分由独立的自营就业者组成，少数单位也雇佣少量工人或学徒；经营资本少；技能和经营水平较低；没有固定的场所、收入、休息时间；就业很不稳定；绝大多数没有被官方统计；几乎没有机会取得贷款、接受正规培训和教育；很少享受公共服务和社会保障等。

1997 年国际劳工组织在《城市贫困与非正规部门》中又补充指出：非正规部门的范围只包括被视为合乎社会愿望的有酬经济活动，不包括犯罪、卖淫、乞讨和贩毒等活动。

（二）非正规部门的类型

国际劳工组织把非正规部门划分为三种类型：第一类是微型企业，即在经济上相对比较活跃和强大的非正规部门单位，它们往往通过承包或分包协议与正规部门联系在一起，可视为正规部门的延续；第二类是家庭企业，即经营活动多由家庭成员承担的非正规部门单位；第三类是独立服务者，即清洁工、街头理发师、擦鞋工、街头小贩等。从人数上讲，第三类是非正规部门的主体。[②]

二、非正规部门分析

（一）非正规部门就业的基本特征

非正规部门就业的基本特征有以下几点：一是“小”。大多数非正规部门的企业规模小，雇用人数少，资本金缺乏，多数是个体经营。二是“不稳定”。大多数非正规部门劳动的收入很不稳定。三是“不固定”。多数就业没有固定的地点、服务对象和劳动关系。四是非正规部门尚未纳入国家社会保障和劳动关系等规范管理的范围。五是许多经营活动处在法律法规的边缘，即在合法与非法之间。

（二）非正规部门的社会功能

1. 促进就业

① 这是国际劳工组织在《1991 年局长报告：非正规部门的困境》一书中给出的定义。

② 国际劳工组织. 1998—1999 年世界就业报告. 北京：中国劳动出版社，2000

与正规部门创造就业岗位相比，非正规部门显示出强大的吸纳力，对不同年龄、性别、文化技术水平的就业者都有着广泛的适应性和选择性。从我国的情况看，20 世纪 90 年代后期以来，城镇单位从业人员逐年减少，而城镇从业人员则有所增加，这是因为城镇个体工商户、街道社区和各种临时性工作的就业造成。这种趋势反映了处于城镇“单位”之外的非正规部门和非正规就业，在缓解失业浪潮的冲击中所起的重要作用。

2. 满足需求

第一，满足社会的多样化需求。小型、分散的非正规部门，比较贴近市场，反应灵敏，能以廉价和便捷满足各种服务消费群体的需求。它活动范围广泛，包括服务、制造、商贸、建筑、食品加工等众多领域，提供的商品复杂多样，繁荣了市场，满足了社会需求。

第二，满足城市化的需求。非正规部门就业以其自身对劳动力要求的特点，为受教育水平和劳动技能较低的农民工提供了丰富的、大量的就业机会。这不仅使这些城市贫困阶层摆脱了贫困的艰难处境，而且为他们提供了参与社会经济活动的契机。同时，也能减缓发展中国家因城市人口增多带来的难题，如就业问题、社会稳定问题等，适应了城市化发展的需要。

第三，为正规部门提供服务的需求。许多家庭企业和微型企业通过各种承包形式，与正规部门建立长期合作关系，为他们提供各种服务。

3. 减少贫困

贫困是许多发展中国家面临的严重社会问题。由于进入正规部门就业的条件较高，而非正规部门具有容易进入的相对优势，许多穷人便通过在非正规部门就业获取劳动收入。从总体看，通过非正规部门就业，绝大多数个人和家庭的生活得到了改善，并且，一些人利用剩余资金扩大生产规模，或转向新的经营，以提高自身的收入水平。这对减轻城市贫困起到了积极的促进作用。把非正规部门纳入国家发展规划，并通过各项扶持政策和措施提高非正规部门的生产效率，有利于发挥非正规部门在扩大就业方面的潜力。

（三）非正规部门就业方面的问题

1. 就业机会缺乏安全感

非正规部门就业带有普遍的季节性和临时性，这种随时间波动的劳动需求导致了非正规部门就业机会的不安全。由于从业者的作息时间不规律，作业场所不固定，使他们经常处于不稳定的状态。同时，由于从业人员多数为低技能劳动力，从事简单的生产和服务活动，所以在劳动力个体之间存在很强的替代性，进一步加剧了非正规部门就业的不安全性。

2. 技能与收入双低

在大部分从业人员中，由于主要是依靠体力从事简单的生产和服务，加之技能单一，故劳动收入很低。工作的性质和内容又决定了从业者很难在劳动过程中获得提高自身劳动技能的机会，难以进入高收入阶层。由于得不到正规培训机会，在国家总体技术水平不断提高的环境下，非正规部门在技术水平上的差距也就越来越大，收入水平也就越来越低。

3. 政策措施不健全

长期以来，多数发展中国家的政策是为了促进正规部门发展而制定的，客观上造成了对非正规部门发展不利的政策环境。如在信贷融资、教育培训、信息服务、法律保护与社会保障等方面都加剧了非正规部门从业者的脆弱性，限制了其发展壮大。他们一方面难以享受有效的法律保护（如签订规范的劳动合同），另一方面也缺乏足够的法律监督，可以通过各种手段规避法律义务（如逃税、非法经营等）。目前来看，非正规部门从业者基本被排除在社会保障体系之外，无法获得养老、医疗和失业等保障，造成就业机会的高风险。

三、我国的非正规部门就业

（一）就业形式

1. 非全日制就业

非全日制就业一般指少于法定的或集体合同规定的工作时间的就业。就业性质主要区别于工作时间的长短上。这种工作主要是满足多种多样的社会服务需求，如家政、家教服务、清洁、护理工作等。他们的工作时间往往不足法定的每周 40 小时，且以小时为单位计算和获取劳动收入。

2. 独立就业

独立就业是指劳动者不受雇于任何单位，而以独立自由的身份存在。他们根据自身特长，与有关单位建立技术服务关系，在家独立完成工作，并根据其工作量计算劳动收入。此种就业模式多以脑力劳动者为主。如有的医生离开原工作岗位，独立开创医疗诊所，开展家庭医疗保健服务；有的律师开办律师事务所，开展法律咨询服务等。

3. 个体工商户

个体工商户通常以家庭为单位，以家庭成员为主要劳动力，个别有少量雇工。它是我国城镇非正规就业的主体，现在全国约有1 250万户，2 400万从业人员。行业主要集中在零售与批发、贸易、餐饮及社会服务业。

4. 临时就业

临时就业是指劳动者与用人单位签订有一定期限的临时合同，而不作为用人单位的正式员工。其形式多种多样，主要有以下几种。

（1）季节就业。主要是由于季节的变换及服务的需要所形成的劳务需求。许多劳动者也愿意集中一段时间就业，其他时间自由支配。由于劳动强度大，收入也较高。如旅游旺季的服务工作，夏天的制冷、冬天的供暖工作等等。

(2) 承包就业。往往以一项工作或一个工程项目为单位，通过承包协议来确定劳务需求。并以工作量定劳动收入。

(3) 短期就业。用人单位根据生产经营情况与劳动者个人签订有一定雇用期限的劳动合同。劳动报酬及支付方式由劳资双方协商确定。这类工作的期限一般不超过一年。

(4) 兼职就业。这类从业人员有的以一项工作为主，以兼职工作为辅；有的同时做几项工作。他们工作的主要目的是为了增加自身收入，其工作内容和对象经常变化，收入也不稳定。

(二) 非正规就业的发展趋势

第一，非正规部门的企业和个人经营活动规模不断发展壮大，跻身正规部门。这一趋势得以发展的条件是经营活动的内容具有更广阔的市场需求，带动了生产及服务规模的扩大。第二，非正规就业人员以个人为单位进入正规部门就业。这一趋势的发展条件是非正规就业人员自身可以获取提高劳动技能的机会，并符合正规部门对劳动力的需求。第三，非正规就业人员长期在非正规就业领域内部流动。这将是非正规就业的主导趋势。这一趋势发展的条件是劳动者的专业特长和市场需求的有机结合。其主要形式是正规部门的高技能劳动者、刚毕业的大学生、大学和科研机构的科研人员凭借自身某一方面的专业特长，结合市场需求，以微型企业或个体的形式参与经济活动，并获取丰厚的劳动收入。

第五节 农村劳动力转移问题

一、农村劳动力转移道路

(一) 就地转移

从我国的情况看，农村剩余劳动力的转移，是以就地转移、“离土不离乡”为主要方向。在本村和本乡就业的占全部转移人数的60.1%，出本县、本省的仅占24.9%。[①] 这与我国的城市劳动需求不足、长期实行的户籍控制制度、农民的低素质、转移人员的成本以及中国人“故土难离”的文化传统都有一定的联系。

(二) 进入乡镇企业

① 原劳动部农村劳动力就业与流动研究课题组．中国农村劳动力就业与流动研究报告．北京：中国劳动出版社，1999．232

进入乡镇企业是农村劳动力转移的一条主要道路。改革开放以来，乡镇企业在国有经济的空白处迅速、大量发展起来，其单位数从 1978 年的 152 万个增加到 1998 年的2 004万个，从业人员从 1978 年的2 827万人增加到 1998 年的12 537万人。[①] 乡镇企业的发展，吸纳了大量劳动力，对于缓解农村剩余劳动力压力起了巨大的作用。

应当看到，近年乡镇企业发展的步子明显减慢，对劳动供给的吸纳能力在下降。目前，传统产业的经济空白已被渐渐填满，新兴行业进入门坎又太高，现有的乡镇企业大部分技术水平低、规模小，竞争激烈，并随着乡镇企业的结构调整其吸纳就业的能力大大下降。但它今后依然是转移农业富余劳动力的重要渠道。[②]

（三）进入小城镇

在中国的城市结构中，小城镇是发展的重点方向，容纳农村转移劳动力就业的空间巨大。小城镇在经济发达地区，如广东、苏南，已经形成了市镇经济群地带，不仅容纳了当地转移的农村劳动力，而且也吸纳了大量外地转移的劳动力。随着我国户口制度的改革，农民进入小城镇的门槛已经基本被铲除。它将会进一步大量容纳农村转移劳动力。

（四）进入大中城市

大中城市的发展，为吸纳农村进城劳动力提供了广阔的空间。被称为“民工”的农村进城劳动力，最初是十分盲目地进入从未接触过的世界，经过几年的探索和磨炼，逐渐集中于餐饮、零售、保姆、清洁等服务业或建筑业、制造业。农村进城劳动力加入城市劳动大军，一方面填补了城市生活服务领域的许多空白，方便了城市居民的生活，做了许多城市人不愿做的工作，对城市的建设和飞速发展起到了不可低估的作用；另一方面，由于民工文化层次素质较低和政府难于管理，也给城市生活增加了治安、环境等方面的问题。[③]

农民进城是一种历史趋势和规律，但我国在 20 世纪 90 年代前期出现了大规模无序流入城市的“民工潮”，不仅给铁路交通运输和城市生活秩序造成压力和问题，并且大量农民也因不能找到就业岗位而无“工”而返。民工潮的压力在 20 世纪末的最后几年有了一定缓和。

二、农村劳动力进城的成本收益

对于每一个外出寻找工作的人来说，都要进行流动成本与收益的衡量。这

① 国家统计局人口和社会科技统计司，劳动和社会保障部规划财务司. 中国劳动统计年鉴(1999). 北京：中国统计出版社，1999. 435～436

② 2000 年 1 月 14 日农业部副部长刘坚在“农村就业促进政策高级研讨会”上的讲话：“努力开创农村劳动力就业新局面”。

③ 赵树凯. 行为失范与公共管理. 中国劳动保障报，1999-10-14

种个人的经济比较与决策行为，会影响农村劳动力进城寻找工作的规模。

（一）农村劳动力进城就业的成本

农村劳动力进城就业的成本，可分为用货币计量的经济成本和不能用货币计量的非经济成本两个方面：

1. 经济成本

经济成本包括：用于进城的路费和路途其他开支的旅途成本，为获取在城市的暂住证和就业务工证及其他相关证件而形成的证卡成本，由寻找工作过程中的开支而形成的求职成本，参加务工培训支付费用的培训成本，房租、饮食、日用品、医疗等生活成本，等等。

2. 非经济成本

非经济成本包括：离开亲人、家乡产生思乡情绪的心理成本，受到所在城市居民的不良看法甚至社会歧视成本等。

（二）农村劳动力进城就业的收益

农村劳动力进城就业的收益，包括三个部分：

1. 货币性收益

农村进城劳动力的货币性收益，即其在城市就业所获得的工资和其他货币收入。在一般情况下，城市的工资水平比农村要高，因而对农村劳动力有强大的进城吸引力。

2. 技能性收益

农村进城劳动力的技能性收益，即在城市务工的各项劳动中所获得的工作技能以及有关的各种知识。在一定意义上，这是他们进城后所获得的不用自己投资就得到的无形人力资本。许多进城打工的农村劳动力，在积累了一定的技能性收益后，返回家乡，开办企业、经营致富，成为本地经济增长的推动力。

3. 文化性收益

农村进城劳动力的文化性收益，指在城市中所分享到的城市文化环境及其他方面的收益。

三、农村劳动力进城就业方向

（一）就业岗位方向

农村进城劳动力的工作岗位，可以分为以下类别：

1. 正规工作岗位

正规工作岗位包括建筑队工人、工厂工人、商业售货员、餐饮旅店等服务业、机关事业单位后勤服务等岗位。这些岗位的从业人员一般属于正式雇用，具有组织化的特点，其职业比较稳定。他们是城市经济社会结构中的一个有机组成部分。

2. 零散工作岗位

零散工作岗位包括从事小店铺、摊贩、家庭保姆、轻工业（尤其是服装业等）、手工业等劳动，或者在商场承包柜台、在一些个体工商户处（如餐馆、发廊等）无证打工 、被包工头非法雇用、倒卖商品，以致从事不良职业等等。这类人中的许多人没有办理务工证而在城市就业，不少人是靠租借执照而从事经营，许多人处于无照经营的状态。此类人的社会组织化程度很低，其中不少人在职业问题上处于不稳定状况，在一定意义上构成社会不安定因素。

3. 自行创立的岗位

一些农村劳动力进城进镇，投资经商以至办厂，这些人除了在城市找到了自己的位置，还在拓展业务的同时，招用同地区的亲友“老乡”和其他地区的民工，以及招收所在城市的劳动力。一般来说，投资办厂经商人员以及他们招用的人员，比较注意在城市的“饭碗”，基本上处于有组织和稳定的状态。

（二）就业单位方向

根据国家统计局 1999 年年末的统计数据，城镇使用的农村劳动力中，国有经济单位占 42.0%，城镇集体经济单位占 24.3%，公有制经济单位使用农村劳动力数量的总和为 66.3%，占据 2/3 的大多数，其他经济单位所使用的农村劳动力人数占 33.7%。这一方面有公有制经济单位规模大、在城市占主导地位的原因，另一方面也是由于公有制单位中传统产业比重大、体力劳动岗位多，农村劳动力容易形成供给，承担脏活、累活和工资待遇差的工作。

四、农村劳动力进城就业的功能

（一）填补城市经济要素空缺

在城市经济社会发展过程中，各种要素都应当是具备的、均衡的。而社会劳动的多样性和分层性，要求作为劳动者的“人”的供给也是多样的、多层次的。

在城市的“就业岗位”问题上，农村进城劳动力进入的大多是城市人不愿意去的工作岗位，是对于这些岗位的劳动力供给短缺的积极填补。一般来说，农村进城劳动力所处的就业岗位具有工作环境差、职业声望低、工资收入少的特点，例如建筑工人、城市保洁员、非技术工人等，也有相当多的外来人口自己摆摊开店，从事商业、餐饮、服务、缝纫等辛苦的服务性劳动。上述岗位往往是城市当地的劳动者不愿意从事、但又为城市的经济社会生活所必须，即他们是在填补当地劳动力供给的空缺，显然这种“补缺”性就业对城市是有益的。而且，城市经济建设的推进，也有着他们的一份功劳。因此，农村劳动力在城市就业，为城市的经济社会发展做出重要贡献。

（二）参与城市就业岗位的竞争

农村进城劳动力对城市的就业有着多方面的影响。应当指出，农村进城劳动力中有许多人具有一定的文化水平、专业职业技能以至经营管理经验，部分素质较高的人与城镇本地劳动力正在形成一定的就业竞争。这种竞争，能够促进本地的劳动者努力工作，在一定意义上也能够促进城市的创业。从事体力劳动的农村进城劳动力，在城市就业过程中通过从业实践和各种培训，成长为熟练工人，会与本地的技术工人队伍形成就业竞争，也是不可避免的。大量从事服务业劳动的农村进城劳动力，也与城市的年龄偏大、技能陈旧的下岗职工之间存在着就业竞争。

在充分承认农村进城劳动力积极作用的同时，必须看到，城乡分割状况的彻底打破和国内劳动市场一体化是一种必然趋势，从我国农村剩余劳动力转移的巨大压力和农村进城劳动力参与竞争的前景看，有可能对城市的就业局面造成较大的冲击。因此，必须对此进一步给予重视，作好中长期的规划，协调好城市劳动力供给与农村进城劳动力的关系，有利于市场就业体制的推进和城市就业形势的平稳。

（三）对城市多方面的影响

农村劳动力在城市就业，对城市还会产生更为广泛的社会性影响。这表现为正反两方面的效应：

1. 正效应

农村劳动力进城就业的正效应，不仅在于可以为城市的建设提供随时可以投入的丰富的人力资源，而且在于大量农村进城劳动力在城市消费引致了一定的城市流通和生产，对国民经济具有一定的推动作用。

2. 负效应

农村劳动力进城就业的负效应主要有：在城市劳动力过剩的情况下，外部进入的劳动力不可避免地要占据一部分就业岗位，可能使当地就业问题的压力加大；因农村进城劳动力增多而使城市公共设施紧张，城市管理成本增加，市容市貌受到一定损害；因外来人口增多而使城市治安管理难度加大，犯罪率上升，等等。

由此可见，仅仅关注农村劳动力对城市就业的直接影响是远远不够的，而应将它所带来的各方面效应进行综合权衡考虑，得出更为全面的结论，从而为农村进城劳动力管理决策和具体的业务工作，提供更有价值的政策思路。

【本章小结】

就业问题一直都在严重困扰着我国的经济发展，影响着社会的发展。基于我国这个基本国情，本章论述了就业问题，首先介绍了就业的基本范畴；然后对失业进行了详细的论述，包括失业的类型、失业的社会经济代价和我国的城镇失业率问题；接着，介绍了就业的目标问题，其中有：充分就业目标、公平就业目标、积极就业目标、多效就业目标；作者还给了非正规部门就业的基本情况；最后，本章对农村劳动力转移的问题给予了充分的关注，涉及下列问题：农村劳动力转移的途径、农村劳动力进城的成本收益分析、农村劳动力进城就业的方向、农村劳动力进城就业的功能。

【重要概念】

就业　就业者　失业　失业率　充分就业　总量性失业　结构性失业　摩擦性失业　选择性失业　非正规部门　农村劳动力转移

【思考题】

1. 如何加强对就业社会性的认识？
2. 简述失业的类型有哪些。
3. 失业为什么会造成社会经济代价？
4. 怎样才能实现充分就业？
5. 就业目标有哪些？
6. 非正规部门就业的功能是什么？
7. 我国非正规部门就业的形式有哪些？
8. 简述农村剩余劳动力转移的方式。
9. 如何对农村劳动力进城就业的方向加以引导？

第十五章　特殊群体劳动问题

第一节　特殊劳动群体与社会劳动

一、特殊劳动群体的含义

特殊劳动群体是由于年龄、生理结构、技能结构等方面的特点，在社会劳动过程中，遇到了特殊的社会问题并因此而形成了独特行为规律的群体。他们主要包括无技能青年群体、残疾人群体、中老年人群体和外来移民群体。

劳动者对劳动市场的参与受到经济制度、人口发展、技术水平、文化传统等诸多社会因素的影响，特殊劳动群体中的劳动者比一般劳动者更容易受到这些因素的限制，并因此使他们的劳动参与在许多情况下成为社会问题。例如，在就业和收入等问题上残疾人和中老年人受到的歧视、排斥，这和经济体制、文化传统有着密切的联系；移民与外来劳动群体的问题，受制于城市化的发展和农村劳动力过剩的现实；无技能青年劳动群体的问题，直接与新技术的发展和转换相联系；特殊劳动群体在技能方面水平较低的状况，和他们在进入劳动市场之前在预期社会化过程中所受到的限制也有一定关系。

受经济全球化的影响，中国的劳动市场正在被日渐分割。被分割的劳动市场是指劳动市场被分成不同的部分，各自有自己的工人和雇主。在某个市场中提供和雇用劳动者的人不与另一个市场的人发生竞争。①中国劳动市场在其规范化的过程中正在被分成相对不同的两个部分：高级劳动市场和次级劳动市场。高级劳动市场提供的工作一般工资比较高、安全系数较大、发展机会较多。由于这些工作一般要求雇员具备通过专业学习的技术和知识，这个市场中的劳动力供应者主要是受到过相关学历教育的人员，如技术工人、专业人员、管理人员。次级劳动市场即低级劳动市场，所提供的工作稳定性差、工作条件差、发展机会少，其中包括一些私营和外来投资企业所提供的低工资和低技术的工作。这个市场中的主要供应者则是妇女、无技能青年、残疾人、中老年人

① 戴维·波普诺. 社会学. 北京：中国人民大学出版社，1999. 518

和移民或外来工。

特殊劳动群体在劳动领域中的机会受到限制，除了劳动力市场的原因外，另一个原因就是我国劳动力增长的压力过大。我国总人口有12亿多，占世界总人口的1/5，中国的劳动力资源供大于求，属于劳动力富余型社会。当大多数一般劳动者都能感受到就业压力的时候，特殊劳动群体受到的压力就会更大一些。

二、社会学的认识

(一) 社会分层与弱势群体观

社会学对特殊劳动群体的研究源自于社会分层理论。这一理论的主要观点认为，社会差别（即社会不平等）是社会分层的直接根源。任何一个社会都存在着社会差别，因而也都存在着社会弱势阶层或特殊群体。从这个意义上说，特殊群体的存在是一种普遍的社会现象。

特殊群体的出现是社会结构层次分化的结果。社会结构是社会成员在社会位置上的分布方式。社会分化是研究社会结构的重要概念。美国社会学家彼得·布劳认为，社会分化是社会成员所处"社会位置"在横的方向增加异质性，在纵的方向上增加不平等的过程。因此构成一个社会阶层的条件不是社会关系的某一方面的同一性，而是社会关系中诸多方面融合而成的同一性。① 具体地说，只有在收入、权利、教育与职业诸方面具有同一性的人们，才有条件构成一个阶层。了解弱势阶层的本质特征，就要认识形成弱势阶层的特殊社会关系诸多方面融合而成的同一性，也就是认识形成弱势群体的特殊社会关系的组合特征和其中的层级组合特征。

社会成员在社会性资源分配上的不一致性促使了社会弱势阶层的特殊社会关系中层次组合特征的形成，而社会资源的不一致性表现为经济利益、社会地位、政治权利、生活方式、价值观念、性别、年龄、身体、民族、教育等方面的差别。社会弱势阶层在社会性资源分配上的共同特征，主要表现在经济利益、生活质量和承受能力三个方面。经济利益上的贫困性是社会弱势阶层的根本属性，决定着社会弱势群体生活质量低下和承受能力脆弱这两个共同特征。特殊劳动群体是经济贫困阶层的主要组成部分，其成员虽然具有劳动能力，但在经济活动和就业竞争中居于劣势，只能是获得较低报酬从业者，或者是没有固定收入来源的失业者。其结果是其成员不仅物质生活水平较低，精神生活状况也居于社会较低层次，而且一旦遭遇疾病或其他形式的社会风险就会表现出

① Peter M Blau, Parameters of Social Structure, American Sociological Review 39 (5): 615～635

极度的脆弱性。[①]

（二）关于职业和地位的不平等

关于职业和社会地位，社会学研究中最具代表性的观点是冲突论和功能主义两种理论。

冲突论者，以马克思的劳动观点为基础，坚持认为社会中那些已经拥有权力和特权的人们会通过制造和维护社会不平等来维持他们的地位。[②]在职业选择和机会方面，社会不平等不是必需的，而是拥有生产资料的有权群体或阶级控制除了劳动力外一无所有的无权者这一趋势的结果。个人的地位最终是由个人与生产方式的关系来决定的。有权者对无权者在劳动领域的控制是通过教育培训、行业组织、资格认证等过程实现的。职业地位的不平等和不公平的劳动回报分布从根本上妨碍着社会结构的有效作用。

功能主义的理论核心是社会不平等，即不平等的奖励，对社会的存在和发展是必要的。[③] 具体在劳动领域内，功能主义者认为在分配职业岗位时，社会必须秉承最有效地利用其成员天赋的原则。不是所有的工作都同样的吸引人，也不是所有的社会成员都具有相同的才能，因此社会需要激发最具才能的个人去追逐对社会来说最重要的职业。在大多数情况下，回报最丰厚的职业往往是那些既对社会具有最重要意义，又需要最大才能和训练的职业。从功能主义的理论视角出发来看特殊劳动群体，就会认为特殊劳动群体对于社会有着其他劳动群体不可替代的功能。一个社会的正常运转，具体地说，一个劳动力市场的正常运转在某种程度上依赖于相应的特殊劳动群体的存在。只有特殊劳动群体的存在，苦、脏、累、危险的工作才有人做；劳动力的储备才得以实现；社会才会有反面教员；人们怜悯情感的宣泄需要才能得到满足。这种充满对特殊劳动群体偏见和歧视的论点，实质在于为社会的不公正现象的合理化提供依据。

三、特殊劳动群体的社会化

特殊劳动群体的社会化是指社会把属于这些群体的社会人转变成能够适应一定社会文化，掌握当代社会所需要的劳动技能和必要的劳动规范，适应一定工作环境文化的合格劳动者的过程。这个过程只有在具体的劳动岗位上才能够完成。和一般劳动者一样，特殊劳动者既是“经济人”，也是“社会人”，他们在劳动中除追求经济收入外，还通过劳动满足某种社会需求和个人的某些心理需求。达到这些经济和社会目标的途径首先包括职业技能的训练，使这些劳动

① 陈成文．社会弱者论．北京：时事出版社，2000

② C. Wright Mills，The Power Elite. New York：Oxford University Press. 1956

③ Kingsley Davis，The Origin of Growth of Urbanization in the world，in American Journal of Sociology 60：431. 1955

者掌握一定的劳动技能，从而能够通过适当的劳动自食其力，创造财富。其次，特殊劳动者要了解工作环境的文化，适应劳动组织中的那些制约劳动者行为的制度和惯例，经历一个从了解、抵触、到遵守、认同的学习过程。最后，特殊劳动者还要尝试个人身份的转变，使职业角色内化为个人的价值，包括处理各种工作关系，例如与同事的关系以及上下级之间的关系。

特殊劳动群体成员的社会化过程很可能是不完全的。这是因为首先他们所在的劳动群体往往并不是他们在预期社会化中所效仿的劳动群体，他们所进入的劳动环境也并不是他们在预期社会化中所想像的职业环境，由于缺乏预期社会化的心理和行为准备，他们往往难以适应工作要求。移民和外来劳动者在社会化过程中所遇到的困境在许多情况下都是准备不足造成的。移民或外来劳动者在进入劳动岗位时经常发现他所面对的工作环境现实与他原来所期望的有很大距离，他对此没有准备，甚至对将要从事的劳动一无所知。因此，他接受职业训练，熟悉劳动规范，适应人际关系，认同企业价值并最终成为某个行业的合格劳动者的过程比略有感性认识的本地劳动者所经历的过程要更加艰难。

特殊劳动群体成员本身的能力也是影响其社会化过程的因素。特殊劳动者的能力包括三个方面：身心调节能力、学习能力和社会适应能力。残疾劳动者或老年劳动者很可能因为某些身体条件缺陷而不能承受期望和现实之间的差距，最终无法胜任所从事的职业或工作；无技能青年劳动者也许会因为学习能力过低而无法掌握适当的技术知识；对于移民或外来劳动者来讲，具备一定的社会适应能力才能够在劳动环境中建立和发展基本的人际关系。

四、特殊劳动群体的就业权利

无论是由于生理特点还是随着人口变化和经济发展所形成的特殊劳动群体，其成员作为公民都享有参加社会劳动的权利。特殊劳动者的劳动参与作为人的基本权利在大多数社会中受到了法律的保障。例如在美国，《平等就业机会法案》在保障妇女、少数族裔、残疾人等特殊劳动者的就业权利方面起到了十分重要的作用。我国的《劳动法》规定劳动权利是公民的基本权利之一，劳动权利包括参加工作或者谋取职业的权利。这个法律的适用范围是全体劳动者，其中包括带有生理和社会特征的特殊劳动者。此外，《劳动法》还对保障妇女和残疾人的劳动权利分别作了明确的条款规定，老年人的劳动权利则在《老年人权益保障法》中得到申明。

虽然存在各类法律和法规保障特殊劳动群体的劳动权利，但这些法律的实施还存在一些问题，因而在现实劳动力市场中仍存在特殊劳动者的劳动权利遭到无视的情况。劳动者因为年龄、性别、居住地的原因而被排斥在某些职业之外的事例随处可见。在保护特殊劳动者就业机会方面，现有的法律还很不完善，个人在劳动权利方面的自我保护法律意识也比较薄弱。

第二节　青年就业问题

一、青年就业问题的产生

青年，在这里是指15～34岁的具有劳动能力并有就业要求的人群。在现实生活中，青年劳动供给者就业难、失业率比较高，相对于中老年人而言其就业处于不稳定的状态，因而构成了明显的就业问题。

青年劳动者就业问题是伴随人口变化和经济发展产生的。

首先，中国的人口过多、劳动力过剩是青年存在失业的基本成因。据2000年我国第五次全国人口普查数据，中国内地人口已经达到12.658亿，从业人员为7.115亿；该年的城镇登记失业595.0万人，城镇新增劳动力621.2万人，城镇两大类供给总数达到1665万人。在总体劳动市场供过于求的情况下，无疑，新进入劳动供给队伍的青年必然面对着巨大的就业压力。根据人口抽样调查数据和历年新增就业人数统计推算，我国青年劳动者在业人员规模及占青年总人口的比例在20世纪90年代后期呈下降趋势。与此同时，新进入劳动力市场的青年待业问题越来越严重。据劳动部门估计，约50%的新增劳动力处于失业状态。[①] 目前，庞大的青年求业者大军和劳动市场所能提供的有限的新就业岗位之间的矛盾使青年就业问题日益突出。

进而，就业机制的转换也成为影响青年人就业的原因。在计划经济体制中，对于青年劳动力的配置是以行政方式进行的，国家包揽了所有城镇青年的就业，青年人虽然没有择业自由，但肯定能够获得就业保障。在我国向市场体制转变的过程中，行政性统一分配工作的体制已经被双向选择的体制所代替，企业也开始排除积聚了多年的富余劳动力。体制转变的结果是企业和青年个人分别获得了相对的自主权：企业可以根据产品和技术结构的要求，优化配置生产资料和劳动力；青年劳动者个人在挣脱了企业的羁绊，突破了个人身份的企业属性之后，可以自由的选择职业。但是，职业选择的自由是以失业风险为代价的。

此外，在中国尽管存在着户口制度，农村青年依然在大量由向城市转移，也加剧了本来就已经十分紧张的城镇青年就业问题。而且，大多数来自农村的

① 戴园晨，陈东琪．劳动过剩的就业与收入．上海：上海远东出版社，1996

青年劳动者文化水平较低，从而影响着在城镇青年劳动者的总体文化素质。[1]

二、制约青年就业的因素

青年就业受到多种因素的制约。除了前述原因外，还受到以下方面的影响。

（一）社会因素

社会分层体系和文化价值标准是社会结构影响青年劳动者就业的两个重要方面。例如，我国青年劳动人口中的绝大多数是农村劳动力。由于地理和经济条件的限制，他们中的绝大多数不但没有接受专业技术教育的机会，甚至连一般基础教育都没有完成。当他们作为农民工置身于劳动力市场时，他们很难与受过较高教育的城镇青年劳动力竞争，加上许多城市地区实施排斥性的劳动政策，他们就只能从事那些对城镇劳动力不具吸引力的工作。同样的道理也适用于解释城镇无技能青年的就业状况。

经济的高速发展导致了社会各方面的变化。这些变化对传统社会文化价值标准的冲击力是巨大的。今天，人们已经越来越重视和强调劳动力的个人和社会价值，并把个人的价值和其劳动成果的市场价值更为直接的联系起来。这种变化在极大的激发了青年劳动者劳动积极性的同时，也造成了他们就业过程中急进功利的倾向。伴随青年人对物质的追求，劳动报酬已经日益成为一些人衡量个人价值的最重要标准。结果是许多青年人在选择职业时完全忽视对个人的兴趣和能力的考虑，一味追求高报酬职业，从而进一步缩小了可就业范围。

（二）个人心理因素

市场经济发展必然导致从业价值观的变化。随着市场经济的发展，人们开始不断地重新审视评价社会职业。成长于现代城市的青年人大多不满足于仅仅成为一名普通工人，他们的择业尺度越来越功利化，对白领职业越来越向往。有许多青年失业者是主动辞职或离职的。这些自动失业者离职的主要目的是寻找适合发挥自己才能、报酬高的职业。但是，报酬较高的白领职业通常对技术技能和专业水平的要求较高，目前大多数青年劳动者的素质水平难以达到当今劳动力市场对白领职业劳动力的要求。事实上，任何时候，劳动力市场中报酬丰厚的白领职位都相对少于报酬一般的蓝领职位。个人对职业的过高心理期望和对现实劳动力市场缺乏充分的了解使一些城镇青年劳动者在劳动力市场中与自己技能水平相当的工作失之交臂。

（三）教育体制因素

我国目前的教育体制严重落后于经济发展，尽管青年人口获得高等教育的

① 劳动部1998年统计报表. 见：汝信，陆学艺，单天伦主编. 1999年中国社会形势分析与预测. 北京：社会科学文献出版社，2000. 465～481

机会在增加，以及初、中等教育在青年人口中的普及率不断提高，但总的来讲青年人口中在校生比例较低，就业者比例较高。另外，教育投资效率也比较低，这主要是和劳动力分配效率低和收入政策中存在的轻视教育、轻视科技知识的倾向有关。[①] 在相当长的一段时间里，教育程度没有成为决定工资收入水平和晋升的重要因素，受过良好教育的人没有得到相应较高的收入，在一定程度上削弱了人们学习科学技术的动力。另外，教育投资不足和投资结构的不合理也是导致低教育投资回报的因素。一个明显的例子就是中等专业教育和高等教育之间的比例严重失调。普通高中毕业生中只有很少的一部分人能够升入大学，大多数高中毕业生毕业后就得加入就业劳动力大军，然而他们在学校所学到的只是基础知识，不具备专业知识和职业技能，因此，在进入工作岗位时需要从头学习专业知识和职业技能，或在此之前接受一段时间的技术培训。而如果他们是职业高中毕业生，那么，在毕业之前，他们就已经掌握了一定的专业知识和职业技能，在劳动力市场中他们就具备了一定的竞争能力。遗憾的是目前这种与某种特定职业或技术更为直接联系的中等专业教育机构数量与需要接受专业教育的青年人数不成比例。

三、青年的就业培训

解决青年人就业问题的关键是培训，这能够使无技能或低技能青年掌握专门的技能，获得相关的人力资本。青年人劳动技能的获得主要通过两种方式：正规教育机构的职业培训和劳动现场的基地实习。通过培训的实施和认证，职业教育帮助青年劳动者掌握更多的实用技能，增强了其在就业或再就业过程中的竞争实力。

除了正规教育机构的职业培训，迫于失业的压力，一些行业、企业、社区、非政府机构、非营利机构和个人已经逐渐开始举办针对无技能或低技能青年劳动力的各类职业技术培训。这类技术培训的特点是内容通常针对性和实用性较强，方式较灵活，通常比正规教育机构的职业培训更适应劳动力市场的需求。缺点是培训内容缺乏系统性，并且缺乏质量保证，培训结果往往得不到有效的认证。即使存在这些不足，现有的这类技能培训机构无论从数量上还是从质量上都远不能满足无技能青年劳动者的技能培训需求。因此，有计划地发展各类职业技术教育，并在政策上鼓励社会团体组织开展系统的职业技能培训活动，将是未来解决青年劳动力就业问题的重要途径。

---

① 胡伟略．近期我国人力资源开发研究．北京：中国环境科学出版社，1998

第三节　残疾人劳动问题

一、残疾人与就业

（一）残疾人的就业条件

由于残疾人有着生理或心理缺陷，其能力不同程度地受到损伤，以至于难以从事某些工作或不能以正常方式从事某些工作，在劳动参与方面受到限制。但是，在残疾人之中，尚有许多人具有不同程度的劳动参与能力可以从事着社会劳动。其一，残疾人当中的一部分人虽然身体残疾，从事某些种类的工作或通过采用特殊的劳动方式，也可以达到正常劳动者的劳动效果。例如腿有残疾者担任电话值班员。其二，有些残疾人虽然身体组织部分不正常或丧失了某种体能，但其他身体部位健康正常，只要这些健康的身体部位和体能得到有效的开发，他们仍可能参与某些相应的劳动。其三，一些人通过各种治疗和康复，也能够恢复一部分劳动能力，从而从事一些特定的劳动。

（二）残疾人就业状况

我国目前残疾人约占人口总数的 5%，其中有劳动能力者约占残疾人口的 2/3。根据残疾人身体部位与机能缺陷对劳动的限制程度，残疾劳动者通常被分成四个类型：视觉机能缺陷类、听觉和语言机能缺陷类、肢体和运动机能缺陷类和智力机能缺陷类。①

我国残疾人的文化水平普遍比较低，较低的文化技术水平导致绝大多数残疾劳动者只能从事一些技术要求较低、收入较低、职业声望较低的工作。已就业的残疾劳动者中从事体力劳动者占绝大多数。残疾人中失业率约为 50%，远远高出一般人的失业率。由于市场的竞争和社会的偏见，原本就业困难的残疾劳动者一旦失业，其再就业的所面临的困难比一般失业者再就业的困难要大得多。

由于在生理或心理方面存在障碍，残疾劳动者在就业方面遇到的问题比一般劳动者更复杂。一方面，残疾人具有十分强烈的就业意识，希望通过就业自食其力，过正常人的生活。有研究表明，残疾劳动者对工作的需要程度，无论从物质还是从精神的角度讲，都远高于一般劳动者对工作的需要程度。另一方面，残疾劳动者的就业受制于社会对残疾人的态度和劳动力市场的需求状况，

① 国家统计局 1987 年调查统计数据. 见：袁方主编. 劳动社会学. 北京：中国劳动出版社，1992. 214～219

残疾劳动者的就业现实反映出他们的就业渠道狭窄、就业水平低、失业率高、失业时间长、再就业难等问题。

我国残疾人就业主要通过分散、集中和个体这三种渠道。分散就业就是通过行政手段按雇员人数的一定比例把残疾劳动者安置到各个行业和部门工作岗位中去。集中就业就是把残疾劳动者集中吸引到一些专门为他们开办的福利企业中工作。个体就业指的是自谋职业，从事个体经营活动。

（三）扩大残疾人就业的意义

残疾人就业对于其个人和社会都具有重要的积极意义。对个人而言，参与社会劳动的意义主要有三点：

第一，就业可以使自己获得所需物质生活资料，获得并保持经济独立。

第二，就业给残疾者个人提供了发挥能力和聪明才智的机会、实现自我价值的机会、获得工作带来的满足感和成就感的机会，使他们的精神生活得到充实。

第三，残疾者通过劳动与社会取得联系，使自己有机会融入社会，扩大了生活范围。对于社会而言，残疾人参与社会劳动的意义在于，在劳动过程中残疾人由社会救助对象变为社会生产者和社会财富的创造者，有效地减轻了社会负担。

衡量一个社会的文明程度，残疾劳动者的社会劳动参与程度往往是一个标准。在一个文明程度较高的社会中，有劳动能力的残疾人参与社会劳动是受到鼓励的，残疾劳动者的就业机会也是比较充分的。

二、残疾人的就业局限

残疾人的就业问题受到多方面因素的制约。除了本身文化素质和劳动技能较低以外，一系列社会因素也在残疾人就业问题中发挥着作用。

首先，是劳动市场的制约。当劳动力市场中劳动力过剩，就业岗位不足时，残疾劳动者就业就比较困难；反之，当劳动力普遍缺乏时，残疾劳动者就业就相对容易。

其次，是企业竞争的限制。企业对劳动生产率和经济效益的追求使他们更愿意接受身体功能健全的劳动力，能够创造高效率的生产岗位也通常对劳动者有较高的体力和心理要求，而残疾劳动者在与一般劳动者竞争这些工作岗位时通常处于不利的地位。

第三，是政府干预程度缩小的影响。政府通过行政手段对残疾人就业进行干预的程度越大，残疾人就业的困难就相对越少。我国在相当长的时间里实行由政府部门安置残疾劳动力的制度，为相当一部分城镇残疾劳动者提供了就业机会。但是，传统的体制正在解体，残疾人的就业正在被逐渐纳入市场，而政府对市场的干预程度正在逐渐缩小。

第四，是社会偏见的制约。一些企业和雇主笼统地否认残疾人的劳动能力，不公正地把残疾劳动者排斥在就业领域之外。

三、残疾人的就业促进

提高残疾人就业水平需要社会多方面的配合。对残疾人劳动问题的研究使人们普遍认识到要缓解残疾人就业问题，需要做以下方面的努力。

第一，为残疾人提供更广泛的社会化条件，向他们提供和正常人平等的就学和社会参与机会，制定有效措施提高残疾人的文化素质和劳动技能，并以此消除对残疾人的社会偏见和误解。

第二，创造适合残疾劳动者的就业环境，按照残疾人的构成状况，研究和开辟出更多的适合残疾劳动者从事的就业岗位。

第三，国家立法保证残疾人的就业权利，制定相应的政策和法规以促使企业雇用一定比例的残疾劳动者，尽可能减少劳动市场带给残疾劳动者的风险。

第四，逐步建立一套协助残疾劳动者就业的社会服务体系，以便能够具体帮助他们实现就业。

第四节　中老年劳动问题

一、中老年劳动者分析

从历史的趋势看，人口老化和人的平均寿命延长，必然使人的劳动年限延长。在人口平均预期寿命为70岁的今天，绝大部分四五十岁的人仍然具有相当强的劳动能力。研究证明，60岁以上的人仍有能力从事许多领域的工作。在我国，对老年劳动者年龄的定义一般为男60岁以上、女50岁以上。

根据2000年第五次全国人口普查数据计算显示，60岁以上老年人口中，在业人口占了33%，这些仍在工作岗位上的老年人口中，男性为63.1%，女性为36.9%。产业分布数据显示，60岁以上老年劳动力中91.2%的人在第一产业从事农林牧渔业工作，2.91%的人在生产和运输等第二产业部门就业，另有5.91%的人在第三产业就业，主要从事零售、餐饮和仓储等工作。

从职业分布变化来看，老年劳动力主要从事以生产型、体力劳动型为主的职业。从事农业生产的老年劳动者人数变化不大，但是从事工业生产的老年劳动者比例则从1982年的5.2%下降到2000年的2.9%。另外，在第三产业部门工作的老年劳动者的比例从1982年的3.24上升到2000年的5.91%。虽然女性老年就业者在整个老年就业人口中的比例只有36.9%，但是女性老年就业者却占了农业老年就业者人口的95.2%。老年劳动者重体力劳动者比例过大基本反映了现阶段我国经济发展水平。

二、影响中老年就业的因素

（一）经济变动的影响

在中老年劳动者就业问题上，最重要的因素是经济的变化。由于企业的转产、改制，公司的重组，尤其是企业大规模裁员，必然会引起企业雇用状况的变化。如果某个工作岗位要被取消，资格和经历通常不会对这个岗位上的工作人员起到保护作用。在经验、技术能力，以及受教育程度条件相同的情况下，中老年工人通常会首先遭到裁减。尽管四五十岁的工人是成熟工人，他们一般不太容易失业，然而一旦他们失业，就会比二三十岁的失业者更难找到工作。随着工作的丢失，不但失去了正常的收入，还失去了相应的福利，如医疗和退休保障等。

（二）劳动力市场状况的影响

影响中老年劳动者就业的另一重要因素，是劳动力市场上的供需状况。第一，国民经济增长速度限制着社会劳动力需求总量增长的规模。当劳动力供求呈供大于求的态势，对中老年劳动力的需求就会受到抑制。此外，不同产业、行业、职业结构的变化速度直接影响中老年劳动力需求变化。第二，在经济技术结构的选择过程中，技术更新的速度越快、先进技术所占的比例越大，对中老年劳动力的需求越低，因为多数中老年劳动力所掌握的技能属于中间或传统技术。先进技术的发展和普及限制了对中老年劳动力的需求。第三，其他条件不变，中老年劳动力的平均工资水平越高，则劳动市场对他们的需求越低。第四，经济体制中个体经济实体数量越大，对中老年劳动力的需求就会越大。

（三）年龄歧视

所谓年龄歧视，指的是根据年龄对某些人群施以某种不公正和消极的待遇的做法。在就业领域中绝大部分的人会相信雇主歧视年纪较大的人，而一些雇主也并不否认这一点。劳动领域中的年龄歧视是普遍存在的，因此一些老年型社会采用法律的手段来阻止这类歧视事件的发生。美国 1967 年通过的《就业年龄歧视纠正法案》就是一个典型的例子，这个法案旨在保护 40 岁以上的工人避免仅仅因为年龄过大而被雇佣者解雇。①

中老年人在就业中遇到的年龄歧视主要源自于社会对中老年劳动者的长期固定看法，这些看法包括认为上了年纪的工人拒绝变化、没有创造性、判断太慢、过于谨慎、体力差、对技术变化不感兴趣，以及不可训练造就等。对于这些看法的准确性，社会学者们曾经进行了大量的研究。美国的研究者在汇总了

① Steven H. Sandell, Public Policies and Programs Affecting Older Workers, in Borus, M. E. et al. eds. The Older Worker.. Industrial Relations Research Association. 1988. p. 210

150 多项关于老年与工作的研究后得出以下结论：（1）中老年工人的劳动态度和工作行为通常与企业组织功能的有效程度相符；（2）中老年工人对工作的满意程度高于其他年龄群的工人；（3）中老年工人对企业比较忠诚，自动脱离在业劳动组织的可能性比较小；（4）健康的中老年工人缺勤率低于年轻工人，健康状况不良的中老年人的缺勤率高于年轻工人；（5）与年轻工人相比，中老年工人不容易在劳工岗位上受伤。但是他们一旦受伤，则需要更长的时间才能复原，而且致残的可能性比较大；（6）中老年工人具有继续学习的能力。关于中老年工人能否与年轻工人一样胜任工作，有的研究表明他们的劳动表现与年轻工人无异；另外一些研究表明他们不如年轻人，所以在这个问题上还无法下结论。至少所有这些研究都没能提供排斥中老年工人的充分理由。①

纠正就业的年龄歧视，并不等于否认年龄影响一些人从事某个工作的能力。一些老年劳动者确实在体力方面不如年轻人，不适于从事某些工作。解决这个问题的办法应该尝试寻找有效的劳动力体能衡量标准并以相同的标准划分工作类别，根据体能标准把劳动者安置在相应的工作岗位上，而不是简单地根据年龄标准安置劳动力。

三、中老年劳动者的再就业

中老年劳动者再就业主要分两种情况：已退休者再就业和中年职业变动。已退休者再就业主要指退休中老年人在脱离主要工作岗位，享受退休金以及相应养老保障的同时，在劳动市场中重新找到可以利用自己的劳动技术和经验的有酬工作。中年职业变动则指由外因（如失业、健康状况等）和内因（如个性、追求成就的动机等）引发的脱离已经从事的职业，开始新职业的行为。

中老年人的再就业对社会经济发展和个人生活均具有重要影响。对社会经济发展而言，老年劳动力资源的利用是我们迈入老龄化社会必须面对的问题。随着老年人口在总人口中比例的迅速增长，延长老年劳动者的工作年龄，不但能提高老年人经济独立能力，而且还可以因此减轻国家和家庭老年供养负担，同时也为劳动市场增添了人力资源。对中老年个人而言，再就业使他们能够通过保持和工作的联系，提高收入，改善自我感觉，肯定自身价值。

在人口老龄化的社会中，越来越多的老年人是在体能和智能较强的情况下步入退休状态的，这也意味着越来越多的中老年人正在成为实际或潜在的再就业劳动者。中老年人再就业的实现受到个人、家庭和社会条件的制约。身体状况好是能否再就业的一个先决条件。由于传统家庭性别角色分工的差异，男性老年人再就业的可能性大于女性老年人。而劳动市场中就业机会的多寡则是决

① Deoring, Mildred, Susan R. Rhodes, & Michael Schuster (1983). The Aging Worker: Research and Recommendations. Beverly Hills, CA: Sage

定中老年人能否再就业的关键。在劳动力缺乏的地方，中老年人再就业不失为补充社会劳动力的一个办法，他们也比较容易就业。然而，在劳动供给大于需求的条件下，中老年人的再就业将促使劳动市场竞争更为激烈，在这个过程中，中老年人由于适应技术发展和产业结构的变化的速度较慢而往往处于弱势。

第五节　移民群体问题

一、移民群体基本分析

（一）移民劳动群体的主要特征

所谓移民劳动群体，是指以谋求高收入和优越生活条件为目的，跨地区流动（尤指从欠发达地区流向发达地区）的各种年龄、职业、文化层次的劳动者。根据有关统计数据推算，我国目前的流动人口大约占成年人口的 1/10 以上。20 世纪 90 年代，我国的移民劳动群体特征为：

首先，移民劳动群体的主要成分是农民，其中绝大多数为进入城镇就业的劳动者。

其次，该群体的性别分布特点是男性多从事建筑施工行业，而女性多从事家庭服务行业，并且沿海地区移民劳动群体中的女性比例要高于男性。

第三，该群体中绝大多数人属于 15～29 岁的年龄段，约占这个群体总数的 71%。

第四，该群体文化程度总体偏低，约 60%以上的人只有初中和小学文化程度。

第五，从职业特征来看，该群体主要从事的是体力和技术含量较低的工作。①

（二）移民劳动力对移居地劳动力市场的影响

首先，外来农民工是城市劳动力市场中不可缺少的后备和调节力量。虽然许多城市本地的劳动力资源并不缺乏，但一些脏、累、苦的工作却无人愿干，正是农民工们及时地补充了这些行业的劳动力。目前在城市地区的建筑、运输、装卸、采矿、冶炼、造船、纺织等行业，在很大程度上依赖外来的农民工作为本行业的主要劳动力。其次，农民工的到来为城市劳动市场引入了竞争机制，促进了城市劳动生产率的提高。大量的农民工进入城市，客观上促使城市形成初级的、自发的劳动力市场，并在其中充当了拓展新行业的角色。同时，

① 王建民，胡琪．中国流动人口．上海：上海财经大学出版社，1996

他们把就业意识传给了城市劳动力，促使许多城市劳动力不得不开始与外来农民工在同一市场中开展竞争，从而大大提高了企业的劳动生产率。

外来农民工对城市劳动市场的负面影响包括加剧城市原有的就业困难和低素质造成的工作质量差和劳动事故的增加。我国城市劳动资源在总体上严重过剩。如果某些行业劳动力不足，也主要是结构性的不足，需要外来劳动力的数量是有限的。大量农民工的进入，占据了一般城市劳动力能够承担并愿意承担的工作岗位，使一部分城市劳动力失业，造成人力资源的某种浪费。另外，农民工虽然数量大，但质量不高，几乎全是体力劳动者。由于缺乏专门的培训，他们在生产过程中无法保证工程或产品质量，造成了低质量产品充斥市场。而且，缺乏安全生产常识也使他们中间工伤事故频繁发生。①

二、移民群体面临的问题

移民劳动群体进入城市，参与移民地的劳动竞争，行使了自己作为劳动者的权利。但这种竞争则受到多方面的制约。在城市劳动市场上，外来农民工一般会遇到以下几个问题。

（一）合法居留权的问题

我国户籍制度的最大弊端是造成了城市居民和农村居民之间在身份上的不平等。农民工进城后，由于没有城市户口，虽然居住、工作在城里，却难以获得城里人的合法身份。他们的就业因此受到限制，有些城市制定了外来劳动力的行业限制规定，限制外来普通劳动者在城市一些行业的就业。这种做法被认为是健全城市劳动用工制度的一个措施。但是应该看到，这类规定从根本上是与尊重外来劳动者劳动权利的观念相悖的。户籍制度把外来农民工与城里劳动者人为地隔开，使他们难以融入城市的主流生活，也助长了城里人对外来劳动者的偏见。

（二）移民劳动者的社会化问题

外来农民工的社会化过程往往是不完全的。由于我国农村教育严重落后，农民工的预期社会化程度普遍比较低，他们当中相当一部分人没能完成基础教育，对现代社会劳动职业了解甚少或完全陌生。由于他们在城市通常从事技能要求很低的工作，或还没有规范的行业，用人单位很少重视对他们进行职业角色和企业特点、规范教育，也很少对他们进行职业技术培训。农民工多集中于劳动力密集型产业，这使他们的职业和岗位角色相对简单。外来农民工在城市工作和生活了一段时间后，不同程度地接受了城市的思想观念、扩展了视野，他们的劳动素质和技能在劳动过程中也有不同程度的提高。但是，农民工总体

① 上海社科院经济所发展室．农业劳动力转移：一个跨世纪的历史难题．上海经济研究．1995，12：10～15

上属于文化基础差，无专门技术的劳动群体，他们对城市生产、生活方式需要一个适应过程。而企业对农民工只重使用，不重管理和培训，由于素质和技能无法适应劳动市场的需要，一些进城的农民工最终被城市劳动市场淘汰。

（三）移民劳动者的劳动保障问题

外来农民工的收入与城市劳动力所要求的收入存在着一定的距离。这不但反映在工资收入方面，而且也反映在非工资方面。一个城市劳动力的非工资收入包括用人单位为他们支付的失业保险费、医疗保险费、养老保险费等，这些费用加在一起相当于一个城市劳动力工资的31%～36%；而雇用一个外来农民工，用人单位只需每月缴纳很少的一笔管理费即可。在这种情况下，外来劳动力的社会保障就成了问题。①

外来农民工，作为现代产业的劳动者，在满足自己物质和精神生活的需要同时，还要防范诸如工伤、失业、疾病和老年等生活和劳动风险。而现代工业社会中，个人没有能力完全承担工业化带给他的社会风险，因此，政府对参与相同工业化生产的不同劳动群体实行不同的劳动保障政策是不公平的。外来农民工的劳动保障问题涉及的不仅是经济效益问题，更是社会效益和现代劳动者的基本权利问题。这个问题的解决在很大程度上受国家政策变化的影响。②

三、与本地劳动者的竞争

这里对移民劳动者与本地劳动者的竞争问题进一步做出分析。

外来农民工进入城市劳动力市场形成了与城市劳动力竞争的局面。作为劳动者，他们与城市劳动者之间的竞争主要是在这样一种情况下发生的，即外来农民工从事的工作，城市劳动者也愿意干，而同时企业或消费者也能够承受城市劳动力较高的工资要求。

外地农民工与城市劳动者之间的竞争并不存在于所有城市工作岗位上。至少在某些情况下，两者之间不存在竞争。一种情况是外来农民工从事的是脏、累、苦、危险的工作，即使农民工不做这些工作，城市劳动者也未必愿意干。另一种情况是外来农民工从事的工作，城市劳动者也愿意干，例如需求价格弹性比较大的服务行业。但是由于城乡生活水平、物价水平和社会保障水平的差异，城市工人所要求的工资水平大大高于农民工的工资水平，使企业或消费者难以承受。正是在外来农民工的低廉价格的诱导下，城市居民才从自己动手转变为花钱购买服务，从而创造了服务业的许多就业岗位并促使了服务行业劳动市场的形成，没有农民工的存在就没有这些就业岗位的存在。

外来农民工是以低价格为优势打入城市劳动力市场的，他们所提供的是低

---

① 樊平．中国城镇的低收入群体．中国社会科学．1996．4

② 广东外来农民工联合课题组．在流动中实现精英移民．战略与管理．1995，5：112～120

素质的劳务和低质量的产品和服务。随着收入的增加和购买劳动力习惯的养成，城市居民将不会满足于现有的低质量劳务。城市消费者对高质量产品和服务的需求越来越大，从而为城市劳动者提供了更大的就业空间。另一方面，外来农民工要想在城市劳动力市场中长期存在下去，就面临着提高自己的劳动素质和技能的问题。①

【本章小结】

特殊劳动群体主要指无技能青年、残疾人、中老年人和移民等劳动群体。这些群体由于年龄、性别、生理和技能等方面的特点，在社会劳动过程中遇到了特殊的社会问题，从而形成了独特的群体行为规律。特殊群体的存在是市场和生理、自然、社会条件局限所产生的双重效应的结果。受到经济制度、人口发展、技术水平、文化传统、市场变化等诸多社会因素的影响，特殊劳动群体的社会劳动参与在许多情况下成为社会问题。无技能青年群体的就业问题与新技术的发展和转换有着直接的联系；残疾人和中老年人在劳动力市场中遭受的歧视和排斥与经济体制和传统文化密切相关；而移民群体的就业问题则更受制于城市化发展和农村劳动力过剩的现实。虽然特殊劳动群体成员的社会化过程往往是不完全的，但是他们作为公民都享有参与社会劳动的权利，而且这种权利应该得到法律的保障。

【重要概念】

社会分层　高级劳动力市场　次级劳动力市场　青年劳动者　残疾劳动者　中老年劳动者　移民劳动群体　年龄歧视

【思考题】

1. 社会分层的理论是如何解释特殊劳动群体这一社会现象的?
2. 青年劳动者参与社会劳动受到哪些因素的影响?
3. 有哪些社会措施能够促进残疾人参与社会劳动?
4. 劳动市场的变化是如何影响中老年劳动者就业的?
5. 移民劳动者在移民的参与社会劳动过程中所遇到的主要问题是什么?这些问题的存在受哪些社会条件的影响?

---

① 章铮，黄明辉. 外来农民工的“面的效应”. 经济学消息报，2000-04-07

第十六章　女性劳动问题

第一节　女性的劳动参与

一、女性劳动的意义

女性的社会劳动参与是劳动社会学研究中的一个重要问题，更是性别平等问题研究的核心内容，因为女性通过参与有酬劳动得以实现经济独立，是迈向与男性平等的第一步。20 世纪后半叶，世界范围的经济发展和社会文明进步为许多国家的女性走出家门，进入社会劳动领域提供了日渐增加的机会。通过相关法律的制定和实施，许多国家的女性在就业和工作场所的权利方面得到不同程度的保障。科学技术的发展降低了对体力劳动的需求，增加了对专业技术工作岗位的需求，为日益增多的、受过良好教育的女性拓宽了专业工作岗位。

女性劳动是个复杂的概念，它包括通常意义上的有酬劳动，还包括大量的无报酬劳动或家务劳动。这种劳动的复杂性和多元化正是女性劳动的特殊之所在。因此我们有必要重新认识“劳动”的概念，以此理解女性劳动。女性劳动参与是指女性参与有酬劳动，是指 15 岁以上的女性劳动者通过参与社会生产劳动获得劳动报酬的活动，通常意义上是指就业。女性无报酬劳动是指女性为家庭和社会提供的有价值的、有情感回报的劳动，它对社会的贡献目前还难以估价，但又影响了女性参与社会性劳动的状况。

女性参与社会生产劳动无论对社会进步和经济发展，还是对女性个人的解放和发展都具有重要的意义。一方面，社会进步和经济发展为女性开辟了较为广阔的参与社会和经济活动的机会；另一方面，女性劳动者又为社会和经济的发展发挥重要作用。

首先，女性劳动力人数占我国全部劳动力人口的 1/2，女性劳动参与为社会生产提供了充足的可利用的人力资源，特别是在劳动市场不断完善的状况下，女性劳动力更具有“蓄水池”的作用。长期以来，国家在就业问题上制定了有关男女平等的法规和法律，为鼓励妇女就业实施了一系列保护性措施，不但使妇女劳动力就业水平得到很大提高，而且使她们的能力在劳动岗位上得到比较充分地发挥。目前，女性劳动者已经成为中国经济发展的重要力量，许多行业的女性劳动力占据较大的比重，特别是在农业和服务业中女性的劳动参与对社会经济发展具有巨大贡献。

其次，女性在劳动市场的参与不仅促进社会、经济的发展，而且也促进了自身的发展。妇女参与社会生产劳动是争取自身解放的前提。妇女的社会地位随着她们投身于社会生产岗位而逐步发生变化，在行使劳动权利和履行劳动义务的过程中，她们可获得经济上自食其力和发挥个人潜能的机会，从男性的附属品变成具有独立人格的、与男性完全平等的人。

最后，在社会变迁的年代，女性劳动参与的数量成为劳动市场的调节器，承负着巨大的改革成本。由于工业社会是以周期性的额外劳动力需求为特征的，中国妇女劳动力对经济发展的贡献还表现在企业转制时期所起的劳动力调节作用上。大量有关下岗女工的研究已经证明她们作为一个群体承担了比男性劳动群体更多的转型和改制代价，也为随着市场经济需要而发展起来的新兴行业，如社区服务业，提供了充沛的人力资源储备。

二、中国女性劳动参与历史

中国女性劳动参与的历史是指 1884 年至 1949 年女性参与有酬劳动的状况。1840 年的鸦片战争开始了中国被殖民化的过程，使中国由封建社会变成了半殖民地半封建社会。在这一过程中，农村经济，尤其是邻近开放口岸的农村经济开始破产，一批破产的农民、手工业者涌入城市，出卖劳动力，成为新兴的殖民化资本主义的廉价劳动力，这其中也包括了一批女性，她们被迫走出家庭进入到新型的生产关系中。

1949 年新中国成立之前，大中城市都有一定比例的女性就业人口。以上海为例可以看到这一时期女性就业的一些基本特征。

从表 16—1 中可以看出，女性就业的特点是：第一，女性就业总量比 20 世纪初有较大增长。第二，女性就业率较低。上海女性就业人数仅占全部就业人数的 17.82%。第三，性别的行业分布不均衡。女性劳动力主要集中在工业、家庭佣工和农业中。从全国情况看，截至 1949 年，中国的产业工人中有女工 60 万人，约占产业工人总数的 7%。第四，女性劳动力多充当廉价劳动力，从事的是劳动时间长、劳动强度大、工资收入低的劳动。第五，女性劳动力从事非体力劳动的比例极低。因为当时的社会制度限制了女性的职业发展，女性劳动力被隔绝在高收入的劳动领域之外。以女职员为例，20 世纪 40 年代的中国不少机关明文规定，不收已婚妇女。①

① 罗琼．中国妇女劳动就业的发展及前景．中美妇女问题研究会论文集．北京：中国妇女出版社，1991．5～8

表 16—1　1949 年上海市在业人口中女性就业的数量与构成①

行业	女性就业人数（人）	女性就业在本行业中的比例（%）	女性总体就业结构比（%）
农业	58 981	44.70	16.03
工业中的人	153 624	38.92	41.74
工业中的职员	2 509	0.06	0.68
手工业	21 611	8.24	5.87
商业	29 027	4.43	7.89
金融业	1 130	4.67	0.31
交通运输业	2 504	1.03	0.68
国家机关	4 854	8.22	1.32
自由职业	17 469	30.66	4.74
教育、文化、卫生社会事业	5 525	24.82	1.50
家庭佣工	67 245	71.38	18.27
其他	3 356	4.76	0.96
合计	368 035	17.82	100.00

三、中国女性劳动参与现状

1949 年新中国建立以后，党和政府强调人的劳动权利与劳动义务，从制度层面上保障妇女参与社会劳动的权利。女性劳动处于国家主导型的就业局面。①

（一）女性就业比例高

中国已经成为世界上女性就业比例最高的国家，女性劳动者成为社会劳动者中不可或缺的一部分，且这一状况具有不可逆转性。一般来说，中国的女性就业是指女性劳动适龄人口（15～55 岁）从事社会有报酬劳动的状况，它反映了女性参与社会劳动的状况。1949 年，中国女性从业人员占职工总人数的比例仅为 7.5%。到“一五”计划期间，女职工人数为 213.3 万人，占职工总数的 11.68%。1978 年全国全民、集体所有制企业事业中的女职工为3 128万多人，占职工总数 32.7%，其中占国有经济单位职工总数的 28.5%，占集体所有制企业事业单位职工总数的 48.9%，比 1953 年增长了 14.66 倍。② 1995 年全国城镇单位中的女性就业人员达到最高峰，有5 889.0万人，占单位从业人员总数的 38.5%，人数和比例进一步增长。此外，在2 000万个体经济从业人员中，尚有许多女性从业人员。中国妇女的高水平就业成为不可逆转的态势，改革开放之后虽然女性参与劳动的状况受到挑战，但是这种女性高参与劳动的数量和比例已无法变更。1997 年，女性从业人员约 3.3 亿人，占从业人

① 邹依仁. 旧上海人口变迁的研究. 上海：上海人民出版社，1983

② 中国统计年鉴（1981）. 北京：中国统计出版社，1982

员总数的47%，比世界平均水平高出11%。中国15岁以上的劳动人口中妇女的就业率为70%，也是世界上最高的国家之一。①

（二）女性劳动力就业分布较广，农业劳动具有女性化趋势

表16—2 1980年和1990年国民经济各部门总数中女职工的比例（%）②

国民经济各部门	1980年	1990年
工业	39.5	37.7
建筑业、地质普查和勘探业	23.7	21.6
农、林、牧、渔、水利业	35.0	36.2
交通运输、邮电通讯业	22.0	24.1
商业、公共饮食业、物资供销和仓储业	40.7	44.5
城市公用事业（1990年为房地产管理、公用事业、居民服务和咨询服务业）	38.0	46.5
科学研究和综合技术服务事业	34.1	34.2
文教卫生和社会福利（1990年为卫生、体育、社会福利事业、教育、文化艺术和广播电视事业）	38.5	41.1
金融保险	29.5	35.9
国家机关、政党机关和社会团体	16.4	20.6
全国总计	35.4	37.7

在制造业、零售餐饮业、社会服务业、医疗卫生业、教育业、政府部门等行业中，女性从业人员都已经分别超过一百万人。但是，总的来看，在第二产业和第三产业中女性劳动力的比例不但低于男性劳动力，而且低于美国、日本等发达国家女性劳动力在这两个产业中所占的比例。

（三）女性就业层次较低

女性职业类别分布显示，20世纪90年代初期，女性就业人员在专业技术类的职业中的比例为45.1%。但是他们当中的大多数是在专业性领域中从事低技术或非技术性，以及服务性工作。例如在女性占优势的医疗卫生行业中，绝大多数女性从事的是护士、护工工作，女性医师和医士的比例还不足50%。在女性只占11.6%的企事业负责人这类职业中，大多数女性也只从事低层次的管理和辅助管理工作，其中居委会干部中80%以上为女性。

（四）女性劳动者的文化技术素质呈现多元化

国家统计局1996年的统计数据显示，中国女性就业人员中具有小学、初

① Nancy E. Riley，1997. Gender，Power，and Population Change，Population Bulletin，Vol. 52，No. 1

② 据《中国统计年鉴》（1981）第122页计算。1990年的数据是根据中华全国妇女联合会妇女研究所和国家统计局社会与科技统计司编《中国性别统计资料》（1990—1995），中国统计出版社1998年版，第332页计算。

中、高中、大专文化程度者的比例分别为37.6%、31.9%、9.7%、2.2%。1994年全国总工会的调查表明，58.45%的城镇女性在业人员从事技术性的工作，另外的41.52%从事非技术性的劳动；在从事技术性工作的女性在业人员中50.1%具有初级职称，23.3%具有中级职称，2.9%具有高级职称。从就业女性不同的文化素质的行业构成上看，文化程度较高的女性大多集中在金融保险业、国家机关和社会团体，分别占大学、大专文化程度女性的71%和58.5%。而在农林牧渔业中的女性在文盲、半文盲和小学文化程度者中的比例分别为95.9%和88.9%。工业行业中的女性大多具有初中、高中、大专和大学文化程度。那些比较适合女性工作的商业、邮电、文教、卫生等行业的女性在该行业的比例是随着文化程度的提高而增加的。从女性的不同文化素质的职业构成上看，文化程度高的女性大多是各类专业技术人员，大约占大学文化程度女性的82%，占大专文化程度的女性的70.38%。与文化程度的行业构成相似的是，文盲、半文盲和小学文化程度的女性分别有95.5%和88.1%为农林牧渔劳动者。总之，我国在业女性行业结构和职业结构的突出特点是，女性在各行业、各职业中所占的比重与该行业、该职业文化素质要求成反比。

上述状况形成的主要原因是女性劳动者文化素质的普遍偏低。而另一方面，不同文化程度的就业女性在各行业、各职业中所占的比重与该行业、该职业文化素质要求成正比，文化素质高的女性大多分布在第三产业，从事脑力劳动，文化素质低的女性大多分布在第一产业或第二产业，从事体力劳动。

第二节　劳动领域的性别不平等

劳动领域中的性别不平等现象历来有之，无论是在有酬劳动还是无酬劳动中都始终存在各种形式的性别不平等。尽管在一些现代社会行业中女性劳动力已经占了社会总劳动力的40%以上，但其薪金收入和地位却仍然远远低于男性。女性从事的多是收入低、地位低的工作，即使她们在声望较高的职业里就业，晋升也是相当困难的。

一、性别不平等状况

（一）两性收入存在差异且差异有不断拉大的趋势

两性收入差，即男女间劳动报酬的差别明显存在。在过去的一二十年中，一些发达国家男女平均工资之间的收入差距已逐渐缩小。然而，由于女性主要从事那些地位低、收入低的工作，因此男女平均工资之间仍然存在着很大差异，这主要是结构性的。1990年的调查表明，中国城市男女职工平均月收入分别为 193.15 元和 149.60 元，女性的平均收入是男性收入的 77.4%；农村男女年平均收入分别为1 518元和1 235元，女性年均收入是男性的 81.4%。[①] 到 1999 年，城镇在业女性包括各种收入在内的年均收入为7 409.7元，是男性收入的 70.1%，男女两性的收入差异比 1990 年扩大了 7.4 个百分点；以农林牧渔业为主的女性 1999 年的年均收入为2 368.7元，仅是男性收入的 59.6%，差距比 1990 年扩大了 19.4 个百分点。[②]

（二）两性在职业发展机会方面存在差异

两性具有不同的职业生涯，妇女的职业升迁机会比男子少得多。1990 年，全国各地区在业人口为 6，472 万，其中妇女占 45%。1995 年，在 6，981 万人的在业人口中，女性比例又一次上升到 45.7%。但是妇女在领导层中的比例却远低于此。1990 年，国家机关及其工作机构负责人中，妇女 11 万人，男性 125 万人，妇女仅占总数的 8%；在党群组织负责人中，妇女 74 万人，男性 658 万人，妇女占总数的 10%；妇女在企业事业单位负责人中也同样占 10%；甚至在居民（村民）委员会这样基层的负责人中女性仅占 23%。[③] 有学者用“玻璃天花板”的概念形容女性职业发展的困境，是指那些建立在个人态度或组织偏见基础之上的，阻止有资格的女性向劳动组织中的管理层次位置晋升的人为的看不见但确实存在的障碍。

（三）存在着职业性别分隔或性别排斥

职业的性别分隔指某些职业女性或男性比重过大和集中的现象。如护理职业中 90%以上的工作人员是女性。这是女性在劳动领域中普遍遭遇的问题。虽然我国女性就业率比较高，但就业层次比较低。即使在女性比重较大的专业技术领域，女性也基本上从事半专业、非技术性或服务性工作。绝大多数女性从事的是低层次的管理或辅助管理工作，置身于高层次管理者中的女性寥寥无几。而低就业层次又进一步影响了女性劳动力平均收入水平。

从表 16—3 中可以看出，女性劳动力在某些职业类别中正向“适合于”女性劳动的岗位转移，如金融保险业、社会服务业和卫生、体育及社会福利业。在经济结构的调整过程中，女性更多地处于下岗、待岗和失业状况，为了生存需要，更多的女性进入到低收入和非正规经济部门就业，逐渐出现了低收入的、非正规行业的女性化。从劳动力的需求看，市场对男性的需求大于女性，这见诸于各类招工广告，可见存在需求的性别歧视。中国的劳动力市场至少可

① 中国妇女社会地位调查课题组．中国妇女社会地位概观（全国卷一）．北京：中国妇女出版社，1993

② 全国妇联，国家统计局．第二期中国妇女社会地位抽样调查主要数据报告，2001

③ 中华全国妇女联合会妇女研究所和国家统计局社会与科技统计司．中国性别统计资料（1990—1995）．北京：中国统计出版社，1998．324、434

表 16—3 1990 年中国的十种“女性”职业①

职业类别	性别比例	职业类别	性别比例
幼儿保育员	99.75	图书资料业务人员	77.91
家庭服务员	98.77	档案业务人员	74.64
护理人员	95.66	电信业务人员	72.77
旅店、饭店服务人员	85.19	环境清洁卫生人员	67.26
纺织、针织、印染人员	78.42	财会和审计人员	59.18

以分为三级，一是低级劳动力市场，由农民工或没有本地户口的劳动力组成。二是初级劳动力市场，由那些没有受过高等教育、没有技术专长的城市劳动力（有城市户口）组成。三是高级劳动力市场，是由受过高等教育，具有一技之长的劳动力组成。女性多局限在低级和初级劳动力市场中，高级劳动力市场对于大多数没有受过高等教育的女性劳动力是隔绝的，她们无力改变处于初级劳动力市场的结构地位。以改革开放后的非公有制工业企业集中的广东、浙江等省为例，这些地区的纺织服装、电子电器、轻工产品等企业，女工人数占到职工总数的 80%，她们主要是来自农村的未婚女性。这些女工的工资一般较低，很少或根本没有劳动保护和社会保障，工作条件恶劣，技术水平低下。这些以农民身份进入城市或工业部门谋求职业的女农民工处于劳动市场的底层，处在多种权利被剥夺的境地。另一方面，女性就业年龄轻，女性青春职业特征明显。从 1990 年第四次人口普查的资料来看，我国的劳动力年龄构成偏低，女性在其中的比例更高于男性，女性有 77.8%的人在 15～19 岁中便就业了。中国女性的就业曲线是：15～19 岁就业程度很高，到 20～24 岁达到峰顶，以后逐渐下降。如果按女性就业人口占同年龄段总就业人口的比例看，15～19 岁所占比例要高于其他年龄段。对打工妹的年龄分析也说明了这一点。②

二、性别不平等理论

（一）人力资本理论

人力资本理论的观点认为，由于男女给劳动力市场带来的资源是不同的，其结果就产生了工作场所中的性别分层。也就是说，女性之所以比男性挣的少是因为她们提供的“人力资本”比男性提供的少。例如她们拥有的工作经验通常比男性少，她们的工作变动率通常比男性高，因此，对于雇主而言她们作为劳动力的价值就相对低廉。结果，相对于男性，女性通常得到的工作报酬比较少，受雇的机会比较小。

---

① 刘德中，牛变秀．中国的职业性别隔离与女性就业．妇女研究论丛．2000．4

② 谭深．谁是选择的主体．社会学研究．1994，6

美国学者贝克尔使用人力资本理论解释两性工资差异和就业机会不等。人力资本是体现在人身上的技能和生产知识的存量，人力资本投资的成本在于各种受教育的生活费、学费等直接成本和因之放弃工作的机会成本之合，收益在于提高了个人的技能和获利能力。贝克尔认为男女生物学意义上的差别决定了妇女一小时家庭时间或市场时间并不能完全替代男人一小时时间，尽管他们在人力资本上作同样数量的投资。妇女主要在提高家庭效率，特别是生育和照顾孩子上投资人力资本；男人主要在提高市场效率上投资人力资本。由于女性在提高市场效率上投资的人力资本少于男性，因而女性劳动力工资率低于男性。①

女权主义理论则认为，职业差异主要源于最初工资和工资增长率的差别。人力资本的理论假定，与最初工资相关的是有关人力资本的投入。但女性最初工资并不比男人低，妇女在某一职业所从事工作的时间不足以获得足够的补偿；而男性工作的时间较长，他们很快会增加足够的经验并超过女性工资的增长率。② 上述观点表明，两性就业的连续性的差异导致了职业的性别分化，同时强化了两性选择不同结构的职业，这种选择在很大程度上依赖于传统职业内涵的性别分工。

（二）选择模式理论

选择模式理论认为，女性之所以在劳动领域处于不利地位是由她们的决定引起的。由于妇女承担着家庭和社会工作的双重角色，她们往往选择那些使她们有收入来源，又使她们不耽误照顾家庭的工作。一般情况下，这类职业工资比较低，并且没有什么晋升的前途。

（三）歧视模式理论

歧视模式的主要观点是，妇女被安排从事被隔离的工作，同样的工作给予不同的报酬和职业名称，并因不平等的提升或下岗机会就业受到限制和阻碍。导致这种歧视的原因是从对性别的刻板观念到以男性统治为社会特征的完全性别歧视。作为统治集团，男性可以限制妇女分享社会经济和政治权利的机会，以减少来自女性的竞争。有研究显示，只有不足10%的男性真正支持在劳动领域中的男女平等。

贝克尔是最早运用经济学方法分析性别歧视的经济学家，他运用了“歧视偏好”的概念和模型，侧重描述歧视的经济效应，认为在完全竞争自由进入的市场上，那些存在歧视偏好或偏好较强的企业将被淘汰。贝克尔运用劳动市场

① ［美］加里·S·贝克尔. 人类行为的经济分析. 北京：三联书店，1995

② Zellner，H. 1975. The Determinants of Occupational Segregation. In Cynthia Lloyd（ed.），Sex，Discrimination，and the division of labor. Columbia University Press

需求和供给模型认为，性别歧视的存在与女性工人的供应数量有关。

(四) 分割的劳动力市场理论

与经济学用劳动力的非均质性分析劳动市场的分化不同，二十世纪七、八十年代的女权主义明确把劳动市场中的不平等和性别联系起来，认为是劳动力市场的性别分割导致了不平等。

第一，劳动力市场分割的理论强调劳动力市场至少可以分为高级劳动力市场和次级劳动力市场，高级劳动力市场是由具有较高文化程度、技术专长的人组成的。次级劳动力市场是指没有什么技术专长的人组成的。所谓的分割不仅说明两个劳动力市场之间存在着差异，而且强调从次级到高级劳动力市场的不可进入性或存在着高级劳动力市场对次级劳动力市场的排斥。劳动力市场分割的概念源自于种族研究，而后扩展至性别研究。女性被局限在次级劳动力市场中，高级劳动力市场对女性是隔绝的，她们无力改变处于初级劳动力市场的地位。那些没有能力进入大学的女性根本无法进入到高级劳动力市场中，升迁机会对她们来说也是完全封闭的。城市妇女的受教育状况通过劳动力市场结构性地决定了女性职业发展的空间。女性由于承担生育及养育责任，使那些即使能够进入高级劳动力市场的女性也无法与具有同样教育背景的男性进行同等的竞争，因为在时间成本和未来发展预期上两性失去了可比性。劳动力市场分割的基础是两性不同的生理功能和其背后的社会价值。女性生育的显功能在劳动力市场中产生了某种制度安排，它使女性处于缺少发展机会的境地。女性主要就业于次要市场，并且由于偏好的形成和教育水平低等原因，向高级劳动力市场迁移存在很大困难，因而性别歧视固定下来。

第二，劳动力市场的分割导致了“男性工作”和“女性工作”的分化。这种性别建构表现为一种制度化的性别分工。从工作内容看，性别隔离导致了职业的性别集聚（female ghettos）。女性工作涵盖了秘书、办事员、小学教师、幼儿园阿姨等服务性行业，这些工作是典型的低收入、少升迁机会、协助男子的工作。劳动力市场上性别的有形的隔离使女性被制度化地隔离在某些职业之外。

第三，劳动力市场还存在内部劳动力市场（internal labor markets）和外部劳动市场的分化。“内部劳动力市场”是指某一职业领域、行业或组织内部的劳动力供求。这是个相对的概念，它可以指某一组织中的劳动力市场状况或工作阶梯；也可以指一个职业领域或行业中的劳动力市场供求。对内部劳动力市场的揭示可以使人们看出，职业发展事实上是被限定在一定范围中的，组织内部的运作机制与个人职业发展之间有着内在的联系。因为任何工作发展的阶梯以及阶梯间的移动都内涵在组织内部的规则中。在内部劳动力市场中，不仅是个人能力的差异，更主要是老板可能提供的发展机会的差异使个人工作技能和知识有着不同的发展轨迹。这些机会变化伴随着先前的状况，是一个累积的模式，较早的为进一步的发展提供了机会。女权主义学者看到，内部劳动市场存在着工作队列的性别化（the gendering of job queues）。从内部劳动力市场的“空缺链”看，即当某一职位出现空缺时，它首先对内部劳动力市场的人打开。那么这个“空缺链”会对谁打开呢？一方面，个人要想晋升到较高位置必须首先占有那个接近这一位置的较低位置。某一位置的空缺（如退休）对于那些不在这个等级链中的外部劳动力市场的人来说，其升迁的机会是完全“封闭”的。另一方面，人们进入某一职业位置的可能性是不同的，机会链条是结构性的。对于女性来说，她们处于双重缺失发展机会的境地：其一，在分割的劳动力市场中多数女性根本无法进入具有内部劳动力市场的单位，只能在中小企业寻求工作，这一结构决定了妇女不具有内部升迁的机会。其二，女性即使进入了内部劳动力市场，她们依然缺少发展链条，在职业升迁的等级链中许多位置对妇女是“封闭”的。

（五）公私领域划分的理论

社会学家帕森斯认为，劳动性别分工最终使人类功能性地划分为公共领域和私人领域。在工业资本主义时期，公共领域是为了交换进行物质生产的领域，它也包涵公共参与、公共事务等非生产性活动。私人领域是指家庭领域。公共领域是属于男性的；私人领域是属于女性的。女权主义学者则认为，公共领域和私人领域的建构看似是自然的劳动分工，实则是为了把女性留在家里的男权建构，是赋予男性劳动以更高的价值，即公共领域的劳动价值远大于私人领域，由此实现了性别权力关系的建构。从历史的角度看，资本主义的生产方式强化公共领域和私人领域的分离，并使家务劳动失去经济价值。这一社会建构不仅将妇女限制在家庭里，更主要的是把妇女排斥在社会性生产活动之外，使妇女成为在社会公共活动和公共事务中一个不在场的、依附的、无声的群体。发达国家的工业化过程经由延续男子外出工作、妇女在家管理家务的家庭性别分工，发展出现代化的工业和中产阶级的家庭生活。正是公私领域的划分使女性成为劳动力市场中最廉价的资源。资本主义支持了父权制或男性霸权的意识形态，强化了对妇女的压迫。这种压迫表现为两种形式，一方面，父权制意识形态强调男女在生育功能上的差异，并以此为基础迫使妇女从事无报酬的家务劳动。另一方面，妇女对家庭的责任进一步导致了劳动市场中的性别不平等。公私领域的两分不仅使男性从家务中受益（妻子处于经济依赖地位，为丈夫提供免费的家庭服务和顺从），还从劳动力市场受益（获得高报酬的工作）。女性由于没有足够的经济来源，不得不依赖于有较好收入的丈夫，这反过来又抑制了她们获取较高的收入。妻子对丈夫经济收入的依赖又加强了男人对饭碗的联系，弱化了男性工人阶级对资本主义体系的反抗意识。

面对公私领域的划分，女权主义学者发展出行动策略。自由主义女权主义者们主张，一方面要扩大公共领域，为女性进入劳动力市场、参与公共领域的事务而努力；另一方面要使法律和公共政策等延伸到私人领域。但这一行动策略面临着极大的困境，女性是在固有的公私二元划分的框架下进行努力的，这种种努力无法摆脱原有结构的限制。女性更多地进入公共领域并没有改变她们在家庭内部的权力关系，也没有改变她们在公共领域中的权力关系，反而带来了女性角色的紧张。马克思主义的女权主义认为，一要扩大女性在公共领域中的参与；二要缩小私人领域，加强家务劳动的社会化有利于使女性从家庭中解放出来。

第三节　女性劳动面临的挑战

尽管经济发展和政府的法律法规促进了妇女社会劳动的参与，但是由于传统文化、经济体制转型、家庭负担等因素的影响，妇女在就业方面还面临着许多障碍。就业机会的不平等和职业的性别排斥、同工不同酬、工作和家务的双重角色冲突、企业转制的压力和性骚扰是限制女性劳动能力充分发挥的主要原因，也是实现男女平等的主要障碍。

一、工作和家务——双重角色的冲突

尽管许多妇女从事全日制工作，但是女性中的大多数人仍然承担着抚养孩子和照顾家庭的主要责任。有研究表明：就业妇女的丈夫并不比不就业妇女的丈夫更能够同妻子分担家务劳动。有关中国女性劳动者的调查也显示城镇女性劳动者每天平均工作时间比男性少 0.5 小时，但在家务劳动上所花时间平均比男性多出 2.5 个小时，闲暇活动时间平均比男性少 0.79 个小时。这说明在社会劳动参与的同时，女性的家务劳动负担仍然不小。

妇女家务劳动负担妨碍了她们在工作岗位中的投入，造成了在业妇女家庭和工作角色冲突，使她们在竞争中处于不利的地位。导致这种情况的一个重要原因就是家务劳动社会化程度的低下。女性广泛参与社会劳动是以适当的就业环境为条件的。这些条件包括托儿所、养老院、餐饮业、洗衣等各种服务设施和现代化的日用必需品。此外，在人文主义的就业环境中，还应该有弹性工作制、半日工作制以及阶段性就业制等多种选择。由于我国经济发展水平的限制，建立能够缓和劳动妇女角色冲突的就业环境还需要一个过程。

二、体制转型导致失业和贫困

个人就业通常是职业兴趣和市场评估之间的妥协，而市场的变化又受到经

济和技术水平发展的影响。在我国，经济体制转型直接影响着妇女就业。传统计划经济下的就业体制通过行政干预造就了我国妇女在许多行业和职业中的高就业率和连续性就业模式。在向市场经济体制过渡的今天，女性劳动者正在逐渐脱离传统的就业体制，转向劳动力市场去参加就业竞争。从依赖国家到市场竞争的转变需要一个过程，相当一部分女性还没来得及为这个转变作任何思想准备的时候，就失去了工作。对一些省份的调查表明，目前失业人口中，有些地区女性比例高于男性比例多达 9 个百分点。特别是其中以下岗形式，也就是企业停产等待安置的形式失业的人口中，女性比例高于男性比例的幅度在21～26 个百分点之间。由此可见企业经营困难和产业结构调整时，被裁减的员工首当其冲的是技术和体力等方面处于弱势的女性。当这些女性失业者被迫进入劳动市场参加竞争，希望能再就业时，却发现自己的劳动技能已经远远落后于现代技术的要求。要想有份工作，必须从头做起。对于一个承担主要家务负担的中年女性，这无疑在经济和身心上是一个很大的压力。

在改革过程中，女性劳动者既是改革成本的主要承担者，也是中国社会发展的重要贡献者。如果说任何的改革都是要付出代价的话，那么中国女性劳动者承担着改革成本或者说她们为改革做出了巨大贡献。改革开放过程中，就业领域发生的最引人瞩目的变化就是从“妇女能顶半边天”到“妇女回家”的变化。这种变化使女性被迫进入非正规劳动部门，甚至成为城市新增贫困人口。

三、工作场所中的性骚扰

工作场所中的性骚扰是指令人厌烦的、不受欢迎的、非互惠的、实质为性行为的事件，这种事件可以威胁到职位的安稳，或造成令人感到压抑或胁迫的工作环境。性骚扰是对异性进行控制的方法和权力不透明的一个结果，即权利对掌握它的人来说往往是看不见的，但对受其控制的人来说却是不言而喻的。许多男性否认他们对女性有歧视性的行为，对于这些人来说，性骚扰不过是玩笑开得过分而已。许多女性在遭遇性骚扰后往往保持沉默，她们十分肯定，如果抱怨也不会有结果，因为她们的上司（通常是男性）很可能把这类事件看成是玩笑。正因为如此，工作场所中的性骚扰事件不断发生。英国全国地方政府官员协会的调查显示，25％的女性在现有的工作岗位上遇到过性骚扰，50％的女性在她们工作生涯的某个时候遭遇过性骚扰。目前我国对工作场所性骚扰的研究十分欠缺，尚没有这方面的调查数据。

工作场所中的性骚扰问题日益受到人们的关注，一些社会开始着手解决这个问题，并取得了一些进展。例如，英国女性雇员当因为不甘性骚扰而辞职时，她们可以通过法律要求获得赔偿的权利，而这种情况下的辞职被法律解释为不公平的解雇。美国的女性不但可以把性骚扰的个人行为提交法庭，还有权控告工作组织中普遍的性歧视文化环境。然而，性骚扰是一个普遍存在的问题，其存在主要受传统父权制的影响，在许多传统社会中，受害者由于传统意识的压力，并不愿意把此类事情诉诸法律解决。此外，法律虽然可以在一定程度上补偿受害者在性骚扰中遭受的物质损害，但难以补偿这类事件给受害者留下的心理创伤。

一项对外来女民工受到的性骚扰的研究重点分析了她们由于性别身份和就业受到的双重歧视。该研究强调，中国外来女民工受到的性骚扰与西方女权主义普遍将性骚扰归因于不平等的性别制度有所区别，其更深刻的原因在于社会转型过程中的制度缺失以及因就业身份差别而产生的经济和社会关系的不平等。应该不难认识到妇女群体间因阶级而体现的差别和分辨白领女性与打工妹们所受到的性骚扰的差别。当一些白领妇女在抱怨老板或上司要求她们付出性权利以换取种种机会和利益时，外来女工受到更多的是来自流入地的性骚扰，且更具野蛮掠夺性质，这使得不同阶层的妇女的社会关注形成了差别。外来女民工在性别因素之外，还有其特殊的受歧视因素，这就是因身份而构成的低下的经济与社会地位。性别歧视与就业身份歧视不可分割地联系在一起。①

四、女性就业者的分化

在市场化的过程中，中国的女性就业大军中出现了分化。引起女性就业分化的原因很多，如原有体制的因素、城乡差别等；但最首要的因素还是女性受教育程度的分化。从全国普通高等院校学生的性别构成看，1990 年女生比例占高校学生总数的 33.7%；1995 年有所上升，占 35.4%，总体低于在业人口的性别构成。② 教育制度、特别是高等教育具有的分层化机制直接作用于女性职业发展。其结果是：一方面，经济改革为那些处于高级劳动市场的妇女提供了更多的角色选择和发展机会，这部分职业妇女大多具有良好的教育背景和经验背景。她们的就业大多具有自主性，并正通过自下而上的变迁提高自身职业地位。另一方面，那些没有技术专长的妇女，会首先成为下岗者或失业者，她们成为市场经济条件下最经不起打击的人。一些企业强迫或变相强迫 40～45 岁的女工退休。其次，这些被重新就业边缘化的妇女们最易于成为新的城市贫困人口。为了就业或为了工资，这些下岗、失业或待业妇女不断向着“适合妇女”的、以服务业为主的女性就业优势领域转移。但这并不是解决妇女就业问题的灵丹妙药，正是这一转移的机制不断把妇女排挤到那些职业发展潜力小、可替代性强、工资低的职业领域中。最后，在改革的过程中，城乡分割的状况

① 唐灿．性骚扰：城市妇女就业研究综述：城市外来女民工的双重身份与歧视．社会学研究．1996，4

② 中华全国妇女联合会妇女研究所和国家统计局社会与科技统计司．中国性别统计资料(1990—1995)．北京：中国统计出版社，1996．295

被打破，充分调动了广大农村妇女劳动力的劳动热情，农村女性进入到城市打工的比例不断上升，但是农村女性——“打工妹”们更多地处于劳动分工的底层，她们不仅要服从男性优先发展的需要，还要服从于城市化发展的利益。

【本章小结】

女性参与社会性生产劳动对经济发展和对社会的进步，都具有重要的意义。本章首先阐述了女性参与劳动的意义，并分析了女性就业的现状。在第二节论述了在劳动领域中的性别不平等（即性别歧视）问题，对其不平等现状以及理论进行了详细的论述。第三节就女性所面临的挑战给予了关注，包括传统文化、经济体制转型、家庭负担以及职业的性别排斥、同工不同酬、工作和家务的双重角色冲突、企业转制的压力和性骚扰等障碍。

【重要概念】

女性劳动参与　玻璃天花板　职业的性别分隔　选择模式　歧视模式　性骚扰　女性双重角色

【思考题】

1. 论述女性参与社会劳动的意义。
2. 分析劳动领域存在的性别不平等状况。
3. 论述劳动力市场的性别分化。
4. 论述公私领域的分化如何作用于女性劳动。

第十七章 劳动问题的新发展

第一节 全球化与劳动分工

一、经济全球化

对于全球化，学者们有不同的观点。有的学者认为，全球化是“由没有约束的资本流动和没有障碍的自由贸易所催生的全球性工业生产和科技的扩散”。① 从劳动社会学的角度看，全球化可以被理解为一个以全球为范围进行的劳动分工过程，是全球性的生产链条和消费链条。全球化涉及人类生活的方方面面，无论是生产、科技还是金融与资本等各个领域都将受到全球化的影响。伴随着全球化，我们正身处一个高度流动性、高度开放、相互依赖且充满不确定性的世界。

沃勒斯坦（Imeanuel Wallerstein）认为，全球化是历史资本主义的一部分，提出了世界体系理论。他认为，应当把资本主义看成是一个历史体系，是统一的资本主义，表现在经济、政治和文化、意识形态方面。全球化的历史前提：一是世界在地理规模上的扩张；二是对世界经济的不同产品和不同地区劳动的控制方式的发展；三是相对强的国家机器的产生，例如核心国家的产生。

世界体系理论认为，历史资本主义的运作策略主要有两个，并以二分法的方式表现出来。一是阶级分化，即历史性地产生了无产阶级和资产阶级；二是经济专业化产生的空间等级，出现了中心地区与边缘地区，中心地区对边缘地区的控制实现了不等价交换和资本积累。全球化是资本主义之间的竞争和生产，具有两种形式，一是行业竞争，其目的在于生产更好更廉价的商品；二是金融资本的竞争，以实现资本更快更高的回报，由此全球性的竞争与生产将成为一种必然。

下面以美国耐克公司为例看全球化的生产和消费过程。

20 世纪 80 年代初，耐克生产总部主管们进行了战略性的决策。第一，耐

① John Gray，1998. False Dawn：the Delusions of Global Capitalism. London：Granta Books

克不再需要建立自己的工厂。因为拥有自己的工厂将会增加公司的风险，因为工厂要对公司与制鞋工人之间的关系负责，把实际加工运动鞋的工作转包给外国其他公司是一种很好的方式。第二，耐克公司的主要工作是控制运动鞋供应链条上那些使主管们在专业上能够得到最大满足和对产品最具有决定权的工作——设计和推销。由此形成了冷战后，即20世纪80年代后期的战略改变——不设工厂只负责设计和销售。

随着耐克或锐步等运动鞋业出现的战略性变化，促进了亚洲制鞋业的发展。之所以选中亚洲地区是个复杂的策略，跨国制鞋公司的主管们对于工厂选址的控制，其目的是实现利润最大化、风险和成本压缩到最小化。他们选中亚洲更主要的是选中了亚洲妇女当流水线工人。从1960年至21世纪初，耐克公司在亚洲内部进行了大量的迁移。1989年，耐克的鞋只有2%是在中国通过转包生产的，仅仅4年以后，1993年就上升到25%。

1990年前后，中国广东省、福建省出现了大批以韩国、香港、台湾资本为基础建立起来的“三资”企业，新的制鞋业的流水线容纳了大量的来自于农村的“打工妹”和“打工崽”们，他们在流水线上从事着超时和超负荷的劳动。这些企业的运作形成都是转包厂。

亚洲发展中国家的政府为了能够吸引外资和解决劳动就业问题，为跨国公司提供了各种优惠条件，甚至放松了工人劳动条件和环境保护的政策法规的实施。

与此同时是大规模的广告与销售战，媒体建构了有关运动鞋的欲望、品位、自信、竞争和社会地位。没有亚洲流水线工人的劳动就没有跨国公司百万美元的收益，也没有全球性的消费。一双售价400美元的运动鞋，流水线工人的劳动成本不足3美元。

这就是一幅全球性生产与消费的链条。

二、国际劳动分工

国际劳动分工是指有关生产的各个要素（包括劳动、资本、资源与技术要素等）在全球范围内有效率地实现配置。这是一种世界范围的劳动分工，它影响了劳动领域的各个方面，其后果复杂多样，有积极的、也有消极的后果。

（一）全球化的积极影响

首先，全球化为更多的人提供了新的生活机遇。从商品市场和劳动力市场看，人们具有了更多的选择机会。其次，全球化意味着新的经济增长，在不计算环境破坏等外部成本的条件下，发展中国家通过与世界市场的整合，国民收入水平大幅增长。再次，全球化通过高级技术人员的流动和打破贸易壁垒使发展中国家快速实现技术升级。

对中国而言，面临的问题是如何利用全球化发展自己。有学者认为，全球化使得产品和生产要素在全球范围内配置，形成了全球的生产网络、采购网络和科研创新网络，这能够使中国的生产要素进入到全球化生产采购网络中，这是非常重要的环节，获取这份利益是非常重要的。中国不仅要参加到网络中，还要将其中的一大块生产网络、制造业网络的组成部分接下来。全球化使中国缺少技术和资金的状况得以改善，使我们有机会学习发达国家的先进经验，特别是学习管理市场的经验，以更快发展自己。我国的多种商机表现为：第一，为我国大批中小企业创造了生产零部件的机会。第二，跨国公司到中国来，生产的产品是为全球的市场生产，为全球市场配套。如何抓住全球制造业产业结构重组调整的机遇，发挥全球采购生产网络带来的机遇，尤其对中小企业非常有益。企业不要轻视为跨国公司做零部件，在为其配套过程中能够学习国外的技术、营销、市场，可以积累资本，逐步过渡到做自己的品牌，这比在保护下制造一些没有竞争力的整机可能会更好。做加工配套的这个阶段可能是目前我国大多数中小企业现实的发展阶段，而且是一大机遇。[①]

对于劳动领域而言，全球化为中国提供了大量就业机会，并由此用现代经济和社会观念塑造了中国的劳动者，促进了中国劳动者市场意识和竞争能力的提高。

（二）全球化的消极作用

1. 全球范围内的两极分化，资本的强势难以阻挡

全球化直接的后果是导致社会不平等的出现。这种不平等至少包括两个方面，一是国际间的不平等。全球化的劳动分工结构，促使新兴工业化国家接收了来自先进工业国家中劳动密集型的产业，国际间的劳动分工使发展中国家成为发达国家的加工厂，破坏了发展中国家自身发展能力的增长。二是国家内部的不平等。联合国 1997 年发表的人类发展报告显示了全球化下世界不平等的严重情形。据统计，全世界 225 位亿万富翁的总资产超过 1 兆美元，相当于全世界 25 亿穷人的收入，是世界 47％总人口一年的总收入。[②] 在两极分化的过程中，出现了新的全球统治阶级——跨国资本家阶级。从 20 世纪 70 年代以来出现了跨国公司的扩展、国外直接投资的急剧增长、跨国合并和跨国收购的愈益频繁、全球金融体系的兴起、全球性公司内领导职位的相互交叉，跨国资本家阶级超越于地方性政治实体之上，通过建构跨国国家机构和意识形态对全球进行统治。

2. 对劳工的影响

首先，全球化作为国际劳动分工引发了各国产业结构的调整，促使先进工

① 樊纲．变革时代经济形势及资本市场分析．新华网，2002-07-26

② UNDP，1997．Human Development Report 1997．New York：UNDP/Oxford UP

业国家的产业外移，导致其本国低技术劳工的薪资下降和失业问题加剧。由此还会引发各种社会问题，如对移民的仇视与各种排外情绪等。

其次，生产方式的改变导致出现新型就业形态——不确定性就业（precarious job)。这种就业形态的普遍出现成为构成社会不平等和新型贫困的主要原因。所谓不确定性就业是指介于长期性失业与就业之间的一种就业形态，其主要特征是：(1）劳动合同属于过渡和短暂性质，通常一份工作时间不超过一年；(2）工作时间弹性化；(3）薪资水平较全职劳动者低；(4）被排除在一般的社会保障的国家政策之外。从全球化的角度看，新型的生产方式是以流水线为主，其工作性质是所需的技术水准相当低，可替代性很高，因而一旦遭遇经济不景气他们就成为最易受伤害的人群。

最后，资本的自由流动性本能地流向劳动附加成本低的国家和地区，这直接威胁到劳工的家庭以及未来生活的保障和安全。劳动附加成本主要是实施于劳工身上的社会保障与社会保险的费用。在国际间劳动力的竞争中，资本家在全球的资源配置上就自然地将技术层次低、劳工成本高的流水线尽可能地外移到成本低的地区，在发展中国家不确定性就业增加的同时，发达国家对低技术劳动力的需求也在下降。有资料显示，低技术劳动力的薪资水平从1973年的每小时11.85美元降低为1993年的8.64美元，在某些麦当劳式的工作（Mc-work）中，每小时平均工资更下降到5.5美元左右。[①]

3. 削弱国家能力

全球化削弱了国家管制能力，社会问题普遍增长。资本的任意流动使企业可以更自由地将生产线移至工资更低的发展中国家，跨国投资强化了资本家的力量，相对地弱化了劳工在劳动市场上的谈判能力与国家推动福利政策的行动能力。因此，国家对于本国经济的控制能力减弱。以1997年的亚洲金融风暴为例，它显示了全球化过程对发展中国家的负面影响。全球投机性金融资本捉摸不定的流动意味着各种可能的社会灾难，如银行破产、失业增长、贫困人口出现，以至于最终的政治动荡。

4. 增加了不确定性和风险的可能性

目前，世界各地的资本在各级水平上正愈益相互渗透，其结果愈来愈难以把个别的、地方性生产、流通周转从全球化周转中区分出来，正是后者规定着全世界资本增殖的条件和形式，这增加了社会经济的不确定性和世界经济危机发生的可能性。这无疑也会对劳工阶层以至白领等社会劳动者造成巨大影响。

---

① Kapstein, Ethan B. 1996, Workers and the World Economy, *Foreign Affairs* 75 (3): 16～37

第二节　技术变迁与劳动

社会的现代化伴随着两个重要过程：一方面是社会逐步的工业化和机械化，它是以科学技术发展为动力，与人们渴望对外部自然界的了解与控制的心理相联系；另一方面是社会组织方式的科层化和有组织化，这是以人类社会不断追求有秩序的存在为前提的。

一、技术、资本与劳动

技术、资本与劳动之间存在着某种替代关系，实际上，每一次技术革命都大大解放了劳动者。资本、技术和劳动作为生产要素在经济增长中的作用以及相互关系是逐渐被人类认识到的。对于技术在经济增长中的作用取得共识大约是在20世纪50年代，这一时期经济学家提出了国民生产函数的概念，反映了资本、劳动和技术之间投入与产出之间的关系，强调提升技术对提高生产函数的作用，技术将提高资本和劳动的产出。

（一）技术的特性

工业化社会发展的动力之一是科学技术的发展。技术作为一个非人化的力量，为人所利用，是建构社会的工具，并直接影响着人们的劳动生活。

首先，工业化的技术具有标准化倾向，标准化的倾向使生产类型越来越完备。对此有学者认为，工业化的可能性来自生产的稳定类型的形成，技术进步的一般过程具有标准化的趋势，大工业得以产生的条件就是标准化的生产过程及其倾向。

第二，技术是一个体系，代表着不同技术体系的接替。技术体系是指在一定的历史时期，技术的进步达到一个稳定的状态，从而使以往的成果、一系列的相互依赖关系决定的结构化趋势、各类互补的发明以及技术和同时期特有的其他领域的关系都相对稳定化。技术发展并不是单一的事情，它需要协调，孤立的技术是不存在的，它需要其他的辅助技术。

第三，技术作为人类手中的工具，为工业化提供了可能，也使资本主义的生产过程愈发的合理化，由此技术的不断升级成为一个不可逆的过程。

第四，技术的发展会不断地建构出新型的工作和与之配套的劳动者。纺织机器和蒸汽机的发明产生了新型的产业工人；在全球化的经济浪潮中，知识密集型工作将产生一批“符号分析者”，包括知识管理者、律师、学者、国际企管顾问等等。他们的工作与全球市场相关，具有极高的薪资上涨的潜力。技术具有分化人群的力量，会形成不同技术人员间的鸿沟。

（二）资本—劳动—技术的替代关系

工业化发展的内在过程是资本和技术不断替代劳动的过程。首先是资本越来越快地被投入到成本低廉的产出过程，因此资本本能地投向技术更新和改造；新技术的发展替代了人的手工劳动和重体力劳动，由此完成了资本—技术—劳动间的替代。这一过程中，体力劳动者数量不断减少，在现代机械化的作用下传统体力劳动者要么被淘汰，要么经过培训成为新型的技术工人。根据法国学者安德列·高兹的统计，1961—1988 年间英国的工业工人阶级的规模已缩减到了 44%，法国为 30%，瑞士为 24%和西德为 18%。1975—1986 年的 12 年间，1/3 甚至一半的工业工作已在几个欧洲国家消失。在 20 年中，法国失去了它在 1890—1968 年间所创造的几乎同样多的工作。同时由于办公室工作自动化，非专业白领工人比例很可能从现在的大约 40%减少到 20%～30%。①

对资本—技术—劳动之间的替代关系有三种观点。第一，悲观派或罗马俱乐部派。1971 年罗马俱乐部发表了一份名为《增长的极限》的报告，指出新的科技革命会提高失业率，“减员增产”的现象在先进工业国的生产部门中已成定局，由此结构性失业将成为人类无法避免的社会问题。第二，乐观派。代表人物有英国世界观察研究所所长卡恩等人，强调科技革命会增加社会就业量，机器人应用的增加不但会促进机器工业部门的发展，而且还能刺激了一系列与之相关的新工业部门的产生，增加了社会的总就业量。第三，整合派。强调新技术在使某些生产部门失业量增加的同时又使其他产业部门的就业量增加，随着技术革命的发展，总的社会就业量不会减少。技术进步对就业的影响既有有利方面，也有不利方面。因为就局部和短期而言，技术进步会带来失业的增加，但从总体和长期而言，技术进步会提高就业水平。不应当一般和抽象地考察技术的进步与就业的关系，也不应当从某一国家或地区的情况推导出一般性的结论，应当从各国、各地区间的具体情况出发进行具体分析。不能孤立地研究科技革命与就业的关系问题。因为技术发展引起的结构性失业，既与技术有关，也与其他社会政治经济因素有关，必须综合多方面的因素进行分析。

总之，技术进步是一个不可逆的过程。在中国的实践中，我们应当总结历史和现实的经验，解决中国就业与技术进步的关系问题。

二、技术变迁初析

（一）技术变迁的历史

人类社会的发展与技术变迁的历史相辅相成，尤其是近代社会，技术变迁

① 参见［美］杰莱米·里夫金．工作的终结——全球劳动力的衰落和后市场时代的开始．上海：上海译文出版社，1998

的三次革命带来了人类社会生产组织方式和社会制度根本性的变革。

18 世纪蒸汽机的发明和应用常常被称为第一次技术革命。由于蒸汽机在欧美普遍使用，整个欧美社会进入了蒸汽机时代，这次技术革命引起了第二产业（工业）的就业结构和生产结构比重的上升。

19 世纪以电力技术的推广应用为特征的第二次技术革命，促进了劳动生产率的极大提高，迎来了资本主义经济的蓬勃发展。从全世界看来，19 世纪最后 30 年，世界工业总产值增加了两倍多。电力技术创造的巨大生产力把资本主义从自由竞争推到垄断阶段，同时也培育和锻炼了一支人数众多的新兴无产阶级队伍。

第三次技术革命或称为现代技术革命是发生在第二次世界大战前后，一直延续至今。主要是以原子能技术、电子计算机技术和空间技术为主的现代技术革命。

20 世纪 80 年代，网络技术再次把全球的人口联系起来，为全球化带来可能。与以往技术革命不同，现代技术革命更多地表现为人类对技术的需求。

（二）技术与社会

美国社会学家贝尔在对现代社会的科技变化的基础上提出了后工业社会的概念，分析知识和技术在发达资本主义国家的作用。贝尔采用了两个概念来论述当今社会知识的作用，一是概念式图式，是从复杂的现实中选择特殊的属性，并按照共同的规律进行分类。这是一种逻辑方法，一种认识工具；二是中轴原理是在概念性图式的基础上对一切逻辑中和为首要逻辑的动能原理的分析，他认为资本主义的中轴是“知识”。在后工业社会，人类的劳动方式正在发生着重大的变化。美国经济学家杰里米·里夫金指出，第一次技术大变革机械力代替了人力和兽力；现在的信息和自动化则要代替人的思想（部分脑力劳动），“智能”将在各个领域代替人的劳动或工作。[①]

三、技术变迁对劳动的影响

技术变迁对劳动的影响是多方面的。从积极的方面看，一是新的科学技术创造新的增长和新的工作岗位，由此实现经济结构的转变，从农业社会向工业社会再向后工业社会的转变都是技术在起作用，实现了对于人的劳动的解放。更为主要的是在技术变化的同时，人类会发展出与技术需求相配套的组织生产劳动的方式，即使用科技手段产生了不同的生产物质产品的新形式，由此影响劳动组织方式、劳动制度与劳资关系。

劳动组织方式就是不断进行优化的劳动分工，即使资源专门化。在技术进

① 李大光．知识经济：21 世纪的信息本质序言．见：知识经济：21 世纪的信息本质．南昌：江西教育出版社，1999

步的条件下，劳动分工将细化。技术的发展使专业工作更加多样化，每一个从事特定工序的工人熟练程度需要不断提高；一个人能够完成多人的工作。劳动分工对组织产生了重大影响。从汽车工业的发展看，20世纪早期，福特将汽车装配分成一系列简单的工作任务，他发明了流动装配线，把工作分配给工人，取代了每个工人从第一个装配点到最后一个装配点的简单却独立的工作。流水线作业大大提高了生产效率。之后，劳动组织方式变得越来越集中管理和一体化，由此获得规模经济。随着生产技术的提高，传统流水线方式也在发生变化，劳动分工又一次从生产一线转变为全球化，劳动分工向着国际分工发展，国际采购和专业小组成为新的劳动分工方式，多功能小组的协同作业、全面质量管理体系、以客户为中心的服务等正在使等级制的纵向管理体制向横向管理体制变化。目前，全球化正在使公司重新设计生产流程，以有效利用资源和贴近客户。

值得注意的是，劳动组织方式的变化并不意味着自然就能带来多方面的进步。其原因是：第一，劳动制度没有打破劳动分工的不平等格局。一方面，女性、低技术工人、少数民族、农村劳动力等被排除在专业性的工作之外；另一方面，低级的、对健康有极大危害的工作却几乎全由这些群体承担。第二，新的劳动组织方式无法脱离资本主义生产的动力机制而为特定的底层人口的利益而建构，信息技术的传播和应用基本上服务于已有的劳动力市场。以信息技术为例，它并不是为底层人口提供令人激动的新就业机会，也没有发现他们的发展与IT之间存在积极密切的关系。第三，工作和工作场所权力关系的变化首先是政治性的而不是技术性的，这依赖于广泛层面上平等机会的增加，如教育、参政等方面的变化。

第三节　全球协议与企业民主管理

一、全球协议及企业社会责任

“全球协议”（Global Compact）和“企业社会责任”概念的提出标志着资本主义经营理念在全球化背景下的重大变化，它对当代世纪的劳动问题有着广泛的影响。

（一）联合国倡导的“全球协议”

1.“全球协议”原则的条款

联合国为了应对全球化出现的有关人权、劳工标准和环境保护等方面的问题，1999年1月在瑞士达沃斯举办了世界经济论坛，联合国秘书长安南提出了一项计划，该计划被称作“全球协议”（Global Compact）。“全球协议”要求各公司在各自具有影响的范围内，遵守、支持和施行一套在人权、劳工标准及环境方面的基本原则。这些原则共分为三个方面、九个条款：

第一，人权方面。包括：

第一款：企业应该尊重和维护国际公认的各项人权。

第二款：企业决不参与任何漠视与践踏人权的行为。

第二，劳工标准方面。包括：

第三款：企业应该维护结社自由，承认劳资集体谈判的权利。

第四款：企业彻底消除各种形式的强制劳动。

第五款：企业禁止使用童工。

第六款：企业杜绝任何在就业和职业方面的歧视行为。

第三，环境方面。包括：

第七款：企业应对环境挑战未雨绸缪。

第八款：企业应主动增加对环保所承担的责任。

第九款：企业鼓励无害环境技术的发展与推广。

2.“全球协议”的本质

对上述九项基本原则为主的全球协议，联合国秘书长安南提出：“我提议汇集在达沃斯的工商界领袖们，与联合国一道就公认的价值和原则达成全球协议，给世界市场以人道的面貌”，“让我们联合起市场力量和环球理念的威力，连接起私营企业的创造力和弱势人群的需求，以及我们人类未来的要求吧”。安南的话反映了“全球协议”出台的背景，在全球化迅速发展的同时，其负面影响也日趋严重，包括南北差距、贫富悬殊、失业、自然资源的破坏、生态环境的恶化等一系列的问题。“全球协议”计划期望动员起公司、企业和商界的各种力量来解决这些问题。安南的话突出了“全球协议”计划的本质特征：

第一，在全球化的今天，各种企业和公司有责任给市场以人道的面貌，这意味着自由资本主义的“市场”逻辑必须改变。

第二，“全球协议”倡导的是“全球化”的新理念，是环球联合起来的市场力量。

第三，“全球协议”倡导的是一种联合，即企业与弱势群体的联合。

第四，“全球协议”倡导的是一种展望未来的理念，把企业的经营建立在“满足人类未来”的要求上。

3.“全球协议”的运作

第一，“全球协议”不是一个具有法律约束力的行为准则，它是企业出于自愿原则的一种承诺。其目的在于，通过那些具有责任感和富有创造性的企业为表率，建立一个推动可持续增长和社会总体效益共同提高的全球发展框架。

第二，“全球协议”不是一个具有排他性的俱乐部，而是开放的，它欢迎世界各地不同的企业和组织广泛参与。

第三，“全球协议”的开放性表现为任何有意加入“全球协议”计划的企业和组织可通过以下途径成为其成员：以组织或企业行政长官的名义向联合国秘书长致信，声明支持该协议并做出承诺，声明支持“全球协议”和九项基本原则，公开倡导“全球协议”。具体如下：

（1）把此决定通知员工、股东、顾客及供应商。

（2）将“全球协议”和九项原则纳入企业的发展与培训计划。

（3）将九项基本原则写入企业宗旨。

（4）在公司的年度报告及其他公开文件中表明对“全球协议”的支持。

（5）发布新闻简报公开其承诺。

（二）企业社会责任

企业社会责任也称为“公司社会责任”，是企业对于“地球村民”在人权、环境和劳工权益方面的承诺，也是一种先进的经营理念。为企业所认同的企业社会责任，还包括：消费者权益、信息披露以及财政和商业信誉。企业社会责任的本质是将企业视为社会一分子，其焦点在于一个公司如何把企业的经营行为与其可能对人的、社区的和环境的影响结合起来，由此将企业的各种现代化的目标制度化，包括企业目标的价值化。

企业社会责任的关键是把企业从单纯利润定位向“人”的方面转变，它涉及一系列的“企业利益关系人”。企业利益关系人是指那些由于各种原因受到企业业务影响的人，一般包括股东、工人、管理人员、客户、供应商、社区和政府组织。这使企业社会责任成为企业与企业利益关系人之间的互动关系，普通的股民和投资者以及各类消费者通过投资或消费，在具有企业社会责任的公司鼓励和肯定那些承担企业社会责任的公司；而企业的运作也正是对这些人的负责。

1. 新的经营理念

“企业社会责任”（corporate social responsibility）一词代表了当代世界范围内正在兴起的一种企业新的运作哲学，它是一场改变传统思维方式的运动，其目标是追求“共同福利”的社会实践。

在经济学界，否定“企业社会责任”的声音一直存在，这种声音并不是以直接反对与否定企业社会责任的形态出现，而是以强调企业惟一目的是追求“长期最大利益”的目标，由此企业就只有对股东负责。这一主张的代表人物是哈耶克（Hayek）、弗里德曼（M. Friedman）和约翰逊（Harold I. Johnson），他们认为，如果强调企业社会责任将会破坏自由社会的机制，而导致政府对企业的管制。弗里德曼明确指出，企业承受社会责任具有破坏性。其原因是：第一，经营者的能力有限。第二，经营者地位的正当性将会受到质疑，因为企业家是为股东服务的，不是社会公仆。第三，对价格的资源分配机制有破坏作用。第四，侵害股东的权利，妨碍股东处分资金的决定。而约翰逊则强调实现企业社会责任是不可能的，以污染为例，在竞争的世界里，不可能企业自行地减少污染，这是要由政府来做的事情。

这些反对的声音很有代表性。应当看到“全球协议”或“企业社会责任”的提出并不是“企业行为”，如果真的是企业行为也是一种“不得已”，绝非源自企业内部，而更多的是社会要求，是企业在社会要求的压力下实施的，这些社会压力意味着企业会为其污染、人权等问题付出其不可预知的成本，是这些社会压力迫使企业担负部分社会责任。

2. 新思维：合作比竞争更有效——“自觉资本主义”

新的思维包括反对自由资本主义的“单纯”竞争，强调竞争不如合作，合作更加有效。在传统资本主义的思维逻辑上，企业赢利与企业的社会责任是相互对立的两个变量，企业承担社会责任在许多人看来意味着企业的“亏损”，由此企业赢利与企业承担社会责任之间是一种非彼即此的关系。

大量的企业实践表明，企业承担社会责任并不意味着企业增加了负担，还可以有积极的和正面的影响。从经济学的观点出发，“企业社会责任”的实践给企业带来的好处包括：减少企业运作成本；提高企业声望；提高销售额和客户的回头率；提高生产力；更容易招募到优秀员工和激励员工的工作积极性；减少常规性的错误；增加企业的赢利。

施沃伦把这种达到双赢的资本主义称为“自觉资本主义”，它是资本主义的新模式，其重要内容是对广为人们所接受的“资本主义必然等于竞争”信条的挑战，揭示了竞争的局限性，彰显了合作的优越性。“自觉资本主义”思想旨在帮助我们戳穿关于“竞争”的神话，告诉人们竞争仅仅是互动的一种方式。在许多情形下，竞争既不是最富有建设性的，也不是最令人满意的。从整体思维出发，“如果组织的各个部分没受到平等对待的话，或者如果周围环境受到虐待或恶化的话，人的精神之花不可能开得繁茂”。竞争所带来的问题有：(1) 竞争会导致焦虑；(2) 竞争不如合作更有效率；(3) 竞争将注意力转向不惜一切代价赢得目标；(4) 竞争可以毒化人与人之间的关系。

与竞争相对的抉择是合作。“合作者生存”成为自觉主义新模式的口号。所谓合作，在这里是指有关各方怀抱共同的目标一起工作，是共同创造。在合作的条件下，竞争的角色完全被降低到第二位。施沃伦在“合作”与“共同创造”之间作了一个划分。按照他的分析，在合作中，合作双方的界线较为僵硬，在共同创造中，它们之间的界限则是开放的，容许一种融合的或通力合作的效果发生。施沃伦强调，尽管一个组织以共同创造的方式建立，但合作和竞争依然存在。共同创造可以唤起大规模的革新和热情，但它的确要求参与者之间的相互妥协与让步。它也要求参与者对结果的关心，参与者需要承认每个人都需要来自他人的帮助。总之，这种自觉资本主义的新模式是“竞争、合作和创造”三种互动模式结合的理想形态。

（三）中国与“全球协议”

随着中国加入WTO，我们已经跨入了全球化行列。我们已是全球化的一部分了，这意味着：了解国际规则是中国走向世界的第一步。加入“全球协议”，是中国走向国际化的重要内容和具体体现。

中国企业联合会会长陈锦华2001年12月在北京召开的“新世界的中国企业”讨论会上说：“中国企业素有重义轻利、生财有道的传统文化和价值，素有大社会中的小社区之经营理念和管理模式。但在市场经济、特别是经济全球化的条件下，这些已远远不够。许多企业已常常意识到，世界经济全球化，要求企业将自己作为‘公司公民’对待，要求企业的每一个员工接受社会伦理、道德、社会观念和哲学的约束，建立全新的企业文化，从而提高企业的社会地位和形象，赢得社会的广泛支持和认同。社会是企业之母，企业依靠社会而存在、发展和壮大，企业发展了、壮大了，用自己的努力来回报社会是良知，是责任，是企业与社会互动的良性循环。正是因为这样，自全球协议启动以来，中国已致函联合国秘书长，表示愿以其成功的实例和积极的努力，推动全球协议计划的实施。”①

应当指出，“企业社会责任运动”的许多原则与中国传统美德有着相关的联系。中国历史上曾经有许多儒商把中国传统文化与企业经营恰到好处地结合在一起，其经验需要我们加以总结。如何才能够获得进入全球市场的“入场券”？最重要的一点是了解“进门”的规则，了解和遵守“全球协议”是中国进入全球化过程中的必须条件。

中国的企业要立足于全球市场，必须要放眼于世界，而不要眼光仅仅盯在中国市场上。近20年来，中国的海外投资和企业不断增加，到2000年底，境外企业达6 296家，协议投资达112亿美元。但是这个数字与其他跨国公司相比仍然差之千里。

在全球化的视野下，中国市场早就是各跨国公司眼中的美餐。全球跨国公司数量1990年为3.7万多家，2000年增加到6万多家。② Colgate，Nestle，Microsoft（高露洁、雀巢、微软）这些跨国公司有一半以上的收入来自国外销售，而且越来越多的跨国公司把生产活动转移到国外进行，特别是转移到包括中国在内的新兴的工业化地区。这意味着，我们如果不应用国际行为准则，不仅无法走出世界，就连本土的市场也可能丧失。

①② 陈锦华．面向新世纪的中国企业讨论会上的致辞．2001-12-08

二、企业民主管理

传统企业目标是追求利润，但在实际的运作过程中，企业面对的是人。任何企业家都要应对企业利润目标和人文目标，这两者之间的关系包括人权问题、消费者权益问题、股东利益问题以及企业营利问题等。全球化下的企业要求做到企业利润目标与人文目标的双赢，实现企业的民主管理。

（一）现代管理中“人”的位置

传统的企业社会学理论认为，企业主要有两种责任，一是制造产品，它可用成本、利润和技术效率来表现，这种功能主要是经济性的；二是满足公司员工的需要，这种功能主要是组织性的，是一种企业内部的人文关系，这两者之间常常被视作独立的，没有关系的。现代企业社会学理论则认为，两者是有着相辅相成关系的。如果组织的人文关系在沟通上存在问题，员工可能以种种潜在的方式表达出抵制，由此必然导致效率的下降。

企业民主管理是指企业员工参与的管理，是对决策中上下级之间的权力不平衡现象的一种矫正，是一个组织要有意识地使下层能够表达意见的机制，是组织自我维系的过程。它是以对人的尊重和人人平等的理念为基础的。

面对企业民主管理的趋势，需要回答的问题有：（1）员工参与是否能够带来“生产效益和员工收入的提高”？（2）员工参与是否是必然的？是否每个员工都想参与？（3）如果参与是需要动员的，什么力量可以动员人们的参与？（4）员工可能会以什么样的形式参与？强调经济民主理论者认为：员工参与增加了员工的工作满足感和对集体利益的认同，这反过来会带来较高劳动生产率和工人之间的相互监督。研究表明，动员员工参与管理会增加员工对工作的满足感，这是正面的影响。本质上增加了员工在生产过程中的信息流动和沟通渠道，由此带来更努力的工作。强调“利益最大化”的经济学理论认为，人的行为是建立在以最小代价获得最大收益的基础之上的，工人在生产过程中参与管理的只是工人用最小代价获得最多个人利益的手段，因此，物质刺激似乎在决定工作满足感、劳动付出、同级监督和生产率方面才起着更为重要的作用。

从劳动社会学的观点看，至少有两点对“利益最大化”的观点提出问题。第一，当员工的个人物质利益得到满足的情况下，他们是否就不再要求进一步的参与了？第二，个人是否除了满足物质需求之外，没有其他的价值需求？或者说，员工并不在他们工作的组织中寻找个人的非物质性价值？

从联合国的“全球协议”看，有六个方面涉及人的问题，这包括：（1）企业应该尊重和维护国际公认的各项人权，决不参与任何漠视与践踏人权的行为；（2）企业应该维护结社自由；（3）承认劳资集体谈判的权利；（4）彻底消除各种形式的强制劳动；（5）禁止使用童工；（6）杜绝任何在就业和职业方面的歧视行为。这些问题都涉及企业的民主管理问题。

人权问题提出的意义在于，企业运作应对的是具有主观意义的社会行动者——人。作为企业管理者应当对企业运作过程中的人有透彻的理解。传统经济学把人视为“工具”，这一观点应当彻底改变。第一，行动者会对行动和事件赋予主观意义。比如说，在“工作的意义”方面，员工既可以感觉是受剥夺的、混饭吃的，也可以是显示个人价值的，甚至可以通过工作成为组织和社会的主人翁。因此人的行为成为有目的的行动。第二，行动者对行动赋予的主观意义会产生不同的行动选择，如抗拒的、交换主义的、功利的、社会价值的。第三，从管理者的角度，禁止践踏人权是建立“社会行动者”概念的基本原则。而这种原则有着积极的目标——减少交易成本。实际上，在经济行动中，企业营利是建立在各类交易契约之上的，这就要求企业具有积极良好的人文互动关系。

在此方面，还有两点问题需要注意：第一，企业对于人权的尊重并不简单地等同于遵守法律。企业对于法律的遵从只是满足最低的要求，只有这样才能保证其企业合法地存在。企业作为公司法人，拥有在社会上存在和开展业务的权利，其条件是必须遵守这个社会的法律规范。企业违法会受到民事或刑事处罚，可能被吊销营业执照。同时，一些国际条约规定了跨国公司必须遵守东道国法律的一般职责。第二，企业对于人权的尊重并不等同于慈善事业。它不是对员工“做善事”，而是企业的本职义务。

（二）企业民主管理的目标——企业与员工的双赢

企业与人的互动中，主要的利益关系人是企业员工、产品或服务的消费者以及股东等。在此主要分析企业与企业员工以及企业与产品或服务的消费者之间的双赢关系。

企业利益与员工利益的双赢意味着企业获得其基本的利润，而员工也得到其发展，这种发展不单纯是物质利益取向。实际上，只有当员工的工作动机得到激励时，其工作效率才可能是最高的。那么，如何激励员工的工作动机呢？心理学研究表明，至少有这样几种激励员工工作动机的原则：第一，工作中的成就感，如获得提升，如增加收入或工作的稳定性；第二，在团体之中找到自己的位置，即个人被团体所需要；第三，知情结果，即了解自己工作在整个工作链条中的位置、意义与价值。由此理解工作的意义不仅仅是满足个人物质需求；第四，在工作中获得自主性。

实行企业民主管理，可以采取以下几种方法：（1）制定合理的、可操作的员工守则与目标；（2）以奖励为主，树立优秀；（3）信息透明，沟通及时；（4）对员工和企业的发展有长远的目标，减少急功近利的行为，如对员工进行职业生涯的管理。越来越多的企业家意识到：在这个快节奏的世界里，一个企业的成功离不开具有创造性的、训练有素的、富有激情的和具有献身精神的雇员的积极合作与贡献。企业的新思维方式鼓励人们重新考虑什么是企业真正的活力所在。如果企业中的每个员工都受到公平对待，那么整个组织的驱动力、创造力和生产力将是无限的，否则动力缺乏和各类交易成本增加问题都难以避免。

（三）员工参与管理的类型

按照马霍尼（Mahoney）和沃特森（Watson）的划分，企业层级的工业关系可以分为权威式、集体协商式和员工参与式三个阶段，员工参与可以说是建立在"互惠与信任的前提下，创造了社会交换的功能，而超越了经济交换的范围"[①] 的比前二者更好的模式。

员工的参与可以分为三种类型：利益性参与、经营性参与和道义性参与。这些参与是否能够实现受到各种因素的影响，最主要的是制度和结构的因素。一是组织为员工参与提供了什么样的规则保障，如激励制度；二是有什么样的渠道保障员工的参与，这是结构性的因素。事实上，员工常常由于缺乏结构性机会和制度性保障而根本无法实现利益性的和经营性的参与，这是结构性机会和制度性保障的缺失。

【本章小结】

随着经济的发展，全球化趋势已成为必然。全球化对各国的经济、政治、社会的影响是巨大的，对劳动问题也是如此。本章分析了全球化的视角对劳动的影响，全球化下的国际分工带来的积极和消极后果，对技术的变迁以及在技术变迁的影响下的社会劳动进行了论述，最后阐述了联合国倡导的全球协议和企业面临的社会责任，并提出更加民主的方式进行管理，以获得共赢。本章还对中国所面临的具体问题进行了详细的分析，提出了建议。

【重要概念】

经济全球化　国际劳动分工　历史资本主义　世界体系理论　三次技术革命　罗马俱乐部派　企业利益关系人　自觉资本主义　全球协议　企业社会责任　企业民主管理　员工参与管理

① 李汉雄．人力资源策略管理．广州：南方日报出版社，2002．300～301

【思考题】

1. 分析全球化下国际劳动分工的特点和作用。
2. 分析资本—技术—劳动之间的替代关系。
3. 试论述技术变迁对劳动者的影响。
4. 叙述“全球协议”的主要内容。
5. 结合实际试论述在我国加入 WTO 的形势下，参与“全球协议”的重要性。
6. 如何看待企业的社会责任？如何认识企业的管理目标？

参考书目

1. [美] 大卫·桑普福特和泽弗里斯·桑纳托斯主编. 劳动经济学前沿问题. 北京：中国税务出版社，2000

2. [美] 丹尼尔·贝尔. 资本主义文化矛盾. 北京：三联书店，1989

3. [美] 马尔库塞. 单向度的人——发达工业社会意识形态研究. 重庆：重庆出版社，1989

4. [美] 曼瑟尔·奥尔森. 集体行动的逻辑. 北京：三联书店，1995

5. [美] 裴宜理. 上海罢工——中国工人政治研究. 北京：江苏人民出版社，2001

6. [匈牙利] 卢卡奇. 历史和阶级意识——马克思主义辩证法研究. 重庆：重庆出版社，1989

7. 常凯主编. 劳动关系·劳动者·劳权. 北京：中国劳动出版社，1995

8. 陈达. 我国抗日战争时期市镇工人生活. 北京：中国劳动出版社，1993

9. 陆学艺主编. 当代中国社会阶层研究报告. 北京：社会科学文献出版社，2002

10. 全国总工会政策研究室. 1997 中国职工状况调查. 数据卷. 北京：西苑出版社，1999

11. 中华全国总工会. 中国职工队伍现状调查. 1986. 北京：工人出版社，1987

12. 中华全国总工会. 走向社会主义市场经济的中国工人阶级. 1992 年全国工人阶级队伍状况调查文献资料集. 北京：工人出版社，1993

13. 朱国宏主编. 经济学视野里的社会现象. 成都：四川人民出版社，1998

14. 袁方主编. 社会研究方法教程. 北京：北京大学出版社，1997

15. [美] 林楠. 社会研究方法. 北京：农村读物出版社，1987

16. 郭志刚等. 社会调查研究的量化方法. 北京：中国人民大学出版社，1989

17. 卢淑华. 社会统计学. 北京：北京大学出版社，1989

18. 袁方主编. 劳动社会学. 北京：中国劳动出版社，1992

19. [日] 万成博，杉政孝主编. 产业社会学. 杭州：浙江人民出版社，1986

20. 张玉璞，刘庆唐. 劳动力配置系统. 北京：劳动人事出版社，1989

21. [美] 斯廷施凯姆. 比较经济社会学. 杭州：浙江人民出版社，1987

22. 李强. 转型时期的中国社会分层结构. 哈尔滨：黑龙江人民出版社，2002

23. 刘应杰. 社会整体变迁：从传统权威社会到现代大众社会，中国社会现象分析. 北京：中国城市出版社，1998

24. 冯久玲. 亚洲的新路. 北京：经济日报出版社，1998

25. 陈婴婴. 职业结构与流动. 北京：东方出版社，1995

26. 刘艾玉. 劳动社会学教程. 北京：北京大学出版社，1999

27. 李强主编. 应用社会学. 北京：中国人民大学出版社，2003

28. 王蔷主编. 组织行为学教程. 上海：上海财经大学出版社，2001

29. [美] 泰勒. 职业社会学. 台北：国立编译局，1972

30. 姚永杭编著. 人所共有的选择——职业社会学面面观. 武汉：湖北人民出版社，1989

31. 刘应杰等. 中国社会现象分析. 北京：中国城市出版社，1998

32. 姚裕群. 职业生涯规划与发展. 北京：首都经济贸易大学出版社，2003

33. 姚裕群. 关于职业社会学的几个问题. 见：社会学与社会调查（增刊）. 1989

34. 张再生. 职业生涯管理. 北京：经济管理出版社，2002

35. 王琪延. 中国人的生活时间分配. 北京：经济科学出版社，2000

36. 王伟光等著. 社会生活方式论. 南京：江苏人民出版社，1998

37. 许嘉猷. 社会阶层化与社会流动. 台北：三民书局，1986

38. 冯同庆. 中国工人的命运. 北京：社会科学文献出版社，2002

39. 刘东明，孙桂林主编. 安全人机工程学. 北京：中国劳动出版社，1993

40. 吴谅谅. 劳动人事心理学. 杭州：杭州大学出版社，1995

41. 苏东水. 管理心理学（第三版）. 上海：复旦大学出版社，1999

42. 时蓉华主编. 现代社会心理学. 上海：华东师范大学出版社，1999

43. [美] 蒂芬. P. 罗宾斯. 组织行为学（第五版）. 北京：机械工业出版社，2000

44. ［美］PhillipL. Rice. 压力与健康. 北京：中国轻工业出版社，2000

45. 朱世锋，李焕成编著. 心理咨询个案录. 呼和浩特：远方出版社，1998

46. 朱祖祥. 工业心理学. 杭州：浙江教育出版社，2001

47. 秦永良. 组织行为学. 北京：石油工业出版社，2001

48. 李培林等. 转型中的中国企业——工业企业组织创新论. 济南：山东人民出版社，1992

49. 杨晓民、周翼虎著. 中国单位制度. 北京：中国经济出版社，1999

50. 路风. 中国单位体制的起源和形成. 中国社会科学季刊. 1994，2

51. 孙立平，王汉生，王思斌等. 改革以来中国社会结构的变迁. 中国社会科学. 1994. 2

52. 丹尼尔・雷恩著. 管理思想的演变. 北京：中国社会科学出版社，1992

53. ［美］F・W・泰罗. 科学管理原理. 北京：中国社会科学出版社，1984

54. 劳动部劳动力管理和就业司. 走向社会主义市场经济的劳动就业. 北京：中国劳动出版社，1993

55. 夏积智，张小建主编. 中国劳动力市场实务全书. 北京：红旗出版社，1994

56. 姚裕群等. 美国劳动市场. 北京：中国大百科全书出版社，1995

57. 梁晓滨. 美国劳动市场. 北京：中国社会科学出版社，1992

58. 戴园晨等. 中国劳动力市场培育与工资改革. 北京：中国劳动出版社，1994

59. 潘锦棠主编. 劳动与职业社会学. 北京：红旗出版社，1991

60. 杨体仁，李丽林编著. 市场经济国家劳动关系——理论、制度、政策. 北京：中国劳动社会保障出版社，2000

61. 齐志荣，徐小洪主编. 中国劳动关系导论. 杭州：浙江人民出版社，1995

62. 祝晏君主编. 劳动关系. 北京：中国劳动社会保障出版社，2001

63. 劳动部课题组. 关于我国现阶段劳动关系调整工作的研究报告. 见：中国劳动科学研究报告集. 北京：人民出版社，1995

64. 石美遐. 市场中的劳资关系——德、美的集体谈判. 北京：人民出版社，1993

65. 张再平，夏佩军编. 雇员与老板的较量——海外劳动争议处理及预防. 北京：人民出版社，1993

66. 约翰. P. T. 温德姆勒等. 工业化市场经济国家的集体谈判. 北京：中国劳动出版社，1994

67. 孙立平. 从“市场转型理论”到关于不平等的制度主义理论. 中国书评. 1995. 7

68. 李实，赵人伟. 中国居民收入分配再研究. 经济研究. 1999. 4

69. R·科斯，A·阿尔钦，D·诺思等. 制度、制度变迁与经济绩效. 上海：上海三联书店，1994

70. 世界银行. 1997年世界发展报告：变革世界中的政府. 北京：中国财政经济出版社，1997

71. [美] 斯蒂格利茨等. 政府为什么干预经济——政府在市场经济中的角色. 北京：中国物资出版社，1998

72. 曾繁正等编译. 经济管理学（哈佛大学行政管理学院行政教程系列）. 北京：红旗出版社，1998

73. 伍启元. 公共政策. 香港：商务印书馆（香港）有限公司，1989

74. [日] 猪口孝. 国家与社会. （现代政治学丛书）. 北京：经济日报出版社，1989

75. 姚裕群主编. 中国人力资源开发利用与管理研究. 北京：首都师范大学出版社，2001

76. 黄安年. 当代美国的社会保障政策. 北京：中国社会科学出版社，1998

77. [美] 米尔斯. 劳工关系. 北京：机械工业出版社，2000

78. 劳动和社会保障部国际合作司、国际劳工研究所主编. 世界劳动保障. 北京：中国劳动社会保障出版社，2001

79. 王东进主编. 中国保障制度. 北京：企业管理出版社，1998

80. 王东进主编. 医疗保险操作指南. 北京：改革出版社，1999

81. 穆怀中主编. 社会保险国际比较. 北京：中国劳动社会保障出版社，2002

82. 邓大松主编. 社会保险. 北京：中国劳动社会保障出版社，2002

83. 陈佳贵，罗斯纳等著. 中国城市社会保障的改革. 德国阿登纳基金会中国项目执行者发行，2000

84. 屈祖荫主编. 市场经济国家社会保险概况. 北京：改革出版社，1995

85. 侯文若. 社会保障理论与实践. 北京：中国劳动出版社，1991

86. 张小建主编. 就业与培训. 北京：中国劳动社会保障出版社，2001

87. 刘燕斌主编. 面向新世纪的全球就业. 北京：中国劳动社会保障出版社，2000

88. 劳动和社会保障部培训就业司编《非正规部门就业》资料集。

89. 国际劳工组织. 国际劳工公约和建议书. 北京：国际劳工组织北京局，1994

90. 姚裕群. 市场经济下的就业理论与就业促进. 北京：中国劳动出版社，1996

91. 范随等著. 变化中的劳动市场：公共就业服务. 北京：中国劳动社会保险出版社，2002

92. 陈成文. 社会弱者论. 北京：时事出版社，2000

93. 戴园晨，陈东琪（主笔）. 劳动过剩的就业与收入. 上海：上海远东出版社，1996

94. 戴维·波普诺. 社会学. 北京：中国人民大学出版社，1999

95. 樊平. 中国城镇的低收入群体. 中国社会科学. 1996，4

96. 广东外来农民工联合课题组. 在流动中实现精英移民. 战略与管理. 1995，5

97. 胡伟略主编. 近期我国人力资源开发研究. 北京：中国环境科学出版社，1998

98. 陆学艺主编. 社会学. 北京：知识出版社，1991

99. 汝信，陆学艺，单天伦主编. 1999 年中国社会形势分析与预测. 北京：社会科学文献出版社，1999

100. 上海社科院经济所发展室. 农业劳动力转移：一个跨世纪的历史难题. 上海经济研究. 1995，12

101. 田雪原，胡伟略主编. 中国老年人口经济. 北京：中国经济出版社，1991

102. 王建民，胡琪. 中国流动人口. 上海：上海财经大学出版社，1996

103. 章铮，黄明辉. 外来农民工的“面的效应”. 经济学消息报，2000-04-07

104. 中国妇女社会地位调查课题组. 中国妇女社会地位概观（全国卷一）. 北京：中国妇女出版社，1993

105. 阮曾媛琪. 中国就业妇女社会支持网络研究——“扎根理论”研究方法的应用. 北京：北京大学出版社，2002

106. 李小江，朱虹，董秀玉主编. 平等与发展. 北京：三联书店，1997

107. 李小江，朱虹，董秀玉主编. 主流与边缘. 北京：三联书店，1998

108. [美] 萨尔坦. 科马里. 信息时代的经济学. 南京：江苏人民出版社，2000

109. 郑功成，郑宇硕主编. 全球化下的劳工和社会保障. 北京：中国劳

动社会保障出版社，2002

110. 王勇. 知识经济对策：运作与案例. 北京：中国城市出版社，1998

111. 美国信息研究所编. 知识经济. 南昌：江西教育出版社，1999

112. Carolj. Auster：*The Sociology of work：concept and cases*，Pine Forge Press. 1996

113. Keith Grint. *the Sociology of Work*，Polity Press 1991

114. Watson，T. T. Sociology，Work and Industry. Routledge and Kegan Paul. 1980

115. Carol J. Auster. The Sociology of Work：Concepts and Cases. Prince Forge Press Chapter. 1996

116. Grint. K. The Sociology of Work：Introduction. Polity Press. Chapter one. 1991

117. Lopreato J. et al (eds) Social Stratification：A Reader. Harper & Row，Publishers. 1974

118. P. Sorokim，Social mobility. Harper and Brothers. 1927

119. Watson，T. T. Sociology，Work and Industry. Routledge and Kegan Paul. Chapter 6. 1980

120. Grint. K. The Sociology of Work：Introduction. Polity Press. Chapter 4. 1991

121. David Silverman. The Theory of Organization. Gower House. 1987

122. Stewart R. Clegg，Cynthia Hardy and Walter R. Nord ed. *Handbook of Organization Studies*. Sage Publication. 1996

123. R. Bean. Comparative Industrial Relations：An Introduction to Cross National Perspectives. Croom Helm. London. 1985

124. Alton W. J. Craig And Norman A. Solomon. The Industrial Relations System in Canada. Printice-Hall Canada Inc. 1993

125. Barry Wilkinson. The Korea Labour Problem. British Journal of Industrial Relations. Sept. 1994

126. C. J. Leeggett. Trade Unionism，Industrialism and the State in Singapore，Presented on Symposium on Labour-Management Relations in the Asia and Pacific Region. August 28—30，1989

127. William Brown. The Contraction of Collective Bargaining in Britain，British Journal of Industrial Relations，June. 1993

128. Ivar Berg (ed). Sociological Perspective on Labor Market. Academic press. 1981

129. M. Beck etc. Stratification in a Dual Economy: a Sectoral model of earnings Determinations. ASR43 (October). 1978

130. Granovetter, M. Getting a Job. A Study of Contracts and Careers. Cambridge, Massachusetts. Harvard Univ. Press. 1974

131. Szelenyi, Ivan. Socialist Entrepreneurs: Embourgeoisement in Rural Hungary. Madision : University of Wisconsin Press. 1988

132. Victor Nee. Social Inequality in Reforming State Socialism: Between Redistribution and markets in China. In ASR , 1991. Vol. 56 (June: 267～282)

133. Robert C. Atchley. *Social Forces and Aging*. Belmont, CA: Wasworth Publishing Company. 1988

134. Kingsley Davis, The Origin of Growth of Urbanization in the world, in American Journal of Sociology 60, 1955

135. Mildred Deoring, Susan R. Rhodes, & Michael Schuster. *The Aging Worker: Research and Recommendations*. Beverly Hills, CA: Sage. 1983

136. Keith Grint, *The Sociology of Work*. Cambridge, UK: Polity Press. 1991

137. C. Wright Mills, The Power Elite. New York: Oxford University Press. 1956

138. Steven H. Sandell, Public Policies and Programs Affecting Older Workers, in Borus, M. E. et al. eds. The Older Worker.. Industrial Relations Research Association. 1988